U0115849

人群・聚落・地域社會：
中古南方史地初探

魯西奇◯著

昌明文化

地域文化研究叢書　A0200004

人群・聚落・地域社會：中古南方史地初探索

作　　者　魯西奇

版權策畫　李　鋒

發 行 人　林慶彰

總 經 理　梁錦興

總 編 輯　張晏瑞

編 輯 所　萬卷樓圖書股份有限公司

排　　版　雙子設計公司

印　　刷　百通科技股份有限公司

封面設計　雙子設計公司

出　　版　昌明文化有限公司

桃園市龜山區中原街 32 號

電話 (02)23216565

發　　行　萬卷樓圖書股份有限公司

臺北市羅斯福路二段 41 號 6 樓之 3

電話 (02)23216565

傳真 (02)23218698

電郵 SERVICE@WANJUAN.COM.TW

ISBN 978-986-94616-6-5

2017 年 4 月初版

定價：新臺幣 580 元

如何購買本書：

1. 劃撥購書，請透過以下郵政劃撥帳號：

　帳號：15624015

　戶名：萬卷樓圖書股份有限公司

2. 轉帳購書，請透過以下帳戶

　合作金庫銀行　古亭分行

　戶名：萬卷樓圖書股份有限公司

　帳號：0877717092596

3. 網路購書，請透過萬卷樓網站

　網址 WWW.WANJUAN.COM.TW

大量購書，請直接聯繫我們，將有專人為您
服務。客服：(02)23216565 分機 610

國家圖書館出版品預行編目資料

人群.聚落.地域社會：中古南方史地初探索 /
魯西奇著.-- 初版.-- 桃園市：昌明文化出
版；臺北市：萬卷樓發行, 2017.04
　面
ISBN 978-986-94616-6-5(平裝)
1.中國地理 2.歷史地理
669　　　　　　　　　　　　　106004338

目 次

中國歷史的南方脈絡（代序）[1]

一、對以北方中原歷史為主線索的中國古代史敘述的質疑

有關中國古代史的傳統闡述，從總體上看，是以北方中原地區的歷史發展為主要闡述脈絡或敘述線索的，甚至可以表達為一種「北方中心論」或「中原中心論」。在以「王朝更替」為主要敘述線索的中國古代史闡釋體系中，有關南方地區的歷史發展，主要被敘述為中原武力向南方地區的擴張與征服，北方人口南移帶來了南方地區的經濟開發；然後是中原制度在南方地區的推行:建立起強有力的官僚系統（以及附屬於官僚系統的諸種制度設置，諸如選官制度、法律體系等），對南方地區實施有效的行政控制，使這些地區的民眾納入王朝國家的戶籍與賦役體系之中；再進一步，則是所謂「教化」的展開，

1 本文最初是寫給自己看的一個工作計畫，第一稿題為「關於南方中古歷史研究的幾點思考」，寫於2008年1月18日；第二稿題為「關於南方歷史研究的入手點與研究步驟」，寫於2008年7月31日；第三稿是為在復旦大學歷史地理所的報告而準備的，題為「中國歷史的南方脈絡：一種研究理路──以中古時代為中心」，寫於2009年11月15日，於2009年11月17日在復旦大學歷史地理研究所（王振忠教授主持）作了一次報告，並與姚大力、王振忠、張偉然、李曉傑、安介生、張曉虹諸教授及史地所其他同仁進行了很好的討論，給我以很大教益。這次整理近十年來有關中古史地的舊稿，匯成本書，在前三稿基礎上，又作了一些修改，改作今題，作為本書的序言。由於本文所談到的諸多理路與想法基本是在十餘年來的摸索與研究過程中逐步形成的，本書所收各篇論文在撰寫時並未有本文所揭示的相對系統的想法，所以與本文的理路並非完全吻合。因此，本文的思考實際上是本書所收各篇論文的結果，而不是緣起。

王朝國家通過諸種手段或途徑，諸如教育系統、選舉系統、獎勵表彰與懲罰手段等，推行所謂「王化」，即將正統意識形態灌輸到南方地區，「變夷為華」或「化蠻為夏」，最終完成對南方地區的「文化改造」，即所謂中國文化的「標準化」或「正統化」過程。

半個多世紀以來，中國歷史學界主要從兩個方面，對這種以中原歷史為中心線索的歷史敘述和闡釋，提出了較全面的批判：

第一個方面是中國文明起源的多中心論或多元論。經過蘇秉琦、張光直、石興邦等幾代考古與古史研究者的多年探索與努力，現在，黃河中下游地區（中原地區）為中華文明起源的單一中心論已經被拋棄，中國文明起源的多中心論或多元論已經得到廣泛的承認。考古與上古史學界已大致認同如下的觀點：距今六千年至距今四千五百年間的中國早期文明，至少有幾條線索：（1）中原地區以所謂「華夏集團」為主體的仰韶文化—龍山文化（早中期）；（2）山東半島南至江淮地區以所謂「東夷集團」為主體的大汶口文化—山東龍山文化；（3）江南環太湖地區亦以「東夷集團」為主體的馬家浜文化—崧澤文化—良渚文化；（4）長江中游地區以所謂「苗蠻集團」為主體的大溪文化—屈家嶺文化—石家河文化；（5）燕北遼西地區很可能是以「黃帝集團」為主體的紅山文化—後紅山文化（小河沿文化）或夏家店文化；（6）內蒙古中南部可能也是後來屬於所謂「黃帝集團」為主體的仰韶前期—海生不浪文化—龍山文化；（7）以鄱陽湖、珠江三角洲為主軸的南方地區的仙人洞—築衛城—吳城文化及西樵山（玲瓏岩）文化—石峽文化；（8）巴蜀地區的三星堆文化—十二橋文化。考古工作者與古史研究者雖然對這些文化區系的劃分及其相互關係、內部分區與類型有諸多不同認識，但總體方向上，認為中國早期文明是由不同源流構成、擁有多個中心和多元特徵，相互融匯，「大浪淘沙」，逐步從「多元」中形成「核心」，則是一致的[1]。這種理路，從根本上改變了文明起源史研究中的「傳播擴散」闡釋模

式，從而對所謂「中原文化南下」（以及向四週擴散）的古史闡釋系統帶來根本性的衝擊或否定。

　　對以中原歷史為中心線索的歷史敘述和闡釋提出全面批評的第二個方面，來自「華南學派」以東南沿海地區為中心的有關地方社會之建構或稱之為歷史人類學的研究理路與方法（又以珠江三角洲及西江流域、福建莆田平原與閩西山地、臺灣地區的研究為中心）。華南研究的出發點之一，乃是試圖擺脫王朝通過軍事擴展、政治控制與教化，從中原向週邊（包括向南方地區）擴張，最終建立起統一中華帝國的闡釋模式，而是把中華帝國視為一個文化的觀念。帝國權威的隱喻向南方邊疆社會的滲透，不是通過自上而下地發布法令去實行，而是通過本地人自下而上提升自己的動力而得到實現的。他們在某個歷史時期採用了來自政治中心的命題，並在建造地方社會的過程中，把這些命題當作國家秩序的語言加以運用[2]。換言之，移民、教化、開發與文化傳播的歷史，不僅僅是文明擴張的歷史，更應當被理解為基於本地社會的動力去建立國家秩序的表述語言。在這樣的思路下，不同的地方，在進入中華帝國政治經濟社會與文化體系的過程中，實際上就走過了不同的路程，並因之而具有不同的內涵[1]。用科大衛、劉志偉兩位先生的話說，就是：「在大一統的概念下，在不同的時空裡實行同一個制度，可以存在著極大的分歧。理由很簡單：明清帝國均擁有龐大的地域和人口，東、南、西、北各個部分的地理環境有極大差異，風俗也各不相同；不同的地區，在帝國內也扮演著不同的角色；更重要的是，不同的地域即使經歷過共同的王朝歷史，也各自有著內容很不相同的本地歷史過程。」[2] 顯然，華南研究的魅力，正在

1　劉志偉：〈地域社會與文化的結構過程──珠江三角洲研究的歷史學與人類學對話〉，《歷史研究》2003年第1期。

2　科大衛、劉志偉：〈「標準化」還是「正統化」？──從民間信仰與禮儀看中國文化的大一統〉，《歷史人類學學刊》第六卷第一、二期合刊（2008年）。

中國歷史的南方脈絡（代序）

於展示了中華帝國晚期歷史發展和地方社會建構的多樣性。

　　相比較而言，中國中古史的研究，主要是兩漢魏晉南北朝隋唐宋元史的研究，雖然也表現出一些多元化的傾向，但總的說來，仍然是以中原地區的歷史發展特別是王朝興替的歷史為主要脈絡的。雖然對六朝時代、中晚唐九國、南宋時期南方地區歷史的研究取得了很大進展，但是，我們仔細琢磨有關上述三個時段的歷史敘述與闡釋的總體取向，可以發現：相關研究仍然主要是放在其對於南方地區之發展的意義上，強調的是這一時期南方地區經濟社會取得了長足的發展，所以可以表述為「王朝歷史之下的南方地區史」；而不是放在它對於中國歷史發展的意義上的，強調的不是它在中國歷史上的意義，所以不是「南方地區的中國史」。更重要的是，有關兩漢、隋唐乃至北宋歷史的闡釋與研究，基本上仍然是以中原王朝歷史為主要脈絡的南方地區的歷史，基本上被視為一種附屬的地位。我們對這一漫長時期裡南方地區的歷史，所知者其實並不很多，在已有的中國歷史敘述與闡釋體系中所占的比重也相當輕。

　　這中間有兩個重要的關節：第一，統一的隋唐王朝，其所繼承的南方地區，與其所繼承的北方中原地區，實際上是兩個歷史傳統：前者是六朝以來的南方傳統，後者則是主要形成於北魏、東西魏及北周、北齊時代的北方傳統。就土地制度、鄉里制度、徭役制度而論，已有的研究已充分地揭示出魏晉北朝是一個一脈相承的系統，其演變線索是清晰的；而六朝特別是東晉南朝是另一個系統，這個系統在兩漢時代即已與中原地區有異，在六朝時代的演變過程中，與北方中原地區的差距越來越大。那麼，隋唐統一之後，這兩個歷史傳統是如何逐步融匯的呢？這就出現了是否存在所謂「南朝化」的爭論。但這場爭論雙方的著眼點，乃是隋唐統一王朝的制度淵源，並未全面觸及統一王朝的制度如何在各地推行、實施的問題。具體地說，由於隋唐統一的過程實際上表現為北方中原王朝對南方政權的征服，所以，在制

人群·聚落·地域社會：中古南方史地初探

4

度實施層面上，主要表現為立基於北方中原地區的諸種制度，如以封閉空間隔離人群為主要特徵的里坊制、以限田為核心的均田制、較之東晉南朝遠為嚴格的戶籍制度、在西魏大統（535—551年）間成熟的府兵制，等等，是如何向南方地區推廣並具體實施的呢？換言之，這些主要從北朝歷史上一步步形成、演化而來的諸種制度，在隋唐統一後，如何吸納以及吸納了多少六朝以來的「南方傳統」？融匯北、南兩個傳統（以北方傳統為主）之後形成的諸種制度，是否在南方地區得到普遍推行？如果回答是肯定的，那它們又是如何實施的？比如在南方分散居住的丘陵山區，以戶籍控制為核心的鄉里制度是如何實施運作的？在存在大量可墾荒地的長江上中游及嶺南福建地區，以限田為目標的均田制又是如何實施的？在南方地區大部分繼承六朝以來城垣、形態的治所城市裡，是如何建立起像長安、洛陽、平城、太原那樣規整的里坊的呢？而如果我們的回答是否定的，那麼，其情形究竟如何？王朝國家又是如何在南方地區（當然不是整體的南方地區）實現其統治的呢？

第二個關節，是北宋統一後所繼承的南方地區，與其立基的北方，其實也是兩個歷史傳統：趙宋王朝異從晚唐河北、河東藩鎮、五代政權中脫胎而來的，向無異辭（毛漢光先生曾有詳盡的討論），其所直接延續的乃是中唐以後逐步變化而以河北、河東藩鎮為核心的北方傳統，陳寅恪先生將這一傳統稱為「胡化」，雖仍可討論，但卻切中要害，即中晚唐五代的演變軌跡，是對「唐」的「反動」，或者說是「非唐的」。而中唐以後，南方地區其實就走上了與北方不太相同或很不相同的道路：在很大程度上，前後蜀、楊吳——南唐、錢氏吳越乃至馬楚、南漢、荊南，都是在李唐的基礎上繼續向前走，是繼承唐制的，當然有諸多複雜而多樣的變化，但其根基是唐制，應當是沒有太大疑問的。那麼，北宋統一後，這個南方傳統，又是否以及怎樣融入北宋的統一制度呢？治宋史的學者習稱「宋沿唐制」，那麼，宋

究竟從哪裡繼承了唐制？繼承並發展了哪些唐制？從唐制演變而來、經過改造之後的制度，在多大程度上反映了南方地區的具體需求？它又是如何推行到各地去的呢？

同樣的問題，其實也存在於元代。我們知道，元朝所繼承的南方地區是南宋的傳統，與遼金以來以燕京為中心發展演變而來的北方傳統大異其趣；而南方地區的這一南宋傳統，至少是不絕如縷地一脈相傳至明代，成為洪武朝建構一統制度的重要資源。對這一問題，據李治安、鄭振滿等先生近年從不同角度出發，都有一些深入而有趣的思考，值得關注。因此，明清時期的南方歷史，應當是與南宋以來的傳統相承緒的。

如果我們對上述問題展開深入的思考與研究，也許可以追尋到「中國歷史上的南方脈絡」（並不是南方歷史的發展線索）；或許，「南方脈絡」的梳理，會有助於我們對中國歷史發展的認識。這是我近年來有關中國古代史思考的出發點之一。

二、有關南方地區中古歷史文獻記載的初步梳理與辨析

欲重建南方歷史的敘述與闡釋體系，全面思考中國歷史發展的南方脈絡，第一步應當是對我們可能憑藉的歷史文獻及考古材料、田野調查所得的口述材料等，作全面的梳理、辨析，以明其價值與局限。

在2003年以前，我與大部分研究者一樣，相信傳統文獻中有關南方社會、經濟、文化乃至環境等方面的記載，藉以研究問題，比如把《史記・貨殖列傳》、《漢書・地理志》等關於「楚越之地」的描述作為認識兩漢時期南方地區情況的基本材料。後來，慢慢地發現這裡有問題：這些文獻基本上出自北方士人之手，帶有濃厚的華夏色彩

或中原中心論觀念，其對於南方人群、經濟、社會、文化各方面的描述，大約只能反映他們的認識，而並非客觀實際情況。最初的懷疑產生於宋元時人對京湖路（京西南路與荊湖北路）的不同描述：在南宋人如陸游、王十朋、陸九淵的筆下，京西、荊湖北路是荒涼的，十分落後；經過宋蒙長達四十年的戰事之後，在蒙元北方士人的筆下，京湖地區竟然非常繁富。這種鮮明的對照，讓我開始考慮是什麼人留下了這些記載：主要來自江南東西、兩浙路的南宋士人當然看不上京湖路，而來自北方乃至西域、蒙古的一些作者，則顯然很感歎這些地區的富庶了。

由此出發，我開始系統地琢磨有關中古時代南方地區歷史文獻記載的來源、類型及其價值。經過幾年的摸索，我現在初步將這些文獻（材料）就其來源分成如下幾種：

一是華夏士人（中原士人）的敘述與書寫。可以相信，至少在北宋（包括北宋）以前，有關南方歷史記載的主要文字材料，大都屬於這一部分。其核心部分是正史、編年體史書中所見的南方歷史資料，這是傳統上用以建構南方歷史發展線索的基本根據。現在，我們知道，這部分材料主要反映了中原華夏士人對其所處時代南方社會經濟文化狀況的一種認識，是「他者」（外來的觀察者）對南方歷史的敘述與闡釋。我們需要仔細辨析這些文獻的記載與闡釋，看其中哪些可能反映了南方歷史的某些實相，或者採用了南方社會自己的闡釋，而哪些部分則不過是「他者」及其所處時代的主觀想像或認識。其入手點應從《春秋左傳》、《國語》的南方意象說起，進而考察《史記》、《漢書》等正史中有關南方歷史記載的「史源」──其來源是什麼。《三國志》與南朝四史中包括了較多的南方因素，但可信仍然是出自具有或持有華夏觀的士人之手。唐初修《晉書》、《隋書》、《南史》、《北史》，則是大一統局面下對南方歷史作出重新闡釋的典型例證。五代、北宋所編撰的舊、新《唐書》與《五代史》，實與

此類似。宋、元、明史更無須論。這些正史，構建了傳統歷史學對南方歷史敘述與闡釋的基本框架。我們現在就要從這裡出發，「解構」這個敘述傳統，指出這一切都不過是王朝正統論下、中原中心觀下對南方歷史的認識與敘述，並不是南方「自己」的歷史，因而也就不能較好地說明南方地區的歷史發展在中國歷史發展中的意義。

　　二是南方士人立足於「南方」的敘述與書寫。怎樣界定「南方士人」及其立足於「南方」，我還不能確定，只有一點模糊的想法。出身與成長環境固然是最先考慮的，但關鍵卻在於其敘述與闡釋是否持有與南方社會「同情」（處同一情境）的立場。南方士人立足於南方的敘述與書寫，這一傳統，或者至少可以追溯到屈原與楚辭。我以為南方敘述在漢初（武帝之前）曾有過相當大的影響，《史記·楚漢之際月表》之重張楚，可能即因於此，而司馬遷有關吳、楚、越的敘述，也可能主要來源於南方自己的敘述傳統而加以剪裁的。《華陽國志》、《越絕書》以及六朝地志、山水遊記均值得做仔細分析。這些六朝著作中顯出了南方士人對自己地方的歷史試圖作出自己的敘述與闡釋的努力。可惜這種努力既不執著，也為時甚短，很快就被淹沒了。晚唐五代的南方士人大多心向中原，嚮往大唐（或以真正的大唐自居），故甚少見有立足於南方的書寫。但錢氏吳越、孟氏的蜀（甚至是王氏的閩），皆頗著意自己的「文化建設」，所以也留下了一些立足於南方的記載，需要分析。北宋南方士人的敘述與書寫傳統基本上還是立足於中原或華夏的。南宋時期以至於元，士大夫之關注點向「地方」的轉移（韓明士揭示了這個轉向在南宋時期的情形，我以為這一轉向基本上是在元代完成的），促使他們更多地立足於南方，敘述與書寫南方的歷史。明清時期，南方士人的敘述與書寫呈現出複雜多元的狀況：一方面，相當多、可能占主流地位的敘述與書寫傳統仍然是立足於中原或華夏立場的，並通過這些敘述與闡釋，成功地將南方的歷史與文化納入以中原為中心的華夏或中國歷史文化體系之中；

另一方面，主要立足於南方特別是特定地方社會的敘述與書寫，也逐步形成一種新的傳統，這一傳統雖然在很多時候掩蓋在「某一地方及其社會在中國歷史上的地位與作用」這樣的論題之下，但其實是立足於本地的，旨在強調本地方的特點、重要性，並由此逐步構建起一種立足於地方社會的歷史觀與歷史知識體系。族譜（雖然一直以來，族譜被界定為民間文獻，但其實在族譜修撰過程中起主要作用的，仍然是士人與士人的觀念，所以，族譜仍然主要屬於士人或士大夫的敘述傳統）集中體現了這兩種看似矛盾衝突的敘述與闡釋方向：一方面要向上，強調本族的源遠流長，以與「中原」、「華夏」及其文化聯繫起來；另一方面又要向下，突顯本族在地方社會中的主導地位及其重要影響。有關族譜的研究已經較充分地揭示了這一點。

三是南方「民眾」的敘述與闡釋。這裡主要是指士人的敘述與書寫之外的文獻資料，主要包括契約（陽契與冥契）、科儀書等宗教文書與造像碑等信仰資料、民間歷史傳說與故事、族譜中的部分資料以及造像、圖畫等非文字資料。我以為這些才是真正的「民間文獻」。他們是民眾需要並使用的文獻。如契約，大多非出於士大夫之手（即便是士大夫書寫的，他們也不是以「士大夫」的身分去寫的），書券人（書人、書契人）多不是士大夫，但民眾了解這些契約的含義及其意義（書契過程中的「沽酒」過程與朗讀，使立契雙方及相關人得以了解其含義），並廣泛地採用這種形式。這些文字或圖像資料，反映了民眾對於自己歷史的敘述與觀念。如唐宋契約中關於「遇赦不除」的規定，明清契約中大量白契的存在及其表達，均程度不同地暗示民眾對王朝或國家權力的漠視，說明民間一直存在著某種外在於王朝國家權力的系統。我相信，通過對這些文字與圖像資料的梳理，可以窺知南方地區民眾生活的某些實相，並構建出立足於民眾（或民間）的歷史認識。

梳理並辨析上述記載、反映南方歷史發展線索及其若干層面的文

獻資料，分析：（1）出自何人之手，他是怎麼知道的？即史源學的分析。（2）他為什麼這樣寫，而不是那樣寫？他是怎樣整合那些紛歧的資料的，取捨之間有些什麼考量？主要方法是辨析不同記載之間的差異，以及產生這種差異的原因，我把這稱作「史書寫作的分析」。（3）他寫這些作什麼用？或他為什麼要寫這些？即寫作目的與意圖的分析。弄清這些問題，我們才可以放開手去使用這些材料，並進而討論南方地區的歷史發展。同時，通過這些工作，我們也可以建立起具有特點的「歷史文獻學」。

三、研究的切入點與研究工作之開展（思路與設想）

在上述初步思考的基礎上（實際上，這些思考是在下述研究的過程中逐步形成的），我開始嘗試著展開一些專題性的研究工作。由於我的工作基礎與資料積累主要是長江中游地區特別是漢水流域的，所以，相關的專題研究理所當然地從長江中游地區開始。在近年的思考與研究中，逐漸形成了一些想法，大部分還未能落到實處，只是一些思路與研究設想。

（一）南方居民（或人口）的來源、族群分劃及其本質

傳統中國歷史闡釋體系中有關南方地區歷史發展敘述與闡釋的核心線索之一，是北方人口南遷以及由此而引發的南方人口構成、分布的變化，而南方地區的經濟開發、社會發展乃至政治控制秩序之建立，都是伴隨著北方人口的南遷而實現的。因此，欲重建南方歷史的認知與闡釋體系，就必須重新認識這一論說體系。

經過這幾年來的思考與初步探討，我以為上述論說體系至少是不全面的，或者說在方向上是存在偏差的，並初步形成了一些粗略的看法：南方地區（從總體上來說）居住人口的主體部分，是南方地區的

土著人口逐步發展而來的；北方移民及其後裔，雖然在南方各地區所占的比例不盡相同，但總的說來，並未占全部總人口的大部分（各時期都是如此）；傳統解說體系中認為現今南方地區大部分人口的來源均可以溯源至北方中原地區的說法，很可能是錯誤的。

因此，我們需要做的第一步，就是辨明「南方人口北來說」的歷史真實與「文化創造」。這就需要重新檢視中國歷史上的幾次大規模北方人口南遷運動對南方人口構成及其分布帶來的影響，並做出總體的評估。特別是長期以來一直被認為改變南方人口構成，並引發所謂南方地區大開發浪潮的三次移民運動（永嘉之亂後、安史之亂後、靖康之亂後）及其影響，是問題的關鍵。可以相信，這三次移民運動給南方地區增加了相當多的人口，但比起南方地區固有的土著戶口來說，北方移民及其後裔可能並不占有絕對優勢（這需要作仔細的文獻考辨與資料分析）。南方地區戶口的基本構成仍是南方土著居民。華南的學者們關於粵閩宗族的研究，特別是劉志偉、鄭振滿等先生對族譜的解讀，已相當充分地證明：粵閩各地族譜中有關其祖先來自中原的傳說或記載，絕大部分不過是一種「文化建構」，這種「歷史記憶」不過是將自己轉化為帝國秩序中具有「合法」身分的成員的一種手段[3]。因此，使用族譜資料研究移民史的路徑就不得不加以重新考量。

第二步，就是要進而辨明：（1）這些南方土著居民，究竟是些什麼人？具有哪些特徵？（2）他們是如何被界定的，以及他們自己是如何界定自己的？（3）這些南方土著居民又是如何逐漸被認為是（他們自己也以為是）「來自於中原」的，即「南方居民源自中原說」是如何成立的？以及這一說法的實質是什麼？這些問題，當然需要分時段展開考察。其中涉及南方「民族」史上的一些重大問題，比如越、蠻、巴、獠、猺的淵源流變、族群本質等，我們總的傾向是認為這些歷史上的南方的族或族系，基本上可以視作華夏士人從外面加於南方

土著居民之上的，是「他稱族名」，而主要不是其自身的界定，因此，也就不能全面而切實地反映其自身的真實狀況。隨著其中的相當部分，漸次被納入王朝國家的版籍系統，接受了代表「華夏文明」的文字與文化，逐漸從「化外」進入「化內」，遂脫離其土著背景，被改寫為「來自中原的華夏移民」（他們自己特別是其精英分子、士大夫們，在這一改寫過程中發揮了至關重要的作用）[1]。

弄清楚以上兩點，我們可以對南方地區的人口發展、分布及其族群本質作出重新闡釋。探討這一問題的立場應當是人類學的，而不應是民族學的，只有將我們討論的立足點放在人群的構成（移民與土著）這一背景下，才能回避所謂民族界定、劃分等諸多紛歧的問題，而將問題集中在：究竟什麼人，才是南方歷史發展的主體？北方移民抑或南方土著？

（二）古代制度的南方類型與制度演變的南方道路

傳統中國歷史闡釋體系中有關南方地區歷史發展解說體系的另一個核心線索，是王朝國家通過各種手段、途徑，在南方地區逐步建立起王朝的政治、經濟與文化制度，並通過這些制度及其運作，將南方各地區穩步、牢固地納入到王朝國家的控制體系之中。「制度」一直是中國古代史研究的核心，也被看作是王朝國家控制南方地區（以及其他地區）最重要的途徑。

這一解說的前提有二：（1）專制主義中央集權的力量是強大的，有足夠的力量在各地區推行其制度；（2）因為第一點，「制度」在各地的推行與運作至少是比較整齊劃一的，或比較一致的。而

1　魯西奇：〈釋「蠻」〉，《文史》2008年第3期。關於這些土著族群如何進入王朝國家系統的問題，我在〈西魏北周時代「山南」的「方隅豪族」〉（《中國史研究》2009年第1期）以及〈宋代蘄州的鄉里區劃與組織──基於鄂東所見地券文的討論〉（《唐研究》第11輯，北京大學出版社2005年版）二文中曾有所涉及，但思路尚未形成。在〈內地的邊緣：傳統中國內部的「化外之區」〉（《學術月刊》2010年第5期）一文中也有所闡述，但仍未能展開。

現有的研究，對這兩個前提都提出了質疑。由此，我們在思考：王朝國家的諸種制度設計，在南方地區推行實施的過程中，是否可能因地制宜地形成某種「南方類型」（或者有更多的地方類型）？而這種制度的演變，是否表現出某種「南方道路」？關於這一問題，我目前的思考集中於如下四個方面：

1.我的思考首先是從鄉里制度出發的。我們知道，春秋、戰國逐漸萌芽、秦漢特別是漢代建立起來的鄉里制度，實際上是以北方地區的聚居村落為基礎的——居延漢簡等出土文獻揭示了這種鄉里制度實施的實況乃是所有居民都居於有土垣或籬柵圍繞的「里」中，因而構成了相對整齊劃一的「百戶為里」的居住方式與鄉里系統。而江陵、長沙、江都等南方各地所出之漢、三國簡，則說明南方地區根本不存在這樣的集聚聚落，而是分散居住於小規模的散村中，甚至很多自然村只有兩三戶乃至一戶，也沒有任何證據表明這種自然村落週圍會築有土垣[4]！顯然，散居狀態下，「百戶為里」的鄉里制度的推行只能採取變通的方法：以地域為主，劃地為里，集里成鄉，即鄉里制度表現為「地域組織」，其基礎是地域，而不是村落[1]。這是南方地區的鄉里制度與北方地區的鄉里制度（王朝國家確定的標準制度）在實施過程中發生的變異，而這種變異因為發生在源頭上，所以對後來的演變實有很大的影響。

2.我思考的第二個出發點是南方的城市以及城市內外的制度。我們知道，城市是王朝權力的象徵，所以，它要求城市（治所城市，下同）的形制與結構盡可能地遵從所謂「禮制」的要求。很多研究中國建築史的專家都強調古代城市建設對《考工記》的遵守，我們在北方也看到了大量方方正正、符合制度規定的古代城垣。明清時期南方

---

1 在上引有關長江中游聚落及其形態的幾篇論文中，我未能指明此點。但在〈宋代蘄州的鄉里區劃與組織〉一文的結語部分，以及〈隋唐五代買地券叢考〉（《文史》2007年第2期）的討論部分，我簡略陳述了這個看法，請參閱。

地區的治所城市，也努力遵守這些規定，但做得不夠好，還是顯示出某些不合禮制的傾向。最重要是，它們似乎更傾向於遵守地形、實際需要與「風水」的要求。地形、實際需要與風水原則下的南方城市形制，與禮制原則下的北方城市顯示出古代城市形制的兩個方向——當然，我們現在所看到的南北方城市，更可能是這兩種方向共同作用的結果。同樣的理路，我試圖去看隋唐時代的里坊制是如何在南方地區的治所城市中推行實施的。在〈唐代地方城市中的里坊制及其形態〉一文中，我論證說：唐前中期，除了少數新築或全面重修城郭的州縣治所城市外，南方地區大部分地方城市中並不存在以坊牆或籬柵環繞的封閉式里坊；在沿用舊城垣的州府城羅城裡，以及未立城郭的州縣治所城市中，亦或置有屬於城鄉基層行政組織系統的里、坊。「安史之亂」後，隨著大部分州府治所城市及部分縣城普遍增修或擴修羅城，里坊制得到較普遍推行；這些里坊主要是以戶籍控制、科稅和治安為目的而編組的基層行政單位，其形態是以街巷為中心、向兩邊展開的街區。同時，許多城市的附郭也存在市場，進一步說明即便在唐前中期，城市商業活動也並未完全被限制在封閉的「市坊」之內[5]。換言之，當隋及唐前期里坊制度確立的時候，南方地區的大部分州縣治所城市沿用六朝以來的格局，根本沒有實行里坊制；而在中唐以後，南方封疆大吏們卻在南方地區普遍推行包括里坊制在內的唐制，特別是在節鎮駐所城市中建立起了里坊。這樣的解釋，與自加藤繁以來有關里坊制（或坊市制）的解釋大不相同，進而影響到我們如何認識宋代城市發展方向的問題。

　　3.我思考的第三個方面是關於南方地區行政區域的設立與劃分。一般認為，行政區劃是在統一的中央集權制國家之下進行的分地域與分層級的行政管理體系，是集權的中央政府自上而下地對其所統治地域進行的分割與分層，即所謂「體國經野」。實際上，政區的形成與劃分是一個更為複雜的過程，很多時候並不是出於中央政府的

制度設計，而是一系列政治、經濟、軍事乃至人事因素共同作用的結果。地方政局變動，區域政治格局、地方政治勢力、經濟興衰以及軍事行動，策略等多方面因素對地方政區的形成與變動都會帶來很大影響。如西晉永興元年（304年）設置尋陽郡，就是為適應張昌起義平定後進一步加強對長江中游地區的控制而採取的措施之一；永嘉元年（307年）尋陽郡境域之擴展與屬縣之增加，則很可能與華軼力圖拉攏尋陽地方勢力有關；永嘉二年至五年間尋陽縣治之南移，很可能是由於華軼為保守江州、收縮防線所致；至東晉末年尋陽、上甲之省並及松滋、弘農二郡之降為尋陽郡屬縣，則是劉裕荊、江整頓措施的一部分，主要是借此削弱荊、江二州實力。唐初的「山南道」，也並非當時朝臣根據輿圖所示、依其「山川形便」而劃定者，而是對西魏北周乃至兩晉、北魏以來不斷變化的地理觀念及政治地理格局的繼承與發展，實有其特定的政治、軍事乃至經濟、文化基礎。進而言之，「貞觀十道」中各道的劃分及其地域範圍的確定，或皆非僅以「山川形便」四字所可解釋，而有其深厚的歷史政治地理背景。如河南、河北道，即顯然與北魏、東魏、北齊以來的政治地理格局及其變化有著密切關聯。因此，欲探究唐初「貞觀十道」之淵源及其劃分之原則，必須結合晉魏以來地理觀念與政治地理格局之變化，方能明瞭[6]。

4.我思考的第四個方面是關於役法的實施。《說文》云：「役，戍邊也。古文役從人。」、「賦，斂也」，「租，田賦也」。編戶齊民要納賦服役，乃是王法。在關於中國賦役制度史的研究中，賦，比較受重視，其演變之跡也大致清晰；而役的研究，則相對薄弱，諸多關節都不大明白。我最初關注到南北役法的不同，是讀《宋會要輯稿》「食貨・水利」部分，注意到北宋北方編戶的河工之役甚重，而南方（淮河以南）則基本沒有此項力役。後來系統地讀張澤咸、鄭學檬、王毓銓諸先生的研究，即頗著意不同時代役法在各地實施過程中的差異。然此一領域非常難，我還未能進入，只是有些很不成熟的想

中國歷史的南方脈絡 （代序）

法，可能是以後的研究中最為費力的部分。

兵役和力役乃是中古徭役制度的核心部分，也是編戶齊民負擔最重的役。我試圖從兵役出發，探討北、南朝兵役的異同，但還沒有理出頭緒。總的說來，北朝是從部落兵制逐步發展到了府兵制，基本是軍、民分立，所以雖然頻繁徵發漢民為兵，如北魏孝文帝南征時，發州郡之民，「十丁取一以充行」，但在周武帝改革府兵制以前，漢族農民的兵役負擔大抵不是很重。而南朝則大不相同，自孫吳以來，即頻繁徵發民戶為兵，到東晉南朝時，乃形成所謂「三五取丁」之制。如劉宋元嘉廿七年（450年），「發南兗州三五民丁」[1]；「大明五年（461年），發三五丁」[2]。所謂三五丁制，就是五丁取三。漢民編戶齊民兵役之重，遠過北朝，且役期甚長。鮑照詩云：「少壯辭家去，窮老還入門」；「去鄉三十載，復得還舊丘」。[3]這是兵役的北、南兩個系統。北周、隋統一南方，將府兵制漸次向南方推廣，但南方置府甚少，且大多不過長江，則南方編戶兵役負擔大減。故隋唐統一後，是將北方的兵役之法向南方推行。在〈西魏北周時代「山南」的「方隅豪族」〉一文中，我即試圖在毛漢光研究的基礎上，說明府兵制是如何隨著西魏北周的征服，向山南地區推行並在推行過程中發生變化的[4]。

如果說中古時代南方地區的兵役相對較輕的話，運役即運輸之役則相對較重。隋唐時代，江淮以南，每年都要北運大批糧食，以致「江左困輸轉」[5]，「水漕陸輓，方春不息，勞人奪農，卒歲何望，

1 《宋書》卷九五〈索虜傳〉，中華書局1974年版，第2349頁。
2 《宋書》卷九一〈孝義傳・孫棘〉，中華書局1974年版，第2256頁。
3 《六臣注文選》卷二八〈樂府下〉，鮑明遠：〈東武吟〉、〈結客少年場行〉，中華書局1987年影印本，第528～529頁。
4 〈西魏北周時代「山南」的「方隅豪族」〉，《中國史研究》2009年第1期。
5 《新唐書》卷一二三〈李嶠傳〉，中華書局1975年版，第4370頁。

關東嗟怨[1]」。安史亂後，唐王朝仰給東南財賦，「征師四方，轉餉千里，賦車籍馬，遠近騷然，行賚居送，眾庶勞［苦］（止）。或一日屢交鋒刃，或連年不解甲冑，祀奠乏主，室家靡依。生死流離，怨氣凝結。力役不息，田萊多荒。暴命峻於誅求，疲甿空於杼軸。轉死溝壑，離去鄉閭，邑里丘墟，人煙斷絕。[2]」這是德宗朝山南、淮南、江南諸道的情形。南方運役之重由此可見一斑。

　　總之，中國古代的鄉里制度、城市里坊制度、賦役制度等重要的制度設計，主要是立足於北方地區的，是大致與北方地區的地理、經濟生產方式、社會狀況相適應的，所以，當這些制度推行到南方地區時，就必須加以變通，所以就產生了「制度的南方類型」；因為在實施之初，就與制度設計和規定不盡相符，在後來的演變過程中，就形成了越來越多的南方特徵，從而發展出「制度演變的南方道路」。這些制度的南方類型及其演變的南方道路，又反過來影響制度設計本身，這種影響越到後來越大，使古代制度體系逐步走向「南方化」。

　　（三）南方地區的民間信仰與儀式

　　2003年以來，我很大一部分時間與精力放在買地券的研究上。我之所以研究這些買地券，有三個理由：第一，它是真正的民間文獻，是那些不太識字或完全不識字的老百姓請人書寫的，書寫人多為地理師、陰陽先生、僧道之流，不是士大夫。第二，人在這個世上，無論榮華富貴抑或窮困潦倒，都是要死的。因此，如何對待及如何處理死，是人生大事。通過買地券，可以窺知古代民眾如何看待以及如何處理死的問題。第三，買地券的源頭是戰國晚期、西漢時代楚地所出的告地策，因此，我傾向於把它看作為南方部分地區（長江中下游或整個長江流域）處理死亡的早期傳統。從漢魏六朝的材料看，武夷

1　《全唐文》卷二十，唐玄宗：〈幸東都制〉，中華書局1983年影印本，第一冊，第238頁。
2　《文苑英華》卷四二一，陸贄：〈奉天改元大赦制〉，中華書局1966年版，第三冊，第2131頁上。

中國歷史的南方脈絡　（代序）

君、安都王可能是南方地區較早的冥君，與北方地區的泰山神君不同，可能是另一個源流。換言之，在佛教傳入並成為大眾信仰之前，南方民眾關於陰間的構想，與北方地區是有很大不同的另一個系統。從楚至漢代告地策，到衣物疏、買地券，這很可能是源自南方特別是楚地的一種死亡處理系統。當然，這一傳統到唐宋時代，影響到各地，甚至西北地方（敦煌吐魯番的材料），而這可以看作是南方民間信仰的擴展，或者說北方信仰受南方信仰影響的過程[1]。

第二個方面，是關於民間喪葬儀式。這一問題，實際上是前一問題的延伸，因為買地券的研究只處理文字資料，還不是活的歷史。那麼，怎樣在當代的人類學觀察中，透視出其古老的儀式傳統呢？我與幾位朋友、主要是劉永華教授，不斷地摸索這個問題，永華對科儀書的文本解讀，對我幫助很大。但文字傳統，無論其適用範圍多大，都是可以及於很多人的；而一個儀式，參與者是有限的，但參與者的參與程度，遠過於閱讀或聆聽文字的表達。因此，儀式及其過程，是最能顯示出地方性的。自從武雅士以來，很多研究民間信仰儀式的學者，都把著眼點放在從儀式上觀察國家權力系統的折射或沉積，這固然是重要的一方面，但我以為很多儀式主要是面向地方社會、當地民眾而做的，所以需要得到民眾的理解與認同，因而它是「地方的」。儀式的地方性，可能會是我以人類學的眼光去看待古代史的著眼點之一。但具體會怎樣做，我還完全不知道。

（四）南方地區民眾生計的多樣性與經濟形態的多元化

傳統中國歷史闡釋體系中有關經濟發展的一般性敘述模式是：

---

1 關於這一論題，我陸續撰寫了一些文章，現已刊出者有六篇：（1）〈漢地買地券的淵源、意義及其價值〉，《中國史研究》2006年第1期；（2）〈六朝買地券叢考〉，《文史》2006年第2期；（3）〈隋唐五代買地券叢考〉，《文史》2007年第2期；（4）〈宋代蘄州的鄉里區劃與組織——基於鄂東所見地券文的考察〉，載《唐研究》第11輯，北京大學出版社2005年版。（5）〈甘肅靈臺、陝西長武所出北魏地券考釋〉，《中國經濟史研究》2010年第4期；（6）〈北魏買地券三種考釋〉，《魏晉南北朝隋唐史資料》2010年第26輯。請參閱。

人口增加（勞動力增加）→土地增闢（田畝增加）→生產力提高（主要表現為鐵農具與牛耕的推廣、農田水利事業的發展，後者又主要表現為灌溉水利的發展）→農業經濟發展（農產品總量的增加）→商品交換的發展與商品作物種植→手工業經濟的發展。這種經濟發展史的敘述與闡釋，主要是就單純的農耕區域而言的，對北方地區特別是農耕與畜牧兼營的地區也並不合適。就南方地區來說，民眾生計所依靠者，除了以稻作為核心的農耕之外，還包括山林（以採集與果木種植及伐木為主）、河湖海洋（捕撈與養殖）這兩個重要方面。因此，南方地區的「農業資源」，就與北方中原地區相對單純地依靠「土地」不同，所以其農業經濟的結構也就與北方地區不同。這樣，從資源出發，考察南方地區農業經濟的結構，就成為研究的第一步。山林、水面所有權，可能是研究這一問題的重要入手點。

　　由於農業經濟不單純依賴「田地」，生計來源多元化，不同類型產品間的交換很可能就成為必然。我揣測南方地區的交換、貿易的頻繁程度要比北方地區高，商品經濟的發展程度可能比北方地區要高，越到後來越是如此。換言之，南方地區的商業傳統要比北方地區相對發育。這樣，就構成了南方地區多樣化的經濟形態：（1）稻作農業為主的農耕經濟，（2）果木栽培、山林採伐為主的山林經濟，（3）捕撈、養殖為主的漁業經濟，（4）主要表現為產品交換的原始商品經濟。土地資源及其利用方式的多樣性，是經濟形態多樣性的基礎。多樣性的經濟形態，或者說是生計方式的多元化，使南方居民的生活相對而言不太匱乏，故南方地區的經濟發展相對平穩，不像北方地區那樣大起大落。這是南方地區社會經濟發展相對平穩、未發生大斷裂的重要原因[7]。

　　以稻作農業為主、漁獵經濟為輔的多元化經濟形態，給南方地區的社會經濟生活帶來很大影響。《史記·貨殖列傳》云：「楚越之地，地廣人希，飯稻羹魚，或火耕而水耨，果隋蠃蛤，不待賈而足。

19

地執饒食，無饑饉之患，以故呰窳偷生，無積聚而多貧。是故江、淮以南，無凍餓之人，亦無千金之家。」[1]《漢書‧地理志》有關南方諸郡的記載，也證實了司馬遷的描述。如巴、蜀、廣漢，「本南夷，秦並以為郡，土地肥美，有江水沃野，山林竹木疏食果實之饒。南賈滇、僰僮，西近邛、莋馬旄牛。民食稻魚，亡凶年憂，俗不愁苦，而輕易淫泆，柔弱褊陀[2]」。南迄海南島上的儋耳、珠崖二郡，亦「男子耕農，種禾稻紵麻，女子桑蠶織績[3]」。這裡描述了一個相對平等、分散而自給、自治的社會，與黃河中下游地區的集中與專制形成鮮明對比。就基本的生產方式而言，稻作農業需要有明確的田塊和田埂，還必須有灌排設施；與旱地農業相比，稻作農業需要較高的技術和更加精心的管理。因此，從事稻作農業的人們，比種旱地的農人更傾向於穩定，也易於養成精細和講究技巧的素質，有利於某些技巧較高的手工業的發展。豐富的水產與山林資源則提供了穩定而可靠的補充食物。凡此，都促進了稻作農業下自給性生活方式的形成[4]。同時，南方地區早期的稻作農業主要在河谷地帶和平原邊緣地帶展開，小規模的協作即可進行，對大規模協作的要求不很強烈，這使得小規模的家庭生產成為可能。另一方面，平原湖區密集的河網或山區崎嶇的道路，均促使農民將居住地與耕種的土地盡可能靠近，散居乃成為南方地區主導性的鄉村聚落形態。質言之，稻作農業為主的經濟形態，在很大程度上決定了南方地區分散、自給乃至自治的傾向[5]。

這一思考的最後一方面，應當是「傳統中國思想發展的南方源

---

1 《史記》卷一二九〈貨殖列傳〉，中華書局1959年版，第3270頁。
2 《漢書》卷二八下〈地理志〉下，中華書局1962年版，第1645頁。
3 《漢書》卷二八下〈地理志〉下，中華書局1962年版，第1670頁。
4 嚴文明：〈稻作農業與東方文明〉，載嚴文明：《農業發生與文明起源》，科學出版社2000年版，第48～49頁。
5 參閱魯西奇：〈中國歷史與文化的「區域多樣性」〉，《廈門大學學報》（哲學社會科學版）2010年第6期；〈中國歷史發展的五條區域性道路〉，《學術月刊》2011年第2期。

流」，包括（1）儒家學說的「南方化」，（2）南方地區的佛教與佛學，（3）中國本土宗教道教的南方起源及其流變等問題。這些問題還未及思考，只是於2010年撰寫了一篇〈溫州龍灣國安寺千佛石塔宋代銘文考釋〉[1]，算是開始涉足這一領域的研究，還說不上有什麼體會。

這裡所談到的大多數想法都還未能落到實處，在今後的研究中也應當會有所調整，甚至較大改動，但今後十餘年，我大概會沿著本文所談到的方向與理路繼續探索，希望能夠逐步形成一些較成熟、有意義的認識。

注釋：

[1] 參閱蘇秉琦：〈關於考古學文化的區系類型問題〉，《文物》1981年第5期；《中國文明起源新探》，三聯書店1999年版，特別是第4～7、34～128頁；佟柱臣：〈中國新石器時代文化的多元論和發展不平衡論——論中國新石器時代文化發展的規律和中國文明的起源〉，《文物》1986年第2期；張光直：《古代中國考古學》（據耶魯大學出版社1986年第四版譯），印群譯，遼寧教育出版社2002年版，第233～308頁；嚴文明：〈中國史前文化的統一性與多樣性〉，《文物》1987年第3期，後收入嚴文明：《史前考古論集》，科學出版社1998年版，第1～17頁；石興邦：〈中國新石器時代考古文化體系研究的理論與實踐〉，《考古與文物》2002年第1期；許倬雲：〈從多元出現核心〉，《燕京學報》新26期，北京大學出版社2009年版，第

1　魯西奇、林昌丈：〈溫州龍灣國安寺千佛石塔宋代銘文考釋〉，浙江省社科聯、溫州市龍灣區政府主辦的「明代龍灣歷史研討會」提交論文，2010年12月。

中國歷史的南方脈絡（代序）

1～13頁。

　　[2] 蕭鳳霞、劉志偉：〈宗族、市場、盜寇與蜑民──明以後珠江三角洲的族群與社會〉，《中國社會經濟史研究》2004年第3期；劉志偉：〈地域空間中的國家秩序──珠江三角洲「民田」、「沙田」格局的形成〉，《清史研究》1999年第2期；劉志偉：〈地域社會與文化的結構過程──珠江三角洲研究的歷史學與人類學對話〉，《歷史研究》2003年第1期。

　　[3] 科大衛、劉志偉：〈宗族與地方社會的國家認同──明清華南地區宗族發展的意識形態基礎〉，《歷史研究》2000年第3期；劉志偉：〈傳說、附會與歷史真實：珠江三角洲族譜中宗族歷史的敘事結構及其意義〉，載上海圖書館編：《中國譜牒研究：全國譜牒開發與利用學術研討會論文集》，上海古籍出版社1999年版，第149～163頁；劉志偉：〈族譜與文化認同──廣東族譜中的口述傳統〉，載王鶴鳴主編：《中華譜牒研究：邁入新世紀中國族譜國際學術研討會論文集》，上海科技文獻出版社2000年版，第1～6頁；鄭振滿：《明清福建家族組織與社會變遷》，湖南教育出版社1994年版，中國人民大學出版社2009年修訂本；鄭振滿：《鄉族與國家：多元視野中的閩臺傳統社會》，三聯書店2009年版。

　　[4] 魯西奇：〈漢宋間長江中游地區的鄉村聚落形態及其演變〉，載《歷史地理》第23輯，上海人民出版社2008年版，第128～151頁；〈《水經注》所見南陽地區的聚落及其形態〉，載《燕京學報》新25輯，北京大學出版社2008年版，第43～88頁；〈《水經注》沔水篇所見漢水上游地區的聚落形態〉，載武漢大學歷史地理研究所編：《石泉先生九十誕辰紀念文集》，湖北人民出版社2007年版，第125～147頁；《城牆內外：古代漢水流域城市的形態與空間結構》，中華書局2011年版，特別是第一部分〈《水經注》所見漢水流域的城邑聚落及其形態〉，第1～148頁。

[5] 魯西奇：〈唐代地方城市中的里坊制及其形態〉，載《廈門大學國學研究集刊》第2輯，中華書局2009年版，第1～17頁。關於南方城市的發展及其形態與空間結構的問題，我斷續寫了幾篇文章，除上文外，還有：〈城牆內外：明清時期漢水下游地區府、州、縣城的形態與空間結構〉，載陳鋒主編：《15至20世紀長江流域社會經濟史論》，武漢大學出版社2006年版，第228～291頁；〈山城及其河街：明清時期鄖陽府、縣城的形態及其空間結構〉，載陝西師大西北環發中心編：《歷史環境與文明演進——2004年中國歷史地理研討會論文集》，商務印書館2005年版，第538～559頁；〈雙子城：明清時期襄陽—樊城、光化—老河口的空間形態〉，載張建民主編：《10世紀以來長江中游區域環境、經濟與社會變遷》，武漢大學出版社2008年版，第379～395頁；〈空間與權力：中國古代城市形態與空間結構的政治文化內涵〉（署名魯西奇、馬劍），《江漢論壇》2009年第4期；〈城牆內的城市？——關於中國古代城市形態的再思考〉（署名魯西奇、馬劍），《中國社會經濟史研究》2009年第2期等。這些文章的主要內容，均收入魯西奇：《城牆內外：古代漢水流域城市的形態與空間結構》之第三部分〈明清時期漢水流域府、州、廳、縣城的形態與空間結構〉，中華書局2011年版，第2/9～448頁。

[6] 參閱江田祥：〈兩晉尋陽郡領縣與轄區考〉，《中國歷史地理論叢》2005年第2期；魯西奇：〈「山南道」之成立〉，《中國歷史地理論叢》2009年第2期。這一理路大致是在2003年寫作〈唐代長江中游地區政治經濟地域結構的演變——以襄陽為中心的討論〉（載李孝聰主編：《唐代地域結構與運作空間》，上海辭書出版社2003年版，第97～139頁）時初步形成的，後來在指導江田祥探討東晉南朝江州潯陽郡領縣與轄區變化問題時慢慢明晰，到2008年撰寫《「山南道」之成立》時基本形成。

[7] 參閱魯西奇、楊國安、徐斌、江田祥：〈內地的邊緣——明清

時期鄖西縣地域社會史的初步考察〉，載陳鋒主編：《15至20世紀長江流域社會經濟史論》，武漢大學出版社2005年版，第431～493頁；魯西奇、楊國安：〈香口柯家灣：清代鄂西北山區移民的生計、發展與宗族形態〉，載行龍、楊念群主編：《區域社會史比較研究》，社會科學文獻出版社2006年版，第275～299頁；魯西奇、董勤：〈南方山區經濟開發的歷史進程與空間展布〉，《中國歷史地理論叢》2010年第4期。

釋　「蠻」

一、問題之提出

　　東漢以迄六朝文獻中，向以「蠻」指稱長江中游及其週圍地區的土著居民[1]。治民族史者，多將其視為中古時代活動於中國南方的諸民族或族系之一，逕稱為「蠻族」[2]。一般認為：東漢時期，蠻族始見於記載；其時長江中游（包括部分上游）地區的蠻族分為槃瓠、廩君兩個系統或槃瓠、廩君、板楯三個種別，其中槃瓠蠻主要活動於今洞庭湖以西、以南地區，廩君蠻活動於今鄂西南，板楯蠻活動於今重慶、川東（或以板楯蠻併入廩君蠻系統）。六朝特別是南北朝時期，蠻族大規模地向北、向東移動，其活動範圍由長江中游及部分上游地區擴展到淮、漢流域，「布荊、湘、雍、郢、司五州界」，「北接淮、汝，南極江、漢，地方數千里」[3]；即便是中原地區，也有蠻族分布，

1　《說文‧蟲部》：「蠻，南蠻，蛇種。」（《說文解字》卷上，「蟲」部，中華書局1963年版，第282頁)或據此認為「蠻」為南方非漢族之通稱，此當為廣義之「蠻」（陳寅恪：〈魏書司馬叡傳江東民族條釋證及推論〉，載《金明館叢稿初編》，上海古籍出版社1980年版，第76～77頁）。而漢魏六朝文獻所頻稱之「蠻」，則大抵專指活動於長江中游及其周圍地區的土著族群。

2　遍檢漢魏六朝史籍，迄未見有「蠻族」之稱，多單稱為「蠻」，「族」字顯係今人所加。

3　《宋書》卷九七〈夷蠻傳〉「豫州蠻」，中華書局1974年版，第2398頁；《南齊書》卷五八〈蠻傳〉，中華書局1972年版，第1007頁。

所謂「陸渾以南，滿於山谷，宛洛蕭條，略為丘墟矣[1]」。而隨著蠻族的遷徙、征戰、歸附及與漢人的雜居，大部分蠻族也逐步完成了其「漢化」進程，到隋代，居住於今湖北、陝南、重慶、川東的「蠻」（及「獠」）「與夏人雜居者」，已「與諸華不別」；惟「其僻處山谷者，則言語不通，嗜好居處全異[2]」。

這一解說體系，得到學術界較廣泛地接受，大部分民族史論著均持此說，成為較流行的說法[1]。然而，仔細研讀有關記載，我們對此一解說卻不無疑問：「蠻」果然可以視為中古時代的一種民族或族系嗎？換言之，漢魏六朝文獻記載中活動於長江中游及其週邊地區的諸種「蠻」果然可以視為同一民族或將其歸入同一族系嗎？

先從這些蠻的族源傳說和信仰上看。據《後漢書・南蠻傳》所記，武陵蠻崇祀槃瓠，巴郡南郡蠻崇祀廩君，板楯蠻夷則尚虎，論者多據此將漢魏六朝時代的「蠻族」別為三支或兩種（分為兩種者將巴郡南郡蠻與板楯蠻同歸入廩君系）。仔細分析這三支蠻的信仰，我們發現，彼此之間實非一體，甚至還互相衝突。槃瓠蠻崇奉犬圖騰，向無異說，可不具論。廩君蠻與板楯蠻，一般認為均尚虎，崇奉白虎圖騰。然細繹史籍，卻並非如此。《後漢書・南蠻傳》云：

> 巴郡南郡蠻，本有五姓：巴氏、樊氏，曋氏，相氏，鄭氏。皆出於武落鍾離山。其山有赤黑二穴，巴氏之子生於赤穴，四姓之子皆生黑穴。未有君長，俱事鬼神，乃共擲劍於石穴，約能中者，奉以為君。巴氏子務相乃獨中之……因共立之，是為廩君。乃乘土船，從夷水至鹽陽。鹽水有神女，謂廩君曰：「此地廣大，魚鹽所出，願留共居。」廩君不許。鹽神暮輒來取宿，旦即化為蟲，與諸蟲群飛，掩蔽

---

1 《魏書》卷一〇一〈蠻傳〉，中華書局1974年版，第2246頁。
2 《隋書》卷三一〈地理志下〉「荊州」後敘，中華書局1973年版，第897頁。

日光，天地晦冥。積十餘日，廩君伺其便，因射殺之，天乃開明。廩君於是君乎夷城，四姓皆臣之。廩君死，魂魄世為白虎。巴氏以虎飲人血，遂以人祠焉。[1]

廩君所射殺之鹽神「旦即化為蟲，與諸蟲群飛」，很可能屬於《說文》所謂「蛇種」，即「蠻」之初型。廩君死後，「魂魄世為白虎」，故廩君蠻的圖騰乃為白虎，後世稱之為「白虎蠻[2]」。而在板楯蠻的傳說中，則有射殺白虎的故事。《華陽國志》卷一〈巴志〉云：

秦昭襄王時，白虎為害，自黔、蜀、巴、漢患之。秦王乃重募國中：有能煞虎者邑萬家，金帛稱之。於是夷胸忍廖仲藥、何射虎、秦精等乃作白竹弩於高樓上，射虎，中頭三節……大呴而死。秦王嘉之曰：「虎歷四郡，害千二百人。一朝患除，功莫大焉。」欲如約，嫌其夷人，乃刻石為盟要：復夷人頃田不租，十妻不算；傷人者，論；煞人雇死，倓錢。盟曰：「秦犯夷，輸黃龍一雙；夷犯秦，輸清酒一鍾。」夷人安之。漢興，亦從高祖定亂，有功。高祖因復之，專以射白虎為事。戶歲出賨錢口四十。故世號白虎復夷，一曰板楯蠻，今所謂弜頭虎子也。[3]

《後漢書・南蠻傳》所記與此略同。這裡的「白虎為害」當隱喻廩君蠻之侵擾，而板楯蠻先祖之射殺白虎則喻指擊敗了廩君蠻[4]。

1 《後漢書》卷八六〈南蠻傳〉，中華書局1965年版，第2840頁。
2 如《周書》卷四四〈扶猛傳〉云：「扶猛字宗略，上甲黃土人也。其種落號白獸蠻，世為渠帥。」今校點本《校勘記》謂「白獸」即「白虎」，避唐諱改。所說確當。中華書局1971年版，第795頁。
3 常璩撰：任乃強校注：《華陽國志校補圖注》卷一〈巴志〉，上海古籍出版社1987年版，第14頁。
4 此傳說所述故事發生之年代（秦昭王時，西元前306—西元前251年）及秦王出賞格募人殺虎、夷人與秦人盟約之事，亦不能遽然信為史實，只能以傳說視之。至多只是板楯蠻單方面的傳說。

釋「蠻」

顯然，「專以射殺白虎為事」的白虎復夷（板楯蠻）與崇祀白虎的廩君蠻實為對立的兩種族群，即便有某種關聯，也絕不可能同屬一族[2]。

再從這三支蠻的發源地來看。廩君蠻發源於今鄂西北清江流域（古夷水），板楯蠻發源於今嘉陵江流域（古巴水、渝水），相距較近，二者或確有某種關聯[1]。然槃瓠蠻及其「犬祖」的發源地，雖眾說紛歧，但大抵皆承認至戰國及秦、西漢時代，槃瓠蠻已居於洞庭湖週圍的漢代長沙、武陵郡境內；雖與廩君蠻居地之今鄂西南相鄰，然二蠻非出一源，向無異議[3]。族源地既非為一，則很難斷其為同一族或族系。

實際上，漢魏六朝文獻中雖然將這些南方土著族群均稱作「蠻」，但也很清楚他們並非一族，故《宋書·夷蠻傳》「史臣論」謂「蠻、僰殊雜，種眾特繁」[2]；《南齊書·蠻傳》謂蠻「種類繁多，言語不一」[3]；《北史·獠傳》謂獠「種類甚多，散居山谷，略無氏族之別」[4]。然則，諸史又何以將這些「種類繁多，言語不一」的族群合稱為「蠻」？這些「蠻」究竟具有哪些共同特徵，以致當時人均將其視為「蠻」？「蠻」自身是否認同或如何界定自己的族群身分？質言之，「蠻」的族群本質究竟若何？

---

1 從族源傳說來分析，廩君擊殺可化為蟲的鹽神，而板楯蠻先祖復以射殺白虎而得稱，然則，這三支古代族群形成、活動的先後順序應當是：崇祀「蟲」（蛇）的鹽神族群（巴？）最早，其次是以白虎為圖騰的廩君蠻，而「專以射白虎為事」的板楯蠻則最晚。他們在活動地域上可能有重疊。此點所涉較廣，容俟另考。

2 《宋書》卷九七〈夷蠻傳〉，中華書局1974年版，第2399頁。

3 《南齊書》卷五八〈蠻傳〉，中華書局1972年版，第1007頁。

4 《北史》卷九五〈獠傳〉，中華書局1974年版，第3154頁。

二、從「莫徭」說起

《隋書·地理志》「荊州」後敘云：

> 長沙郡又雜有夷蜒，名曰莫徭，自云其先祖有功，常免徭役，故以為名。其男子但著白布褌衫，更無巾褲；其女子青布衫、班布裙，通無鞋屬。婚嫁用鐵鈷為聘財。武陵、巴陵、零陵、桂陽、澧陽、衡山、熙平皆同焉。其喪葬之節，頗同於諸左云。[1]

論者多以莫徭為後世瑤族之前身。其所以視為一族及其得名，並非因為其衣著、婚嫁及喪葬之俗，而主要是因為他們自稱「其先祖有功，常免徭役」。當其時，長江中游大部分地區的「蠻左」已「與夏人雜居」、「與諸華不別」，著籍而成為編戶齊民，納賦從役；如若「相呼為蠻，則為深忌」，已在著意消除自己的「蠻民」痕跡；而這一支夷人卻刻意強調自己的蠻夷特徵，其目的顯然在力圖蠲免徭役（其是否真能免除徭役，自另當別論）。

在文獻所見漢魏六朝時期諸蠻的傳說與敘事中，均有關於他們自述其先祖有功、得免賦役的情節。上引板楯蠻的傳說，敘述了其先祖在秦昭襄王時射殺白虎（是為「立功」），因而得秦王免除賦、算的故事；進而並稱其祖先在漢初嘗助高祖平定三秦，故高祖仍復其賦算[2]。凡此敘述，皆當出自蠻人自身傳說，非出於秦漢官方記載，當可斷言[4]。其所述之事，秦王以萬家之邑募人殺虎、後與夷人刻石盟

---

1 《隋書》卷三一〈地理志下〉荊州後敘，中華書局1973年版，第898頁。
2 《後漢書》卷八六〈南蠻傳〉「板楯蠻夷」條謂：「至高祖為漢王，發夷人還伐三秦。秦地既定，乃遣還巴中，復其渠帥羅、樸、督、鄂、度、夕、龔七姓，不輸租賦，餘戶乃歲入賨錢，口四十。」（中華書局1965年版，第2842頁）較之《華陽國志》所記，詳略雖異，意旨大同。

約，固無可能；漢高祖賞夷人之功、復其租賦事，似亦於史無徵。在這個故事中，值得注意的是對減免口、算賦（人頭稅）的強調（秦時「十妻不算」及漢代戶出賣錢口四十）。雖然《漢書·貢禹傳》關於口、算賦創自漢武帝的說法並不足信，但口、算賦至武帝時始重，則並無疑義；且秦世是否徵收口、算賦，尚不清楚 [1]。據此，此一故事之成立當在漢武帝「重賦於民」之後。

廩君蠻的傳說中，則有輸納租賦的具體數目。《後漢書·南蠻傳》謂：「及秦惠王並巴中，以巴氏為蠻夷君長，世尚秦女，其民爵比不更，有罪得以爵除。其君長歲出賦二千一十六錢，三歲一出義賦千八百錢。其民戶出幏布八丈二尺，雞羽三十鏃。」[2]《文選》卷六《魏都賦》「賨幏積埏，琛幣充牣」句下李善注引《風俗通》曰：「……廩君之巴氏，出幏布八丈。」[3] 則知《後漢書》此條記載亦出於《風俗通義》，為廩君蠻自身傳說的組成部分。漢制算賦為每人歲出百二十錢，則巴氏大君長所出之賦實甚微薄，僅具象徵意義。而其民則戶出幏布八丈二尺，約二匹 [4]。東漢末年，起征戶調，「戶出絹二匹，綿二斤」[5]。兩相比照，則知廩君蠻民所納之幏布大抵即相當於後世之「戶調」，其數額並不為少；但因為不納田租，亦不從徭役，故仍可算是「薄賦」。

在槃瓠蠻的傳說裡，則特別強調其先祖起源的特殊性。《後漢書·南蠻傳》謂：「以先父有功，母帝之女，田作賈販，無關梁符傳，租稅之賦。」[5]《後漢書》所記，亦本乎《風俗通義》，則這裡的

1　參閱李劍農：《中國古代經濟史》第一卷，武漢大學出版社1991年版，第238～259頁；錢劍夫：《秦漢賦役制度考略》，湖北人民出版社1984年版，第47～65頁。

2　《後漢書》卷八六〈南蠻傳〉，中華書局1965年版，第2841頁。

3　《六臣注文選》卷六左太沖〈魏都賦〉，中華書局1987年影印本，第129頁。

4　漢代布廣二尺二寸、長四丈為一匹，是為定制。參閱勞榦：〈簡牘中所見的布帛〉，《古代中國的歷史與文化》，中華書局2006年版，第313～318頁。

5　《後漢書》卷八六〈南蠻傳〉，中華書局1965年版，第2829～2830頁。

「以」字，當作「蠻人自以為」解。《後漢書》又稱：「漢興……歲令大人輸布一匹，小口二丈，是謂賨布。」據其前後文，似為漢制如此；然據《文選·魏都賦》李善注所引，則知此句亦當出自《風俗通義》，亦為槃瓠蠻之傳說。「大人」與「小口」並列，當指所謂「大小口」，則每戶所納賨布與廩君蠻戶出嫁布大致相當。

諸蠻關於其先祖曾得賦役減免之優待的傳說，當並非空穴來風，而必有所據。《漢書·食貨志下》云：「漢連出兵三歲，誅羌，滅兩粵，番禺以西至蜀南者置初郡十七，且以其故俗治，無賦稅。」[1]則漢武帝時新拓之南越、西南夷諸郡皆「以其故俗而治，無賦稅」。據此推測，秦時所並之巴、黔中諸郡，初時或亦無賦稅之征，至漢初賦稅仍相對較輕，應屬可信[2]。而在諸蠻的傳說中，則不僅將此與其先祖的「立功」聯繫起來，從而強化了賦役減免優待的合法性和必要性，並將此一內容逐步突顯出來，成為界定其身分及其特殊性的重要依據。

東漢時期，諸蠻屢叛，其重要起因之一即是賦役問題。安帝元初二年（115年），「澧中蠻以郡縣徭稅失平，懷怨恨，遂結充中諸種二千餘人，攻城殺長吏。州郡募五里蠻六亭兵追擊破之，皆散降。賜五里六亭渠帥金帛各有差[3]」。澧中徭稅如何「失平」，已不能詳，然既稱「徭稅失平」，則澧中蠻已須服役納稅。而據上引槃瓠蠻自身的傳說，蠻並無須輸納徭稅，只需按大小口輸納賨布即可，故引發蠻亂的根本原因並不在「失平」，而在服納徭稅本身。又州郡賴以平定叛徭的所謂「五里蠻六亭兵」，顯然是「熟蠻」；

1　《漢書》卷二四下〈食貨志下〉，中華書局1962年版，第1174頁。
2　關於漢代的初郡政策，請參閱胡紹華：〈淺析漢朝初郡政策的歷史作用〉，〈漢朝開創了中央王朝治理南方民族的基本政策〉，載胡紹華：《中國南方民族歷史文化探索》，民族出版社2005年版，第237～247、292～308頁。
3　《後漢書》卷八六〈南蠻傳〉，中華書局1965年版，第2833頁。

釋「蠻」

「五里」、「六亭」之稱，或暗示五里蠻已納入鄉、亭、里之編組，其蠻戶或已成為編戶齊民。換言之，五里蠻當服從徭役、輸納租賦，包括應募征剿「叛蠻」。至順帝永和元年（136年），「武陵太守上書，以蠻夷率服，可比漢人，增其租賦」。可以見出漢朝官府一直力圖將蠻夷戶口納入其賦役系統，與漢人輸納同樣的租賦。當時的尚書令虞翻表示反對，奏稱：

自古聖王不臣異俗，非德不能及，威不能加，知其獸心貪婪，難率以禮。是故羈縻而綏撫之，附則受而不逆，叛則棄而不追。先帝舊典，貢稅多少，所由來久矣。今猥增之，必有怨叛。計其所得，不償所費，必有後悔。

據此，則知「先帝」（當指安帝）時嘗立有「舊典」，規定了蠻民應納貢稅的數額。「其冬，澧中、漊中蠻果爭貢布，非舊約，遂殺鄉吏，舉種反叛。」[1]這裡的「舊約」當即虞翻所說之「舊典」。「澧中、漊中蠻果爭貢布，非舊約[2]」，看來是藉抵制增賦之機，全面否定「舊約」，試圖回復到「貢布」的傳說時代。

和帝永元十三年（101年），屬於廩君蠻系統的南郡巫蠻許聖等屯聚反叛，起因也是「郡收稅不均，懷怨恨[3]」，其情形與武陵郡境內槃瓠蠻之反叛頗為相似。順、桓之世，板楯蠻亦多次反叛。靈帝光和二年（179年），益州計曹掾（《後漢書・南蠻傳》作「漢中上計」）程包應靈帝之考問而對以方略云：

1　《後漢書》卷八六〈南蠻傳〉，中華書局1965年版，第2833頁。
2　今中華書局校點本將此句斷為「澧中、漊中蠻果爭貢布非舊約」（中華書局1965年版，第2833頁），意為澧中、漊中蠻認為「貢布」不是「舊約」規定。然據上引槃瓠蠻的傳說，貢布實為故例，蠻不當認為貢布非舊約之內容。仔細揣摩其事，此句之意當理解為澧中、漊中蠻皆爭相貢布，而不願遵從安帝時所定立的「舊約」。
3　《後漢書》卷八六〈南蠻傳〉，中華書局1965年版，第2841頁。

板楯七姓，以射白虎為業，立功先漢。本為義民，復除徭役，但出賨錢，口歲四十。其人勇敢能戰，昔羌數入漢中，郡縣破壞，不絕若線，後得板楯，來虜彌盡，號為神兵。……忠功如此，本無噁心。長吏鄉亭，更賦至重；僕役過於奴婢，箠楚隆於囚虜；至乃嫁妻賣子，或自剄割。陳冤州郡，牧守不理。去闕庭遙遠，不能自聞。含怨呼天，叩心窮穀。愁於賦役，困於刑酷。邑域相聚，以致叛戾。非有深謀至計，僭號不軌。[1]

程包，《華陽國志》卷十《先賢志·漢中士女》作「程苞」，謂其為南鄭人。據此，則身為官吏的程包在回答皇帝之問時也承認板楯蠻擁有「復除徭役」的特權，並認為蠻民之所以反叛的根本緣由在於地方長吏破壞了減免板楯蠻徭役的舊規，「更賦至重」；蠻民「愁苦賦役」，「以致叛戾」。顯然，「復除徭役，但出賨錢」已成為蠻民賴以團聚起來、反抗壓迫的旗幟，也成為界定自己族群身分、將自己與服從徭役的漢民區別開來的重要標誌。

至劉宋時代，賦役之輕重也是「蠻」與「宋」的根本性差別。《宋書》卷九七〈夷蠻傳〉「荊雍州蠻」下謂：

蠻民順附者，一戶輸穀數斛，其餘無雜調。而宋民賦役嚴苦，貧者不復堪命，多逃亡入蠻。蠻無徭役，強者又不供官稅。結黨連群，動有數百千人，州郡力弱，則起為盜賊。種類稍多，戶口不可知也。[2]

1 常璩撰、任乃強校注：《華陽國志校補圖注》卷一〈巴志〉，上海古籍出版社1987年版，第24頁。
2 《宋書》卷九七〈夷蠻傳〉「荊雍州蠻」，中華書局1974年版，第2396頁。

釋「蠻」

「順附」的蠻民（當即所謂「熟蠻」、「善蠻」），戶輸穀數斛[1]，屬於「官稅」範疇；其「戶口不可知」，顯未著籍。《隋書・食貨志》追敘南朝賦稅，謂「其課，丁男調布絹各二丈，絲三兩，綿八兩，祿絹八尺，祿綿三兩二分；租米五石，祿米二石。丁女並半之[2]」。兩相比照，則知蠻戶所負擔之官稅實較輕。且兩晉南朝，雜調徭役奇重，蠻戶既無雜調，亦無徭役，故「宋民」多逃亡入蠻。在這裡，蠻、宋之區別，就主要表現在賦役方面；入蠻之宋民，即照蠻戶輸納穀米，遂成為「蠻」，而不再是「宋民」。

這是順附「熟蠻」的情形。至於未附順的「生蠻」，當然更不會負擔賦役。《宋書・自序》記沈亮於元嘉中任南陽太守，「邊蠻畏服，皆納賦調[3]」。正說明「邊蠻」於「畏服」之前，並不輸納賦調。當然，這並不意味著「生蠻」就沒有任何負擔。《隋書・食貨志》謂：「諸蠻陬俚洞霑沐王化者，各隨輕重，收其賧物，以裨國用。」[4]賧，〈玉篇〉釋云：「蠻夷以財贖罪也。」《南齊書》卷二二〈蕭嶷傳〉記劉宋後廢帝元徽中（473—476年），荊州刺史「沈攸之責賧，伐荊州界內諸蠻，遂及五溪，禁斷魚鹽。群蠻怒，酉溪蠻王田頭擬殺攸之使，攸之責賧千萬，頭擬輸五百萬，發氣死[5]」。由沈攸之「禁斷魚鹽」以「責賧」觀之，蠻酋貢賧，並非常例。

投附北朝的蠻民，大抵亦不納賦役。北魏太武帝太延五年（439年），上洛豐陽巴蠻酋長（當出自板楯蠻）泉景言率鄉里投附北魏，魏授以世襲本縣令，蓋泉氏即為領民酋長之屬，其所領之民亦未著

---

1 當是小斛。《隋書》卷二四〈食貨志〉記南朝度量衡制云：「其度量，斗則三斗當今一斗。」（中華書局1973年版，第674頁）則南朝行小斗，其斛亦當為十小斗之小斛。
2 《隋書》卷二四〈食貨志〉，中華書局1973年版，第674頁。
3 《宋書》卷一○○〈自序〉，中華書局1974年版，第2451頁。
4 《隋書》卷二四〈食貨志〉，中華書局1973年版，第673頁。
5 《南齊書》卷二二〈蕭嶷傳〉，中華書局1972年版，第405頁。

籍，但聽泉氏號令[1]。北魏孝文帝延興中（471—476年），大陽蠻酋桓誕擁沔水以北、滍葉以南八萬餘落附魏，魏授誕為征南將軍、東荊州刺史、襄陽王，「聽自選郡縣[2]」；太和十九年（495年），光城蠻田益宗北投後，北魏任為南司州刺史，「所統守宰，任其銓置[3]」。郡縣守令且得自選，顯然處於相對獨立狀態，其所部蠻戶（八萬餘落）更談不上向北魏朝廷服役納賦了。

因此，南北朝時期，遍布於荊、雍、豫、司、梁、秦諸州的群蠻，最大的身分特徵就是不著戶籍，不服徭役，不納（「生蠻」）或少納（「熟蠻」）賦、調，至於其是否為槃瓠、廩君或白虎復夷種裔，反倒居其次，甚乃無關緊要了。

三、「巴夏居城郭，蠻夷居山谷」

《輿地紀勝》卷一七四夔州路涪州「風俗形勝」下引「舊《圖經》」謂：

其俗有夏巴蠻夷。夏則中夏之人，巴則廩君之後，蠻則盤瓠之種，夷則白虎之裔。巴夏居城郭，蠻夷居山谷。[4]

按：此處所引之「舊《圖經》」當指唐源乾曜所修《夔州圖經》[6]，所反映的當是唐前期的情形。其所說巴、蠻、夷之族源雖未

1　見《周書》卷四四〈泉企傳〉（中華書局1971年版，第785～787頁），《北史》卷六六〈泉企傳〉（中華書局1974年版，第2331頁）。參閱周一良：《魏晉南北朝史劄記》，〈「魏書」劄記〉「瞎巴三千生啖蜀子」條，中華書局1985年版，第374～377頁。

2　《魏書》卷一〇一〈蠻傳〉，中華書局1974年版，第2246頁。

3　《魏書》卷六一〈田益宗傳〉，中華書局1974年版，第1370頁。

4　《輿地紀勝》卷一七四夔州路涪州「風俗形勝」欄，中華書局1992年影印本，第4525頁。

必確切，但以居城郭抑居山谷，以區分巴夏（巴夏合稱，說明其時巴人已「漢化」）與蠻夷，則頗具卓識。

諸蠻的傳說即隱喻其居住環境多為山地。在槃瓠蠻的傳說裡，槃瓠得到帝女之後，「負而走入南山，止石室中。所處險絕，人跡不至」；其所生諸子亦皆「好入山壑，不樂平曠。帝順其意，賜以名山廣澤[1]」。按照槃瓠蠻的傳說，其所居之山澤，乃帝高辛氏所賜，故具有某種合法性。廩君蠻稱其先祖出於武落鍾離山，「巴氏之子生於赤穴，四姓之子皆生黑穴」，亦曲折反映出其山地穴居之狀。板楯蠻傳說中群虎肆行的景象，也暗示其居地處於山區。

漢魏六朝時期，諸蠻大抵以「山居」為主。漢代武陵蠻與南郡巴郡蠻所居的今湘西、鄂西南、三峽地區均屬中低山地；板楯蠻活動的今嘉陵江中下游地區也多為低山丘陵；東漢時期，被遷往江夏郡界的南郡潳山蠻、巫蠻，後稱為江夏蠻或沔中蠻，其居地當在沔（漢）水下游北岸的今大洪山區以及今鄂東北山區[2]。兩晉南朝時期，西陽蠻居於巴水、蘄水、希水、赤亭水、西歸水流域，「謂之五水蠻，所在並深岨，種落熾盛，歷世為盜賊[3]」。《水經注》卷三二〈蘄水〉謂：「〔蘄〕水首受希水，枝津西南流，歷蘄山，出蠻中，故以此蠻為五水蠻……蠻左憑居，阻藉山川，世為抄暴。」[4]則五水蠻正居於今鄂東北山中。荊州蠻主要分布在今湘西、鄂西及三峽地區，「所在多深險，居武陵者有雄溪、樠溪、

---

1 《後漢書》卷八六〈南蠻傳〉，中華書局1965年版，第2829頁。

2 南郡潳山蠻七千餘口被遷入江夏界後，被稱作「沔中蠻」。顧名思義，當近沔水，在江夏郡雲杜、南新市、安陸、竟陵諸縣境，即今大洪山及其周圍地區。又，靈帝光和二年（179年），「江夏蠻復反，與廬江賊黃穰相連結，十餘萬人，攻沒四縣，寇患累年」。這一支「江夏蠻」得與廬江郡境內的「賊」相連結，當處江夏郡東部，即在今鄂東北、鄂豫皖交界之大別山區。

3 《宋書》卷九七〈夷蠻傳〉「豫州蠻」，中華書局1974年版，第2398頁。

4 楊守敬、熊會貞注疏：《水經注疏》卷三二〈蘄水〉，江蘇古籍出版社1989年版，第2657～2658頁。

辰溪、酉溪、舞溪，謂之五溪蠻。而宜都、天門、巴東、建平、江北諸郡蠻，所居皆深山重阻，人跡罕至焉[1]」。雍州蠻則主要集中在今湖北中部的大洪山區（稱為「郢山蠻」）、鄂豫交界的桐柏山區，《宋書・沈慶之傳》、《南齊書・張敬兒傳》均稱其為「山蠻」。湘州零陵、衡陽諸郡的莫徭蠻，「依山險為居，歷世不賓服[2]」。北朝境內的諸蠻亦多居於山區。《魏書・宣武帝紀》永平二年（509年）四月甲子詔稱：「伊闕西南，群蠻填聚。」[3]「群蠻填聚」的伊闕西南，正是指今豫西及豫陝交界的方城、熊耳、商洛山區。

然而，諸蠻並非全居於山地。《三國志》卷五六〈吳書・朱然傳〉裴注引晉人習鑿齒《襄陽記》云：「柤中在上黃界，去襄陽一百五十里。魏時夷王梅敷兄弟三人，部曲萬餘家屯此，分布在中廬宜城西山鄀、沔二谷中，土地平敞，宜桑麻，有水陸良田，沔南之膏腴沃壤，謂之柤中。」[4]柤中蠻所居之鄀（夷水，今蠻河）、沔（漢）二谷土地平敞，絕非山地。宋文帝元嘉八年至十九年間（431—442年），雍州刺史劉道產「善撫諸蠻，前後不附官者，莫不順服，皆引出平土，多緣沔為居[5]」。這些順服的蠻民顯然皆居於漢水中游兩岸的河谷平原上。《水經注》卷三一〈淯水〉「棘水」條記棘水（今白河東面支流溧河）南流過新野縣後，歷黃郵聚，「其聚落悉為蠻居，猶名之為黃郵蠻[6]」。其卷二九〈湍水〉記冠軍縣（治在今鄧州市西北）境內有張詹墓，元嘉六年

1 《宋書》卷九七〈夷蠻傳〉「荊、雍州蠻」，中華書局1974年版，第2396頁。
2 《梁書》卷三四〈張纘傳〉，中華書局1973年版，第502頁。
3 《魏書》卷八〈宣武帝紀〉永平二年四月甲子，中華書局1974年版，第208頁。
4 《三國志》卷五六〈吳書・朱然傳〉裴注引晉人習鑿齒《襄陽記》，中華書局1959年版，第1307頁。
5 《宋書》卷九七〈夷蠻傳〉「荊、雍州蠻」條，中華書局1974年版，第2396～2397頁；又見《宋書》卷六五〈劉道產傳〉，中華書局1974年版，第1719頁。
6 楊守敬、熊會貞注疏：《水經注疏》卷三一〈淯水〉，江蘇古籍出版社1989年版，第2619頁。

釋「蠻」

（429年），「大水，蠻饑，始被發掘[1]」。《周書》卷三五〈薛善傳〉附弟〈薛慎傳〉記慎於北周保定初（561年）任湖州刺史（治湖陽，在今河南唐河南境湖陽鎮），「州界既雜蠻左，恆以劫掠為務[2]」。今新野、鄧州、唐河三縣率皆平曠，間或略有起伏，然絕非山地，而「其聚落悉為蠻居」，則知至遲到南北朝後期，沔北諸蠻已散布於南陽盆地核心地帶，非僅盆地邊緣之山區。在長江中游兩岸平原湖區，亦見有蠻民。宋文帝元嘉二十九年（452年），「新蔡蠻二千餘人破大雷戍，略公私船舫，悉引入湖」。新蔡，指東晉時僑置於漢九江王黥布舊城的南新蔡郡，在今鄂東黃梅縣境；大雷戍，當在今安徽望江縣境內；湖，當即雷池，在今湖北黃梅與安徽宿松、望江諸縣間[3]。這支新蔡蠻抄略公私船舫後，遁入雷池，很可能本即居於湖上。又，《梁書》卷二二〈安成康王秀傳〉記梁天監七年（508年）蕭秀任荊州刺史，「先是，巴陵馬營蠻為緣江寇害，後軍司馬高江產以郢州軍伐之，不克，江產死之，蠻遂盛。秀遣防閤文熾率眾討之，燔其林木，絕其蹊逕，蠻失其嶮，期歲而江路清，於是州境盜賊遂絕[4]」。巴陵馬營蠻所居有林木、蹊徑及山嶮，當指今湖南岳陽地區的低丘；由馬營蠻屢「為緣江寇害」觀之，其居地當距長江甚近。

　　即便是群蠻所聚的大洪山、大別山、方城山、商洛山區及鄂西南、湘西山地，也大都屬於中低山地（真正的中高山如神農架及雪峰山、巫山腹地，並未見有蠻民活動）；至於鄂東五水流域、隨

1　楊守敬、熊會貞注疏：《水經注疏》卷二九〈湍水〉，江蘇古籍出版社1989年版，第2466頁。

2　《周書》卷三五〈薛善傳〉附弟〈薛慎傳〉，中華書局1971年版，第625頁。

3　關於南新蔡郡、大雷戍及雷池，請參閱《晉書》卷十四〈地理志上〉豫州後敘，中華書局1971年版，第422頁；《南齊書》卷十五〈州郡志上〉「豫州」條，中華書局1972年版，第249～250頁；楊守敬、熊會貞注疏：《水經注疏》卷三五〈江水三〉「一水東流，通大雷」句下楊守敬按語，第2929～2931頁。

4　《梁書》卷二二〈安成康王秀傳〉，中華書局1973年版，第343～344頁。

棗走廊、襄陽—宜城平原週圍及南陽盆地邊緣乃至嘉陵江中下游地區，雖文獻記載中或盛稱其險阻，但大致屬於低山丘陵。因此，諸蠻的生存、居住與活動雖然以山地為主，但絕不局限於山地，平原、湖澤也同樣為其生存活動之所，特別是南北朝後期，實際上已有相當多的蠻民「引出平土」，緣沔、緣江為居，且遍及於南陽盆地、襄陽—宜城平原、隨棗走廊等平原丘陵地區。沈約於此種分布情形早有體察，故於《宋書・夷蠻傳》「史臣論」中，在強調蠻夷所居皆「依深傍岨」之同時，又謂蠻民「充積畿甸，咫尺華氓」，實與華夏雜居。所以，就生存環境的自然地理特徵而言，蠻與漢並不一定即有較明顯的差別；換言之，所謂「蠻居山地、漢處平原」的描述並不一定符合歷史真實。

在上引《夔州圖經》所謂「巴夏居城郭，蠻夷居山谷」之說中，與「山谷」相對應者乃是「城郭」，其所說的「山谷」顯然是指「城郭」之外的廣大地區。在這裡，《夔州圖經》的作者（源乾曜？）描述了唐前期三峽地區的族群分野及其居住形態：華夏與巴人聚居於城郭之中，而夷蠻則散布於山谷之間，從而形成了「巴夏」之於「蠻夷」、「城居」之於「山居」的區別或對立。由此，我們認識到：南北朝文獻中大部分關於「蠻民山居」的記載，實際上是相對於「城居」的「華夏」而言的；蠻民之區別於華夏的另一個重要特徵，乃在於其散居於城郭之外，而「華夏」則主要居於城郭之中或附近。

有一個較典型的事例或足以說明南北朝時期「城郭之民」與「山谷之蠻」的區別或對立。北魏孝武帝永熙三年（534年），屬於高歡方面的辛纂任西荊州刺史（治穰城，在今河南鄧州），兼尚書、南道行臺；蠻酋樊五能破析陽郡（治析陽，在今河南西峽縣），回應據有關中的宇文泰。《魏書》卷七七〈辛雄傳〉附〈辛纂傳〉云：

纂議欲出軍討之，纂行臺郎中李廣諫曰：「析陽四面無民，唯一城之地耳。山路深險，表裡群蠻。今若少遣軍，則力不能制賊；多遣，則減徹防衛，根本虛弱。脫不如意，便大挫威名。人情一去，州城難保。」纂曰：「豈得縱賊不討，令其為患日深！」廣曰：「今日之事，唯須萬全。且慮在心腹，何暇疥癬。聞臺軍已破洪威，計不久應至。公但約勒屬城，使各修完壘壁，善撫百姓，以待救兵。雖失析陽，如棄雞肋。」纂曰：「卿言自是一途，我意以為不爾。」遂遣兵攻之，不克而敗。諸將因亡不返，城人又密招西賊。黑獺遣都督獨孤如願率軍潛至，突入州城，遂至廳閤。纂左右惟五六人，短兵接戰，為賊所擒，遂害之。[1]

李廣所謂「析陽四面無民，唯一城之地」，當指析陽城週圍並無編戶齊民，皆為群蠻所居，即「山路深險，表裡群蠻」之謂。李廣建議辛纂「約勒屬城，使各修完壘壁，善撫百姓」，則知「百姓」大抵居於有「壘壁」的「屬城」之中；穰城城中駐屯之軍兵及其家屬稱為「城人[2]」，正與「四面」之「群蠻」相對而言。在這裡，居於城郭之中的「百姓」（著籍戶口）及城人，乃與「散布山林」的「群蠻」判然有別，形成鮮明的對立。

如所週知，自漢末以迄於南北朝，「華夏」之居住形態的總體變化趨勢是逐步集聚化，所謂「百姓流亡，所在屯聚[3]」：「其不能遠離本土遷至他鄉者，則大抵糾合宗族鄉黨，屯聚塢堡，據險自守，以

1　《魏書》卷七七〈辛雄傳〉附〈辛纂傳〉，中華書局1974年版，第1700頁。
2　關於北魏中後期的「城人」（「城民」），請參閱唐長孺：〈北魏南境諸州的城民〉，載唐長孺：《山居存稿》，中華書局1989年版，第96～109頁；〈二秦城民暴動的性質和特點〉，《武漢大學學報》（哲學社會科學版）1979年第1期；谷川道雄：〈北魏末的內亂與城民〉，載谷川道雄：《隋唐帝國形成史論》，李濟滄譯，上海古籍出版社2004年版，第132～162頁。
3　《晉書》卷一〇〇〈蘇峻傳〉，中華書局1974年版，第2628頁。

避戎狄寇盗之難」[1]；西遷、北徙、南來的移民，亦大多據城壁以自保，從而形成以城邑、塢堡、戍壘為中心的聚居狀態[7]。至少在長江中游地區，「城居」及附城居的民眾，大抵限於著籍戶口及大族蔭庇之戶口，未附籍之民戶（南北朝後期逐漸以「蠻」、「流」概指之）則多散布山林田野間，形成散居狀態。於是，城居（包括附城居）與散居（即所謂「居山谷」），乃成為區別「民」與「蠻」的又一重要標誌。

散居山谷的蠻民聚落，往往稱為「村」[8]，又或稱為「村落[2]」。按：史籍記蠻民數量，或以「落」為計量單位[3]。對此「落」字，或釋為「家」、「戶」，或含混稱為一個部落單位。茲考「落」字從「艸」，本有零落、離散之意。《說文·艸部》：「落，凡艸曰零，木曰落。」《史記·汲鄭列傳》「此兩人中廢，家貧，賓客益落」句下司馬貞〈索隱〉稱：「落猶零落，謂散也。」[4]藩籬所環繞之草庵居室亦得稱為「落」。《文選》卷十二郭景純（璞）〈江賦〉「於是蘆人漁子擯落江山，衣則羽褐，食惟蔬蠃」句下張銑注曰：「落，庵屋之類，言其作屋於江濱山側，為庵也。」[5]同書卷二六范彥龍（雲）〈贈張徐州謖〉「軒蓋照墟落」句下呂向注曰：「墟，居；落，籬也。」[6]據此，則史籍所見蠻人之「落」當即分散於山野溪谷間的草屋茅舍。由蠻民遷徙頻繁觀之，此種

1　陳寅恪：〈桃花源記旁證〉，《金明館叢稿初編》，上海古籍出版社1980年版，第168頁。
2　如《宋書》卷七七〈柳元景傳〉謂：「先是，劉道產在雍州，有惠化，遠蠻悉歸懷，皆出緣沔為村落，戶口殷盛。」（中華書局1974年版，第1981頁）《南史》卷三二〈張邵傳〉記元嘉五年（428年）張邵為雍州刺史、寧蠻校尉，「丹、淅二川蠻屢為寇，邵誘其帥並出，因大會誅之，遣軍掩其村落，悉禽。既失信群蠻，所在並起，水陸路斷」（中華書局1975年版，第825頁）。
3　如《魏書》卷一二一〈蠻傳〉（中華書局1974年版，第2246頁）謂：「延興中，大陽蠻酋桓誕擁沔水以北，滍葉以南八萬餘落，遣使內屬。」
4　《史記》卷一二二〈汲鄭列傳〉，中華書局1959年版，第3113頁。
5　《六臣注文選》卷十二，郭景純（璞）〈江賦〉，中華書局1987年影印本，第244頁。
6　《六臣注文選》卷二六，范彥龍（雲）〈贈張徐州謖〉，中華書局1987年影印本，第488頁。

釋「蠻」

「落」當甚為簡陋。惟當蠻民出居「平土」之後，方營造相對固定的住宅，遂形成為「村」。「村」的規模可能包含數個或數十個「落」。這種由「落」構成的「村」（或合稱為「村落」）散處山谷間，並無垣牆城壁，遂與由垣牆環繞、為官民所居的城郭塢壁形成鮮明對比。

需要指出的是，蠻人集聚區並非沒有城壁塢堡。宋元嘉中，沈慶之伐沔北諸山蠻，「宗愨自新安道入太洪山，元景從均水據五水嶺，文恭出蔡陽口取赤系塢，景式由延山下向赤圻阪，目連、尚期諸軍八道俱進，慶之取五渠，頓破塢以為眾軍節度」。這裡的赤系塢、破塢即在蠻區。然蠻區大多數塢堡皆為官軍所築。沈慶之平定南新郡蠻後，「築納降、受俘二城於白楚」；討幸諸山犬羊蠻，「山高路險，暑雨方盛，乃置東岡、蜀山、宜民、西柴、黃徽、上麦六戍而還 [1]」。這些城戍，乃成為官府控制蠻區的據點。故而在蠻民集聚之區，官兵所據之城戍，乃與蠻民散處之山林，形成直接對立關係。

四、「蠻」的族群本質

綜上分析，可知魏晉南北朝時期，長江中游及其週圍地區「群蠻」的根本特徵有二：一是不著戶籍，不服徭役，不納或少納賦、調；二是不居城郭，散處山谷林野之村落中，形成散居狀態。這兩個特徵，遂使諸蠻與居於城郭塢壁（聚居）、大多著籍、輸納賦調、服從徭役的「華夏」之民區別開來。換言之，是否著籍、是否輸納賦役以及「城居」（聚居）還是「村居」（散

---

1 《宋書》卷七七〈沈慶之傳〉，中華書局1974年版，第1998頁。

居），是區別華夏與群蠻的根本性標誌。

南北朝時期，長江中游及其週圍地區的蠻民戶口數，當遠遠超過同一地區著籍的華夏戶口數。劉宋中期，雍州蠻民估計當在10萬戶以上[9]，而《宋書‧州郡志》所記當時雍州的編戶只有38975戶[1]。大明末（464年），西陽郡著籍戶口為2983戶、16120口[2]。而在此前的大明四年（460年），沈慶之統軍伐西陽五水蠻，「獲生口數萬人[3]」；此後之明帝初年（466年），西陽蠻田益之、田義之、成邪財、田光興等起兵擁護明帝，宋廷以益之為都統四山軍事，封邊城縣王，食邑四百一十戶；封成邪財為陽城縣王，食邑三千戶[4]；田益之又「率蠻眾萬餘人攻龐定光於義陽[5]」。則西陽五水流域的蠻民戶口數遠逾西陽郡著籍戶口數。在荊州境內，蠻民主要集中分布在宜都、天門、巴東、建平、武寧、汶陽等郡。其中武寧郡（治樂鄉，在今湖北荊門市北境）乃晉末隆安五年（401年）桓玄「以沮、漳降蠻立」，大明末著籍戶口為958戶、4914口[6]。大明中，「巴東、建平、宜都、天門四郡蠻為寇，諸郡民戶流散，百不存一。太宗、順帝世尤甚，雖遣攻伐，終不能禁，荊州為之虛敝[7]」，則劉宋中後期，四郡之地，顯已成為蠻區，蠻民已占有絕對多數。

劉宋中後期雍、荊、郢、湘、司、南豫諸州蠻戶，估計或不下數十萬戶、數百萬口。《宋書‧夷蠻傳》末「史臣論」謂元嘉中期以後，蠻夷「寇慝彌廣，遂盤結數州，搖亂邦邑」；而宋廷「命將出

---

1 《宋書》卷三七〈州郡志三〉「雍州刺史」條，中華書局1974年版，第1136頁。
2 《宋書》卷三七〈州郡志三〉郢州「西陽太守」條，中華書局1974年版，第1127頁。
3 《宋書》卷七七〈沈慶之傳〉，中華書局1974年版，第2003頁。
4 《宋書》卷九七〈夷蠻傳〉「豫州蠻」條，中華書局1974年版，第2398頁。
5 《宋書》卷八七〈殷琰傳〉，中華書局1974年版，第2209頁。
6 《宋書》卷三七〈州郡志三〉荊州「武寧太守」條，中華書局1974年版，第1123頁。
7 《宋書》卷九七〈夷蠻傳〉「荊、雍州蠻」條，中華書局1974年版，第2397頁。

釋「蠻」

師，恣行誅討，自江漢以北，廬江以南，搜山蕩谷，窮兵鏖武，繫頸囚俘，蓋以數百萬計[1]」。「繫頸囚俘」者尚以百萬數，則固有之蠻民自當不下數百萬口。而凡此六州著籍戶口，據《宋書・州郡志》統計，共有235413戶，基本可以斷定比蠻民戶數要少得多。齊梁之世以迄於陳，蠻戶日滋，而著籍戶口卻持續衰減，蠻民戶口相對於著籍戶口的優勢當越來越大。

　　然則，如此眾多的蠻民究竟是些什麼樣的人群，從何而來呢？換言之，「蠻」的族群本質究竟是什麼？

　　上引《宋書・夷蠻傳》謂有很多「宋民」因「賦役嚴苦」，「不復堪命，多逃亡入蠻」；又記有「亡命司馬黑石在蠻中，共為寇盜」。《魏書・蠻傳》記桓誕為桓玄之子，當桓玄被殺時，誕方數歲，「流竄大陽蠻中，遂習其俗。及長，多智謀，為群蠻所歸[2]」；又謂延昌三年（514年）蠻酋桓叔興、楚石廉「督集蠻、夏二萬餘人」，擊走「破掠諸蠻」的梁將蔡令孫。凡此，皆說明「蠻」包括了很多逃亡的「宋民」、「亡命」的士人，即所謂「夏人」。此點本在理中，無須贅論。

　　然而，問題尚不止於此。長江中游地區在兩漢時期已有相當程度的開發。據《漢書・地理志》與《續漢書・郡國志》所記，西漢元始二年（2年）與東漢永和五年（140年）荊州各郡所領戶數分別是668597戶、1399394戶。而到西晉太康中（280—289年），在漢代荊州所統地域範圍內的著籍戶口只有350900戶；至劉宋大明八年

1　《宋書》卷九七〈夷蠻傳〉「史臣論」，中華書局1974年版，第2399頁。
2　《魏書》卷一〇一〈蠻傳〉，中華書局1974年版，第2246頁。關於「亡命」遁入蠻中的事例及其考察，請參閱［日］北村一仁：〈「荒人」試論——南北朝前期的國境地域〉，《東洋史苑》（龍谷大學東洋史研究會編，2003年）第60、61號；〈南北朝期國境地域社會的形成過程びその実態〉，《東洋史苑》2004年第63號；〈論南朝朝時期的「亡命」——以社會史側面為中心〉，載武漢大學中國三至九世紀研究所編：《魏晉南北朝隋唐史資料》第22輯，第190～208頁。

（464年），荊、雍、郢、司、湘五州（大致相當於漢代荊州所統範圍）所領著籍戶共有197811戶。著籍戶數何以會持續衰減？而至隋大業五年（609年），合計荊州各郡及豫州淅陽、南陽、淯陽、淮安四郡所領戶數，共得759225戶 [1]。這一地區的著籍戶口又何以得到較快的增加？

上文有關六朝時期蠻民大都不著籍的分析，使我們傾向於認為：這些戶口眾多的蠻民，其主要部分很可能就來自先秦兩漢以來一直居住、生息在這一地區的土著居民，即先秦時期所謂「楚人」的後裔。秦漢時期，這些土著居民大部分得著籍為編戶齊民，故兩漢荊州著籍戶口數較大；六朝時期，因為各種原因，這些土著居民程度不同地脫離了官府的控制，遂成為不著戶籍、不納徭役的「蠻民」，故官府直接控制的著籍戶口大幅度衰減——著籍戶口的衰減正與蠻戶之增加形成對應關係，也反映出二者必有關聯；至南北朝後期，特別是西魏、北周之世，以迄於隋，這些「蠻民」復漸次被納入戶籍系統，故大業間的著籍戶數遂大幅度增加。

認為六朝文獻中所記長江中游及其週圍地區的「蠻」，大部分很可能即源自先秦兩漢時期這一地區的土著居民，即所謂「楚人」的後裔，除上述推論外，還可以舉出若干證據：

1.《後漢書》卷六一〈黃瓊傳〉附孫〈黃琬傳〉記桓帝延熹二、三年間（159—160年），黃瓊為太尉，「時司空盛允有疾，瓊遣琬候問。會江夏上蠻賊事副府，允發書視畢，微戲琬曰：『江夏大邦，

1　據《漢書》卷二八上〈地理志上〉（中華書局1962年版，第1563～1569頁），〈續漢書・郡國志四〉（見《後漢書》第12冊，中華書局1965年版，第3476～3485頁），《晉書》卷十五〈地理志下〉（中華書局1974年版，第453～458頁），《宋書》卷三六〈州郡志二〉（中華書局1974年版，第1103～1106頁）、卷三七〈州郡志三〉（中華書局1974年版，第1117～1144頁），《隋書》卷三〇〈地理志中〉、卷三一〈地理志下〉（中華書局1973年版，第841～842、888～896頁）統計。參見梁方仲：《中國歷代戶口、田地、田賦統計》，中華書局1980年版，第14～17、22～25、41～46、48～55、73～77頁。

而蠻多士少。』琬奉手對曰：『蠻夷猾夏，責在司空。』因拂衣辭去。允甚奇之 [1]」。黃琬為江夏安陸人，故盛允以其鄉邦「蠻多士少」相戲。在這個故事裡，司空盛允將「蠻」與「士」相對，顯然是從社會身分角度而言的；而黃琬的回答則將「蠻夷」與「夏」對應起來，則是從族群的角度而言的。在這裡，「蠻」乃是一種據其社會身分界定、與「士」相對立的群體，當即為「民」，即江夏郡未著籍的土著居民。

2.《晉書》卷一○○〈張昌傳〉謂張昌「本義陽蠻也，少為平氏縣吏」；「壬午詔書」下，「人咸不樂西征」，「昌黨因之誑惑」，於安陸縣石岩山屯聚，「諸流人及避戍役者多往從之」，因以起事 [2]。關於張昌起義，論者或認為是一場蠻民起義，且引《後漢書・南蠻傳》所記東漢時嘗遷廩君蠻、巫蠻於江夏界中之記載，將義陽蠻定為廩君蠻之苗裔 [3]。然張昌初起事時所團聚之部眾，多為流人及避戍役者；其奉為聖人、立為天子的丘沈，本為山都縣吏，與張昌身分相同；張昌建立政權之後，「江夏、義陽士庶莫不從之，惟江夏舊姓江安令王匱、秀才呂蕤不從」，其中並未見出華夏與蠻夷的阻隔，而主要是階級間的對立。因此，《晉書》將張昌稱為「義陽蠻」，很可能是一種賤稱。新野王司馬歆上言稱：「妖賊張昌、劉尼妄稱神聖，犬羊萬計，絳頭毛面，挑刀走戟，其鋒不可當。」將張昌部眾稱為「犬羊」，與稱張昌為「蠻」，當是同一義旨，皆藉以表達賤視之義。

3.《南齊書・蠻傳》記蠻俗，謂：「蠻俗衣布徒跣，或椎髻，或翦髮。兵器以金銀為飾，虎皮衣楯，便弩射，皆暴悍好寇賊焉。」[4]

---

1 《後漢書》卷六一〈黃瓊傳〉附孫〈黃琬傳〉，中華書局1965年版，第2040頁。
2 《晉書》卷一○○〈張昌傳〉，中華書局1974年版，第2612～2613頁。
3 萬繩楠：《魏晉南北朝史論稿》，安徽教育出版社1983年版，第128～131頁。
4 《南齊書》卷五八〈蠻傳〉，中華書局1972年版，第1009頁。

「衣布徒跣」的描述，顯出於士人之觀察；其時華夏之民亦必多「衣布徒跣」，故借此僅能界定社會群體，而不能作為界定族群的標準。「或椎髻，或翦髮」及「暴悍好寇賊」亦皆不足與夏人相區別，而只能看作為「非我族類」視野下帶有某種歧視色彩的描述。

《隋書・地理志》「荊州」後敘述蠻俗較詳悉，謂：「其僻處山谷者，則言語不通，嗜好居處全異，頗與巴、渝同俗。」又謂「大抵荊州率敬鬼，尤重祠祀之事」，下記端午競渡之戲及牽鉤之戲[1]。「言語不通、嗜好居處全異」，這種判斷，帶有很大的主觀性，暫且不論。端午競渡及牽鉤之戲，均見於宗懍《荊楚歲時記》，實為荊楚地區之普遍習俗[2]；至於敬鬼、重祠祀，更是荊楚之風，《漢書・地理志》既已盛稱楚地「信巫鬼，重淫祀[3]」，不足稱異。《隋書・地理志》又謂諸蠻「服章多以班布為飾」。班布，即斑布，謂五彩雜色之布[4]。此俗抑或為楚地習見之風俗。《荊楚歲時記》記楚地風俗，或「以五彩絲繫臂，名曰辟兵，令人不病瘟[5]」。「以班布為飾」與「以五彩絲繫臂」的意義當大致相同。

因此，史籍所記之蠻俗，大部分當即為荊楚地區的普遍風俗[10]。「蠻俗」即為「楚風」，則「蠻」當即本諸「楚」。

4.《周書》卷三五〈薛善傳〉附弟〈薛慎傳〉云：

保定初，出為湖州刺史……蠻俗，婚娶之後，父母雖在，即與別居。慎謂守令曰：「牧守令長是化民者也，豈有其子娶妻，便與父母

1　《隋書》卷三一〈地理志下〉，中華書局1973年版，第897頁。
2　王毓榮：《荊楚歲時記校注》，文津出版社1988年版，第163～169、67～72頁。牽鉤之戲，《荊楚歲時記》作「施鉤之戲」。
3　《漢書》卷二八下〈地理志下〉，中華書局1962年版，第1666頁。
4　《梁書》卷五四〈諸夷傳〉「林邑國」下記林邑國出吉貝，「其華成時如鵝毳，抽其緒紡之以作布，潔白與紵布不殊，亦染成五色，織為斑布也」（中華書局1973年版，第784頁）。則斑（班）布即五彩雜色布。
5　王毓榮：《荊楚歲時記校注》，文津出版社1988年版，第170頁。

離析。非唯民俗之失，亦是牧守之罪。」慎乃親自誘導，示以孝慈，並遣守令各喻所部。有數戶蠻，別居數年，遂還侍養，及行得果膳，歸奉父母。慎感其從善之速，具以狀聞，有詔蠲其賦役。於是風化大行，有同華俗。[1]

　　同書卷四五〈樂遜傳〉亦記湖州境內「蠻俗生子，長大多與父母別居。遜每加勸導，多革前弊[2]」。這裡均強調「父子別居」不合孝慈之道，將其視為「蠻俗」。按薛慎為河東汾陰人，樂遜為河東猗氏人，皆屬「北人」。出自遍布巨室大族之河東的薛善、樂遜[3]，南來後見湖州民眾多為「核心家庭」，乃目為「蠻俗」。這裡，華、蠻之分實際上是北、南之別。也就是說，「蠻」實際上是自以為代表「華夏」正宗的「北人」對南方土著居民的稱謂。《周書‧樂遜傳》又謂湖州境內「民多蠻左，未習儒風。遜勸勵生徒，加以課試，數年之間，化洽州境」。則又將「未習儒風」作為「蠻左」的特徵之一，且認為通過勸勵生徒、使之習儒，即可化之，更見出這裡對「蠻」的界定實出於北方士人[4]。

　　總之，我們認為魏晉南北朝時期長江中游及其週圍地區諸蠻的族群本質主要是先秦兩漢以來就一直生息於此、在魏晉南北朝社會大動亂背景下未著籍的土著居民，即所謂「楚人」的後裔（只

1　《周書》卷三五〈薛善傳〉附弟〈薛慎傳〉，中華書局1971年版，第625~626頁。

2　《周書》卷四五〈樂遜傳〉，中華書局1971年版，第817～818頁。

3　關於河東巨室大族的發展，請參閱毛漢光：〈晉隋之際河東地區與河東大族〉，〈北朝東西政權之河東爭奪戰〉，載毛漢光：《中國中古政治史論》，上海書店出版社2002年版，第105～187頁。

4　《魏書》卷九六〈司馬叡傳〉云：「中原冠帶呼江東之人，皆為貉子，若狐貉類云。巴、蜀、蠻、獠、谿、俚、楚、越，鳥聲禽呼，言語不同，猴蛇魚鱉，嗜欲皆異。江山遼闊將數千里，叡羈縻而已，未能制服其民。」（中華書局1974年版，第2093頁）陳寅恪先生〈魏書司馬叡傳江東民族條釋證及推論〉對此條記載嘗有詳析，請參閱（載《金明館叢稿初編》，上海古籍出版社1980年版，第69～106頁）。南來之北方士人將荊楚地區的土著居民概稱為「蠻」，與「中原冠帶呼江東之人，皆為貉子」，大抵相同。

有少部分才真正是漢代槃瓠蠻、廪君蠻的後裔），其所以被稱為「蠻」，當主要是出於士人對這些土著居民的歧視性觀念。然則，諸蠻「華化」過程的實質應當就是「王化」，即著籍成為編戶齊民。在西魏、北周征服「山南」地區的過程中，通過將山南諸「蠻酋」、渠帥所統部曲、鄉兵編組為府兵、納入府兵系統等途徑，漸次完成了長江中上游地區「地方社會的國家化」，大部分蠻民都變成了國家的編戶齊民，納入王朝統治體系之中[1]。入隋以後，原來的「蠻左」，大部分均已「與諸華不別」，非僅因其「衣服居處言語」及婚喪之俗「有同華俗」，更因為他們已與「華夏之民」一樣，成為王朝的「子民」，故「皆列為郡縣，同之齊人（民）」[2]，不再被視為「異於華夏」的異類了。

最後，還有一個問題需要解答，即：既然諸蠻的主體部分乃是先秦兩漢以來居於長江中游及其週圍地區的土著居民，並非皆為漢代槃瓠蠻、廪君蠻以及板楯蠻之後，何以《宋書》、《南齊書》、《魏書》以及唐初成書的《周書》、《隋書》並以諸蠻為槃瓠、廪君之後，且據此將諸蠻別為槃瓠種與廪君種兩大種類？

對此，需先從史源學與史書編纂的角度加以分析。如上所述，《後漢書·南蠻傳》有關槃瓠、廪君及白虎復夷的傳說，本諸《風俗通》，亦即得自采風，故事之存在本身並無疑義；范曄將這些故事分系於武陵郡五溪流域、南郡夷水流域、巴郡渝水流域所居之土著族群之下，雖必有所據，然於廪君蠻與板楯蠻的關係已閃爍其詞，致後人產生諸多歧義。關於槃瓠蠻的分布範圍，范曄但稱「今長沙、武陵蠻是也」；而成書於范氏《後漢書》之前的干寶

1 《周書》卷四四泉企、李遷哲、楊乾運等諸山南方隅豪族的傳記，即頗可見出西魏、北周之世山南地方社會漸次納入王朝統治體系的過程，詳析另見魯西奇：〈西魏北周時代「山南」的「方隅豪族」〉，《中國史研究》2009年第1期。
2 《隋書》卷八二〈南蠻傳〉「序」，中華書局1973年版，第1831頁。

釋「蠻」

〈晉紀〉則稱「武陵、長沙、廬江郡夷，槃瓠之後也[1]」，將槃瓠種的範圍擴展到廬江郡境內；在同一作者的《搜神記》中，復稱槃瓠後裔「今即梁、漢、巴、蜀、長沙、武陵、廬江群夷是也[2]」，更將槃瓠種的範圍擴大到梁、漢、巴、蜀。這種差別，正反映出干寶、范曄試圖以「槃瓠種」統系長江中游及其週圍地區所見群蠻的意圖[3]。沈約、蕭子顯沿用同一理路，將荊雍州蠻徑指為「槃瓠之後」，豫州蠻則統稱為「廩君之後」，其混雜不合、難以妥洽之處，前人已有指摘[4]。魏收蹈襲南朝史家，將桓誕之屬概目為槃瓠之後；又或誤讀《華陽國志・巴志》有關白虎復夷的記載，強以賨人作為「廩君之苗裔[5]」。唐初諸史家剪裁前史，分門別類以敘事，故於此例皆一脈相承。於是，群蠻別為槃瓠、廩君二種系之說，遂成定論[6]。

顯然，「蠻」是一種他稱族名，帶有強烈的「非我族類」甚至「非人類」、故而卑賤低微的含義。槃瓠、廩君的傳說均可「滿

1　《後漢書》卷八六〈南蠻傳〉「槃瓠死後……制裁皆有尾形」句下李賢注引干寶《晉紀》，中華書局1965年版，第2830頁。

2　李劍國輯校：《新輯搜神記》，中華書局2007年版，第401～402頁。

3　或認為范曄所說「今長沙、武陵蠻是也」是指東漢時期的情形，而干寶所記則是東晉時代的情形，從而將這種記載的不同解釋為槃瓠蠻的遷徙和分布範圍的擴展。然即便按誇張的說法，槃瓠種也不能擴展到梁漢（今陝南）巴蜀之地，遷徙、擴張說很難自圓其說。且將范曄所說之「今」，釋為東漢，畢竟牽強難合。今考《後漢書・南蠻傳》「無關梁符傳租稅之賦」句下李賢注引盛弘之《荊州記》曰：「沅陵縣居酉口，有上就、武陽二鄉，唯此是槃瓠子孫，狗種也。二鄉在武溪之北。」范曄與盛弘之於元嘉中同居荊州，其關於槃瓠種的記載可能受盛弘之影響。

4　參閱萬繩楠：《魏晉南北朝史論稿》，安徽教育出版社1983年版，第316～319頁。

5　《魏書》卷一〇一〈蠻傳〉，中華書局1974年版，第2245頁；卷九六〈賨李雄傳〉，中華書局1985年版，第2110頁。

6　至杜佑著《通典》，更博采諸史，斷稱：「按《後漢史》，其在黔中、五溪、長沙間，則為槃瓠之後；其在硤中、巴、梁間，則為廩君之後。其後種落繁盛，侵擾州郡，或移徙交雜，亦不可得詳別焉。」（《通典》卷一八七〈邊防三〉，中華書局1988年版，第5048頁）遂將諸蠻的分布格局明確解釋為槃瓠種居東（偏南）、在荊楚（今湖南、湖北，又以湖南為主），廩君種居西、在硤中巴梁（今重慶、川東、陝南）。

足」此種歧視性地界定蠻夷的表達意圖：在槃瓠蠻的傳說裡，犬種、為華夏帝王所蓄養、種族內婚等 [1]；在廩君蠻的傳說裡，廩君生於穴洞，於鹽水神女「始亂終棄」，甚乃射殺之，死後得享「人祠」等，都是華夏特別是華夏士人之倫理觀念所歧視或反對的內容，故而被借用來作為表示其「非我族類」的證據。因此，范曄、沈約以至唐初史家將諸蠻均指為槃瓠、廩君之種裔，帶有強烈的歧視色彩，是用來區分華夷、賤視群蠻的一種「話語工具」。

五、中古時代南方族群的本質及其界定

陳寅恪先生在《隋唐制度淵源略論稿》中論及北朝胡漢問題時說：「全部北朝史中凡關於胡漢之問題，實一胡化漢化問題，而非胡種漢種之問題，當時之所謂胡人漢人，大抵以胡化漢化而不以胡種漢種為分別，即文化之關係較重而種族之關係較輕，所謂有教無類者是也。」[2] 在《唐代政治史述論稿》中，他更明確地說：「漢人與胡人之分別，在北朝時代文化較血統尤為重要。凡漢化之人即目為漢人，胡化之人即目為胡人，其血統如何，在所不論。」[3] 其說全面超越了「血統種族論」，將「文化」視為中古時代族群（或民族）的本質以及區分、界定族群之根本性標誌，誠具卓識，可視為中古民族問題研究的圭臬。

然則，哪些文化因素是決定族群本質的根本性因素？或者說，究竟哪些文化因素的差別決定了族群本質的差別，並據此可以界定不

1 參閱竹村卓二：〈槃瓠神話的產生及其基本性質〉，《瑤族的歷史和文化——華南東南亞山地民族的社會人類學研究》，第208～217頁。
2 陳寅恪：《隋唐制度淵源略論稿》，上海古籍出版社1982年版，第71頁。
3 陳寅恪：《唐代政治史述論稿》，上海古籍出版社1997年版，第16頁。

同的族群？在討論十六國、北朝乃至隋唐時代北方的種族與文化問題時，陳先生主要從禮儀、制度及信仰三方面著手，間亦涉及體質、語言及習俗之差別[1]；而在分析南方民族與文化問題時，則主要著眼於族源、風俗與信仰三方面，蓋以南方諸族無以詳論其禮儀制度、亦無以辨明其體格特徵之故[2]。然文獻所見中古時代南方諸族之族源傳說既多分歧難明，其信仰或宗教亦多隱幽曲折，風俗（包括婚喪禮儀）則大同而小異，故據此類要素實難確然判定其各自之族屬。因此，本文第二、三部分試圖從著籍與否及其居住環境兩方面入手，進一步辨析「蠻」的族群特徵，其意旨乃在不僅將蠻（及其他南方族群）視為具有某些文化特徵的群體，更將它們看作是「社會群體」和「地域居民集團」，以便更明確地認知其社會特徵和地域特徵。

然而，這些關於蠻之文化、社會與地域性特徵的分析，雖可以描述「蠻是些什麼樣的人群」，卻並不足以界定蠻的族群本質及其邊界——我們可以說「蠻」具有這些社會、文化及地域性特徵（不著籍、散居、好巫鬼，以及主要活動於長江中游及其週圍地區），但不能反過來說，具有這些社會、文化及地域性特徵的族群就是「蠻」。顯然，「共同的體質、語言、文化特徵，並不是構成一個族群或民族的必要因素，也非構成它們的充分條件[3]」；即便加上更多的社會與地域特徵，也仍然不是構成族群或民族的必要或充分條件。

1　參閱《隋唐制度淵源略論稿》，特別是其「禮儀」、「音樂」、「兵制」三部分；《唐代政治史述論稿》，特別是其上篇「統治階級之氏族及其升降」；〈論李棲筠自趙徙衛事〉，〈以杜詩證唐史所謂雜種胡之義〉，〈書杜少陵哀王孫詩後〉，《金明館叢稿二編》，三聯書店2001年版，第1~8、57~64頁；《陳寅恪魏晉南北朝史講演錄》（萬繩楠整理），黃山書社1987年版，第83~113頁。

2　陳寅恪：〈魏書司馬叡傳江東民族條釋證及其推論〉，載《金明館叢稿初編》，上海古籍出版社1980年版，第69~106頁。陳先生在文末述其意旨云：「寅恪嘗於拙著隋唐制度淵源略論稿及唐代政治史述論稿中，詳論北朝漢人與胡人之分別在文化，而不在種族。茲論南朝民族問題，猶斯旨也。」（第106頁）則是文之主旨即在說明南方諸蠻俚與漢人之分別，亦在文化而不在種族。

3　王明珂：《華夏邊緣：歷史記憶與族群認同》，社會科學文獻出版社2006年版，第2~3頁。

如上所述，魏晉南北朝以至隋唐文獻中的「蠻」，主要是華夏特別是華夏士人對先秦以來即生息於長江中游及其週圍地區、因各種原因未納入國家版籍系統之土著居民的稱謂，帶有強烈的「非我族類」的歧視性含義。「蠻」的族群本質、內涵和邊界都是由王朝國家及其代言人──華夏士人從「外面」加以界定的，而不是其群體成員從族群內部加以界定的；「蠻」這個他稱族名，表達的也是華夏特別是華夏士人（包括自居為「華夏」或「華夏士人」的其他人群）主觀上對於所謂「化外之民」的異己感──當然，在這一表述體系中，華夏特別是其士人也通過排除蠻、夷、戎、狄，從而確定了所謂「華夏」民族的邊界。形象地說，華夏特別是其士人先大致劃定了一個「華夏」的範圍，然後將這個範圍之外的各種群體再按其地域範圍分別命名──魏晉南北朝時期，居於長江中游及其週圍地區、處於「華夏」之外的「化外之民」（未著籍、不居城郭是其最重要的標誌）乃被命名為「蠻」。顯然，史籍所載中古時代南方地區各族──除了「蠻以外，還有獠（僚）、俚、豀（溪）乃至巴、蜀、越等，其本質大抵皆當如此。

　　正是在這個意義上，我們認為，中古時代中國南方地區的各族（民族或族群），可能不同程度地均出自華夏特別是華夏士人的「文化創造」，主要是華夏士人的主觀人群分類，與被指稱的南方土著人群自身的族群認同基本上沒有直接關聯。那麼，這些族群所包括的範圍（族群邊界）也就主要靠華夏特別是華夏士人對它們的「異己感」來維持，如果華夏士人「認為」它們「已與諸華不別」，也就不再視其為「他族」（蠻、獠等）──入隋以後，長江中游及其週圍地區特別是其北部的「蠻」大幅度減少，並不僅在於這些土著人群的「言語服飾居處」等發生了根本性的變化或者說已較徹底地「華化」了（很難證明這種變化），更在於他們既已成為編戶齊民、「同之齊人（民）」，遂逐漸不再被華夏士人看作是

釋「蠻」

「異類」，也就不再是「蠻」，而只有「僻處山谷者」仍被視為「蠻」。這樣，「蠻」的分布範圍遂大幅度縮小，向南退縮到今長江三峽、湘西、湘南地區及部分湘中地區，江漢以北基本上不再有蠻 [1]。同一時期，曾被魏收視為「鳥聲禽呼，言語不通」的蜀、楚、巴三種族群以及江南地區的越，在《隋書》中已基本不再被看作為「非我族類」的異族，而被「視同華夏」了；獠（僚）、俚則與蠻一樣，其分布範圍向南退縮——這種地理分布的變化，顯然主要反映了華夏士人「異己感」的變化，而不是這些土著族群的客觀分布發生了變化。

當然，這並不意味著我們完全否認中古南方各族群內部存在著程度不同的「對內的基本情感聯繫」或「族群內聚力」。雖然由於文獻資料的限制，我們很難分析南方各族群自身的「族群認同」狀況，但是，在僅有的文獻中，我們仍然可以找到一些相關線索。如上所述，漢魏六朝時期長江中游及其週圍地區的諸蠻，既擁有共有的社會身分特徵（未著籍），也有一個共同的「訴求」，即援引傳說、舊典，力圖規避徭役。在著籍之後勢必帶來「嚴苦」賦役的生存環境下，抵制入籍、逃避徭役等基於生存需求的共同願望，很可能會促使蠻民凝聚起來，從而在一定程度上實現其族群認同；同時，散居山林（與居於城郭的華夏對立）、與官府對抗（至少是不合作）的生存狀況，在客觀上強化了其族群內部的凝聚力和族群認同，並在地理與社會意義上劃定了其族群邊界；被華夏特別是其士人、官府視為「異類」乃至「犬羊」所產生的被歧視感，也很可能強化了其族群認同。當這一切（編戶與徭役體系、居住方式、與官府的關係、華夏士人的「異己感」等）發生了變化之後，這些族群

1　參閱翁獨健主編：《中國民族關係史綱要》，中國社會科學出版社1990年版，第368～369頁；吳永章主編：《中國民族關係史》，民族出版社1993年版，第106～108頁，等等。

自身的族群認同及其所感受到的族群邊界也勢必發生變遷——入隋以後，長江中游及其週圍大部分地區特別是其北部地方原有蠻民自身的族群認同轟然崩潰（若「相呼為蠻，則為深忌」），顯然與其生存環境的變化顯然有著直接聯繫。

如果以上的認知大致不誤，那麼，我們對中古時代長江中游及其週圍地區乃至整個南方地區諸種族群的本質、認同、彼此間關係及其與華夏族（漢族）的關係、其所謂「漢化」過程及其實質等問題，就必須重新作出思考與闡釋，以往主要立基於出自華夏士人之手的歷史文獻而描繪的中古時代南方地區族群界定、劃分、遷徙以及民族融合的圖景，必須重新加以檢討，之後予以重繪。同時，有關六朝時期北方人口大規模向南方遷移、從而帶來了南方地區第一次開發高潮的經濟發展闡釋體系，也可能需要重新思考——如果蠻以及巴、蜀、楚、越、谿、獠（僚）、俚等自先秦兩漢以來即一直生息於南方地區的諸種族群，其戶口規模遠大於南來之北方移民、其社會經濟發展水準亦未必如華夏士人所描述的那樣低的話，那麼，南來北人社會經濟與文化的「先進性」及其「南來」的意義就需要重新評估。再進一步，有關中古時代王朝統治勢力及其文化通過軍事征服、政治控制與教化等途徑，逐步有效地控制南方地區、一步步地將其納入王朝控制體系的傳統闡釋，也需要轉換一種研究視角，更著意於觀察這些土著族群，究竟怎樣看待自身與王朝國家的關係，以及如何利用自身族群的歷史、地理與文化資源及國家權力話語，以謀求自身的生存與發展[1]。

1　參閱劉志偉：〈地域社會與文化的結構過程——珠江三角洲研究的歷史學與人類學對話〉，《歷史研究》2003年第1期。

注釋：

[1]參閱翁獨健主編：《中國民族關係史綱要》，中國社會科學出版社1990年版，第181～185頁；汪應梁主編：《中國民族史》，民族出版社1990年版，第262～267、490～495頁；田繼周：《中國歷代民族史・秦漢民族史》，社會科學文獻出版社2007年版，第293～310頁；白翠琴：《中國歷代民族史・魏晉南北朝民族史》，社會科學文獻出版社2007年版，第317～324頁；吳永章主編：《中國民族關係史》，民族出版社1993年版，第48～56、66～70、79～82、85～94、106～110頁；萬繩楠：《魏晉南北朝史論稿》，安徽教育出版社1983年版，第316～320頁；陳寅恪：〈魏書司馬叡傳江東民族條釋證及推論〉，載《金明館叢稿初編》，上海古籍出版社1980年版，第69～106頁，特別是第70～93頁；周一良：〈南朝境內之各種人及政府對待之政策〉，載周一良：《魏晉南北朝史論集》，北京大學出版社1997年版，第33～101頁，特別是第45～58頁；金寶祥：〈漢末至南北朝南方蠻夷的遷徙〉，《禹貢半月刊》1936年第5卷第1、2期合刊；章冠英：〈兩晉南北朝時期民族大移動中的廩君蠻〉，《歷史研究》1957年第2期；楊德炳、王延武：〈魏晉南北朝時期蠻族對長江中游地區開發作用之探討〉，載中國唐史學會編：《古代長江中游的經濟開發》，武漢出版社1988年版，第299～317頁；周偉洲：〈南朝蠻族的分布及其對長江中下游地區的開發〉，載江蘇省六朝史研究會編：《古代長江下游的經濟開發》，三秦出版社1989年版，第36～71頁；朱大渭：〈南朝少數民族概況及其與漢族的融合〉，載朱大渭：《六朝史論》，中華書局1998年版，第419～423頁；陳金鳳、姜敏：〈南北朝時期北魏與中間地帶蠻族合作探微——以北魏和桓誕、田益宗合作為中心〉，《中南民族大學學報》2002年第6期；程有為：〈南北朝時期的淮漢蠻族〉，《鄭州大學學報》2003年第1期。日本學者的研究，主要有谷口房男：《華南民族史研究》，綠蔭書房1996年版，特別是其

第一編〈古代華南民族史研究〉，第11～154頁；《續華南民族史研究》，綠蔭書房2006年版，特別是第5～94頁；岡田宏二：《中國華南民族社會史研究》，趙令志、李德龍譯，民族出版社2002年版，特別是第31～57頁。

[2]童恩正先生早就指出：「從古至今，不少研究者一直將巴族（廩君種）和板楯蠻（賨）混為一談，其實這是錯誤的。這兩種民族的發源地不同，一在清江（夷水），一在嘉陵江（渝水）。姓氏不同，巴族有巴、樊、瞫、相、鄭五姓，而板楯蠻有羅、樸、督、鄂、度、夕、龔七姓。傳說信仰不同……二者之間是有嚴重的對立和鬥爭的。」並認為「『廩君』的記載最早見於《世本》，但《世本》中並無『板楯蠻』的痕跡。以後在《後漢書‧南蠻西南夷列傳》中雖然既有『廩君』，又有『板楯蠻』，但二者是分段記載的，從全文體例看明顯地是指兩種不同的民族。正式將二者混為一談的，是北齊時撰的《魏書‧李雄傳》和唐初撰的《晉書‧李特載記》……以後杜佑的《通典》，馬端臨《文獻通考》等書又沿襲了這個錯誤，以訛傳訛，影響至今」（童恩正：《古代的巴蜀》，四川人民出版社1979年版，第45～46頁）。所論翔實透徹，惜未引起重視。萬繩楠、任乃強先生亦洞見及此，載《魏晉南北朝史論稿》，安徽教育出版社1983年版，第125～126頁；《華陽國志校補圖注》，上海古籍出版社1987年版，第15頁，注4。

[3]關於槃瓠神話的起源及槃瓠蠻的發祥地，論者頗多，請參閱楊寬：〈盤古槃瓠與犬戎犬封〉，載呂思勉、童書業編：《古史辯》第七冊（上），上海古籍出版社1982年版，第156～174頁；石光樹：〈從盤瓠神話看苗、瑤、畬三族的淵源關係〉，《中央民族學院學報》1982年第3期；朱俊明：〈論漢晉以前武陵民族成分及其來源〉，《貴州民族研究》1982年第2期；［日］山本達郎：〈マン族山関薄について〉，《東洋文化研究所紀要》第7號，第191～270頁；、［日］

竹村卓二：〈族譜を通して見たま畲民（猺族）の社會狀況〉，載《人文學報》（東京都立大學人文學部）1962年第64號，第97～113頁；竹村卓二：《瑤族的歷史和文化——華南、東南亞山地民族的社會人類學研究》，金少萍、朱桂昌譯，民族出版社2003年版，第205～274頁；〔日〕谷口房男：〈蠻族のを諸伝說めぐって〉，載《華南民族史研究》，綠蔭書房1996年版，第81～111頁；〔日〕岡田宏二：〈中國華南民族社會史研究〉，趙令志、李德龍譯，民族出版社2002年版，第59～99頁。

[4]《六臣注文選》卷四左太沖〈蜀都賦〉「銳氣剽於中葉，蹻容世於樂府」句下李善注引應劭《風俗通》曰：「巴有賨人，剽勇。高祖為漢王時，閬中人范目說高祖募取賨人。定三秦，封目為閬中慈鳧鄉侯，並復除目所發賨人盧、樸、遝、鄂、度、夕、襲七姓，不供租賦。閬中有渝水，賨人左右居，銳氣喜舞。高祖樂其猛銳，數觀其舞，後令樂府習之。」（中華書局1987年影印本，第93頁）與《華陽國志》、《後漢書》所記相比照，則知後者必源於《風俗通義》。《風俗通義》所采，既包含「眾所共傳」之「俗間行語」，自當兼括板楯蠻之傳說。

[5]《三國志・魏書》卷一〈武帝紀〉建安九年（204年）九月「令河北勿出今年租賦」句下裴松之注引《魏書》所載曹操之令，中華書局1959年版，第26頁。關於戶調起源的討論，可參見唐長孺：〈魏晉戶調製及其演變〉，載唐長孺：《魏晉南北朝史論叢》，三聯書店1955年版，第59～83頁。

[6]此條已見於唐樊綽所撰《蠻書》的附錄中，這一部分附錄，為樊綽於咸通五年（864年）在夔州都督府長史任上時搜檢所得，則其所引據之《夔州圖經》必成書於此前。劉禹錫《夔州刺史廳壁記》云：「（夔州）版圖方輸不足當通邑，而今秩與上郡齒，特以帶蠻夷故也。故相國安陽公（源）乾曜嘗參軍事，修《圖經》，言風俗甚

備。」（載《劉賓客文集》卷九，陝西人民出版社1974年影印本，第184頁。）源乾曜為開元名臣，其參夔州參軍事不見於兩《唐書》本傳，推測當在神龍、景雲間（705—711年）。則此《夔州圖經》當成書於8世紀初。

[7]參閱魯西奇：《〈水經注〉沔水篇所見漢水上游地區的聚落形態》，載武漢大學歷史地理研究所編：《石泉先生九十誕辰紀念文集》，湖北人民出版社2007年版，第125～147頁；〈《水經注》所見南陽地區的城邑聚落及其形態〉，《燕京學報》新25期，北京大學出版社2008年版；〈城牆內外：古代漢水流域城市的形態與空間結構〉，中華書局2011年版，第1～148頁。

[8]如《宋書·夷蠻傳》「豫州蠻」下記晉熙蠻梅式生受封為高山侯，「食所統牛崗、下柴二村三十戶」（中華書局1974年版，第2399頁）。牛崗、下柴二村顯然是蠻民所居，平均每村約十五戶。又，《宋書》卷八三〈譚金傳〉云：「譚金，荒中傖人也。在荒中時，與薛安都有舊，後出新野，居牛門村。及安都歸國，金常隨征討。」（中華書局1974年版，第2111頁）譚金本為「荒中傖人」，自「荒中」南奔後，居於新野牛門村。譚金當然本非蠻民，但牛門村則很可能是蠻村，譚金居於是村，應當並未著籍。故薛安都南來後，譚金乃投奔安都，為其部曲。又，襄陽城附近有上保村。《南齊書》卷二五〈張敬兒傳〉謂「敬兒弟恭兒，不肯出官，常居上保村中，與居民不異。敬兒呼納之甚厚，恭兒月一出視敬兒，輒復去」（中華書局1972年版，第473頁）。張恭兒「不肯出官」，當作「不肯出而附官」，即不願著籍解，非「不肯出來做官」之意。若然，則上保村之居民（與張恭兒不異）亦當未出附官著籍。同傳記張敬兒敗死後，恭兒「在襄陽，聞敬兒敗，將數十騎走入蠻中，收捕不得」，則知恭兒本與「蠻」有密切關係，所以才得「走入蠻中，收捕不得」。則其所居之上保村可能也為蠻民所居。

[9]元嘉中後期（442—452年），沈慶之領軍征討沿沔諸蠻（雍州蠻），前後擄獲總計約20萬口（據《宋書‧沈慶之傳》記載：元嘉十九年伐緣沔諸蠻，禽生口七千人；進征湖陽，獲萬餘口。元嘉二十二年討緣沔諸蠻，降者二萬口；與王玄謨、王方回平定諸山，獲七萬餘口；平郹山蠻，禽三萬餘口。元嘉二十六年，與柳元景等伐沔北諸山蠻，虜生蠻二萬八千餘口，降蠻二萬五千口。伐幸諸山犬羊蠻，置六戍以守之，「蠻被圍守日久，並饑乏，自後稍出歸降」，慶之本傳未記其歸降之戶口數。）宋明帝泰豫元年（魏孝文帝延興三年，472年），蠻酋桓誕率沔北大陽蠻一次降附北魏的就有七八萬戶（《魏書》卷四五〈韋珍傳〉作「七萬餘戶」，卷一〇一〈蠻傳〉作「八萬餘落」）。這兩組戶口資料的系年相距約20年，可合計而得出雍州蠻戶之大概。

[10]《隋書‧地理志》荊州後敘又記蠻民喪葬之俗，謂：「其死喪之紀，雖無被髮袒踊，亦知號叫哭泣。始死，即出屍於中庭，不留室內。斂畢，送至山中，以十三年為限。先擇吉日，改入小棺，謂之拾骨。拾骨必須女婿，蠻重女婿，故以委之。拾骨者，除肉取骨，棄小取大。當葬之夕，女婿或三數十人，集會於宗長之宅，著芒心接籬，名曰茅綏。各執竹竿，長一丈許，上三四尺許，猶帶枝葉。其行伍前卻，皆有節奏，歌吟叫呼，亦有章曲。傳云盤瓠初死，置之於樹，乃以竹木刺而下之，故相承至今，以為風俗。隱諱其事，謂之刺北斗。既葬，設祭，則親疏咸哭；哭畢，家人既至，但歡飲而歸，無復祭哭也。其左人則又不同，無衰服，不復魄。始死，置屍館舍，鄰里少年，各持弓箭，繞屍而歌，以箭扣弓為節。其歌詞說平生樂事，以至終卒，大抵亦猶今之挽歌。歌數十闋，乃衣衾棺斂，送往山林，別為廬舍，安置棺柩。亦有於村側瘞之，待二三十喪，總葬石窟。」此即所謂「拾骨葬」與「石窟葬」。在這裡《隋書‧地理志》的作者將拾骨葬與懸棺葬作了區分，謂蠻人行拾骨葬，而部分左人則行石窟

葬，其下文又謂長沙郡莫徭及武陵、巴陵、零陵、桂陽、灃陽、衡山、熙平諸郡的喪葬之節，皆「頗同於諸左」，即諸郡亦或行石窟葬（並不普遍，只是「亦有」）。此處所見之石窟葬當即今所謂「懸棺葬」，在今鄂西清江流域、湘西沅灃流域、湘南湘江上游地區屢有發現，其分布區域與《隋書·地理志》所記實行石窟葬的區域正相吻合。因此，實行石窟葬的「諸左」可能確係出槃瓠種，為漢代武陵蠻的後裔。參閱陳明芳：《中國懸棺葬》，重慶出版社2004年版，特別是第46～93、151～191頁。拾骨葬的流行區域則可能更廣。這裡值得注意的是「傳云槃瓠初死，置之於樹」及拾骨葬的重要儀式「刺北斗」即繞樹而行的記載。《荊楚歲時記》記社祭，「四鄰並結宗會社，宰牲牢，為屋於樹下，先祭神，然後享其胙」（王毓榮：《荊楚歲時記校注》，文津出版社1988年版，第106頁）。這裡的「樹」當即「社樹」。《南史》卷四五〈張敬兒傳〉記敬兒向部曲述其夢云：「未貴時，夢居村中，社樹欻高數十丈。及在雍州，又夢社樹直上至天。」則荊雍之地，社樹較為普遍。又，［梁］慧皎《高僧傳》卷六〈義解三·晉新陽釋法安〉載：「晉義熙中，新陽縣虎災，縣有大社樹，下築神廟。」（中華書局1992年版，第235頁）社樹之下有神廟，與《荊楚歲時記》所記相合。拾骨葬的「刺北斗」儀式，當即於此種社樹下舉行。據此，頗疑拾骨葬或為楚地甚至更廣區域內普通民眾較普遍的葬俗。惟此點所涉甚廣，容俟另文詳考。

釋「蠻」

61

散居與聚居：漢宋間長江中游地區的鄉村聚落形態及其演變

一、引言

　　本文所說的「鄉村聚落形態」，是指鄉村聚落的平面展布方式，即組成鄉村聚落的民宅、倉庫、牲畜圈棚、曬場、道路、水渠、宅旁綠地以及商業服務、文化教育、信仰宗教等公用設施的布局。一般將鄉村聚落形態分為集聚型和散漫型兩種類型：集聚型村落又稱集村，就是由許多鄉村住宅集聚在一起而形成的大型村落或鄉村集市，其規模相差極大，從數千人的大村到幾十人的小村不等，但各農戶須密集居住，且以道路交叉點、溪流、池塘或廟宇、祠堂等公共設施作為標誌，形成聚落的中心。散漫型村落又稱散村，每個農戶的住宅零星分布，盡可能地靠近農戶生計依賴的田地、山林或河流湖泊；彼此之間的距離因地而異，但並無明顯的隸屬關係或階層差別，所以聚落也就沒有明顯的中心[1]。最典型的散村是一家一戶的獨立農舍，所謂「單丁獨戶之家」；而最典型的集村則當是聚族而居、多達數千人的大村落，或市廛繁庶、工商業發達的市鎮。但二者的根本區別並不僅在於人口多少及其空間規

1　左大康主編：《現代地理學辭典》「鄉村聚落形態」條，商務印書館1990年版，第699頁。

模的大小，更在於其各個民居之間及其與所依賴的田地、山林、湖澤之間是呈現出集聚、互相靠近的趨向，還是表現出離散的趨向。「在（集聚）村莊的景觀中，房屋群聚在一起，這多少有點加強了耕地上的孤寂感；村莊與其土地是截然分開的。在散居的景觀中，房屋不遠離耕地，房屋相互間的吸引力遠小於房屋和田地間的吸引力。農莊及其經營建築物都建在田地附近，而且每塊耕地的四週，常有圍牆、籬笆或溝渠。甚至那些被稱作小村（hameau, weiler, hamlet）的小房屋群，似乎也應當一般地看作散居的形式，因為它們幾乎總是意味著房屋和田地是靠近的。」[1] 換言之，集聚村落本身表現出集聚化傾向，而村落與田地、山林之間則相距較遠；散居村落各農戶之間相距較遠，而每個農戶都盡可能地靠近其耕種的土地、賴以為生的山林湖澤。如果一個聚落的大部分居民均程度不同地脫離了農業生產，其生計主要不是依靠田地、山林或湖澤，那麼，這樣的聚落即不再屬於鄉村聚落，而應被視為「城市」。

採用怎樣的居住方式，是集聚居住（形成大村）還是分散居住（形成散村或獨立農舍），對於傳統中國的鄉村居民來說至關重要，它不僅關係到他們從事農業生產的方式（來往田地、山林或湖泊間的距離，運送肥料、種子與收穫物的方式等），還關係到鄉村社會的社會關係與組織方式，甚至關係到他們對待官府（國家）、社會的態度與應對方式。法國地理學家阿‧德芒戎（Albert Demangeon）注意到：聚居地區與散居地區人們的生活習俗乃至心理狀態都會有很大差別。他指出：

　　每一居住形式，都為社會生活提供一個不同的背景。村莊就是

1　阿‧德芒戎：〈農村居住形式地理〉，載阿‧德芒戎：《人文地理學問題》，葛以德譯，商務印書館1993年版，第140～192頁，引文見第146頁。

靠近、接觸，使思想感情一致；散居則「一切都談的是分離，一切都標誌著分開住」。因此就產生了維達爾·德·拉·布拉什所精闢指出的村民和散居農民的差異：「在聚居的教堂鐘樓週圍的農村人口中，發展成一種特有的生活，即具有古老法國的力量和組織的村莊生活。雖然村莊的天地很有限，從外面進來的聲音很微弱，它卻組成一個能接受普遍影響的小小社會。它的人口不是分散成分子，而是結合成一個核心；而且這種初步的組織就足以把握住它。……」因此，從散居人口到聚居人口，有時存在著精神狀態和心理狀態上的深刻差異。Ａ·西格弗里德非常機敏地指出這一點：在分散農舍地區，是「在籬笆或樹行後面有點怕和人交往的離群索居，不信任人的個人主義」，對外人懷有敵意，和對外來思想意識的一種不可滲透性；在村莊地區是集體行動的便利，配合的意識，外來影響的滲透和傳播。[1]

　　一般說來，在中國傳統社會中，集聚村落的居民之間的交流相對頻繁，關係相對緊密，從而可能形成相對嚴密的社會組織結構；同時，由於居住集中，官府也易於控制，國家權力對集聚村落的滲透也就相對深入、廣泛。而在分散居住的區域，各農戶之間的來往、交流與互相依靠均相對少一些，彼此之間相對疏遠，其社會聯結方式與社會組織結構則要複雜得多；官府控制散居村落的難度較大。因此，探究中國傳統社會中鄉村聚落的形態，弄明白某一區域範圍內的鄉村居民究竟是聚居還是散居，不僅有助於我們更好地理解不同地理環境下人們對環境的適應與改造，更是考察其社會經濟生活方式、社會組織方式等問題的前提。

　　中國古代鄉村聚落形態的研究，受到資料條件的很大限制：傳

散居與聚居：漢宋間長江中游地區的鄉村聚落形態及其演變

1　阿·德芒戎：〈農村居住形式地理〉，載阿·德芒戎：《人文地理學問題》，葛以德譯，商務印書館1993年版，第192頁。

統文獻中很少有關鄉村聚落的記載，偶或有之，亦僅涉及其名稱，於其規模、形態甚少留下有價值的記載，極少數的記載也往往只是籠統的描述。因此，探究中國古代特別是明清時期以前鄉村聚落的形態，首先需要仔細收集有限的文獻資料，加以辨析；然後與有關史事及現代地理、社會考察相比證，方能形成一些初步的認識。本文選取兩漢至兩宋時期長江中游地區作為考察對象，試圖理清此一長時段內長江中游地區鄉村聚落形態及其演變狀況之大概，固是目標之一，然更要者則在借此摸索古代鄉村聚落形態的研究路徑，特別是辨析有關文獻材料在鄉村聚落研究上的有效性，其粗疏不週乃至不當處，在所難免，敬請指正。

二、兩漢時期：以規模較小的散村為主

漢代鄉村的聚落形態，究竟是四週環以土垣或籬柵的集居村落，還是分散的小規模自然村落？對此，學術界向有不同說法。日本學者宮崎市定是前說之代表。宮崎主要基於其「中國古代史應該看作是都市國家的成長、發展和解體的過程」這一理論預設，認為：在漢代，「不論是亭是鄉，還是鄉以上的縣，都是指的一個個的聚落而言，本來是古代都市國家的遺制。雖然失去了政治上的獨立，但外形直到漢代還保留著；它週圍環以城郭，是稠密的聚落，很多的農民住在裡面，只有燒炭的和漁夫是例外，人民很少住在城外的。城裡也是依道路劃分為幾個區域，一區就是一里，大致以百戶人家為標準。所謂縣、鄉、亭，都不外是包括若干個里的城郭都市，雖有大小之差，但差別是很有限的」[1]。換言之，在宮崎看來，漢代的鄉村聚落都築有城郭，農民皆居於其中，因而形成所謂的「農業都市」。此說雖以主觀色彩強烈的理論預設為前提，但也並

非沒有實證根據。近年來，一些支持宮崎觀點的學者依據考古材料和文獻辨析，作了進一步的論證，並就其具體表述作了補充或修正[1]。岡崎文夫、池田雄一則基本持散村說，認為漢代佔據主導地位的鄉村聚落，應當是分散的、四週並無土垣圍繞、小規模的自然村[2]。

就長江中游地區而言，今見材料支持散村說。長沙馬王堆帛書地圖的出土，為我們了解西漢前期長江中游地區鄉村聚落形態提供了第一手資料。帛書〈地形圖〉主區所繪為漢初長沙國所屬桂陽郡的中部地區，相當於今湖南湘江上游支流瀟水流域，包括營浦全縣、春陵縣南部、泠道縣中西部和齕道縣西部。在主區與鄰區範圍內共畫有8個縣治（用矩形符號表示），即營浦、春陵、泠道、南平、齕道、桃陽、觀陽、桂陽，還有74個鄉里聚落（用圓形符號表示，其地名均注記在圓形符號之內，釋文中共有57個地名）[2]。這70多個鄉里聚落，稱為「某里」者共有43個，稱為「某君」、「某部」者各4個，其餘聚落則不帶里、君、部之稱[3]。標識各聚落的圓圈大小不同，顯然代表聚落規模不等。在稱為「君」的4個地名中，除「不於君」無法斷定外[4]，「墨君」、「蛇君」、「雷君」三個聚落地名當與姓氏有關，很可能是以居民的姓氏命名的，當是較小的自然村落。以里、部命名的聚落，規模可能稍大一些。

馬王堆帛書〈駐軍圖〉主區所繪區域，即〈地形圖〉中「深平」以上之大深水（今瀟水）流域，相當於今湖南江華縣碼市盆地的瀟水

1　參閱張繼海：《漢代城市社會》，社會科學文獻出版社2006年版，第61～95頁。
2　池田雄一：《中國古代の聚落と地方行政》，汲古書院2002年版，第65～177頁。
3　地形圖聚落地名之釋文，並據《馬王堆帛書古地圖》（文物出版社1976年）所刊布之「地形圖復原圖釋文」。又見曹婉如等編：《中國古代地圖集（戰國—元）》，圖版21「地形圖復原圖」，圖版22「地形圖復原圖釋文」，文物出版社1990年版。
4　頗疑「不於君」三字，或可釋為「李君」，然不能確定，姑存之。

源流區，面積約900平方公里，比例尺為1：45000~1：50000[1]。其聚落的標識方式與〈地形圖〉相同，只是在表示聚落的圓圈旁又注出了居住戶口情況。據「駐軍圖復原圖釋文[2]」，可將各聚落及其戶口情況列如下表：

表3—1　馬王堆帛書〈駐軍圖〉所見聚落戶口狀況

里名	戶數	現狀
波里	17	今毋人
琇里	並波里	
弇里	並波里	
慮里	35	今毋人
兼里	並慮里	
乘陽里	17	今毋人
□里	並□陽里	
智里	68	今毋人
沛里	35	今毋人
□里	並□里	
路里	43	今毋人
胡里	並路里	
淄里	13	今毋人
珂里	53	今毋人
□里	20	今毋人
沙里	43	今毋人
垣里	81	今毋人
子里	30	今毋〔人〕
□□	4	毋人
陴里	戶並□□	不反
瘴里	57	不反
資里	12	不反
龍里	108	不反
蛇下里	47	不反
蛇上〔里〕	23	

1　張修桂：〈馬王堆《駐軍圖》測繪精度及繪製特點研究〉，《地理科學》1986年第6卷第4期；〈馬王堆《駐軍圖》主區範圍辨析與論證〉，載復旦大學中國歷史地理研究所編：《歷史地理研究》第1輯，復旦大學出版社1986年版，第174～199頁。二文並收入張修桂：《中國歷史地貌與古地圖研究》，社會科學文獻出版社2006年版，第471～501頁。

2　曹婉如等編：《中國古代地圖集（戰國—元）》圖版27「駐軍圖復原圖釋文」，文物出版社1990年版。

除表3—1所列外，〈駐軍圖〉主區所繪聚落還有數里、條里、如里3個里沒有旁注（或已脫落），有兩個圓圈中僅存一「里」字，另有部里旁注的戶數脫文，但稱「今毋〔人〕」。圖注所示某里「並」某里，或釋為因軍事駐防的需要，實行了移民並村措施[1]，恐未必確，應當作將此里戶數「併入」相鄰之里一起計算解。然則，上表所列戶數即當包括了所「並」之「里」的戶數。據此，在〈駐軍圖〉主區所繪的25個聚落中，當有居民689戶，平均每個聚落約28戶（如果計入圖注脫落不全的6里，則只有22戶）。其中戶數較多的聚落龍里、垣里都距該圖所繪之駐軍指揮部甚近，顯然是這一地區的中心聚落；而戶數最少的一個聚落只有4戶，是典型的散村。

　　江陵鳳凰山十號墓的時代，據墓中簡牘，可判斷為漢景帝初年，墓主張偃是南郡江陵縣西鄉的有秩或嗇夫。墓中簡牘提到平里、當利里、□敬里、鄭里等幾個西鄉的「里」。這些里與鄉並稱，應當屬於鄉里基層組織系統。其中關係到鄭里的是一份25戶貸穀的完整廩簿，在每一戶人（如「戶人聖」、「戶人公士」等）之下均注明「能田」幾人、「口」幾人，全部25戶共有「能田」71人，口112人[2]。這份廩簿中各戶人貸穀數各自有別，然均按耕田一畝貸一斗，比例固定，所貸當是春耕之用的糧種。《漢書‧文帝紀》前元二年（西元前178年）春正月丁亥詔：「民讁作縣官及貸種食未入、入未備者，皆赦之。」[3]昭帝始元二年（西元前85年）三月，「遣使者振貸貧民毋種、食者」。秋八月詔曰：「往年災害多，今年蠶麥傷，所振貸種、食勿收

1　傅舉有：〈馬王堆漢墓出土的駐軍圖〉，載曹婉如等主編：《中國古代地圖集（戰國—元）》，文物出版社1990年版，第9～11頁。
2　湖北省博物館：〈湖北江陵鳳凰山西漢墓發掘簡報〉，《文物》1974年第6期；黃盛璋：〈江陵鳳凰山漢墓簡牘與歷史地理研究〉，載黃盛璋：《歷史地理論集》，人民出版社1982年版，第456～479頁；裘錫圭：〈湖北江陵鳳凰山十號漢墓出土簡牘考釋〉，《文物》1974年第7期。
3　《漢書》卷四〈文帝紀〉前元二年春正月，中華書局1962年版，第117頁。

散居與聚居：漢宋間長江中游地區的鄉村聚落形態及其演變

責，毋令民出今年田租。」[1] 則知春耕時節由國家賑貸種、食乃是常例。因此，鳳凰山十號墓所出貸穀稟簿應當是「縣官」賑貸穀種的記錄，其所涉者應當是鄭里全體農戶。然則，鄭里所擁有之戶口即當為25戶、112口。

馬王堆帛書地圖所繪區域在今湘南山地，地形屬山間盆地；鳳凰山十號墓所在之江陵西鄉則處江漢平原西部邊緣，是先秦以來長江中游地區開發較早、較為發達之區。這兩個地區鄉村聚落的平均規模都在25戶左右，很可能代表著西漢前期長江中游地區鄉村聚落的普遍規模。

兩漢時期長江中游地區的村落遺址，尚無一處得到科學發掘，目前所能見到的只是一些調查資料。荊門子陵崗遺址是一處較大的漢代村落遺址，東西長約1000公尺，南北寬約600公尺，總面積約0.6平方公里。調查採集的遺物主要是陶片，能辨器形的有盆、甕、缽、罐、豆、盤、碗、甑、板瓦、筒瓦、瓦當、井圈等，以泥質灰陶為主，紅陶次之，少量黃陶和硬陶，紋飾主要有繩紋、瓦櫺紋、布紋、方格紋、麻點紋、葉脈紋、弦紋、刻劃紋和雲紋。遺址三面環水，四週沒有發現類似於城牆的土垣，說明它應是一處普通聚落[2]。襄樊地區文物普查所發現的漢代村落遺址，面積從二三千平方公尺到二三十萬平方公尺不等，但大多為二三萬平方公尺。採集遺物非常相近，大多為泥質灰陶，器形也與子陵崗所見大同小異。從一些遺址的狀況看，有的村落週圍可能有低矮的土垣和壕溝，村落所處的位置也多高於週圍地面，顯示出當時的村落有一定的防禦設施。不少遺址採集到井圈，說明村落中普遍有井[3]。

---

1 《漢書》卷七〈昭帝紀〉始元二年三月，中華書局1962年版，第220頁。
2 李兆華、高山、王傳富：〈湖北荊門子陵崗遺址調查〉，《考古》1993年第11期。
3 葉植主編：《襄樊市文物史跡普查實錄》第一編〈古文化遺址類〉，今日中國出版社1995年版，第53〜83、148〜184、194〜264、285〜293、318〜327、404〜414、497〜525頁。

如所週知，漢代莊園經濟高度發達，大小莊園主將自己的住宅建於田園內，亦形成散居。《水經注‧比水篇》謂樊氏家族世居湖陽（在今河南唐河縣南境），「能治田殖，至三百頃。廣起廬舍，高樓連閣，波陂灌注，竹木成林[1]」。《後漢書‧樊宏傳》又記王莽末，樊宏自更始軍中逃歸湖陽，「與宗家親屬作營塹自守，老弱歸之者千餘家[2]」。則此前之樊氏莊園並無城垣營塹之設，不過是「田園別業」的性質。東漢中後期南陽、襄陽一帶的大姓豪族，固然很多居於南陽郡城、劉表割據時代之襄陽城中，但也有很多大姓居於城外。據《水經注‧沔水篇》記載，襄陽蔡氏居於襄陽城南之蔡洲之上，另一大族楊氏與蔡氏相鄰，「楊儀居上洄，楊顒居下洄，與蔡洲相對，在峴山南廣昌里」。在劉表統治荊州時，「諸蔡最盛」，是當地最大的豪族。《太平御覽》卷六九引〈荊州圖經〉謂蔡氏「宗族強盛，共保蔡洲」；《襄陽耆舊記》且稱「（蔡）瑁家在蔡洲上，屋宇甚好」，則蔡氏宗族大抵皆居於蔡洲之上，非居於襄陽城中。當時居住在襄陽城週圍的除了蔡氏、楊氏外，還有住在魚梁洲上的龐氏（龐德公之族）、司馬德操之族以及在城南十餘里外、峴山之南的習氏，均見於《水經注‧沔水篇》，注文並謂龐德公與司馬德操「望衡對宇，歡情自接，泛舟襄裳，率爾休暢」，完全是一幅怡然的田園景象，這些大族顯然過著一種村居生活[3]。至於普通百姓的居住情形，《三國志》卷二三〈魏書‧杜襲傳〉云：

建安初，太祖迎天子都許。襲逃還鄉里，太祖以為西鄂長。縣濱

1 楊守敬、熊會貞：《水經注疏》卷二九〈比水〉，江蘇古籍出版社1989年版，第2485頁。
2 《後漢書》卷三二〈樊宏傳〉，中華書局1965年版，第1120頁。
3 楊守敬、熊會貞：《水經注疏》卷二八〈沔水中〉，江蘇古籍出版社1989年版，第2377～2380頁。

南境，寇賊縱橫。時長吏皆斂民保城郭，不得農業。野荒民困，倉庾空虛。襲自知恩結於民，乃遣老弱各分散就田業，留丁強備守，吏民歡悅。會荊州出步騎萬人來攻城……賊得入城。襲帥傷痍吏民決圍得出，死喪略盡，而無反背者。遂收散民，徙至摩陂營，吏民慕而從之如歸。[1]

當漢末亂離之際，「長吏皆斂民保城郭，不得農業」，正說明在此之前之太平歲月，民戶當「散就田業」，亦即分散居住，居處靠近「田業」；只是當社會動亂時，才保聚城郭，形成聚居狀態。

因此，漢代長江中游地區鄉村聚落的基本形態應當是「散就田業」，即相對分散居住以便於從事農業生產，即便是大地主莊園也是與田地結合在一起的。見於記載的鄉、聚、亭皆當是較大的中心聚落，即便是這些中心聚落，也未必築有城垣。因此，認為漢代基層聚落普遍採用城的形式、鄉村居民普遍居住在城郭裡的論點，至少在長江中游地區，得不到切實的證明。

這種「散居田業」的小規模聚落，直到三國時期，仍然是長江中游地區佔據主導地位的鄉村聚落形態。長沙走馬樓所出三國吳簡「嘉禾吏民田家莂」是孫吳嘉禾四、五兩年（235、236年）長沙地區編戶齊民向官府交納或除免賦稅的年度結算憑證，每戶均繫於某丘之下，載明其所佃土地的數量、時限，按規定的數額、時間向官府交納或除免的租米、租布、稅錢，以及官吏收繳、校核的情況[2]。關於走馬樓吳簡所見的「丘」究屬自然聚落，還是基層租稅徵收或基層行政組織或社會自治組織，抑或屬於耕作區，學術界進行了熱烈的討論，仍未取得一致意見，但認為「丘」是自然聚落的

1 《三國志》卷二三〈魏書‧杜襲傳〉，中華書局1959年版，第665～666頁。

2 長沙市文物考古研究所、中國文物研究所、北京大學歷史系：《長沙走馬樓三國吳簡‧嘉禾吏民田家莂》上、下冊，文物出版社1999年版。

觀點，越來越得到多數學者的認同[3]。我們也贊同這種看法。雖然簡牘所見民戶絕非居住於這些「丘」中的全部居民，但我們依然可以根據「嘉禾吏民田家莂」，大致整理出各丘（自然聚落）的居民戶數[4]。

表3—2 「嘉禾吏民田家莂」所見長沙地區自然聚落的規模

里名	戶數	里名	戶數	里名	戶數
伍社丘	11	上伍丘	1	下伍丘	25
和丘	1	上和丘	9	下和丘	7
夫丘	22	上狀丘	10	東狀丘	15
小赤丘	25	五唐丘	20	公田丘	9
唫丘	10	中唫丘	20	己酉丘	11
平支丘	29	平㕜丘	28	平漁丘	2
平陽丘	9	石下丘	69	合丘	2
枺丘	2	枺倚丘	1	枺伻丘	13
李漁丘	1	利丘	45	何丘	19
伻丘	30	伻下丘	1	伻上丘	5
阿田丘	1	東溪丘	3	弦丘	43
圅丘	9	昭丘	5	區丘	35
龍丘	13	前龍丘	1	新㕜丘	2
桐丘	10	桐下丘	1	桐中丘	5
桐唐丘	8	桐佃丘	1	寇丘	11
略丘	16	常略丘	11	僕丘	23
頃丘	8	浸頃丘	4	嶺丘	12
渚丘	1	郭渚丘	32	進渚丘	2
淦丘	12	逢唐丘	8	旁丘	1
唐丘	25	新唐丘	7	唐中丘	2
湛丘	1	湛上丘	7	湛龍丘	10
巴丘	1	厤下丘	1	語丘	5
緒下丘	3	緒中丘	28	緒丘	2
橫溪丘	1	谷丘	1	慮丘	5
劉里丘	44	泲丘	4	樸丘	7
霖丘	4	讓何丘	3	斷岯丘	2
禾中丘	3	栗丘	11	三州丘	10
橫漁丘	3	上利丘	3	上伻丘	2
茇丘	14	上汝丘	23	芳丘	3
上俗丘	31	下俗丘	8	平丘	1
平樂丘	40	石羊丘	1	里中丘	11
旱丘	17	旱中丘	3	吳丘	1
伯丘	3	武龍丘	7	林漁丘	21
英丘	1	松田丘	26	杷丘	12

73

散居與聚居：漢宋間長江中游地區的鄉村聚落形態及其演變

里名	戶數	里名	戶數	里名	戶數
東丘	3	東薄丘	4	周陵丘	4
於丘	1	於上丘	7	泊丘	2
波丘	1	胡萇丘	5	南彊丘	10
俠丘	9	莫丘	3	租下丘	9
倉丘	5	專丘	5	溫丘	19
楮丘	1	楮下丘	9	賀丘	1
湖田丘	11	湖佃丘	1	楊丘	1
楊漁丘	26	夢丘	29	新成丘	7
廉丘	14	廉下丘	1	資丘	2
鹽沱丘	2	盡丘	10	撈丘	10
暹丘	5	潰丘	8	彈漁丘	39
錫丘	2	澌丘	14	鵲丘	12

续表

在可以統計的138個丘中，共有居民1438戶，平均每丘10戶稍多一點。其中戶數最多的是石下丘，共有69戶（超過50戶的只有這一丘）；40~50戶的有劉里（44戶）、平樂（40戶）、利丘（45戶）、弦丘（45戶）4個丘；30~40戶的也只有伻丘（30戶）、上俗丘（31戶）、郭渚丘（32戶）、區丘（35戶）、彈漁丘（39戶）等5個丘。顯然，30戶以上的聚落僅占全部統計聚落的7%。而10戶以下（不含10戶）的丘則共有84個，占全部統計聚落的61%；只有1戶的聚落共有27個，占全部統計聚落的近20%；10~29戶的共有44個丘，占全部統計聚落的32%弱。雖然「嘉禾吏民田家莂」所見各丘的戶數並不完整，但據此判斷三國時期長沙地區絕大部分鄉村聚落的規模均在30戶以下，應大致不誤；而10戶以下的聚落又占了全部統計聚落的一半以上，說明這一地區自然聚落的規模一般較小。

在這些聚落中，值得注意的是，從地名學角度觀察，一些聚落之間很可能存在著某種關聯，如伍社丘與上伍丘、下伍丘，和丘與上和丘、下和丘，夫丘與上炏丘、下炏丘，唅丘與中唅丘，伻丘與伻下丘、伻上丘，桐丘與桐下丘、桐中丘、桐唐丘、桐佃丘，唐丘

與新唐丘、唐中丘，緒丘與緒中丘、緒下丘，以及略丘與常略丘、丘與上丘、上俗丘與下俗丘、旱丘與旱中丘、於丘與於上丘、楮丘與楮下丘、廉丘與廉下丘等。以上各組聚落，很可能是由最初的一個聚落，隨著人口的增加，逐漸衍生形成的。如和丘雖然只有1戶，而上、下和丘的戶數都比和丘多，即使不是資料本身的缺失，也基本可以斷定，上、下和丘應當是從和丘衍生出來的。唐丘與新唐丘、唐中丘的關係就更為清晰：唐丘應當是母聚落，新唐丘、唐中丘都是子聚落。雖然不能完全斷定以上各組聚落中何者為母聚落、何者為子聚落，但各組內部顯然存在著母子衍生關係，應當沒有太大問題。這種聚落的衍生關係，意味著長沙地區鄉村聚落的擴展途徑並非持續擴大聚落的規模，而是當某一聚落戶口達到一定規模或其耕作、生產環境發生變化已不足以容納已有戶口時，即開闢新的耕作區，建立新的聚落，以「散就田業」，即將居住地與耕作區盡可能連在一起。換言之，戶口的增加並不必然導致聚落規模的擴大，更普遍的方式是通過建立新的小規模聚落以容納不斷增長的戶口。因此，雖然東漢以迄三國，長江中游地區的戶口總數不斷增加，襄陽、南郡、長沙等地區的戶口已較為密集，但其鄉村聚落則仍以小規模的散村佔據主導地位，只不過這種散村的數量增加了而已。

三、六朝時代：「巴夏居城郭，蠻夷居山谷」

東漢末年，隨著社會動亂不斷加劇，受到動亂威脅地區的地方長吏紛紛「斂民保城郭」，而「百姓流亡，所在屯聚[1]」；「其不

---

1 《晉書》卷一○○〈蘇峻傳〉，中華書局1974年版，第2628頁。

散居與聚居：漢宋間長江中游地區的鄉村聚落形態及其演變

75

能遠離本土遷至他鄉者，則大抵糾合宗族鄉黨，屯聚塢堡，據險自守，以避戎狄寇盜之難[1]」；西遷、北徙、南來的移民，亦大多據城壁以自保，從而形成以城邑、塢堡、戍壘為中心的聚居狀態[2]。在長江中游地區，毗鄰中原、直接陷入動亂之中的漢水流域，特別是漢水中上游的南陽、襄陽、漢中地區，聚落形態變化的總體趨勢是進一步集聚化：大量城壁塢堡戍壘紛紛建立起來，無論是移民還是土著，大多據城壁以自保，從而形成以城邑、塢堡、戍壘為中心的聚居狀態。

在襄陽地區，晉末大亂，原先居於襄陽城外蔡洲之上的襄陽大族蔡氏為流民首領王如所殺，「一宗都盡」，至東晉時當地「無復蔡姓者」。自此之後，大姓豪族鮮有再為村居者。南陽大姓如安眾劉氏、涅陽劉氏、安眾宗氏、新野庾氏等大都南遷江陵，且大抵皆居於江陵城中；南來的僑姓大族，包括河東柳氏、京兆杜氏、韋氏等北方的舊姓大族及新野曹氏、安定席氏、扶風馬氏及原出西域的藍田康氏等「次門」豪族，也大多居於江陵、襄陽或僑郡縣所在之城郭之內。以康氏為例。《宋書》卷三七〈州郡三〉雍州刺史「華山太守」條：「華山太守，胡人流寓，孝武大明元年立。今治大堤。」[3]《梁書》卷十八〈康絢傳〉云：

康絢字長明，華山藍田人也。其先出自康居。初，漢置都護，盡臣西域，康居亦遣侍子待詔於河西，因留為黔首，其後即以「康」為

1 陳寅恪：〈桃花源記旁證〉，載《金明館叢稿初編》，上海古籍出版社1980年版，第168頁。

2 參閱魯西奇：〈《水經注》沔水篇所見漢水上游地區的聚落形態〉，載武漢大學歷史地理研究所編：《石泉先生九十誕辰紀念文集》，湖北人民出版社2007年版，第125～147頁；〈《水經注》所見南陽地區的城邑聚落及其形態〉，載《燕京學報》新25期，北京大學出版社2008年版；《城牆內外：古代漢水流域城市的形態與空間結構》，中華書局2011年版，第1～148頁。

3 《宋書》卷三七〈州郡志三〉雍州「華山太守」條，中華書局1974年版，第1143頁。

姓。晉時隴右亂，康氏遷於藍田。絢曾祖因為苻堅太子詹事，生穆，穆為姚萇河南尹。宋永初中，穆舉鄉族三千餘家，入襄陽之峴南，宋為置華山郡藍田縣，寄居於襄陽，以穆為秦、梁二州刺史，未拜，卒。絢世父元隆，父元撫，並為流人所推，相繼為華山太守。[1]

則康氏宗族之南來在劉宋永初中（420—423年），而華山郡之置則在宋孝武帝大明初（457年），其間經歷了三十多年，居地也可能略有變動（初居於襄陽之峴南，後居於大堤村、城）。《太平寰宇記》卷一四五襄州「宜城縣」條稱：「宋大明元年，以胡人流寓者立華山郡於大堤村，即今縣也。……大堤城，今縣城也。其俗相傳為大堤城，至今不改。」則在大明元年置華山郡之前，此地即有「大堤村」之名。曾鞏《元豐類稿》卷十九〈襄州宜城縣長渠記〉亦稱：「宋孝武帝[大明]（永初）元年，築宜城之大堤為城，今縣治是也。」[2] 華山郡蓋因其村而立城，為康氏宗族所聚居之地。嘉靖《宜城縣志》卷上「城池」欄「故宜城城」條云：

在縣［東］（西）北三十里。漢置宜城縣，始此。後為山水沖崩，遂遷鄢子國，即今之縣治是也。宋孝武［大明］（永初）元年，築宜城大堤為縣，週圍十一里。[3]

同書卷中「古跡」欄「古城堤」條稱：「在縣北三十里，地名東羊祜汊，跡存。」《讀史方輿紀要》卷七九襄陽府宜城縣「漢南城」

1 《梁書》卷十八〈康絢傳〉，中華書局1973年版，第290頁。
2 曾鞏：《南豐先生元豐類稿》卷十九〈襄州宜城縣長渠記〉，載《宋集珍本叢刊》第十冊，（據明正統刊本影印），線裝書局2004年版，第342頁。
3 嘉靖《宜城縣志》卷上「城池」欄「故宜城城」條，《中國地方志集成·湖北府縣志輯》本，江蘇古籍出版社2001年版，第66冊，第255頁。

散居與聚居·漢宋間長江中游地區的鄉村聚落形態及其演變

條亦云：

> 縣北三十里，地名東洋，有古堤，又有古城。宋初築宜城大堤，大明初，置華山郡及華山縣治焉。沈約《志》：華山郡治大堤村，是也。[1]

則華山郡城依大堤而立城，故有「大堤城」之稱。如果嘉靖《宜城縣志》所記確當，則此城規模甚大。《宋書・州郡志》記華山郡著籍戶為1399，口5342。然前引《梁書・康絢傳》稱，康氏宗族初遷時即有三千餘家；永元初（501年），康絢舉郡追隨蕭衍起事，「身率敢勇三千人，私馬二百五十匹以從」。顯然華山郡所有之實際戶口數遠大於《宋書・州郡志》所記著籍戶口數。這些戶口雖未必全部居於城中，但其核心部分居於城中，當無疑問。

華山郡大堤城雖又得稱為「大堤村」，然至遲在康氏移居並經營數年後，已成為有名的商業都市。梁簡文帝所作《雍州曲》中有一首以「大堤」為題，詞云：

> 宜城斷中道，行旅極留連。出妻工織素，妖姬慣數錢。炊雕留上客，賣酒逐神仙。[2]

蓋其地既處交通要道，行旅所經，商業繁榮，且因「胡風蠻俗」之影響，多豔歌伎樂，完全是一幅商業都市景象，絕非鄉村景觀[3]。

1　《讀史方輿紀要》卷七九湖廣五襄陽府宜城縣「漢南城」條，中華書局2005年版，第3713頁。

2　《樂府詩集》卷四八〈西曲歌中〉「雍州曲」三首，中華書局1979年版，第705頁。

3　關於此點，嚴耕望先生已有詳論，請參閱〈荊襄驛道與大堤豔曲〉，載《唐代交通圖考》第4卷，上海古籍出版社2007年版，第1039～1078頁。

和大堤城一樣，漢水流域的許多塢壁城堡均為流民所築，所居者多是移民；原先散居的部分土著居民也往往出於安全考慮，集居於郡縣治所城市或官軍據守的城壘附近，形成「城居」或「附城居」。由《水經注》江水、沔水、湘水諸篇所記可知：3—6世紀之長江中游河谷地帶、支流之河谷盆地處，散布著大小不等之城邑塢壁；此類城邑塢壁固多為郡縣治所，然亦有不少城壁僅為一般集聚村落或軍事要地，並非郡縣治所。如方城亭、涉都城、穀城、學城、平魯城、峴山戍、邑城、黎丘城、觀城、騎亭、湫城、荆城、冶父城、臨嶂故城、卻月城等。其中，軍事要塞之築城，甚易理解，可不具論；而一般集聚村落之築有城垣，則十分值得注意。

　　居於城堡塢壁之中的民戶，大抵皆為著籍民戶。而在這些城壁塢堡之外，則分散居住著為數更多的蠻、流戶口。《宋書》卷九七〈夷蠻傳〉「荆、雍州蠻」條謂：

　　荆、雍州蠻，盤瓠之後也。分建種落，布在諸郡縣。荆州置南蠻，雍州置寧蠻校尉以領之。世祖初，罷南蠻並大府，而寧蠻如故。蠻民順附者，一戶輸穀數斛，其餘無雜調，而宋民賦役嚴苦，貧者不復堪命，多逃亡入蠻。蠻無傜役，強者又不供官稅，結黨連群，動有數百千人，州郡力弱，則起為盜賊。種類稍多，戶口不可知也。所在多深險，居武陵者有雄溪、樠溪、辰溪、酉溪、舞溪，謂之五溪蠻；而宜都、天門、巴東、建平、江北諸郡蠻，所居皆深山重阻，人跡罕至焉。[1]

　　此述荆雍州蠻之大略，據此可知：（1）「蠻」雖總稱為「盤瓠之後」，然其種落複雜，其間頗雜有流亡之「宋民」，故南北朝間

1　《宋書》卷九七〈夷蠻傳〉「荆、雍州蠻」，中華書局1974年版，第2396頁。

所見之「蠻」，當即「無徭役，強者又不供官稅」的非著籍戶口，其是否為「盤瓠之後」反倒居其次。「州郡力弱，則起為盜賊」，說明州郡不能有效地控制之。（2）蠻之所在「多深險」，「所居皆深山重阻，人跡罕至」，正與上引《三國志》所記之山越相類。其既處深山險阻之中，則向無城邑、散居於山谷間，當無疑問。

蠻人所居或得稱為「村」或「村落」。宮川尚志〈六朝時代的村〉嘗舉出數例[1]。其一即《宋書》卷七七〈柳元景傳〉所記：

先是，劉道產在雍州，有惠化，遠蠻悉歸懷，皆出緣沔為村落，戶口殷盛。及道產死，群蠻大為寇暴。[2]

《宋書》卷九七〈夷蠻傳〉「荊、雍州蠻」條記同一事作：「先是，雍州刺史劉道產善撫諸蠻，前後不附官者，莫不順服，皆引出平土，多緣沔為居。及道產亡，蠻又反叛。」[3] 則諸蠻歸化順服之後，「引出平土」，方「緣沔為村落」。又，《南史》卷三二〈張邵傳〉記元嘉五年（428年）張邵為雍州刺史、寧蠻校尉，「丹、淅二川蠻屢為寇，邵誘其帥並出，因大會誅之，遣軍掩其村落，悉禽。既失信群蠻，所在並起，水陸路斷」。丹、淅水流域的群蠻也是受到招誘後「並出」居村落的。據此似可推知：諸蠻在未「附官」之前，皆當居於「深山重阻」之中，其時未有「村落」，「戶口不可知」。

這兩條材料中均以「村落」並稱，然「村」與「落」當有細微之差別。按：史籍記蠻民數量，或以「落」為計量單位。如《魏書・蠻

1　宮川尚志：〈六朝時代的村〉，載劉俊文主編：《日本學者研究中國史論著選譯》第四卷，中華書局1992年版，第67～108頁。

2　《宋書》卷七七〈柳元景傳〉，中華書局1974年版，第1981頁。

3　《宋書》卷九七〈夷蠻傳〉「荊、雍州蠻」，中華書局1974年版，第2396～2397頁。

傳》謂：「延興中，大陽蠻酋桓誕擁沔水以北，滍葉以南八萬餘落，遣使內屬。」[1]對此「落」字，或釋為「家」、「戶」，或含混稱為一個部落單位。茲考「落」字從「艸」，本有零落、離散之意。《說文・艸部》：「落，凡艸曰零，木曰落。」《史記・汲鄭列傳》「此兩人中廢，家貧，賓客益落」句下司馬貞《索隱》稱：「落猶零落，謂散也。」[2]藩籬所環繞之草庵居室亦得稱為「落」。《文選》卷十二郭景純（璞）〈江賦〉「於是蘆人漁子擯落江山，衣則羽褐，食惟蔬蘛」句下張銑注曰：「落，庵屋之類，言其作屋於江濱山側，為庵也。」[3]同書卷二六范彥龍（雲）〈贈張徐州謖〉「軒蓋照墟落」句下呂向注曰：「墟，居；落，籬也。」[4]據此，頗疑史籍所見蠻人之「落」當即分散於山野溪谷間的草屋茅舍，其為居住單元，未必即相當於漢人觀念中之「家」或「戶」。

因此，當蠻民居於深山險阻之地時，所居之「落」有類於考古所見的「長屋」，很可能是獨立的房屋。由蠻民遷徙頻繁觀之，此種「落」當甚為簡陋。惟當蠻民出居「平土」之後，方營造相對固定的住宅，遂形成「村」。「村」的規模顯然要比「落」大，可能包含數個或數十個「落」。《宋書・夷蠻傳》「豫州蠻」下記晉熙蠻梅式生受封為高山侯，「食所統牛崗、下柴二村三十戶⌐」。文中出於漢人觀念的「三十戶」，當即蠻人之「三十落」。則每村平均有十五落，仍是較小的聚落。

六朝文獻中所見長江中游地區以「村」為名的聚落，大抵皆為蠻民所居，或與蠻族有關聯。除上文所見之牛崗、下柴二村外，新野又

1 《魏書》卷一〇一〈蠻傳〉，中華書局1974年版，第2246頁。
2 《史記》卷一二〇〈汲鄭列傳〉，中華書局1959年版，第3113頁。
3 《六臣注文選》卷十二郭景純（璞）〈江賦〉，中華書局1987年影印本，第244頁。
4 《六臣注文選》卷二六范彥龍（雲）〈贈張徐州謖〉，中華書局1987年影印本，第488頁。
5 《宋書》卷九七〈夷蠻傳〉「豫州蠻」，中華書局1974年版，第2398～2399頁。

散居與聚居：漢宋間長江中游地區的鄉村聚落形態及其演變

有「土因村」，見於《魏書》卷五二〈陰道方傳〉：

（李）神儁為前將軍、荊州刺史，請道方為其府長流參軍。神儁曾使道方詣蕭衍雍州刺史蕭綱論邊事，道方風神沉正，為綱所稱。正光末，蕭綱遣其軍主曹義宗等擾動邊蠻，神儁令道方馳傳向新野，處分軍事。於路為土因村蠻所掠，送於義宗，義宗又傳致襄陽，仍送於蕭衍，囚之尚方。[1]

魏荊州刺史治穰縣，陰道方自穰縣赴新野，「處分軍事」，途中為土因村蠻所掠，則此土因村當位於自穰縣至新野的大路上。新野又有牛門村，見於《宋書》卷八三〈譚金傳〉：

譚金，荒中傖人也。在荒中時，與薛安都有舊，後出新野，居牛門村。及安都歸國，金常隨征討。[2]

譚金本為「荒中傖人」，自「荒中」（當指北魏，蓋譚金之南來應在元嘉中，薛安都南奔之前）南來後，居於新野牛門村。譚金當然並非蠻族，但牛門村則很可能是蠻村，譚金居於是村，應當並未著籍。故薛安都南來後，譚金乃投奔安都，為其部曲。又，襄陽城週圍有上保村。《南齊書》卷二五〈張敬兒傳〉謂「敬兒於襄陽城西起宅，聚財貨。……敬兒弟恭兒，不肯出官，常居上保村中，與居民不異。敬兒呼納之甚厚，恭兒月一出視敬兒，輒復去。恭兒本名豬兒，隨敬兒改名也[3]」。張恭兒每月均前往襄陽看視敬兒，則其所居上保村當距襄陽不遠。恭兒「不肯出官」，當作「不肯

1 《魏書》卷五二〈陰仲達傳〉附〈陰道方傳〉，中華書局1974年版，第1164頁。
2 《宋書》卷八三〈譚金傳〉，中華書局1974年版，第2111頁。
3 《南齊書》卷二五〈張敬兒傳〉，中華書局1972年版，第473頁。

出而附官」，即不願著籍解，非「不肯出來做官」之意。若然，則上保村之居民（與張恭兒不異）亦當未出附官。同傳記張敬兒敗死後，恭兒「在襄陽，聞敬兒敗，將數十騎走入蠻中，收捕不得」，則知恭兒本與「蠻」有密切關係，所以才得「走入蠻中，收捕不得」。頗疑其所居之上保村可能也為蠻民所居。而村以「上保」為名，或築有堡壁，且或另有「下保村」，亦未可知。

《水經注‧沔水篇》所記漢水沿岸聚落中，以「村」為名者有上游的長柳村及下游的左桑村、須導村。長柳村與胡城、扁鵲城相近，其地可能為胡族居住之區；左桑、須導村有村老、耆舊，當地的傳說均與昭王南征、渡沔而沒相聯繫，顯示出當地文化對中原正統文化的排斥，曲折地說明二村居民與南來之北人絕非同一族群，很可能也是蠻民。

宮川尚志說：「村是對人口新聚集區的稱呼，但並非普及到全國。一向比較安定的地方只有里，尤其城市中里保留下來的多，只有避難者居住的區域才附上村民。而魏晉動亂時期由流民遷入或蠻族下山等形成的聚落，大都是在漢代未開發地區，故一般只有村而無里名。」[1]由今見長江中游地區的情形而言，村大抵為「蠻」人所居，而有組織的流民則大抵居於塢堡城壁之中；村間或亦築有堡壁（如上保村），但大部分村可能僅有藩籬之屬以為防衛設施（「村落」之謂，本身就有以藩籬環繞村莊之意），一般沒有土垣，從而與僑流所居之城壁塢堡形成區別。

需要指出的是，蠻人集聚區並非沒有城壁塢堡。《宋書》卷七七〈沈慶之傳〉記元嘉中沈慶之領諸軍伐沔北諸山蠻，「宗愨自新安道入太洪山，元景從均水據五水嶺，文恭出蔡陽口取赤系塢，

─────────────

1　宮川尚志：〈六朝時代的村〉，載《日本學者研究中國史論著選譯》，第四卷，中華書局1992年版，第98頁。

景式由延山下向赤圻阪，目連、尚期諸軍八道俱進，慶之取五渠，頓破塢以為眾軍節度[1]」。這裡的赤系塢、破塢可能皆為流入蠻區、以「蠻人」自居的逃戶流民所築，真正的蠻人大抵並不據塢為守，而是「據山為阻」。沈慶之對諸將謂「去歲蠻田大稔，積谷重岩，未有饑弊，卒難禽剪」，顯然蠻民亦多居重岩之中。「南新郡蠻帥田彥生率部曲十封六千餘人反叛，攻圍郡城，慶之遣元景率五千人赴之。軍未至，郡已被破，焚燒城內倉儲及廨舍蕩盡，並驅略降戶，屯據白楊山。元景追之至山下，眾軍悉集，圍山數重。」田彥生為蠻中大帥，有部曲十封，攻掠隋郡後退屯白楊山，亦不見其築壘自守，故史籍記官軍破蠻，或稱為「大破諸山」，而不稱之為克城、破塢或陷其壁。

然官軍攻破蠻區後，則往往於其地築城立戍以鎮之。沈慶之平定南新郡蠻後，「築納降、受俘二城於白楚」；討幸諸山犬羊蠻，「山高路險，暑雨方盛，乃置東岡、蜀山、宜民、西柴、黃徼、上夌六戍而還[2]」。這些城戍，乃成為官府控制蠻區的據點。故而在蠻民集聚之山區，官府所據之城戍，乃與蠻民散處之山野，形成直接對立關係。

總之，自漢末三國以迄南北朝時期，長江中游地區的普通著籍民戶，大抵皆集中居住於大大小小的城堡塢壁或其附近，形成城居（包括附城居）狀態；而未著籍之蠻、流則散布山野間，以散居為主。《輿地紀勝》卷一七四夔州路涪州「風俗形勝」下引「舊《圖經》」謂：

其俗有夏巴蠻夷。夏則中夏之人，巴則廩君之後，蠻則盤瓠之

---

1 《宋書》卷七七〈沈慶之傳〉，中華書局1974年版，第1997頁。
2 《宋書》卷七七〈沈慶之傳〉，中華書局1974年版，第1998頁。

種，夷則白虎之裔。巴夏居城郭，蠻夷居山谷。[1]

按：此處所引之「舊《圖經》」當指唐源乾曜所修《夔州圖經》[2]，所反映的當是唐前期的情形。其所說巴、蠻、夷之族源雖未必確切，但以居城郭抑居山谷，以區分巴夏（巴夏合稱，說明其時巴人已「漢化」）與蠻夷，則頗具卓識。在這裡，《夔州圖經》的作者（源乾曜？）描述了唐前期三峽地區的族群分野及其居住形態：華夏與巴人聚居於城郭之中，而夷蠻則散布於山谷之間，從而形成了「巴夏」之於「蠻夷」、「城居」之於「山居」的區別或對立。

有一個較典型的事例或足以說明南北朝時期「城郭之民」與「山谷之蠻」的區別或對立。北魏孝武帝永熙三年（534年），屬於高歡方面的辛纂任西荊州刺史（治穰城，在今河南鄧州），兼尚書、南道行臺；蠻酋樊五能破析陽郡（治析陽，在今河南西峽縣），回應據有關中的宇文泰。《魏書》卷七七〈辛雄傳〉附〈辛纂傳〉云：

纂議欲出軍討之，纂行臺郎中李廣諫曰：「析陽四面無民，唯一城之地耳。山路深險，表裡群蠻。今若少遣軍，則力不能制賊；多遣，則減徹防衛，根本虛弱。脫不如意，便大挫威名。人情一去，州城難保。」纂曰：「豈得縱賊不討，令其為患日深！」廣曰：「今日

1 《輿地紀勝》卷一七四夔州路涪州「風俗形勝」欄，中華書局1992年版，影印本，第4525頁。
2 此條已見於唐樊綽所撰《蠻書》的附錄中，這一部分附錄，為樊綽於咸通五年（864年）在夔州都督府長史任上時搜檢所得，則其所引據之《夔州圖經》必成書於此前。劉禹錫《夔州刺史廳壁記》云：「（夔州）版圖方輸不足當通邑，而望與上郡齒，特以帶蠻夷故也。故相國安陽公（源）乾曜嘗參軍事，修《圖經》，言風俗甚備。」（見《劉賓客文集》卷九，陝西人民出版社1974年影印本，第184頁）源乾曜為開元名臣，其參夔州參軍事不見於兩《唐書》本傳，推測當在神龍、景雲間（705—711年）。則此《夔州圖經》當成書於8世紀初。

散居與聚居：漢宋間長江中游地區的鄉村聚落形態及其演變

之事，唯須萬全。且慮在心腹，何暇疥癬。聞臺軍已破洪威，計不久應至。公但約勒屬城，使各修完壘壁，善撫百姓，以待救兵。雖失析陽，如棄雞肋。」纂曰：「卿言自是一途，我意以為不爾。」遂遣兵攻之，不克而敗。諸將因亡不返，城人又密招西賊。黑獺遣都督獨孤如願率軍潛至，突入州城，遂至廳閤。纂左右惟五六人，短兵接戰，為賊所擒，遂害之。[1]

李廣所謂「析陽四面無民，唯一城之地」，當指析陽城週圍並無編戶齊民，皆為群蠻所居，即「山路深險，表裡群蠻」之謂。李廣建議辛纂「約勒屬城，使各修完壘壁，善撫百姓」，則知「百姓」大抵居於有「壘壁」的「屬城」之中；穰城城中駐屯之軍兵及其家屬稱為「城人[2]」，正與「四面」之「群蠻」相對而言。在這裡，居於城郭之中的「百姓」（著籍戶口）及城人，乃與「散布山林」的「群蠻」判然有別，形成鮮明的對立。

我們知道，南北朝時期，長江中游及其週圍地區的蠻民戶口數，當遠遠超過同一地區著籍的華夏戶口數。劉宋中期，雍州蠻民估計當在10萬戶以上[5]，而《宋書・州郡志》所記當時雍州的編戶只有38975戶[3]。大明末（464年），西陽郡著籍戶口為2983戶、16120口[4]。而在此前的大明四年（460年），沈慶之統軍伐西陽五水蠻，「獲生口數萬人[5]」；此後之明帝初年（466年），西陽蠻田益之、

1 《魏書》卷七七〈辛雄傳〉附〈辛纂傳〉，中華書局1974年版，第1700頁。
2 關於北魏中後期的「城人」（「城民」），請參閱唐長孺：〈北魏南境諸州的城民〉，載唐長孺：《山居存稿》，中華書局1989年版，第96～109頁；〈二秦城民暴動的性質和特點〉，《武漢大學學報》（哲學社會科學版）1979年第1期；谷川道雄：〈北魏末的內亂與城民〉，載谷川道雄：《隋唐帝國形成史論》，李濟滄譯，上海古籍出版社2004年版，第132～162頁。
3 《宋書》卷三七〈州郡志三〉「雍州刺史」條，中華書局1974年版，第1136頁。
4 《宋書》卷三七〈州郡志三〉郢州「西陽太守」條，中華書局1974年版，第1127頁。
5 《宋書》卷七七〈沈慶之傳〉，中華書局1974年版，第2003頁。

田義之、成邪財、田光興等起兵擁護明帝，宋廷以益之為都統四山軍事、封邊城縣王，食邑四百一十戶；封成邪財為陽城縣王，食邑三千戶[1]；田益之又「率蠻眾萬餘人攻龐定光於義陽[2]」。則西陽五水流域的蠻民戶口數遠逾西陽郡著籍戶口數。在荊州境內，蠻民主要集中分布在宜都、天門、巴東、建平、武寧、汶陽等郡。其中武寧郡（治樂鄉，在今湖北荊門市北境）乃晉末隆安五年（401年）桓玄「以沮、漳降蠻立」，大明末著籍戶口為958戶、4914口[3]。大明中，「巴東、建平、宜都、天門四郡蠻為寇，諸郡民戶流散，百不存一。太宗、順帝世尤甚，雖遣攻伐，終不能禁，荊州為之虛敝[4]」。則劉宋中後期，四郡之地，顯已成為蠻區，蠻民已占有絕對多數。

劉宋中後期雍、荊、郢、湘、司、南豫諸州蠻戶，估計或不下數十萬戶、數百萬口。《宋書‧夷蠻傳》末「史臣論」謂元嘉中期以後，蠻夷「寇慝彌廣，遂盤結數州，搖亂邦邑」；而宋廷「命將出師，恣行誅討，自江漢以北，廬江以南，搜山蕩谷，窮兵黷武，繫頸因俘，蓋以數百萬計[5]」。「繫頸因俘」者尚以百萬數，則固有之蠻民自當不下數百萬口。而凡此六州著籍戶口，據《宋書‧州郡志》統計，共有235413戶，基本可以斷定比蠻民戶數要少得多。齊梁之世以迄於陳，蠻戶日滋，而著籍戶口卻持續衰減，蠻民戶口相對於著籍戶口的優勢當越來越大。

蠻民實際戶口數既然遠過著籍戶口數，而蠻戶基本是散居，著籍戶口方為「城居」或「附城居」形式的聚居，那麼，完全可

1　《宋書》卷九七〈夷蠻傳〉「豫州蠻」條，中華書局1974年版，第2398頁。
2　《宋書》卷八七〈殷琰傳〉，中華書局1974年版，第2209頁。
3　《宋書》卷三七〈州郡志三〉荊州「武寧太守」條，中華書局1974年版，第1123頁。
4　《宋書》卷九七〈夷蠻傳〉「荊、雍州蠻」條，中華書局1974年版，第2397頁。
5　《宋書》卷九七〈夷蠻傳〉「史臣論」，中華書局1974年版，第2399頁。

散居與聚居：漢宋間長江中游地區的鄉村聚落形態及其演變

以斷定：在六朝時期，長江中游地區的主導性鄉村聚落形態仍然是分散居住的小規模散村，由於「蠻民」的不斷遷徙，其分散程度較之兩漢時代可能還有所加大；只在官府控制較嚴密、著籍戶口集中的河谷地帶，四週築有土垣的塢壁城堡聚落才較為普遍。就分布地區而言，長江中游地區北部的漢水流域以及荊、郢、江、湘四州治所的江陵、夏口、潯陽、長沙地區的聚居城堡塢壁可能較為密集，形成幾塊以城居和附城居為主要居住方式的聚居區域，而即便在這些地區的廣大丘陵山區，也仍然是以散居為主，更遑論其他地區了。

四、唐宋時期：聚落規模的擴大、聚居區域的擴展及其局限

《隋書·地理志》荊州後敘述荊州（指《禹貢》九州之荊州，其範圍大致相當於長江中游大部分地區）風俗云：

南郡、夷陵、竟陵、沔陽、沅陵、清江、襄陽、春陵、漢東、安陸、永安、義陽、九江、江夏諸郡，多雜蠻左，其與夏人雜居者，則與諸華不別；其僻處山谷者，則言語不通，嗜好居處全異，頗與巴、渝同俗。諸蠻本其所出，承盤瓠之後，故服章多以班布為飾。其相呼以蠻，則為深忌。自晉氏南遷之後，南郡、襄陽皆為重鎮，四方湊會，故益多衣冠之緒，稍尚禮義經籍焉。九江，襟帶所在；江夏、竟陵、安陸，各置名州，為藩鎮重寄，人物乃與諸郡不同。……長沙郡又雜有夷蜒，名曰莫徭，自云其先祖有功，常免徭役，故以為名。其男子但著白布褌衫，更無巾袴；其女子青布衫、班布裙，通無鞋屩。婚嫁用鐵鈷為聘財。武陵、巴陵、零陵、桂陽、澧陽、衡山、熙平皆

同焉。其喪葬之節，頗同於諸左云。[1]

南郡、夷陵等十四郡，大致相當於今湖北省大部（除鄂西北外）及湘西沅水下游、豫南信陽地區及贛北九江地區。此十四郡境內雖「多雜蠻左」，但其大部分皆已「與諸華不別」，則其言語、居處已與「華夏」基本相同，在聚落形態方面當已以聚居為主；惟「僻處山谷者，則言語不通，嗜好居處全異」，看來仍維持散居狀態。長沙、武陵、巴陵、零陵、桂陽、澧陽、衡山、熙平等八郡大致相當於今湖南省全境及廣西北部。此八郡境內均「雜有夷蜒」，其「喪葬之節，頗同於諸左」，然則其居處聚落，蓋亦與僻處山谷之蠻左相類，也以散居為主。因此，到隋代唐初，長江中游地區鄉村聚落的總體分布狀況大致是：北部今湖北境內大部分地區河谷平原丘陵地帶，六朝以來「華夏」所居之塢堡城壁雖然漸次傾圮，其聚居村落則得以保存下來，並隨著人口的增加而逐漸擴大規模；同時，隨著原居於丘陵山區的土著居民「蠻左」的逐步「華夏化」，原來小規模的分散、變動頻繁的「蠻村」也穩定下來，並進而逐步擴大規模，形成較大的聚居村落。因此，聚居村落逐漸成為長江中游北部地方特別是荊襄地區的主導性聚落形態。而在南部地區，即今湖南省境及江西省西部，聚居村落仍然主要局限於部分河谷平原與丘陵地帶，而廣大的中低山區與大部分丘陵地帶，則仍然以散居為主。

長江中游北部地方鄉村聚落向以聚居為主的演化，是一個長期的過程：一方面是南來北人的聚居傳統與社會動亂背景下集聚居住的必要性，以及南北朝後期各級軍政治所不斷增加，以這些治所或軍事據點為中心形成了越來越多的集聚聚落；另一方面，本地區土著居民「蠻左」出居「平地」之後，蠻村規模逐漸擴大，也促使了

1 《隋書》卷三一〈地理志下〉，中華書局1973年版，第897～898頁。

散居與聚居：漢宋間長江中游地區的鄉村聚落形態及其演變

集聚村落的增加。《周書》卷三五〈薛善傳〉附弟〈薛慎傳〉云：

> 保定初，出為湖州刺史……蠻俗，婚娶之後，父母雖在，即與別居。慎謂守令曰：「牧守令長是化民者也，豈有其子娶妻，便與父母離析。非唯氓俗之失，亦是牧守之罪。」慎乃親自誘導，示以孝慈，並遣守令各喻所部。有數戶蠻，別居數年，遂還侍養，及行得果膳，歸奉父母。慎感其從善之速，具以狀聞，有詔蠲其賦役。於是風化大行，有同華俗。[1]

湖州（治在今河南唐河縣南境湖陽鎮）的幾戶蠻民父子別居數年，在薛慎的教化下，「遂還侍養」。蠻民父子別居後，子之所居與父之所居非在一起，故得稱為「還」。同書卷四五〈樂遜傳〉亦記湖州境內「蠻俗生子，長大多與父母別居。遜每加勸導，多革前弊[2]」。這裡均強調「父子別居」不合孝慈之道，將其視為「蠻俗」。顯然，「父子別居」是與散居相對應的，而「父子同居」的複合式家庭，則是大家族之所以成立的基礎，也在一定程度上促進了聚居村落的形成。

入唐以後，長江中游地區長期社會穩定，經濟有了長足的發展，人口不斷增加[6]。在這一過程中，原有的聚居村落規模不斷擴大，聚居區域也不斷擴展。《舊唐書》卷一三一〈李皋傳〉記李皋於貞元初至八年間（785—792年）任荊南節度使，「規江南廢洲為廬舍，架江為二橋，流人自占二千餘戶[3]」。居於江南廢洲之上的兩千餘戶流人當然未必居於同一村落，然廬舍既為官府所置立，必相對集中；而在江渚淤洲上開墾，亦須投入大量勞動力，通力協作，方能成功，所

---

1 《周書》卷三五〈薛善傳〉附弟〈薛慎傳〉，中華書局1971年版，第625頁。
2 《周書》卷四五〈樂遜傳〉，中華書局1971年版，第817～818頁。
3 《舊唐書》卷一三一〈李皋傳〉，中華書局1975年版，第3640頁。

以這些流人應當是集聚，而不可能分散居住。《舊唐書·地理志》山南東道「荊州江陵府」條稱：「自至德後，中原多故，襄、鄧百姓，兩京衣冠，盡投江、湘，故荊南井邑，十倍其初。」[1]《資治通鑒》卷二五三乾符五年正月丁酉「高仙芝陷江陵」條下記事稱：「江陵城下舊三十萬戶，至是死者十三四。」[2]這裡雖然強調的是江陵城，但結合上引《舊唐書·李皋傳》，可知江陵週圍地區的鄉村也必以聚居為主，而且聚落規模還比較大。

《舊唐書·李皋傳》複云：「自荊至樂鄉凡二百里，旅舍鄉聚凡十數，大者皆數百家。楚俗恌薄，不穿井，飲陂澤，皋始命合錢開井以便人。」「荊」指荊南江陵府，樂鄉是襄州屬縣，治在今荊門市北境樂鄉關。江陵到樂鄉間的旅舍鄉聚凡十數，則約十里就有一處；其「大者皆數百家」，即以二百家論，居民亦得超過千人。李皋覆命鄉民「合錢開井以便人」。崔黃中元和七年（812年）所撰〈觀風驛新井記〉云：

自荊門至〔渚〕（清）宮〔二〕（三）百里，雖水泉味鹹，鑿井疏源，往往而有。中間觀風驛三十里，涓滴不流，磽确而堉，長亭短亭，三百餘家，終日挈瓶入谷而汲。暨乎暑氣，炎煽天地，燒爍金石，提綆半路，已成溫湯。居者既往來難通，行者固不保其往。元和六載，我司空鄭公節度荊南……[3]

觀風驛在今荊門、江陵交界處之低山丘陵地帶[4]。在觀風驛南

1　《舊唐書》卷三九〈地理志二〉，中華書局1975年版，第1552頁。
2　《資治通鑒》卷二五三乾符五年正月丁酉，中華書局1959年版，第8195頁。
3　見《全唐文》卷七一三，中華書局1983年影印本，第7326頁。
4　參閱嚴耕望：〈荊襄驛道與大堤豔曲〉，載嚴耕望：《唐代交通圖考》第4卷，上海古籍出版社2007年版，第1039～1078頁，特別是第1059～1060頁。

北三十里的驛道兩側，有三百餘家，即以每三里就有一個村落計算，每村也有三十餘家。顯然，聚居村落是荊襄驛道兩側佔據主導地位的鄉村聚落形態。

聚落規模的不斷擴展，使有的村落逐步發展成為「草市」。如所週知，中唐以後草市已經非常普遍。較大的草市多處於州縣城附近，是作為州縣城的週邊工商業市鎮而發展起來的，如江陵城南的沙頭市（沙市）[1]。但也並不盡然。杜牧〈上李太尉論江賊書〉曾談到江淮間的草市，謂「凡江淮草市，盡近水際，富室大戶，多居其間[2]」。長江中游地區的情形亦大抵如此，舉凡河津渡口和其他交通要道之處都可能有草市存在，只是其規模大小不等而已。《元和郡縣圖志》卷二七江南道沔州「川縣」下記有「赤壁草市」，謂「在（川）縣西八十里[3]」。杜牧在〈為堂兄慥求澧州啟〉中說到其兄居於鄂州泪口草市（在今湖北鍾祥市南境）[4]。洪州武寧縣西境有亥市，「其地凡十二支，週千里之內，聚江、鄂、洪、潭四州之人，去武寧二百餘里，豪富物產充之」。貞元十六年（800年），江西觀察使李巽遂分武寧西境八鄉置分寧縣，即以亥市為縣治[5]。這幾個草市或市，顯然都距縣城較遠，是由自然村落逐步發展起來的。

與分寧縣治本為草市相似，有不少縣治是由自然村落发展而

1　參閱加藤繁：〈宋代都市的發展〉、〈唐宋時代的草市及其發展〉，載加藤繁：《中國經濟史考證》第1卷，吳傑譯，商務印書館1959年版，第239～277、310～336頁；張澤咸：〈唐代城市構成的特點〉，《社會科學戰線》1991年第2期；程鬱：〈宋代城郊發展的原因與特點〉，《上海師範大學學報》1992年第1期；楊果：〈宋代的鄂州南草市〉，《江漢論壇》1999年第12期。

2　杜牧：〈上李太尉論江賊書〉，載《樊川文集》卷十一，上海古籍出版社1978年影印本，第196頁。

3　《元和郡縣圖志》卷二七江南道沔州川縣「赤壁草市」條，中華書局1983年版，第648頁。

4　杜牧：〈為堂兄慥求澧州啟〉，載《樊川文集》卷十六，《四部叢刊》本，第41頁。

5　《太平寰宇記》卷一〇六〈江南西道四〉洪州「分寧縣」條，中華書局2007年版，第2110頁。

來。北周大象元年（579年），「開拓［江］淮，於古黃州西四十里獨家村置黃陂縣，屬齊安郡[1]」。這個村落以「獨家」為名，最初或只有一戶人家，後漸次擴大，乃立為縣治。又，唐武德五年（622年），安撫使李大亮以鄱陽西境雁子橋以南分置都昌縣，「始置之地有古城，莫知年代，遂因此城創縣，以地名都村，遠與建昌相望，近與南昌相接，遂號都昌[2]」。都村本有古城，或即六朝時代塢壁之屬，當本就是規模較大的聚落。宋乾德二年（964年），析武陵縣上下二鄉四千餘戶，別置桃源縣，治於延泉村[3]。這些自然聚落成為縣治所在，其規模不會太小，顯然有一個不斷擴展的過程。

　　晚唐五代以迄北宋，長江中游地區雖然也屢受戰亂影響，但總的說來，社會相對穩定，社會經濟的發展也比較平穩，所以，集聚村落的擴大，很可能是一種長期的趨勢。換言之，兩宋時期，長江中游地區集聚村落的規模，在總體上仍呈現出不斷擴大的趨勢；集聚村落的數量，也在持續增加。這首先表現在市鎮數量的增加及其規模的擴大。表3—3根據《元豐九域志》的有關記載，列出了北宋中期長江中游地區各府州軍所屬的「鎮」（包括部分州所屬的「寨」）。《宋史》卷一六七〈職官志七〉「鎮砦官」條謂：「諸鎮置於管下人煙繁盛處，設監官，管火禁，或兼酒稅之事。」[4]顯然，鎮（以及寨）都是「人煙繁盛處」，是除府州軍縣治所外的較大聚落。

1　《太平寰宇記》卷一三一〈淮南道九〉黃州「黃陂縣」條，中華書局2007年版，第2583頁。
2　《太平寰宇記》卷一一一〈江南西道九〉南康軍「都昌縣」條，中華書局2007年版，第2262頁。
3　《太平寰宇記》卷一一八〈江南西道十六〉朗州「桃源縣」條，中華書局2007年版，第2384頁。
4　《宋史》卷一六七〈職官志七〉「鎮砦官」條，中華書局1977年版，第3979頁。

散居與聚居：漢宋間長江中游地區的鄉村聚落形態及其演變

表3—3　北宋長江中游地區的「鎮」

府州軍	鎮名	鎮數	縣數	縣均鎮數
襄州	大安、鳳林、峴首、沈碑、漢陰、朝宗、八疊、東岸、次湖、牛首、樊城、高舍、杜母、鄧塞、青埴、淇水、樊村、晁滍	18	7	2.6
鄧州	張村、曲河、延陵、刁澗、陽管、穰東、穰廷、廣晉、博望、羅渠、石橋河、安眾、北趙、故縣、渚陽、峽口、長安、板橋、菊潭、丹水、鸇鷃、白亭	22	5	4.4
唐州	平氏、崔橋、青臺、許封、羅渠、新寨	6	5	1.2
商州	西市、黃川、青雲、采造、石界、故縣、南合	7	5	1.4
隨州	光化	1	3	0.3
興元府	五柳、柏香、西橋、元融橋、弱溪、褒城、橋閣、仙流、鐸水	9	4	2.3
洋州	昔水	1	3	0.3
金州	衡口、平利	2	4	0.5
房州	平安關、寶豐	2	2	1
均州	平陵	1	2	0.5
郢州	賈墅、永安、新興、漖河、青謙、穴口、永清、曹武、富水、歸德、西同、永龍、平拔、豐谷	14	2	7
安州	雲夢、官陂、沸潭、青藤、天門、觀解、澴河、東舊、太平、北舊	10	5	2
蘄州	蘄口、石橋、馬嶺、王祺、獨木	5	4	1.3
黃州	齊安、久長、靈山、團鳳、陽羅、沙湖、龍陂、關城、岐亭、故縣、白沙、永泰、桑林、永寧	14	3	4.7
江陵府	俞潭、赤岸、湖溪、涔陽、房陵、安遠、師子、監利、沔陽、玉沙、白水、枝江、藕池、建寧、長林、安平、樂鄉、柏鋪、馬梁、歷口、山口、新店	22	8	2.8
鄂州	漢川、下漢、金牛	3	8	0.4
峽州	漢流、巴山、麻溪、魚羊、長樂、梅子	6	4	1.5
歸州	興山、撥禮、折疊	3	2	1.5
鼎州	趙塘、崇孝	2	3	0.7
澧州	清化、涔河、臺宜、索口、安福、西牛、武口、澧川	8	4	2
岳州	公田、閣子、烏沙、安流、古樓	5	5	1
沅州	安江、托口	2	3	0.7
辰州	長律、池蓮、鎮溪、黔安、會溪	5	4	1.3
潭州	橋口、七星、弄溪、永興、玉潭	5	11	0.5
衡州	寒溪、西渡、泉溪、白竹、安陽、新城、大潙	7	5	1.4
道州	永明	1	3	0.3
永州	東安	1	3	0.3
郴州		0	4	0

府州軍	鎮名	鎮數	縣數	縣均鎮數
全州	香煙、麻田、西延、建安、宜湘、城田、遷田	7	2	3.5
桂陽	香風	1	2	0.5
江州	楚城、丁田、馬頭、德安	4	5	0.8
饒州	石頭、景德	2	6	0.3
信州	寶豐、汭口	2	6	0.3
南康	龍溪、河湖、炭婦、娉婷、桐城、太平	6	3	2
洪州	土坊、進賢、新義、閏安、大安、新城、樵舍、大通、西嶺、松湖、港口、河湖、曲江、赤江、查田	15	7	2.1
虔州	平固、七里、楊梅、合流	4	11	0.4
吉州	永和、時礱、沙市、栗傳、沙溪、彰化	6	8	0.8
袁州	貴山、石分、盧溪、宣風、上栗、獲村	6	4	1.5
撫州	界山、豐安、長林、清遠	4	4	1
筠州		0	3	0
興國	富池、佛圖、潛步、鳳新、硤口、龍川、寶川、炭步、三溪、磁湖、漳源	11	3	3.7
南安	硤頭、南壄、章水	3	3	1
臨江	清江、永泰、萬安	3	3	1
建昌		0	3	0
合計		270	198	1.4

資料來源：《元豐九域志》卷一「京西路」；卷五「淮南路」；卷六「江南路」、「荊湖路」；卷八「利州路」，中華書局1984年版，第23～29、205～206、249～277、353～356頁。

據上表統計，北宋中期長江中游地區的建制鎮（包括寨）共有270個，平均每縣有1.4個鎮。由於鎮的分布極不平衡，所以這一統計並無太大意義，但它至少說明，長江中游地區各地均普遍存在著「鎮」這樣較大的聚落。各州縣的鎮數相差很大，有的縣擁有較多的鎮，如襄州襄陽縣、鄧州穰縣各有8鎮，鄂州長壽與京山縣各有7鎮，興國軍永興縣有9鎮，洪州新建縣有6鎮；而有的州縣，如郴州、筠州、建昌軍，則沒有一個鎮。

宋代長江中游地區「鎮」的規模，大抵多在百戶以上，千戶以下。鄂州武昌縣金牛鎮，「人煙近四百戶，市井比之本縣，大

散居與聚居·漢宋間長江中游地區的鄉村聚落形態及其演變

段翕集 [1]」。有的鎮可能達到千戶以上。如潭州橋口鎮，「乃湖南封域下流之地，當長沙、益陽、湘陰三縣界首，商賈往來，多於此貿易；盜賊出沒，亦於此窺伺。市戶二千餘家，地狹不足以居，則於夾江地名暴家歧者，又為一聚落，亦數百家 [2]」。橋口鎮本身就有二千餘家，向外擴展的暴家歧又有數百家，則全部鎮區戶口當已超過萬人。吉州廬陵縣永和鎮「附而居者數千家」，有坊巷六、街三 [3]。顯然，這些都是規模較大的鎮，大部分鎮的規模不至於如此之大。

「市」往往與「鎮」並稱，或稱為「鎮市」。因為規模較小，有關長江中游地區市的記載較少。從一些南宋地方志的記載看，市的數量顯然多於鎮[7]。長江中游地區的宋元方志現多已不存，無法分析鎮與市的數量關係。但在今存文獻中，仍有一些蛛絲馬跡可尋。以饒州為例。《元豐九域志》所記饒州的建制鎮只有兩個，即鄱陽縣石頭鎮與浮梁縣的景德鎮。而在南宋中期成書的《夷堅志》（作者洪邁即為鄱陽人）中，除此二鎮外，鄱陽縣另有雙店、四十里店、利陽鎮、石門鎮、太陽步、柴步、鐵爐步等鎮市[8]；浮梁縣另有廣平虛、湖田市 [4]；樂平縣則有吳口市、九墩市、桐林市、杭橋市、螺坑市等 [5]；余干縣有金步、古步市 [6]。顯然，這也只是饒州各縣所屬市的一部

1　薛季宣：《浪語集》卷二六〈上諸司論金牛置尉劄子〉，《景印文淵閣四庫全書》本，臺北商務印書館1986年版，第1159冊，第403頁上。

2　《宋會要輯稿》「職官」四八之一四〇，中華書局1957年影印本，第3525頁。

3　鍾彥祥：〈東昌圖境記〉（抄本），轉引自景德鎮陶瓷研究所編：《中國的瓷器》，中國輕工業出版社1963年版，第151頁。

4　分別見《夷堅志》「支丁」卷五〈黟縣道上婦人〉，中華書局2006年版，第1008頁；「補志」卷十七〈湖田陳曾二〉，第1710頁。

5　分別見《夷堅志》「乙志」卷十四〈魚陂厲鬼〉，中華書局2006年版，第303～304頁；「乙志」卷十四〈全師穢跡〉，第304頁；「乙志」卷二〇〈童銀匠〉，第353頁；「丙志」卷十一〈牛媼夢〉，第460頁；「三志辛」卷五〈程山人女〉，第1425頁。

6　分別見《夷堅志》「支庚」卷七〈盛珪都院〉，中華書局2006年版，第1187～1188頁；「三志辛」卷二〈古步仙童〉，第1395頁。；德興縣有海口市見《夷堅志》「支庚」卷六〈譚法師〉，中華書局2006年版，第1180～1181頁。

分，但已足以說明各地實際擁有的市遠比《元豐九域志》所記的建制鎮為多。

　　一般說來，市的規模比鎮要小，但並無根本差別。峽州宜都縣白羊市，「小市環農畝，長橋接佛宮[1]」。小溪上架一座橋樑，橋的一側是寺廟，另一側即是四週環繞農田的「小市」，其規模顯然很小。但有的市也比較大。鄂州蒲圻縣新店市「民戶夾溪而居，南岸數百家，則屬蒲圻；北岸百餘家，則屬岳州臨湘縣[2]」。臨江軍新淦縣肖家峽市，位於玉筍山下，黃庭堅詩云：「玉筍峰前幾百家，山明松雪水明沙。」[3]擁有數百家的市，規模與建制鎮實並無二致。

　　鎮、市的普遍發展，說明長江中游地區的聚落形態逐步向集聚方向演化，一些聚落逐步擴大，而成為以商品集散、流通和手工業生產為主要職能的工商業市鎮，這些市鎮，實是鄉村生活的重要組成部分，市鎮居民也並未脫離農耕活動，因此，我們將這些市鎮仍看作是鄉村聚落。而另一些州縣治所城市週邊的草市，如鄂州南草市、江陵府沙頭市，則主要是中長距離貿易的中心，本身已脫離其週圍的鄉村區域，故不再屬於鄉村聚落的範疇。

　　然而，市鎮等集聚聚落的發展（規模擴大與數量增加），並不意味著廣大的鄉村地區都普遍存在著集聚村落。實際上，上述有關唐代荊襄驛道兩側集聚村落佔據主導地位，以及宋代各地以市鎮為代表的聚落均較大的論斷，所依靠的文獻記載均有很大的選擇性，並未能反映出真正的鄉村聚落狀況。由於受到文獻資料的限制，我

1　王之道：《相山集》卷七〈過白羊市〉，沈懷玉、淩波點校本（《相山集點校》），北京圖書館出版社2006年版，第86頁。
2　《宋會要輯稿》「職官」四八之八〇，中華書局1957年影印本，第3495頁。
3　黃庭堅：《山谷詩外集》卷九〈上蕭家峽〉，載《叢書集成初編》第七冊，中華書局1985年版，第199頁。

散居與聚居：漢宋間長江中游地區的鄉村聚落形態及其演變

們已很難弄清唐宋時代長江中游地區鄉村聚落的真實情況。所幸陸游與范成大的紀行文字，給我們留下了一些珍貴的描述。

1.南宋乾道六年（1170年），陸游被任為夔州通判，由故鄉紹興經運河至京口入大江，溯江而上。沿途所記，後結為《入蜀記》六卷。其卷三下半及卷四、五、六所記，則為其經過長江中游地區的見聞 [1]。茲撮其大要，並略作分析，以見長江中游兩岸之聚落情形：

八月一日，過烽火磯。其地當在今江西湖口縣北大江岸邊。然後過澎浪磯、小孤山。「小孤屬舒州宿松縣，有戍兵。」山上有惠濟神廟，「祠宇極於荒殘」。澎浪磯屬江州彭澤縣，有惠濟神廟的別祠。晚泊涉夾，距小孤山一里。小孤山、澎浪磯、涉夾三處皆當為居民點，然觀陸游所記，其規模當甚小。

二日，早行，泛彭蠡口，經大孤山。晚抵江州治德化縣，泊溢浦。三、四、五、六四日，在江州遊覽雅集。

七日，往廬山，小憩新橋市，「蓋吳蜀大路，市肆壁間多蜀人題名，並溪喬木往往皆三二百年物，蓋山之麓也」。八、九、十三日均居山上。西林乾明寺與東林之間「有小市，曰雁門市，傳者以為遠公雁門人，老而懷故鄉，遂髣髴雁門邑里作此市」。新橋市與小市皆當是鄉村集市。

十一日，自江州解舟，泊赤沙湖口。十二日，晚泊艣臍洑。十三日，至富池，當即今湖北陽新縣北境富池鎮。江邊有昭勇廟，祀東吳名將甘興霸。「廟祝歲輸官錢千二百緡，則神之靈可知也。」廟後為旌教寺，「寺為酒務及酒官廨」。富池置酒務，昭勇廟香火甚盛，則其地必人煙繁盛。

1　陸游：〈入蜀記〉，卷三、四、五、六，載《知不足齋叢書》第一冊，中華書局1999年影印本，第602～624頁。

十五日，自富池西行，「西風益勁，挽船尤艱。自富池，沿江之南，皆大山，起伏如濤頭。山麓時有居民，往往作棚，持弓矢伏其上，以伺虎」。據此，則知今湖北陽新、大冶一帶山區居民，宋時應為散居。次蘄口鎮。「居民繁錯，蜀舟泊岸下甚眾。監稅秉義郎高世棟來，舊在京口識之。言此鎮歲課十五萬緡，雁翅歲課二十六萬緡。」顯係繁庶大鎮。

十六日，過新野夾、道士磯、西塞山，地屬大冶縣；泊散花洲。十七日，過回風磯，「買鹿肉供膳」，蓋其地或有野市。晚泊巴河口，「距黃州二十里，一市聚也。有馬祈寺」。其地當即今湖北浠水縣巴河鎮。「自蘭谿而西，江面尤廣，山阜平遠。兩日皆逆風，舟人以食盡，欲來巴河糴米，極力牽挽，日皆行八九十里。」

十八日，至黃州。十九日，游黃州諸勝景。二十日，離黃州，經赤壁磯下，「行十四五里，江面始稍狹。隔江岡阜延袤，竹樹蔥蒨，漁家相映，幽邃可愛。復出大江，過三江口，極望無際。泊戚磯港」。江岸漁村點綴於竹樹間，顯然是分散居住。

二十一日，過雙柳夾。「回望江上，遠山重複深秀。自離黃，雖行夾中，亦皆曠遠，地形漸高，多種菽粟蕎麥之屬。晚泊楊羅洑。大隄高柳，居民稠眾。魚賤如土，百錢可飽二十口。」楊羅洑，當即在今武漢市新洲區陽邏鎮附近。自黃州西行，江北地勢漸高，多種植旱地作物，居民稠眾，居住似較為集中。

二十二日，過青山磯，晚泊白楊夾口，「距鄂州三十里，陸行十餘里。居民及泊舟甚多，然大抵皆軍人也」。青山磯，即在今武漢市青山區。據此，鄂州城東至青山磯一帶居民密集，當形成聚居，然居民多為軍人，非為鄉村聚落。元初郝經《青山磯市》云：「青山一聚落，中道勢幽阻。通衢萬家市，巴商雜越旅。」[9]

二十三日，至鄂州，泊稅務亭。「賈船客舫，不可勝記，銜尾不絕者數里。自京口以西皆不及。……市邑雄富，列肆繁錯。城外

南市亦數里，雖錢塘、建康不能過，隱然一大都會也。」自二十四日至二十九日，留鄂州雅集遊覽。其記鄂州漢陽門外江濱堤上，「民居市肆，數里不絕，其間復有巷陌，往來憧憧如織，蓋四方商賈所集，而蜀人為多」。則知鄂州城外江濱民居市肆，而處堤上。

三十日，離鄂州，沿鸚鵡州南行，過謝家磯、金雞洑。「洑中有聚落，如小縣。出鱘魚，居民率以賣鮓為業。」晚泊通濟口。金雞洑中的聚落規模較大，「居民率以賣鮓為業」，應當也是一個集市。

九月一日，由通濟口轉入沌中，「實江中小夾也」。自此至八日，均行沌中。陸游寫道：

過新潭，有龍祠，甚華潔。自是遂無復居人，兩岸皆葭葦彌望，謂之「百里荒」。又無挽路舟人，以小舟引百丈，入夜，財行四十五里，泊叢葦中。平時行舟多於此遇盜，通濟巡檢持兵來警邏，不寐達旦。二日，東岸葦稍薄缺，時見大江渺瀰，蓋巴陵路也。晡時次下郡，始有二十餘家，皆業漁釣，蘆藩茅屋，宛有幽致，魚尤不論錢。自此始復有挽路，登舟背望竟陵遠山。泊白臼，有莊居數家，門外皆古柳侵雲。三日……過八疊洑口，皆有民居，晚泊歸子保，亦有十餘家，多桑柘榆柳。四日平旦，始解舟。舟人云：自此陂澤深阻，虎狼出沒，未明而行，則挽卒多為所害。……過綱步，有二十餘家，在夕陽高柳中，短籬曬罾，小艇往來，正如畫圖所見，沌中之最佳處也。泊畢家池，地勢爽塏，居民頗眾。有一二家，雖茅荻結廬，而窗戶整潔，藩籬堅壯，舍旁有果園甚盛，蓋亦一聚之雄也。與諸子及二僧步登岸，遊廣福永固寺，闃無一人。……畢家池蓋屬復州玉沙縣滄浪鄉也。五日，泊紫湄。六日，過東場。並水皆茂竹高林，隄淨如掃，雞犬閒暇，鳧鴨浮沒，人往來林樾間，亦有臨渡喚船者。使人悅然如造異境。舟人云：皆村豪園廬也。泊雞鳴。七日，泊湛江。八日早，

次江陵之建寧鎮，蓋沌口也。……凡行沌中七日，自是泛江入石首縣界。

這條沌水，自監利魯家洑至漢陽通濟口，長達數百里，大致自今監利縣城附近通大江，東北流經雞鳴鋪、福田寺，進入今洪湖、仙桃境，在今洪湖澤口、仙桃楊林一帶與當時的漢水南支（約相當於今東荊河）相匯，東流一段後又分出，東流經新潭（今新灘）至通濟口（今武漢市漢南區東津口）入江[1]。沌中的聚落，多在地勢稍高的堤、臺上，下郡有二十餘家，白臼有數家，歸子保十餘家，綱步二十餘家，蘆藩茅屋，短籬曬晉，舍旁或有果園，正是一幅散居村落的圖畫。畢家池雖稱居民頗眾，蓋亦不過為一稍大之集市。

九日，早謁后土祠，「道旁民屋，苫茅皆厚尺餘，整潔無一枝亂」。「拋江行三十里，泊塔子磯。」十日，阻風雨，不行。十一日，泊三江口。十二日，過石首縣，不入，泊藕池。十三日，泊柳子。十四日，次公安。凡此六日所經行，皆當在今監利縣至公安縣境內。公安縣城「規模氣象甚壯，兵火之後，民居多茅竹，然茅屋尤精緻可愛，井邑亦頗繁富，斗米六七十錢」。十五日，留公安縣，縣令周謙謂：「縣有五鄉，然共不及二千戶，地曠民寡如此，民耕尤苦，隄防數壞，歲歲增築不止。」

十六日，過白湖，拋江至昇子鋪，入泊沙市。十七日，留沙市。「沙市堤上居者大抵皆蜀人，不然，則與蜀人為婚姻者也。」十八日，入江陵府。十九日，與江陵府諸官員雅集於新橋馬監，「監在（江陵府）西門外四十里。自出城即黃茅彌望，每十餘里有村疃，數家而已。道遇數十騎縱獵，獲狐兔皆繫鞍上，割鮮藉草而

1　考詳魯西奇、潘晟：《漢水中下游河道變遷與堤防》，武漢大學出版社2004年版，第110～115頁。

散居與聚居：漢宋間長江中游地區的鄉村聚落形態及其演變

飲，云襄陽軍人也」。江陵城外散居之狀，於此可見。

二十一日至二十六日，均留江陵府。二十七日，離沙市西行，泊新河口，「距沙市三四里，蓋蜀人修船處」。二十八日，泊方城。二十九日，阻風。十月一日，過瓜洲壩、倉頭、百里洲，泊沱灘。「皆聚落，竹樹鬱然，民居相望，亦有村夫子聚徒教授，群童見船過，皆挾書出觀，亦有誦書不輟者。」瓜洲壩、倉頭、百里洲、泊沱灘等聚落「民居相望」，村中有村塾，可能是較大的村落。二日，泊桂林灣。「全證二僧陸行來，云沿路民居大抵多四方人，土著財十一也。」然而，江陵至枝江沿江地帶聚居村落的居民，多為移民。

三日，行於松滋、枝江二縣間江道，泊灌子口。四日，過楊木寨。「蓋松滋有四寨，曰楊木、車羊、高平、稅家。」凡此諸寨，皆當為松滋縣境內較大聚落。泊龍灣。五日，過白羊市，屬峽州宜都縣；泊赤崖。

六日，過荊門，至峽州，泊至喜亭下。七日，留峽州。八日，過下牢關。「夾江千峰萬嶂。」九日，過扇子峽，次黃牛廟。「山復高峻，村人來賣茶菜者甚眾，其中有婦人者，皆以青斑布帕首，然頗白晰，語音亦頗正。」自峽州至黃牛廟，沿途稀見村落，黃牛廟蓋為一較大山村。十日，過鹿角、虎頭、史君諸灘，泊城下，屬歸州秭歸縣地界。「城在一岡阜上，甚小，南北有門，前臨江水，對黃牛峽。」城下為白沙市，市有濟慈院。為一較大市聚。十一日，過達洞灘，晚泊馬肝峽口。十二日，過東灘，入馬肝峽。十三、十四、十五日，皆行峽中。

十六日，到歸州。「歸之為州，才三四百家，負臥牛山，臨江，州前即人鮓，甕城中無尺寸平土。灘聲常如暴風雨至。」十七、十八、十九日，留歸州，歸州知州賈逵云：「州倉歲收秋夏二料麥粟秫米共五千餘石，僅比吳中一下縣耳。」歸州城的規模尚

且如此，則峽中黃牛廟、城下白沙市蓋僅得數十家。

二十日，離歸州，出巫峰門，過天慶觀、業灘，晚泊巴東縣。「井邑極於蕭條，才百餘戶。自令廨而下，皆茅茨，了無片瓦。」二十二、二十三日，均行巫峽之中。

二十四日，抵巫山縣。「在峽中亦壯縣也。市井勝歸、峽二郡。」二十五日，泊大谿口。二十六日，入瞿塘峽，晚泊瞿塘關。二十七日，至夔州。

2.兩年後，乾道八年（1172年）十二月，范成大自家鄉蘇州出發，赴廣南西路桂林，就任知靜江府。他自蘇州西南行，經湖州（今浙江湖州）、德清（今浙江德清）、余杭（今杭州西余杭鎮）、富陽（今浙江富陽）、桐廬（今浙江桐廬）、嚴州（今浙江建德東）、蘭溪（今浙江蘭溪）、婺州（今浙江金華）、衢州（今浙江衢州）、常山（今浙江常山），於乾道九年（1173年）正月十九日，到達信州玉山縣（今江西玉山縣）。在《驂鸞錄》中，范成大逐日記載了他的行程：

二十日，宿沙谿，當即今江西上饒市東境沙溪鎮。「自入常山至此，所在多喬木，茂林、清溪、白沙，浙西之所乏也。」二十一日抵信州（今江西上饒），停留二日後，乘舟沿饒江（今信江）西行，相繼經霍毛渡（二十四日）、漁浦（二十五日，屬弋陽縣）。二十六日，過貴溪縣，宿金沙渡。「大抵自上饒溪行，南岸綿延皆低，石山童無草木。」

二十七日，順水進入饒州境，過饒州安仁縣。二十八日，至餘干縣。「前都司趙彥端德莊新居在縣後山上，亦占勝。」二十九日，宿鄒公溪（當在今餘干縣西北境瑞洪鎮附近）。

閏月一日，宿鄡子口。「鄡子者，鄱陽湖尾也。名為盜區，非便風張帆及有船伴不可過。大雪，泊舟龍王廟。」其地蓋已屬隆興府南昌縣境。二日，發船鄡子，宿范家池湖中。「稱某家池者，

散居與聚居：漢宋間長江中游地區的鄉村聚落形態及其演變

取魚處也。隨一家占為名。道中極荒寒，時有沙磧，蘆葦彌望。或報盜舟不遠。夜遣從卒爇船傍葦叢，作勢以安眾。」三日，「未至南昌二十里，泊」。在此數日行程中，顯然均無較大市鎮村落，否則，范成大一行不致數泊湖中。而范家池因為範家所占而得名，則說明這一地區並非荒無人煙，只是居住分散，沒有較大聚落而已。

四日，至隆興府，泊南浦亭。五、六兩日，留南昌遊覽雅集。南昌東湖「秀而野，旁多幽居」。前江南西路轉運使司司業劉淳宅園即在東湖之側，「園、池、亭宏麗，大勝帥府」。則東湖四週多散布達官貴人園林莊宅。

七日，發南浦，泝清江而上。八日，宿張家寨；九日，宿市（當即南昌縣新義鎮），「緣岸居人，煙火相望，有樂郊氣象」。十日，宿上江。「兩日來，帶江悉是橘林。翠樾照水，行終日不絕。林中竹籬瓦屋，不類村墟，疑皆得種橘之利。」竹籬瓦屋掩映於橘林之中，「不類村墟」，說明南昌縣南境、豐城縣一帶贛江兩岸鄉民皆為分散居住。

十一日，過豐城縣。「沿江石堤甚牢，密如錢塘。不如是，即頹齧不可保聚。」宿木湖灘。十二日，抵臨江軍（今江西樟樹市臨江鎮）。停留一日後，十四日，棄舟轉陸行，宿倒塔鋪。十五至十八日，相繼經萬安驛、新喻縣、分宜縣（屬袁州），抵袁州（今江西宜春）。留袁州數日，遊仰山。出袁州南行五十五里，至仰山，「嶺阪之上，皆禾田層層，而上至頂，名梯田」。二十四日離開袁州後，相繼經宣風市、七里鋪、萍鄉縣、裏田驛，三十日，進入荊湖南路潭州境內。「數日行江西道中，林薄逼塞，蹊徑剗側。比登一小嶺，忽出山，豁然彌望，平蕪蒼然，別是一川陸，蓋已是湖南界矣。」

三十日，宿潭州醴陵縣。「縣出方響鐵，工家比屋琅然。」二月一日，宿山陽驛。二日，宿橘洲市（今湖南株洲）。「此地既為

舟車更易之沖，客旅之所盤泊，故交易甚夥，敵壯縣。」是一處繁庶市鎮。

三日，舍輿乘舟，溯湘江而上。「自此至六日，早暮行倦則少休，不復問地名。湘江兩岸小山坡陀，其來無窮，亦不間斷。又皆土山，略無峰巒秀麗之意，但荒涼相屬耳。」據此，株洲以南至衡山間湘江兩岸丘陵山地「荒涼相屬」，似並無較大聚落。

七日，宿衡山縣。八、九二日，遊南嶽衡山。山中有嶽市，「嶽市者，環皆市區，江、浙、川、廣種貨之所聚，生人所須無不有。既憧憧往來，則污穢喧雜，盜賊亡命多隱其間，或期會結約於此，官置巡檢司焉」。

十、十一、十二日，均行湘江中。「仰帶江別，有小山一重，山民幽居點綴上。桃李花方發，望之如臨皋道中。盧仝詩『湘江兩岸花木深』，至此方有句中意。」然則，湘南山地居民亦當為分散居住。

十二日，至衡州，停留三日。十五日，捨舟登陸而行。十六、十七日，行衡、永二州間，「路中皆小丘阜，道徑粗惡……大抵湘中率不治道，又逆旅、漿家，皆不設圊溷，行客苦之」。過黃熊嶺，宿大營。十八日，至永州祁陽縣。十九日，發祁陽，渡浯溪，「皆荒山，岡阪復重」。二十日，宿永州（今湖南零陵），留二日。二十三、二十四、二十五日，行山間，經深溪、全州，入桂林界。范成大綜述經行湖南所見云：湖南「山雖佳，然邨落蹊邃，猶嫌狹，少夷坦。」[1]

3.五年後，淳熙四年（1177年），范成大自成都東歸，經眉州（今四川眉山）、嘉州（今四川樂山）、敘州（今四川宜賓）、瀘

---

1 范成大：〈驂鸞錄〉，載《范成大筆記六種》，中華書局2002年版，第33～70頁，特別是第48～59頁。

散居與聚居：漢宋間長江中游地區的鄉村聚落形態及其演變

州（今四川瀘州）、恭州（今重慶）、涪州（今重慶涪陵）、忠州（今重慶忠縣）、萬州（今重慶萬州）、雲安軍（今重慶雲陽），於七月十七日（乙卯）到達夔州。十九日，離夔州，順水而下，舟行甚速。二十一日（己未）抵歸州。「峽路州郡固皆荒涼，未有若歸之甚者。滿目皆茅茨，惟州宅雖有蓋瓦，緣江負山，偪仄無平地。」二十二日（庚申）抵歸州後，停留數日。八月初一始離歸州，二日至峽州，三日即至江陵，泊沙頭市，留江陵數日。九日，發江陵江瀆廟，晚泊石首縣對岸。

丁丑（十日），發石首，百七十里至魯家洑。自此至鄂渚有兩途：一路遵大江，過岳陽及臨湘、嘉魚二縣。岳陽通洞庭處波浪連天，有風即不可行，故客舟多避之。一路自魯家洑入沌。沌者，江旁支流，如海之，其廣僅過運河，不畏風浪，兩岸皆蘆荻，時時有人家。但支港通諸小湖，故為盜區，客舟非結伴作氣不可行。偶有鄂兵二百更戍欲歸，過荊南，遂以舟載，使偕行。自魯家洑避大江入沌。月明，行三十里宿。戊寅（十一日）、己卯（十二日），皆早暮行沌中。庚辰（十三日），行過所謂「百里荒」者，皆湖濼茭蘆，不復人跡，巨盜之所出沒……辛巳（十四日）晨，出大江。午至鄂渚，泊鸚鵡洲前、南市堤下。

則范成大所見沌中情形，如陸游所見相同：沌水兩岸，時有人家點綴於蘆荻蕩中。說明當時江漢平原腹地確以散居村落為主。

范成大在鄂州停留七日，二十一日（己丑）方移舟泊漢口。二十二日，至黃州。然後，經巴河、桐木溝、馬頭，二十五日至江州。沿途所記其簡，未描述兩岸鄉村情形[10]。

我們不厭其煩地引證陸游、范成大的記行之辭，意在說明，雖然唐宋時期長江中游地區以鎮、市為中心的集聚聚落有了長足的發

展，各地均有規模較大的聚居點存在，有的地區可能還比較密集，但總的說來，在廣大的鄉村地區，仍然以二三十戶的小規模散村佔據主導地位。在上引陸游、范成大的行記中，可以清晰地看到：在江漢平原、三峽地區、贛中丘陵、湘中丘陵、湘南山地，雖然在交通道路上遍布著各種城市、市鎮與其他聚居點，但道路兩側鄉村居民，則大都是分散居住的；其村落的規模，在江漢平原，多有二三十戶者，而贛中丘陵的產橘區及湘南山地，單個的民戶散布於橘林、山坡，顯然是為了盡可能地靠近生計所賴的橘林或山坡耕地。交通道路兩側的情形尚且如此，遠離交通道路的地區，散居的情形應當更為普遍，市鎮等較大聚落的數量應更少一些。

　　行記只是提供了一些基於旅行觀察的描述，顯然，它與作者觀察的重點與角度有著密切關聯。《夷堅志》則提供了一些鄉民散居的個案。如《夷堅志》「甲志」卷四「蔣保亡母」條記饒州鄱陽縣鄉人馬叔靜之僕蔣保云：

　　嘗夜歸，逢一白衣人，偕行至水濱，邀同浴。保已解衣，將入水，忽聞有呼其姓名者，聲甚遠。稍近聽之，乃亡母也。大聲疾言曰：「同行者非好人，切不可與浴。」已而母至，即負保，急涉水至岸。值一民居，乃擲於竹間。居人聞外有響，出視之，獨見保在，其母及白衣皆去矣。[1]

　　這個民居位於溪水岸邊，外有竹叢。由故事可以見出，其週圍並無村落，乃是一獨立民居。又，「乙志」卷十四〈魚陂癆鬼〉云：

　　族人洪洋，自樂平還所居。日已暮，二僕荷轎，一僕負擔，必欲

1 《夷堅志》「甲志」卷四〈蔣保亡母〉，中華書局2006年版，第31頁。

散居與聚居：漢宋間長江中游地區的鄉村聚落形態及其演變

以中夜至家。邑之南二十里曰吳口市，又五里曰魚陂畈，到彼時已二更，微有月明。聞大聲發山間……望道左小澗無水，可以蔽匿，即趨而下。其物已在前立，身長可三丈……（彼物）徑往畈下一里許，入小民家，遂不見。洋歸而病……後訪畈下民家，闔門五六口，咸死於疫。[1]

此魚陂畈下民家，似也只有一戶人家。同卷《全師穢跡》條記樂平縣人許吉先，「家於九墩市，後買大儈程氏宅以居」。這裡的大儈顯系九墩市附近的一處村落。程氏宅與鳳林寺相鄰，原曾有販絲帛的賈客死於宅中，故頻鬧鬼，很可能也是一個相對獨立的住宅。

這種散居農舍應當比較普遍。《夷堅志》「支癸」卷九〈東塔寺莊風災〉條謂：「鄱陽城下東塔寺，與城北芝山禪院，皆有田在崇德鄉。疇壤相接，耕農散居。慶元三年五月一日，農人男女盡詣田插稻秧，惟數歲小兒乃陪老疾者守舍。當晝雨作，驚雷振天，東塔四僕家皆遭狂風之暴。」[2] 東塔寺與芝山禪院的佃農皆散居於寺田之側，農忙時下田農作，是典型的分散居住。

當然，有的村落規模也比較大。樂平縣何沖里，「皆程氏所居，其北有田一塢，數十百頃」。這個村落的部分田地即有數十百頃，則其規模不會小 [3]。又，鄱陽縣「西南數里一聚落曰元生村，居民百餘家，皆以漁釣江湖間以自給」。但元生村並非單純的農耕村落，其居民以漁釣為業，不必局限於本村。「有屈師者，撲買他處魚塘。」[4] 顯然，百餘家的村落相當稀少，其所依賴者也並不僅

1　《夷堅志》「乙志」卷十四〈魚陂瘋鬼〉，中華書局2006年版，第303～304頁。
2　《夷堅志》「支癸」卷九〈東塔寺莊風災〉，中華書局2006年版，第1289頁。
3　《夷堅志》「乙志」卷十五〈水門〉，中華書局2006年版，第312頁。
4　《夷堅志》「丙志」卷十九〈屈師放鯉〉，中華書局2006年版，第528～529頁。

僅是本村週圍的土地資源。

《夷堅志》中的另一個故事則透露出長江中游地區何以散居村落會佔據主導地位的原因。其「支庚」卷六〈譚法師〉條稱：

（饒州）德興（縣）海口近市處居民黃翁有二子，服田力穡，以養其親，在村農中差為贍給。又於三里外買一原，其地肥饒。二子種藝麻粟，朝往暮歸。久而以為不便，乃創築茅舍，宿食於彼。[1]

黃家本居海口市邊緣，其田地蓋亦在近市處；後於三里外買得一原，為了耕作方便，二子遂於彼原上創築茅舍，宿食於彼。在這個故事裡，因為黃家發生了變故，故二子最後尚未在原上建立新居，但以情理論，待二子開墾原上田地之後，定當移家原上，建立新的聚落。

上述故事的留存，都有很大的偶然性，故事講述者全未注意到村民的居住形態，因此，這些零星的材料，使我們相信：南宋時期，在長江中游地區遠離交通道路的廣大鄉村，雖然也有規模較大的村落和市鎮，但盡可能靠近耕種田地或網漁湖泊的小規模散村，甚至是只有一兩戶人家的獨立農舍，則依然是佔據主導地位的鄉村聚落形式。如果在人口迅速增加、社會經濟長足發展的南宋時期，長江中游地區的鄉村聚落形式仍以散居為主，那麼，在此之前的北宋乃至隋唐時期，散居更應當是普遍的現象，上文所述聚居村落規模的擴大、聚居區域的擴展，不過是少數村落、局部地區的現象，不能據之得出唐宋時期長江中游地區鄉村聚落以聚居為主的結論[11]。

---

1 《夷堅志》「支庚」卷六〈譚法師〉，中華書局2006年版，第1180～1181頁。

五、影響鄉村聚落形態及其變化的諸因素

綜上所論，可以認知：自兩漢六朝以迄隋唐兩宋時期近1500年間，長江中游地區的鄉村聚落形態當以分散居住的小規模散村為主，大部分時間範圍內、大部分地區的鄉村聚落都是平均規模在10戶、20戶左右的散村，各村落的農舍均盡可能地靠近田地、山林或湖泊等村民生計所賴的資源，獨立的農舍或由幾家、十數家組成的小村落散布在廣袤的山野、平原上。當然，散居的小村與集聚的大村乃至市鎮之間並沒有絕對的界線，分散居住的地區也一定會有集中居住的大村落和集鎮。事實上，早在漢代，散居佔據主導地位的長江中游地區就並不缺少戶口規模超過百家的較大村落；東漢末年開始的長達數百年的社會動亂以及由此而引發的北方人口的南遷，使長江中游的部分地區特別是北部的南陽荊襄地區，聚落形態向以塢壁城堡為代表的集聚聚落演化，部分地區原有的南方土著居民也在此影響下逐漸建立了自己的集聚村落，而大部分土著居民（所謂「蠻」）則仍然保持散居山野的狀態，從而形成了「巴夏居城郭，蠻夷居山谷」的分野；唐中後期以迄宋代，人口不斷增加，社會經濟相對穩定的發展，特別是工商業的發展，促使原有的集聚村落規模不斷擴大，其突出表現就是市鎮的形成、普遍及其規模不斷擴大。然而，集聚村落（包括未脫離所在區域農業經濟生活的大部分市鎮）的擴大、聚居區域的擴展，並未從根本上改變長江中游地區以散居為主的鄉村聚落形態：在星羅棋布的集聚村落（包括市鎮）週圍，散布著為數更多的散村和獨立農舍，雖然不少散村隨著戶口的增加、住宅的密集化以及內部組織的逐漸緊密而進入集聚村落的範圍，但也有不少農戶脫離其原先居住的集村而另立小規模的散村，從而使散村得以保持其主導地位。

這一認識促使我們相信：在長江中游大部分地區，戶口規模較小（30戶以下）、相對分散居住的散村，乃是在古代農業生產條件下，與這一地區的自然地理、經濟生活與社會環境比較適宜的鄉村聚落形態。雖然文獻材料相當缺乏，但我們依然根據現有資料對漢代長沙地區及宋代江漢平原地區自然村落的戶口規模作出了大致的評估：平均規模應在10戶、20戶左右，超過30戶的村落相當少。雖然材料反映的地區並不一致，但近千年間村落規模的相對穩定，仍使我們傾向於認為，這種村落規模較適宜於其所在地區的地理與社會經濟環境，並進而推測，小規模的散村，很可能是長江中游地區原生的鄉村聚落形態。換言之，散居是一種原始的傾向。

一個地區的人們採用怎樣的居住方式，是聚居還是散居，顯然受到諸多因素的影響，其原生的形態很可能主要受到其生存環境的制約或影響。聚落地理學主要立基於觀察的結論認為：在地形複雜、交通困難的地區，容易形成散村，而事實上，我們也可以找到同樣多的在同樣的地形條件下形成集聚村落的例證。阿·德芒戎說：

我們對人類社會的原始傾向了解極少。我們所掌握的關於原始時期的資料，只能讓我們進行一些猜測。但才智之士又不禁要去想像農村居住文明開始時的情況。聚居和散居，哪一個是最先的形式？或者，我們應當設想兩者都是由不同的地方性條件導致的最先形式？我們對此一無所知。很可能是這種情況：即遠在以永久占有形式建立於一個確立的地理位置的地域定居、成為社會組織的物質基礎以前，親屬關係已經是社會集團的紐帶。從那個時候起，在屬於來自同一祖先的同一家族的人們當中，不會發展共同生活的習慣嗎？他們不會出於一種完全自然的本能去謀求聚居在一起，以便進行防衛和協力謀生嗎？因此，聚

居大概是人類最初的居住方式，而這種古老的家族組織，則是最早的村莊社會的骨架。聚居而不是散居，大概是居住形式的最先階段。在英國的凱爾特人地區，居民們聚族而居，幾百個人連同他們的牲畜聚在一起，從而形成了村莊。但我們不知道到處的原始居住形式是否都是這樣，也不知道家族社會是否到處導致村莊式的聚居。在塞爾維亞西部，家族社會（劄德盧加，Zadrugas）的繼續存在，並不妨礙小村的散居方式。我們不知道這種散居方式是一種原始的現象，還是後來演變的結果。[1]

在長江中游地區，很可能並非如此，而可能是相反：散居是人類最初的居住方式，而聚居則是長期發展的結果。我們對漢水流域新石器時代文化遺址所反映的聚落狀況的分析表明：新石器時代漢水流域的聚落是內凝式的，整個聚落的房屋、墓地、手工業作坊，緊密地聚集在一個規定的範圍內。每個聚落的獨立性或自給自足性十分明顯，人們在聚落中居住、生活，組織生產和有關的經濟活動，就是死後也以聚落為單位進行安葬。聚落的人口承載量是有限的，少則數十，多則一兩百人[2]。聚落與聚落之間的距離一般較遠，距離最近者，也控制在各自的農業生產區不相接壤的原則上。聚落間沒有明顯的性質上差別；相鄰的聚落間可能有文化交往，甚

1　阿・德芒戎：〈農村居住形式地理〉，載阿・德芒戎：《人文地理學問題》，葛以德譯，商務印書館1993年版，第140～216頁，引文見第157頁。

2　從考古學角度復原某一遺址的人口數量，主要是根據墓地所出的人骨數量，結合同期居址的數量和面積大小來推算的。目前漢水流域所發掘的新石器時代遺址，尚無整體揭露者，且所發現的墓葬出土人骨也多保存不好，無法判明具體遺址的人口數量。因此，只能通過考察遺址面積的大小來作大致的推算。較為廣泛的人類學比較研究表明，史前聚落與人口之間關係的粗略統計資料為：聚落人口密度約為1萬平方公尺150人，個人平均生活空間約67平方公尺。以這一標準推算，淅川下王崗的史前人口約為90人，鄖縣大寺遺址的史前人口約為75人，而京山油子嶺則有300人。但這樣的推算實際上是非常危險的，其結果可能距事實非常之遠。

至發生姻親關係，但相互間不相隸屬與依存，各聚落均是獨立的。因此，至少在漢水流域，可以肯定，新石器時代的聚落最先是表現為散漫型的，以散居為主；只是到後來，隨著史前農業的發展和社會組織的進步，才逐漸出現較大的中心聚落乃至城壕聚落，形成集聚村落；但即使在出現集聚村落的新石器時代晚期，散居仍然是漢水流域人類居住的主要形態[1]。這種情況，大約到春秋戰國時期也並未發生根本性的改變，只是後來隨著人口的逐漸增加與地區經濟的不斷發展，才逐漸發展成為規模較大的聚居村落，並進而發展成為城[2]。

本文的研究強化了我們對這一推測的信心，我們相信：在長江中游地區，散居，而不是聚居，是人類最初的居住形式，也就是這一地區人類居住的原始傾向。應該承認：散居形式與長江中游地區的地理環境有著密切的關係，在易受洪水氾濫侵襲的平原和河谷地帶、耕地資源匱乏的中低山區、水資源分散的低山丘陵，就人類生產、生活與居住的自然選擇而言，都比較適宜於分散居住的聚落形態。

在地勢低窪的河谷與平原湖區，人們不得不選擇地勢稍高的自然墩臺、長岡或建造人工墩臺、堤防，作為躲避洪水的居住地。迄於今日，我們在江漢平原還可以看到許多帶有「臺（坮）」、「墩」的自然村落地名。這些臺和墩，有天然的，也有人工堆築的，其最初功能是躲避洪水。1883年，英國商人阿奇博士爾德·約翰·立德乘小帆船從漢口出發，經沌口進入長河，沿長河而上，

1　魯西奇：〈新石器時代漢水流域聚落地理的初步考察〉，《中國歷史地理論叢》1999年第1期；魯西奇：《區域歷史地理研究：對象與方法——漢水流域的個案考察》，廣西人民出版社2000年版，第91～115頁。

2　魯西奇：〈青銅時代漢水流域居住地理的初步研究〉，《中國歷史地理論叢》2000年第4期；《區域歷史地理研究：對象與方法——漢水流域的個案考察》，廣西人民出版社2000年版，第158～173頁。

散居與聚居：漢宋間長江中游地區的鄉村聚落形態及其演變

輾轉達沙市。經過漢陽蒲潭一帶時，他寫道：「我們今天經過的地區，夏天是一個巨大的湖，孤零零的禿山像海島一樣在水面上只露出10至200英尺的山頭。蒲潭村就建在其中一座山頭上，與夏季的洪峰等高。」在蒲潭以西，沿途所經的地方景色十分單調，「打破這種單調景觀的只有一些可憐的村莊，每隔三四英里，可以見到一個高出平原約10英尺的圓形土丘，丘頂上擠著十間八間泥屋[1]」。前者所說的是漢陽西境蒲潭、馬影一帶的低丘陵地帶，蒲潭村所在正是一個自然殘丘；而後者則是「臺」。這些自然或人工的墩臺岡地或堤防，或呈面積有限的孤立殘丘，或呈寬度有限的長條形狀，民居築於其上，遂表現出孤立分布或沿岡身、堤防線狀分布的狀況，而很難形成有明確中心的團聚式村落。在漢水下游平原，乾隆《漢陽府志》卷十五〈堤防〉錄陳國儒〈新豐堤記〉稱：「道左民居數十家，歷落散處，如晨星點點，若斷若續。」[2] 這些民居沿堤而建，彼此之間並不相連，顯然屬於分散居住。同治《漢川縣志》卷十〈民賦志〉錄嘉慶二十一年至二十三年間（1816—1818年）任漢川知縣的樊鍾英所上「通稟漢川地方情形民間疾苦」云：「漢川地處襄江下游，形勢低窪……素稱澤國，除梅城、長城兩鄉地處高阜，其餘盡屬垸畈。每年泛漲，不破堤，僅廠畈被淹；若破堤，則垸內亦淹。……民廬多居墩、臺。墩者，乃民間鋤土造築而成。若水淹久，則墩、臺亦多坍卸，故居民多造茅屋竹籬，略加牆垣。夏秋水至，則拆屋移居，撑船遠逃；春冬水退，則〔刈〕（於）茅索陶，亟其乘屋。」[3] 洪水並沒有帶來聚居，恰恰相反，卻帶來了流

---

1 立德：《扁舟過三峽》，黃立思譯，雲南人民出版社2001年版，第15～16頁。

2 乾隆《漢陽府志》卷十五〈堤防〉「新豐堤」條下錄陳國儒〈新豐堤記〉，《中國地方志集成・湖北府縣志輯》本（據同治十年刻本影印），江蘇古籍出版社2001年版，第1冊，第152頁。

3 同治《漢川縣志》卷十〈民賦志〉，《中國地方志集成・湖北府縣志輯》本（據同治十年刻本影印），江蘇古籍出版社2001年版，第9冊，第240頁。

動性很大的散居狀態。

在山區，由於自然環境的限制，可供墾種的土地多限於山腳、溪谷兩側，地塊狹小，每塊之間相距較遠，其所提供的產出（包括週圍山林的產出）僅能供給一兩戶人家生活之需，故農家多依山腳、溪畔建立農舍，開墾相鄰土地，利用山林資源。清道光初年，嚴如熤在《三省邊防備覽》中描述秦巴山地的居住狀況說：「山內村落絕少，不過就所種之地，架棚築屋，零星散處。所稱地鄰，往往嶺谷隔絕，即兩山相望，而一上一下，動輒數里。」、「棚民本無定居，今年在此，明年在彼，甚至一歲之中，遷徙數處。即其已造房屋者，亦零星散處，非望衡瞻宇、比鄰而居也。」[1]道光《石泉縣志》卷二〈戶口志〉也說客民「屋宇星散，多單丁獨戶之家[2]」。道光《紫陽縣志》卷一〈地理志〉「山川」引知縣沈麟的話說：「民之卜居於山阿水涯者，誅茅為屋，如晨星落落，求所謂『三家村』者無有焉。」[3]光緒《續修平利縣志》卷十〈藝文志〉錄乾隆中縣令古灃〈平利縣志鈔本志序〉謂當時平利縣「闔縣四百餘戶，散於六百里竹箐荒茅之中，落落如晨星之麗天[4]」。光緒《白河縣志》卷五〈風俗〉稱：白河人煙稀少，居民「零星散處，無三家村堡，無一畝平田，亦地勢使然也[5]」。凡此，都說明散居之所以成為山區主導性的居住形態，主要是受到山區的地形和土地資源

1　嚴如熤：《三省邊防備覽》卷十二〈策略〉，江蘇廣陵古籍刻印社1991年影印本（據道光初興安府署藏板刻本影印），第21頁下、25頁下。

2　道光《石泉縣志》卷二〈戶口志〉，《中國地方志集成‧陝西府縣志輯》本（據道光二十九年刻本影印），鳳凰出版社2009年版，第56冊，第20頁。

3　道光《紫陽縣志》卷一〈地理志〉「山川」，《中國地方志集成‧陝西府縣志輯》本，鳳凰出版社2007年版，第56冊，第141頁。

4　光緒《續修平利縣志》卷十〈藝文志〉，《中國地方志集成‧陝西府縣志輯》本，鳳凰出版社2009年版，第53冊，第507頁。

5　光緒《白河縣志》卷五〈風俗〉，《中國地方志集成‧陝西府縣志輯》本，鳳凰出版社2009年版，第55冊，第430頁。

散居與聚居：漢宋間長江中游地區的鄉村聚落形態及其演變

條件的制約。

　　丘陵地帶及部分低山地區地勢的起伏不大，可開墾的土地一般能夠連成一片，居住地點的選擇餘地比較大，交通條件也較好，就自然條件而言，似較適宜集聚村落的形成。然而，長江中游地區丘陵與低山地帶的稻作農業主要依賴自然降水的蓄存，即需要利用自然或人工陂堰以蓄積水資源，供給稻作農業用水和生活用水；而受到地形條件和勞動力投入的限制，古代丘陵與低山地帶的陂堰規模往往較小，不足以支撐較大面積的稻作農業生產，因而也就不支持戶口較多的集聚村落。隨棗走廊西端的棗陽縣是典型的丘陵地區，散居的現象相當普遍。據民國《棗陽縣志》卷十三〈食貨志〉「戶口」記載，清朝末年，棗陽縣共有6249個集鎮村落、85261戶、394884口，平均每個集鎮村落有13.64戶、63.19人。其中阜陽鄉每個居民點平均9.08戶、43口，華陽鎮所屬各居民點平均為6.36戶、31口，白水鎮所屬各居民點平均9.67戶、39口[1]。考慮到這些平均數中包括了人口相當集中的聚居點——集鎮，則每一自然村落大約只有三四戶、二三十口人，顯然是典型的散村。雖然棗陽縣散居村落的成因較複雜，仍足以說明散居比較適宜丘陵地形。

　　總之，從農業生產的角度來看，「位於田地中央的孤立居住的形式，是一種很優越的居住方法，它給農民以自由，它使他靠近田地，它使他免除集體的拘束[2]」。因此，經濟生活的需求，是導致散居作為一種原生居住方式的根本原因。如果我們承認散居村落是長江中游地區鄉村聚落形態的一種原生方式，或者說是一種原始的傾向，那麼，集聚村落就是長期發展或演變的結果，是一種次生的

1　民國《棗陽縣志》卷十三〈食貨志〉「戶口」，《中國地方志集成・湖北府縣志輯》本，江蘇古籍出版社2001年版，第245頁。
2　阿・德芒戎：〈農村居住形式地理〉，載《人文地理學問題》，葛以德譯，商務印書館1993年版，第169頁。

聚落形態。然則，是哪些因素導致了集聚村落的形成與發展？

第一個要考慮的因素當然是人口的增加。這是一個非常易於理解的村莊形成與擴展模式：單丁獨戶的農家，子孫繁衍，各自別戶而居，建立新的家庭，村莊遂逐步擴大，形成10戶、20戶乃至上百戶的村落；或者，居住相對分散的幾戶農家，隨著各家人口的繁衍和分家析戶，新建的住房填充了原先的空隙，從而逐步形成居住密集的集聚村莊。在這一過程中，村莊開墾的田地越來越多，距離也就越來越遠。但是，人口的增加並不必然導致形成集聚村落，而至少需要兩個前提條件：一是有足夠的住宅用地可供擴展村莊，二是週圍有足夠的土地可供開墾耕種或有足夠的山林湖澤可以提供必要的生產生活資料。在江漢平原，雖然廣大的平原湖澤提供了必要的生產生活資料，但因為地勢低窪，自然與人工墩臺岡地或堤防所能提供的住宅用地卻都很狹小，所以限制了集聚村落的形成與擴展；而在丘陵山地，雖然可能擁有拓展村莊的住宅用地，但村莊附近的可耕地或山林資源卻相當有限，也同樣限制了村莊的擴大。在上引《夷堅志》「支庚」卷六〈譚法師〉所記的故事中，黃家父子在所居海口市的三里外買得一原，中間「路隔高嶺，極險峻」；黃氏二子遂於彼原上創築茅舍，「宿食於彼」；如果不是發生了意外的話，二子很可能會移家於彼，建立新村。在這個故事裡，海口市附近顯然已沒有可供黃家父子墾殖的土地，所以黃家才在三里外購置新的土地。海口市的擴展受到了土地資源的限制。

第二個因素是安全防禦方面的考慮。安全顯然是人們選擇居住方式時需要考慮的重要方面。散居雖然使居住地盡可能靠近耕地、山林或湖澤，但卻易受盜賊、兵匪的攻擊。動亂時期的防衛需要，促使人們集聚起來，居住在可以提供保護的塢壁城堡土圍子裡。漢末六朝，長江中游地區被裹入了動亂的漩渦之中，於是地方長吏「皆斂民保城郭」，各地民眾亦皆紛紛於山水險要處築立塢堡

散居與聚居：漢宋間長江中游地區的鄉村聚落形態及其演變

城壁，已見上述；隋唐之際、兩宋之際、宋元之際、明清之際的社會動亂，均導致部分地區的鄉村聚落出現了集聚化的浪潮，特別是山區民眾，多「擇便利之區，築土城，儲糧物，避賊亂，便耕稼[1]」，建立起許多土堡山寨[2]。但社會動亂也並不必然導致集聚。在平原湖區，由於建築堡寨相當困難，當動亂發生時，人們更願意選擇逃入湖澤的方式以躲避動亂。在這種情況下，社會動亂加劇了散居的程度。清初編纂的許多地方志在述及明清之際動亂之後的地方情形時，往往使用「井邑蕭條、戶口逃散、十不存一」之類的描述，正反映出民戶逃離村落、散布於湖澤山野間的情形。

第三個因素是社會經濟的發展。在比較原始的粗放經營的農業生產條件下，為了適應可耕地資源和山林、湖澤資源的條件，人們需要不斷地移動從事耕作、採集與漁獵的地點，因而聚落也就隨之而移動。直到明清時期，進入秦巴山區的移民在很長時間裡仍然採取這樣的流耕和流動居住方式[3]，從而極大地限制了村落規模的擴大。但是，隨著生產力的不斷提高，農業生產水準的提高，土地、山林乃至湖澤所有權關係的明確，定居乃成為必然，從而為集聚村落的形成提供了前提。精耕細作農業的發展，使相同資源條件下的土地承載力不斷提高，從而使村落可以容納更多的人口；交通運輸工具的改進與鄉村道路的改善，也使村落與較遠田地之間的聯繫逐步得到改進。凡此，都給村落規模的擴大提供了條件，使集聚村落

1　同治《房縣志》卷三〈砦堡〉，《中國地方志集成・湖北府縣志輯》本，江蘇古籍出版社2001年版，第59冊，第396頁。

2　關於動亂時期土堡山寨之修築、組織及其意義，論者已多，請參閱黃寬重：〈從塢堡到山水寨——地方自衛武力〉，載黃寬重：《南宋史研究集》，新文豐出版公司1985年版，第147～181頁；楊國安：〈社會動盪與清代湖北鄉村中的寨堡〉，《武漢大學學報》（人文科學版）2001年第5期；饒偉新：〈明清時期華南地區鄉村聚落的宗族化與軍事化——以贛南鄉村圍寨為中心〉，《史學月刊》2003年第12期，等等。

3　參閱張建民：《明清長江流域山區資源開發與環境演變》，武漢大學出版社2007年版，第467～522頁。

成為可能。

　　鄉村社會經濟發展所帶來的集聚化，集中表現在市鎮的形成與發展方面。由於市鎮中的部分人口不再依賴田地、山林或湖澤等自然資源，因而也就無需考慮其住宅與田地、山林間的距離。唐宋時期長江中游地區的許多市鎮，都不同程度地「離開」了週圍的土地，越來越不具備「鄉村聚落」的特徵。市鎮的發展是集聚村落發展的極致，它雖然根源於鄉村，其發展方向卻是「背離」鄉村的。

　　第四個因素是宗族制度、文化與集聚村落之形成、發展之間的關聯。關於宗族的形成、發展與集聚村落之成立、擴展之間的關係，前人曾作過一些探討，但二者之間是否存在對應關係，即發達的宗族是否必然對應著戶口規模較大的集聚村落，事實上還缺乏充分地實證性說明。顯然，宗族組織有利於集聚村落的形成與擴展，並強化了村落內部的集聚；而散居則可能不利於宗族組織的形成與發展。許多累世同居的大宗族構成了戶口規模較大的集村。如著名的江州義門陳氏，至北宋初已是「十三世同居，長幼七百口，不畜僕妾，上下姻睦，不無閑言」。洪州奉新縣胡氏，亦「累世聚居，至數百口[1]」。但是，宗族並不必然以聚居為前提，也並不必然導致集聚村落的產生。嘉靖《湖廣圖經志書》卷五〈德安府〉「文類」收〈應城陳氏譜序〉稱：陳氏家族自江西遷出，兄弟五人，一居於蒲圻，一居於漢陽，一居於漢川，一居於漢川周陂，一居於應城三臺[2]。民國二年江陵《胡氏族譜》卷九「南北二分支世系」說：

　　公等兄弟四人同生於江西南昌縣中林鄉，後遷湖北荊州江陵縣。

1　《宋史》卷四五六〈孝義傳〉「陳兢」、「胡仲堯」條，中華書局1977年版，第13390～13392頁。
2　嘉靖《湖廣圖經志書》卷五〈德安府〉「文類」，《日本藏中國罕見地方志叢刊》本（據嘉靖元年刻本影印），書目文獻出版社1991年版，第478～479頁。

散居與聚居：漢宋間長江中游地區的鄉村聚落形態及其演變

源海公擇往龍灣司，寬海公卜居赫穴汛新孟二院，洪海公住居白鷺湖譚家港溫家埠，汪海公住易家口橫石刮。[1]

　　陳氏、胡氏兄弟雖然以家族的形式遷出，但並非整個家族同遷居於一地，其原因很簡單，就是不容易找到足夠整個家族眾多人口生存與發展的「空地」。因此，「聚族而居」當以較充足的生計資源為前提。

　　一個地區的鄉村聚落形態是以集村為主，還是以散村為主，是人們在自然、經濟、社會乃至文化過程中長期選擇、不斷適應與調整而逐步形成的，是非常複雜的過程。在這一過程中，自然環境（地形、洪水與氣候等）、經濟生產方式（農耕、採集與漁獵、伐木等）、社會關係與組織方式（鄉村基層組織、宗族等）以及文化傳統、習俗等各方面因素都在共同發揮著作用。我們在認為長江中游地區原初的鄉村聚落形態當以散居為主的前提下，討論影響集聚村落之形成、拓展的諸因素，與其說是揭示了歷史事實的一個側面，毋寧說是一種分析方法，因為事實上我們在文獻記載與實地觀察中所能見到的村落主要是集聚村落，可以斷定為原生的散村非常之少。這一分析方法是否適當，還有待於進一步開展深入的實證研究。

注釋：

[1] 宮崎市定：〈中國村制的成立——古代帝國崩壞的一面〉，載中國科學院歷史研究所翻譯組編譯：《宮崎市定論文選集》上卷，

1　轉引自張國雄：《明清時期的兩湖移民》，陝西人民教育出版社1995年版，第110頁。

商務印書館1963年版，第33～54頁，引文見第34頁；〈關於中國聚落形體的變遷〉，載劉俊文主編：《日本學者研究中國史論著選譯》第三卷，中華書局1993年版，第1～29頁。

[2] 譚其驤：〈二千一百多年前的一幅地圖〉，《文物》1975年第2期；〈馬王堆漢墓出土地圖所說明的幾個歷史地理問題〉，《文物》1975年第6期。二文並收入譚其驤：《長水集》，人民出版社1987年版，第233～262頁。張修桂：〈馬王堆〈地形圖〉繪製特點、嶺南水系和若干縣址研究〉，載《歷史地理》第5輯，上海人民出版社1987年；又見張修桂：《中國歷史地貌與古地圖研究》，社會科學文獻出版社2006年版，第449～471頁。

[3] 關於走馬樓吳簡所見「丘」的討論及其不同觀點，請參閱王素：〈長沙走馬樓三國吳簡研究的回顧與展望〉，載北京吳簡研討班：《吳簡研究》第一輯，崇文書局2004年版，第7、24～25頁。侯旭東：〈長沙走馬樓三國吳簡「里」、「丘」關係再研究〉，載武漢大學中國三至九世紀研究所編：《魏晉南北朝隋唐史資料》第二十三輯，第14～26頁。認為「丘」是自然聚落（居住點）或基本認同此說、並作出論證的學者主要有宋超、關尾史郎、侯旭東等，參閱宋超：〈長沙走馬樓吳簡中的「丘」與「里」〉，載長沙市文物考古研究所編：《長沙三國吳簡暨百年來簡帛發現與研究國際學術研討會論文集》，中華書局2005年版，第77～85頁；宋超：〈走馬樓吳簡中的「丘」與「里」再探討〉，載長沙簡牘博物館、北京吳簡研討班：《吳簡研究》第二輯，崇文書局2006年版，第137～156頁；關尾史郎：〈長沙吳簡所見「丘」をめぐる諸問題〉，載（東京）長沙吳簡研究會編：《嘉禾吏民田家莂研究——長沙吳簡研究報告》第一集，2001年版，第42～54頁；以及前揭侯旭東〈長沙走馬樓三國吳簡「里」、「丘」關係再研究〉文。

[4] 秦暉先生在討論漢唐時期鄉村組織及其變化時，曾根據「嘉

散居與聚居：漢宋間長江中游地區的鄉村聚落形態及其演變

禾吏民田家莂」，整理出田家莂所見143丘的戶數及各丘的姓氏分布情況表，見秦暉：〈傳統中華帝國的鄉村基層控制：漢唐間的鄉村組織〉，載黃宗智主編：《中國鄉村研究》第一輯，商務印書館2003年版，第1～31頁，「表1，143丘1532戶的姓氏分布」，見第5～10頁。我們仔細校核了表中的戶數，發現有不少舛誤，特別是不少「丘」下戶數，是將嘉禾四年田家莂中某「丘」的戶數與嘉禾五年田家莂所記該「丘」的戶數簡單相加，而實際上兩年中同一丘下的戶有部分重疊，不宜簡單相加。因此，我們在比對嘉禾四、五兩年田家莂所記每一戶名及部分闕文之後，重新製作了這個表。

[5] 元嘉中後期（442—452年），沈慶之領軍征討沿沔諸蠻（雍州蠻），前後擄獲總計約20萬口（據《宋書・沈慶之傳》記載：元嘉十九年伐緣沔諸蠻，禽生口七千人；進征湖陽，獲萬餘口。元嘉二十二年討緣沔諸蠻，降者二萬口；與王玄謨、王方回平定諸山，獲七萬餘口；平郹山蠻，禽三萬餘口。元嘉二十六年，與柳元景等伐沔北諸山蠻，虜生蠻二萬八千餘口，降蠻二萬五千口。伐幸諸山犬羊蠻，置六戍以守之，「蠻被圍守日久，並饑乏，自後稍出歸降」，慶之本傳未記其歸降之戶口數）。宋明帝泰豫元年（魏孝文帝延興三年，472年），蠻酋桓誕率沔北大陽蠻一次降附北魏的就有七八萬戶（《魏書》卷四五〈韋珍傳〉作「七萬餘戶」，卷一百一〈蠻傳〉作「八萬餘落」）。這兩組戶口資料的系年相距約20年，可合計而得出雍州蠻戶之大概。

[6] 參閱牟發松：《唐代長江中游的經濟與社會》，武漢大學出版社1989年版；孫繼民：〈關於唐代長江中游人口經濟區的考察〉，載中國唐史學會編：《古代長江中游的經濟開發》，武漢出版社1988年版，第346～370頁；鄭學檬：〈試論唐五代長江中游經濟發展的動向〉，見前揭《古代長江中游的經濟開發》，第382～403頁。

[7] 如：寶慶《四明志》卷十三〈鄞縣志〉「鎮市」條舉出1

鎮8市（《宋元方志叢刊》本，中華書局1990年版，第5160頁）。
景定《建康志》卷十六〈疆域二·鎮市〉記載當時建康府有14鎮、
33市（《宋元方志叢刊》本，第1529～1531頁）。咸淳《臨安志》
卷二〇〈疆域五·諸鎮〉記載當時杭州府有11鎮，卷十九〈疆域
四·市〉下記杭州府各縣所屬之縣共有25個（《宋元方志叢刊》本，
第3549～3551頁）；至元《嘉禾志》卷三記載當時秀州嘉興縣有2鎮
3市、海鹽縣有3鎮3市、崇德縣有1鎮4市（《宋元方志叢刊》本，第
4435～4436頁）；至元《琴川志》卷一〈敘縣〉記載當時常熟縣有6鎮
8市（《宋元方志叢刊》本，第1166～1167頁）。因此，鎮與市之間
的比例很難加以估算，但市比鎮的數量多卻是可以肯定的。參閱鄧廣
銘、漆俠：《兩宋政治經濟問題》，知識出版社1988年版，第190頁。

　　[8] 分別見《夷堅志》「丙志」卷六〈汪子毀神指〉，中華書局
2006年版，第418頁；「丙志」卷十一〈李鐵笛〉，第455頁；「支
庚」卷八〈開福院主〉，第1201頁；「支癸」卷九〈蕪湖項氏子〉，
第1291～1292頁；「支戊」卷四〈太陽步王氏婦〉，第1082頁；
「三志辛」卷九〈高氏影堂〉，第1455頁；「補志」卷二五〈鄱陽雷
震〉，第1778～1779頁。

　　[9] 郝經：《陵川集》卷三〈青山磯市〉，《景印文淵閣四庫全
書》本，臺北商務印書館1986年版，第1192冊，第42頁。

　　[10] 范成大：〈吳船錄〉，載《范成大筆記六種》，中華書局
2002年版，第187～235頁。

　　[11] 張偉然曾從民居習俗與聚落景觀的角度，主要引證詩文資
料，討論了唐宋時期湖南地區的聚落形態，認為唐宋時期湖南大部分
地區的鄉村聚落分布稀疏，規模較小，民居以草木結構為主，見張
偉然：《湖南歷史文化地理研究》，復旦大學出版社1995年版，第
175～181頁；在有關湖北地區聚落景觀與民居文化的考察中，張偉然
對聚落、民居的空間形態進行了討論，但沒有明確湖北地區鄉村聚落

究竟是以小規模的散村為主，還是以集聚村落為主，而只是列舉了湖北地區的諸種聚居類型，但也同時談到很多散村的例證，見張偉然：《湖北歷史文化地理》，湖北教育出版社2000年版，第100～169頁。

唐代地方城市中的里坊制及其形態

一、唐代地方城市中普遍存在封閉式的里坊嗎?

　　唐宋時期城市形態的變化,即由封閉式里坊制逐步向開放式街巷布局的演變,向來是所謂「唐宋變革論」的立論基礎之一,因此,中古城市中里坊制的實施、具體形態及其鬆弛、崩潰以及逐步演變為開放式街巷布局的過程,一直受到學術界的關注。然而,「受考古資料與學科分野所限,以往的研究對象多側重於隋唐都城長安與洛陽,以及揚州、成都、蘇州等為數不多的地方城市。對於唐代坊市制城市的總體研究,特別是坊市制解體後城市發展的趨勢,城市形態與地域結構的變化,則顯得比較單薄 [1]」。隨著研究的逐步深入,越來越多的學者認識到:對長安、洛陽、開封、揚州之類都城與大都市的研究固然重要,且確仍有諸多問題有待釐清,但若僅僅停留於此,顯然不足以見唐宋時期城市發展、變化之全貌,甚至會產生某些誤解與偏見。因此,近年來,不少學者頗將注意力集中於地方城市的具體研究方面,並取得了一系列成果[1]。

　　綜觀已有的研究,關於唐宋地方城市的形態及其空間結構,已

1　李孝聰:〈唐代城市的形態與地域結構——以坊市制的演變為線索〉,載李孝聰主編:《唐代地域結構與運作空間》,上海辭書出版社2003年版,第248～306頁,引文見第249頁。

大致形成兩點基本認識：（1）在城市外郭形態方面，隋與唐代前期，大部分城市都築有較為規整的城垣（大抵為規則或不規則的方形），城郭的規模據其軍政層級而顯示出一定的規律性。唐後期以迄於五代，在各種政治、經濟因素的共同作用下，地方州（府）縣城的規模普遍擴大，擴建城垣、拓展城區，其結果是使城市外郭越來越呈現出不規則的形態。宋元時期，大部分地區的州縣城城垣長期處於傾圮塌隳狀態，或者迄無城垣[2]，城市外緣形態顯示出較自由擴展或收縮的趨勢；即便是築有城垣的州縣城，也往往在城下形成了規模不等的城區，其形態則各異。（2）在城市內部的空間結構方面，隋與唐前期，在都城及大部分州（府）縣城，推行了較為嚴格的里坊制，封閉的坊牆、大大小小的十字街，構建了城內空間的基本格局。而子城（一般在城內西北隅，但也有不少例外）往往佔據城內比較高的位勢，是城市的政治核心。羅城往往會受里坊制約束而保持較規整的四方形和十字相交的街道格局。中唐以後，里坊制度逐步解體，封閉式的坊牆逐步被突破，到宋代形成開放式的街巷布局。宋代城市內部的空間結構，逐漸擺脫制度性的強制，而根據其自身功能的需要，分化成不同的功能區：行政區、官紳區、經濟區（商業區）與宗教文化區等。

　　上述認識的核心在於認為唐前期地方城市中曾普遍實行里坊制，即普遍建立起封閉式的里坊格局，唯有如此，才談得上中唐以後以迄宋代所謂「坊牆的倒塌」和「坊市制的崩潰」，也才能據此討論所謂「中世紀城市革命」。然而，仔細分析有關史料，我們發現，上述兩點基本認識實際上並無堅實的實證研究基礎，而主要是根據有關制度規定、都城及其他重要城市的情況推演而得出的；研究者在論述唐代地方城市的里坊制實施狀況及其具體形態時，所據者多為宋代文獻特別是南宋地方志的一些記載，唐代特別是唐前中期的史料證據較少，也沒有切實的考古材料足資證明唐代地方城市

中確實普遍存在封閉式的里坊。事實上，「坊牆在地方城市裡是否模仿都城制度而普遍修建，坊市制在地方城市中實行的時間，由於資料不多，及缺乏考古實例證明，目前還很難得出確切的結論」[3]。而如果我們並不能確定地方城市中是否利用坊牆或籬栅來區劃城內街區，並以之作為實施嚴格城市管理制度的基礎，那麼，我們對於所謂「里坊制」之在隋唐時代的實施及其實質，以及所謂「坊牆的倒塌」及其意義，就應重新評估。

首先，主張唐代地方城市曾普遍實行里坊制的重要論據之一，是《唐律疏議》卷八〈衛禁〉「越州鎮戍城垣」條及《通典》卷三〈食貨三‧鄉黨〉所引《大唐令》等唐代法典對城市里坊設置的制度性規定，認為這些法規應當是通行天下的，各地州縣城郭的形態、布局及其內部管理，理應遵循相關的制度規定。這裡涉及唐代政令實施的普遍性及有效性，姑且不論。一個非常實際的問題是：很多隋唐時期的州縣城，特別是南方地區的州縣城，是沿用漢魏以來特別是南北朝時期所築城垣而來，很難證明在北周、隋統一北方及隋、唐統一全國的過程中，曾經存在一個全面增修、重修或改建漢魏六朝以來舊城的過程。那麼，這些因襲漢魏南北朝舊址、未經全面改建的州縣城，其城郭規模、外緣形態如何會適用隋唐制度之規定呢？在這些城市中，又是如何建立起坊牆、將城市分隔成里坊和市坊的呢？正如成一農所指出的那樣：「唐代長安、洛陽與地方城市的一個非常明顯的差異，就是長安、洛陽是經過規劃新建的，而唐代很多地方城市從現存文獻看來是逐步發展起來的，並沒有事先進行規劃，那麼在這種情況下要形成與長安、洛陽一樣整齊的坊是非常困難的。」[1]

其次，認為唐代地方城市曾普遍實行里坊制的另一個證據，是

1　成一農：〈走出坊市制研究的誤區〉，載《唐研究》第12輯，北京大學出版社2006年版，第311頁。

唐代地方城市中的里坊制及其形態

傳世文獻及隋唐墓誌中所見唐代一些州郡治所城市中的里坊名目，以及宋代乃至明清地方志等文獻中有關治所城市中里坊的記載和對唐代里坊情形的追述。值得注意的是，唐代文獻（包括墓誌等出土文獻）有關州郡（及部分縣）治所城市坊目的記載，多屬唐代中後期，尤以唐末五代為最多。以按傳統說法坊市制已趨於解體階段的晚唐五代乃至宋代的史料，來論證唐前期某一州郡治所城市中曾實行過嚴格的里坊制，雖非絕對不可，然總嫌牽強，說服力不強。最為重要的是，這些文獻一般僅記有里坊的名目，迄未見到明確描述這些里坊為封閉式的記載，而宋代及其以後的地方志等文獻所記與此前同名的坊，則顯然是開放式街區；沒有任何證據表明這些坊在唐代曾圍以坊牆，從而構成封閉式區塊，到五代及宋代，則將坊牆拆除，之後，才形成開放式街區。宋代地方城市中既然不存在這樣的坊牆，我們又無以證明曾經存在過拆除的過程，那麼，文獻所見之里坊名目，就至多只能證明曾經存在過里坊，而無以證明這些里坊曾是封閉式的。

最後，主張「中世紀城市革命」的學者強調經濟發展特別是商業發展在城市形態與結構變化方面發揮了決定性的作用，認為是「商業溢出了城市」，商業發展的需求促使城市在空間格局的劃分方面採取「功能主義」的現實態度，並通過因地制宜的方式「修正」或「改革」傳統的規範[4]。換言之，里坊制度破壞以至崩潰的重要動因是商業的發展突破了封閉式里坊結構（特別是市坊）對商業活動的限制。這場由「商業革命」而引發的「城市革命」果然曾經在眾多的地方城市里普遍發生過嗎？抑或它僅僅是某種理論預設指導下、對有關史料或史實「選精」、「集粹」而得出的認識[1]？我們知道，商業發展的地域差異較大，如果說在商業經濟較發達的核心區域確曾由於商業

1　參閱李伯重：〈「選精」、「集粹」與「宋代江南農業革命」——對傳統經濟史研究方法的檢討〉，《中國社會科學》2000年第1期；〈歷史上的經濟革命與經濟史的研究方法〉，《中國社會科學》2001年第6期。

經濟發展引發了城市形態變革的話，那麼，在商業經濟欠發達的廣大區域，又是何種原因導致了「坊牆的倒塌」？如果無法證明普遍存在著這種經濟動因，就勢必需要重新檢視有關坊牆倒塌、里坊制崩潰的闡釋體系──或者，最合理的思考理路並不在於去追尋坊牆倒塌的原因，而是探究地方城市中是否曾普遍存在過坊牆（或籬柵），以及是否普遍以坊牆（或籬柵）圍繞、從而形成封閉式的區塊布局。

由此，我們對唐代地方城市中普遍存在過封閉式里坊、後來隨著社會經濟特別是商業經濟的發展突破了這種封閉式里坊的限制、從而引發了「中世紀城市革命」的傳統闡釋體系，提出了疑問，並傾向於作出否定的回答[5]。然而，問題至此才剛剛開始：如果我們傾向於認為唐代地方城市中封閉式里坊的存在並不普遍，而只在部分地方城市存在的話，那麼，究竟是哪些、什麼樣的地方城市建立了封閉式里坊呢？是何種原因造成了不同地方城市在形態與空間結構方面的差異？晚唐五代及宋代文獻中所見州郡治所城市中的里坊又是何時建立的，其形態與性質如何？

要回答這些問題，僅僅停留在制度分析或對都城及重要城市之形態與空間結構的分析層面上，看來是不夠的。斯波義信曾經指出：「在中國城市史的研究方面，通常總是以長安、洛陽或北京之類的模式，千篇一律地概括中國的城市，而且滿足於這種研究的思想非常根深蒂固，因此很難作出，諸如一般的和正規的城市論、城市形態論或城市生態論之類的研究。」他認為，只有通過對諸多個別城市的研究和比較，找出普遍性與特殊性，才能提煉出有關中國城市發展史的正確論述[1]。遵循這一研究理路，我們對唐宋時期漢水流域州（府）縣城的城郭形成與演變、外緣形態及城市內部的空

1　斯波義信：〈宋都杭州的城市生態〉，胡德芬譯，載唐曉峰、黃義軍編：《歷史地理學讀本》，北京大學出版社2006年版，第414頁。

唐代地方城市中的里坊制及其形態

間結構，開展了盡可能細緻的考察。本文即以此為基礎，結合其他地區的城市個案及有關研究，對上述問題作些探討。

二、城垣之有無、沿用與新築

如果城市內部存在用坊牆或籬柵環繞、分隔而成的封閉式里坊，前提應當是這一城市築有城垣，而且須有一定規模。因此，討論唐代地方城市中是否普遍存在封閉式里坊，首先必須弄清唐代地方城市是否普遍築有城垣及其築城淵源（如果有城垣的話）。

唐代州（府）縣治所是否皆築有城郭？這似乎不是一個問題，因為迄今為止的回答幾乎都是肯定的。但是，這一迄未受到過質疑的認識其實並未得到實證性的證明——已有的研究並未能證明絕大多數的州（府）縣治所均築有城郭，而只是羅列出都城和部分重要州縣城築有城郭的例證。仔細考察有關史實，我們發現，可能大多數唐代州縣治所在唐前中期（天寶以前）並未修築或重修城垣，或沿用南北朝以來的舊城垣，或根本沒有城郭，其城垣是在「安史之亂」後才修築起來的。

在愛宕元所列的〈唐代州縣城郭一覽〉表中，共有164個州縣城郭注明了築城年代，其中有90個是唐天寶以後（不含天寶年間）所築，占全部已知築城年代之州縣城的55%[1]。注明築城年代在唐天寶以前（含天寶年間）的74座州縣城中，注明其築城年代在先秦時期者實頗為可疑，不足憑信[2]；幾個注為後漢或三國孫吳所築的城郭，也

1　愛宕元：〈唐末五代期における城郭の大規模化——華中、華南の場合〉，附〈唐代州縣城郭一覽〉，載愛宕元：《唐代地域社會史研究》，同朋舍1997年版，第451〜488頁。
2　如項城、南頓、內鄉三縣城，愛宕元注為先秦楚國所築；襄城縣城，注為楚靈王所築，即未必可信。

須詳加考定 [1]。那麼，唐天寶以後所築城郭在全部已知築城年代的州縣城郭中所占的比例，只能更大；更遑論未注明築城年代的那些州縣城郭，也有相當部分為天寶以後所築。換言之，這些天寶以後方修築城郭的州縣治所，在天寶以前，也就是唐前中期一百多年裡，並未修築城垣（或雖沿用舊城郭，未加修葺）；而在唐前中期，未築城郭的州縣治所，可能佔據了全部州縣的一半以上。按照傳統說法，唐前中期正是里坊制度得到嚴格推行、封閉式里坊形態較為規整的時期；如果有超過半數的州縣治所根本未築城垣（或沿用舊城垣，未加修葺，更未有重新規劃），又如何談得上在城郭內部建立坊牆（或籬柵）、形成封閉式里坊呢？

　　當然，文獻中未見有關築城的記載，並不說明州縣治所本身即無城垣，而很可能沿用漢魏以來舊有城郭，只是在隋及唐前期未加維修而已。我們對唐宋時期漢水流域州縣治所城市的考察表明 [2]，大部分唐代漢水流域的州縣城均沿用南北朝後期特別是西魏、北周時所築之城垣：在唐代漢水流域的14座州（府）城中，洋、金、均、房、鄧、郢、復、隋、安等9州均為沿用西魏、北周所築城垣；商州乃沿用北魏太和中（477—499年）所築城垣；襄州沿用六朝襄陽城之舊，唐末天祐間（904—906年）拓展羅城；唐州沿用漢晉比陽故城舊址，似無城郭；梁州乃隋大業八年（612年）據漢代南鄭小城擴建，城垣向南拓展；只有沔州（漢陽縣）是唐初新築城郭。在除州治之外的44座縣城中，只有西縣（在今陝西勉縣西）、竟陵（在今湖北天門）2縣見有唐後期築城的記載；興道、褒城、石泉、平利、黃土（洧陽）、洵陽、安康（漢陰）、上津、郇鄉、竹山、上庸、安養（臨漢）、宜城、樂鄉、

1　如江州城，愛宕元據《元和郡縣圖志》所記，定為漢初所築，亦不可信靠。
2　考詳魯西奇：《城牆內外：古代漢水流域城市的形態與空間結構》，中華書局2011年版，第149～278頁。本文有關漢水流域城市認識的詳細考證，均見是書，不另注明。

唐代地方城市中的里坊制及其形態

義清、穀城、湖陽、南陽、新野、內鄉、臨湍、向城、菊潭、京山、富水、唐城、雲夢、川等28個縣治均沿用南北朝特別是西魏、北周時代所新築或重築的城垣；其餘14個縣治是否存有城垣，未見任何記載。然則，在唐前中期漢水流域的58座州縣治所城市中，只有2座城郭（梁、沔二州城）為隋及唐初新築或重修，占全部治所城市的3.4%；40座（包括西縣城）沿用魏晉南北朝時期的舊城垣，占全部治所城市的69%；其餘16座州縣治所（唐州及15個縣的治所，包括竟陵縣治）在唐前期很可能並無城垣，占全部治所城市的27.6%。顯然，沿用舊城與基本可斷定沒有城郭的州縣城，佔據了全部治所城市的絕大多數。

唐代漢水流域的58座州縣城，雖然僅占唐帝國1500餘座州（府）縣城的4%弱，其城郭之有無、沿用與修築情形可能並不具有代表性，上述新築或重修城垣、沿用舊城垣、根本沒有城郭等三種情形的比例也不一定適用於全國（3.4%、69%、27.6%）；然結合前揭愛宕元對331座唐代州縣城郭的細緻考察，基本可以斷定：在隋以至唐前中期，絕大部分州縣治所均沿用前代遺留下來的城垣，或者根本沒有城郭，只有極少部分州縣治所新築或改築了城垣[6]。換言之，隋及唐前中期，並不存在一個普遍的、全面修築或改築、重修州縣治所城郭的過程，更談不上有計劃地、根據制度規定、仿照長安洛陽那樣的里坊形態，規劃、建設州縣治所城市了。

那些根本沒有城郭的州縣治所，自然無以在城郭內部建立封閉式的里坊，可略過不論。那麼，為數最多、沿用舊有城垣的州縣治所，是否可能或有必要重新改造，在城市內部另建坊牆（或以籬柵分隔），從而形成封閉式的里坊布局呢？

這主要取決於城市的規模和功能。南北朝後期所築城郭，其性質多屬戍城，乃為駐防軍兵之用，城內甚少居民，故其規模均較小。由於材料所限，我們無法全面考知唐代漢水流域州縣城郭究竟有多大，

只可舉出幾個例證，以為參照：隋唐內鄉縣乃沿襲北魏析陽縣而來，北魏、西魏於析陽縣置有析州、淅陽郡，此析縣故城平面呈長方形，東西寬400公尺、南北長500公尺，換言之，即城週不足四里；唐菊潭縣本因武陶戍而立，亦曾置郡，其故城遺址面積約12萬平方公尺，即城週不足三里；唐向城縣沿用北魏孝文帝時所築之城垣，其遺址面積只有6萬平方公尺，換言之，其城垣邊長當不超過半里[1]。據此，我們推測西魏、北周在漢水流域所築諸城（無論其作為州治還是郡治），大抵皆與此相類，即城週在三四里間；較小者可能與向城相似，城週約二里。唐前期漢水流域諸州縣城既大多承襲南北朝後期所築城郭，未加大規模改造，則其規模亦大致依舊。

這些城規模既小，又是因應軍事控禦之需要而築，所以，城內除官署外，大抵就是以軍兵及其家屬為主體的所謂「城民[2]」，普通民眾大多居於城外，形成附郭居住。只有在少數情況下，地方長吏會考慮附郭居民的安全而另立土垣以為保護。如北周豐州（唐均州）刺史令狐整在移治延岑城、營築新州城時，曾因「豐州舊治，不居人民」而廣事撫納，並在治城外另立羅城，作為民、吏之居所[3]；西魏末年營建安州時，曾「遷江夏民二千餘戶以實安州」，其中也當有部分民戶居於州城之外[4]。儘管如此，南北朝後期漢水流域的大部分城郭仍當是為據守而立，非為居民：官署、軍兵（城民或部曲）居城郭之內，普通民眾得附郭而居。正是由於城郭功能

1 國家文物局主編：《中國文物地圖集・河南分冊》，中國地圖出版社1991年版，第544、546、566頁。
2 關於北魏中後期的「城人」（「城民」）及其城居情形，請參閱唐長孺：〈北魏南境諸州的城民〉，載唐長孺：《山居存稿》，中華書局1989年版，第96～109頁；〈二秦城民暴動的性質和特點〉，《武漢大學學報》（哲學社會科學版）1979年第1期；谷川道雄：〈北魏末的內亂與城民〉，載谷川道雄：《隋唐帝國形成史論》，李濟滄譯，上海古籍出版社2004年版，第132～162頁。
3 《周書》卷三六〈令狐整傳〉，中華書局1971年版，第643頁。
4 《周書》卷二五〈李賢傳〉，中華書局1971年版，第416頁。

唐代地方城市中的里坊制及其形態

的這種改變，南北朝後期所營諸城中，有不少放棄了漢晉以來的舊址，另外選擇山水險要更便於據守處立城；其規模也比漢晉城郭要小一些。此點在南陽地區表現得特別突出，以宛城（南陽城）為代表的很多漢晉以來著名城邑均被放棄，而另擇新址營築新城，雖然有的城址只是略微移動，但在微觀地貌上的差別仍然很有意義[1]。

隋及唐前期，州縣城郭的功能仍然主要是保護守衛官署與軍營等軍政設施。《唐律疏議》卷八〈衛禁〉「越州鎮戍城垣」條云：

諸越州、鎮、戍城及武庫垣，徒一年；縣城，杖九十。（原注：皆謂有門禁者。）〔疏〕議曰：諸州及鎮、戍之所，各自有城。若越城及武庫垣者，各合徒一年。越縣城，杖九十。縱無城垣，籬柵亦是。[2]

這裡的「州、鎮、戍城」與「武庫垣」並列，顯然是將州、鎮、戍城作為軍事設施而設禁的，故犯禁越城者，得徒一年；縣城的軍事意義較小，故越城者只是杖九十。此條之前面各條，涉及宮城廟社之禁衛，而下一條則是「越官府廨垣及坊市垣籬者，杖七十」。顯然，立法之著眼點，乃在防護各種軍政設施，並強化治安。正因為唐前期州縣城郭之功能仍在圍護官府衙署，所以即便附郭居住的戶口不斷增加，也無須擴展城郭規模。

州縣治所城郭的規模既如此之小，城內主要為官署、軍營等軍政設施所佔據，只有少量居民；城址又多為山水險要處，以居山臨水為最勝，城內地勢多較高。這些因素結合起來，使沿用舊城垣的州縣治所城市既無充分必要，也不太可能在未經總體規劃、全面改造的情況下，在城內建置坊牆（或籬柵）、劃分城內區塊、形成封

---

1 魯西奇：〈《水經注》所見南陽地區的城邑聚落及其形態〉，載《燕京學報》新25期，北京大學出版社2008年版，第45～81頁。
2 劉俊文：《唐律疏議箋解》卷八，中華書局1996年版，第632～633頁。

閉式的里坊布局。

最後，我們來看一看隋及唐前中期新築或重修的州縣城。受到文獻材料的限制，我們很難討論隋與唐初重修或新築城郭的梁州與沔州城內是否存在封閉式里坊；但較多材料表明，不少唐前中期新建或重修的州縣治所城市，在築城之同時即依照長安、洛陽之例，形成了里坊布局。如武周長壽元年（692年）前後大規模改造、擴建的太原府西城南半部（唐晉陽縣城），就是東西跨六坊、南北九坊的長方形規制，各坊邊長約一里，與長安、洛陽城內坊的規模大致相等[1]。開元十八年（730年）興建的雲州城、天寶六載（747年）新築的昭應縣城等均可能仿長安之例，於城內分置封閉式里坊[2]；唐前中期在東北、北、西北諸邊所修的大量邊城，也大都遵循建城的制度性規定，實行子城制度和里坊制[3]。因此，我們有理由推測：唐前中期新建或大規模改造、擴建的州縣城，很可能遵行了相關的制度規定，建立起與都城長安、洛陽相同的封閉式里坊。

綜上可知：唐前中期，絕大部分的州縣治所城市或沿用舊城垣，或根本沒有城郭，所以也就不可能在城內建立坊牆（或籬柵）、形成封閉式里坊布局；只有少數新建或大規模改造、擴建城郭的州縣城，才可能仿長安、洛陽之例，規劃、營建城郭與城內坊牆（或籬柵），建立起封閉式的里坊布局。

---

1 參閱愛宕元：〈唐代太原城の規模と構造〉，載愛宕元：《唐代地域社會史研究》，同朋舍1997年版，第181～201頁；李孝聰：〈唐代城市的形態與地域結構——以坊市制的演變為線索〉，載李孝聰主編：《唐代地域結構與運作空間》，上海辭書出版社2003年版，第268頁；謝元璐、張頷：〈晉陽古城勘察記〉，《文物》1962年第4、5期。

2 參閱宿白：〈現代城市中古代城址的初步考查〉，《文物》2001年第1期；丁曉雷：〈大同舊城的形制布局及其所反映的時代特徵〉，載《漢唐與邊疆考古研究》第1輯，科學出版社1994年版，第184～192頁；愛宕元：〈唐代関内道の城郭規模の構造〉，載愛宕元：《唐代地域社會史研究》，同朋舍1997年版，第157～158頁。

3 參閱程存潔：《唐代城市史研究初篇》，中華書局2002年版，第160～163、190～194、209～213頁。

唐代地方城市中的里坊制及其形態

三、羅城之興築、拓展與里坊制的推行及其實質

我們認為唐前中期沿用舊城郭、未加大規模改造的州縣治所城市內不太可能建立起封閉式的里坊布局，並不是說這些城市內就沒有里坊的設置。事實上，很多材料表明：在許多沿用舊城郭的州縣城內，唐前中期即已存在里、坊。在漢水流域的中心城市襄州，至少有一條材料表明，至遲到開元二十一年（733年），城內已分置里、坊[7]。在成都，「安史之亂」前即至少已見有碧雞、果園二坊[1]。顯然，在唐代前中期那些沿用舊城郭的州城裡，也很可能存在里坊的設置。那麼，這些里坊又究竟屬何種性質，其形態如何呢？

《通典》卷三〈食貨・鄉黨〉引《大唐令》稱：「諸戶以百戶為里，五里為鄉，四家為鄰，五家為保。每里置正一人，掌按比戶口，課植農桑，檢察非違，催驅賦役。在邑居者為坊，別置正一人，掌坊門管鑰，督察奸非，並免其課役。」[2]唐前中期襄州、成都、揚州城內外所見的里、坊顯然就是這種根據戶口編組的基層行政單元。襄陽附城諸里坊均隸屬於鄉，如南津里（坊）、安遠坊屬鳳林鄉，漢陰里屬春臺鄉，崇教里屬殖業鄉[3]，均說明這裡的里、坊確屬於基於戶口編組的鄉里基層行政組織系統。

問題尚不止於此。從一些唐代墓誌行文看，這些里、坊並不僅

1　參閱王文才：《成都城坊考》，巴蜀書社1981年版，第62、72～72頁；嚴耕望：〈唐五代時期的成都〉，《嚴耕望史學論文選集》，中華書局2006年版，第193～195頁。

2　《通典》卷三〈食貨三〉「鄉黨」，中華書局1988年版，第63頁。

3　南津里見於大中十一（857年）〈魯公墓誌銘並序〉（周紹良主編：《唐代墓誌彙編續集》大中〇六〇，上海古籍出版社2001年版，第1012～1013頁），又作南津坊，屬鳳林鄉，見於大和九年（835年）〈楊孝直墓誌銘並序〉（《唐代墓誌彙編》大和〇九〇，上海古籍出版社1992年版，第2160頁）；安遠坊見於會昌元年（841年）〈王希庭墓誌銘並序〉（襄樊市博物館藏拓本，未見著錄）；春臺鄉漢陰里見於元和四年（809年）〈王大劍墓誌銘並序〉（《唐代墓誌彙編》元和〇三四，上海古籍出版社1992年版，第1974頁）；殖業鄉崇教里見於貞元二十一年（805年）〈張惟暨夫人王氏合祔墓誌銘並序〉（《唐代墓誌彙編》貞元一三八，上海古籍出版社1992年版，第1938～1939頁）。

是表示歿亡人的戶籍所屬，而是為了指明其生前居第之所在，如大和六年（832年）〈京兆杜氏墓誌銘並序〉[1]謂杜氏薨於襄州旌孝里之私第，顯然是表示其「私第」的位置。那麼，此處的里與坊主要是指某一地理區塊。在襄陽城外的南津里又稱為「南津坊」，說明里、坊可通用；南津里（坊）與安遠坊均在城南鳳林鄉，說明「坊」不會是城內封閉性的居住區塊，不過是指一個居住區塊而已，而無論這一居住區塊是否在城內。因此，襄陽城內外的里坊，主要是指居住區塊。這種居住區塊應當是按戶數編組、劃分基層行政單位的基礎——城鄉基層行政單位的劃分與編組，雖然按制度規定應據戶數為准，但在實際運作過程中，乃不得不以一定居住單元或自然聚落為根據。建基於大致戶數之上的鄉里區劃既經確立，則必相對穩定，不能因戶口之增減而隨意調整（分割或省並），鄉里之地域範圍遂逐漸與其戶口標準相脫離，鄉、里乃漸成為地塊名稱[2]。我們認為，襄州城內外的里坊也是如此：坊之本義當指一定居住區塊，以這種區塊為依據，參照一定戶數標準，編組成「里」；久而久之，遂以「里」代指這一居住區塊了。

由於里（坊）是以戶口控制為目的編組的基層行政單元，所以，在有子、羅城兩重城郭的城市里，一般只在羅城內分置里坊，子城內大約並不區劃里坊[3]；在那些沿用南北朝後期所築戍城、規模較小的治所城市里，所居既主要是官吏軍兵及其家屬，民戶甚少，亦無必要分置里坊。所以，在唐前中期，很可能只有在那些規

1 《唐代墓誌彙編》大和〇五一，上海古籍出版社1992年版，第2132頁。

2 參閱魯西奇：〈宋代蘄州的鄉里區劃與組織——基於鄂東所見地券文的考察〉，載《唐研究》第11輯，北京大學出版社2005年版，第595～620頁，特別是616～617頁。

3 《元和郡縣圖志》卷二一襄州「襄陽縣」下所見之襄州「中城」（中華書局1983年版，第529頁）及《輿地紀勝》卷七七德安府「古跡」欄所見安州（德安府）之「中城廟」（中華書局1992年影印本，第2538頁），均說明子城內未分劃里坊。太原府西城內北半部的大明城、新城與倉城，主要為宮殿、衙署所據，也可以肯定未劃分里坊。

唐代地方城市中的里坊制及其形態

模較大的州城羅城內才設置《大唐令》規定的、與鄉村之「里」並列的「坊」（也可稱「里」）；未立羅城的州城附郭及大部分縣城，當與週圍鄉村一樣，設置鄉里，屬於鄉村基層行政組織系統。

這種情況，到唐中後期州級治所城市中普遍增修或擴修羅城時，遂發生了變化。如所週知，唐中後期以迄五代，由於各種原因，很多城市普遍增修或擴修了羅城，此即愛宕元曾充分論證過的「唐末五代州縣城郭規模的擴大化」。在唐代漢水流域的14座州（府）治所城市中，金、商、郢、安、隨等5州在唐中後期增修了羅城或外郭城；復州是在寶應二年（763年）移治竟陵縣時修築了羅城，襄州於唐末拓展了羅城，鄧州當是在宋初增修羅城；梁州（興元府）、均州本有羅城。這樣，到北宋初，據現有材料可以斷定確有羅城的即有10座州（府）城。由此亦可見出晚唐五代增修、擴修羅城，相當普遍。

增築羅城後，不僅形成了子城、羅城二重城垣的格局，而且，原先附城而居的大部分居民被包括在城郭之內，這些州府城郭的功能與性質也因之而發生了很大改變：子城處衙署官兵（所謂「衙城」，正恰如其分地說明了其性質），羅城居商、民，城郭遂成為官民之所共依，而非止圍護官署了。這種情況也必然影響到那些未築羅城的州縣治所城市——部分商民逐漸進入城郭之中，民居與官署相錯，從而改變了城市的內部面貌。

增修、擴修羅城，為里坊制在地方城市中普遍推行提供了一個重要契機。增修羅城一般經過規劃，故得重新措置里坊，後世文獻中所見到的很多里坊，很可能正是形成於晚唐五代修築羅城之時。如揚州，其蜀崗上的子城沿用漢晉以來之廣陵城，為各種官府衙署所聚；城內雖可確定存有十字街，但文獻未見有坊名。羅城始建的時間，考古工作者一般定為中唐以後。據墓誌銘等資料可知，城內西半部分屬江都縣所管的坊有太平坊（里）、贊賢坊（里）、來鳳坊（里）、會同坊、通閩坊、馴翟坊、尚義坊（里）、懷德坊、善膺坊、鳳亭

里、長壽里等；東半部分屬江陽縣所轄的坊，則有瑞芝坊（里）、臨灣坊、弦歌坊（里）、崇儒坊、孝孺坊、仁風坊（里）、布政坊、慶年坊、道仁坊、清平坊、道化坊、延喜坊（里）、集賢里、德政坊（里）、會義坊、太平里、文教坊等[1]。在這些坊、里中，最早的分別是見於天寶十載（751年）《大唐故陽夫人墓誌銘》的來鳳里和見於天寶十四載《大唐故定州都尉知隊使崔府君墓誌銘並序》的德政里[2]。因此，至少從現有文獻資料看，揚州羅城內分設里、坊不會早於開元、天寶間太多[3]。換言之，揚州里坊體系之形成，大約與揚州羅城之修築相前後。

「安史之亂」後，南方地區經濟既逐漸發展起來，政治地位亦日益重要，諸州府遂頗事營築城郭，並於同時重新區劃城郭內外基層行政與治安單元。元和二年至四年間（807—809年），韋丹為洪州刺史、江西觀察使：

始教人為瓦屋，取材於山，召陶工教人陶，聚材瓦於場，度其費以為估，不取贏利。凡取材瓦於官，業定而受其償；從令者免其賦之半，逃未復者，官與為之；貧不能者，畀之［材］。載食與漿，親往勸之。為瓦屋萬三千七百，為重屋四千七百，民無火憂，暑濕則乘其

1　關於唐代揚州城內外坊里的考證，請參閱朱江：〈對揚州唐城遺址及有關問題的管見〉，南京博物院《文博通訊》1978年第7期；愛宕元：〈唐代の揚州城とその郊區〉，載愛宕元：《唐代地域社會史研究》，同朋舍1997年版，第357～413頁；蔣忠義：〈隋唐宋明揚州城的復原與研究〉，載《中國考古學論叢》，科學出版社1995年版，第445～462頁；李孝聰：〈唐代城市的形態與地域結構——以坊市制的演變為線索〉，載李孝聰主編：《唐代地域結構與運作空間》，上海辭書出版社2003年版，第266～267頁；陳彝秋：〈唐代揚州城坊鄉里考略〉，《揚州大學學報》2000年第2期。
2　《唐代墓誌彙編》天寶一八七、天寶二六五，上海古籍出版社1992年版，第1662、1716頁。
3　《輿地紀勝》卷三七淮南東路揚州「風俗形勝」欄下「二十四橋」條謂：「隋置，並以城門坊市為名，後韓令坤省築州城，分布阡陌，別立橋樑，所謂『二十四橋』者，或存或廢，不可得而考。」（中華書局1992年影印本，第1562～1563頁）或以此條材料證明隋煬帝置立江都宮時，江都城既已分割坊市，不足信從。

唐代地方城市中的里坊制及其形態

高。別命置南北市；營諸軍。……為長衢，南北夾兩營，東西七里。[1]

則韋丹曾全面規劃洪州城，置南北二市及兩營，似頗仿長安市、營之制；由官府主導營建屋宇萬餘，亦可能遵行坊制。南昌北郊所出唐大順元年（890年）南昌縣熊氏十七娘買地券見有南昌縣敬德坊[2]，則知唐後期南昌城中確置有里坊。又，《十國春秋》卷二十〈宋齊丘傳〉記南唐時宋齊丘為鎮南軍節度使，「至洪州，改所居舊里愛親坊為錦衣坊，大啟第宅，窮奢極麗，民不堪命」。說明南唐時南昌城中的里坊仍未受到破壞。雖然缺乏直接證明，但我們基本可以肯定：南昌城的里坊，很可能就是在元和中韋丹重修洪州城時才形成的。

成都府城的情形比較複雜。王文才、嚴耕望先生曾詳考唐五代成都城內諸坊名，其中最早見於文獻者當是杜詩所見之碧雞坊與果園坊，絕大部分坊名，如金馬、文翁、花林、龍池、錦浦、金容、萬秀、金城、修德、延壽等，均見於唐末五代，特別是大順二年（891年）王建入據成都之後[3]。這雖然很可能是由於文獻記載方面的原因，但至少說明所謂成都「古有一百二十坊」之說並不足憑信。成都羅城內普遍分劃里坊，可能是在僖宗乾符中（874—879年）高駢主持增築羅城之同時。王徽〈創築羅城記〉謂：「先是，蜀城既卑且隘，象龜行之屈縮，據武擔之形勝，里閈錯雜，邑屋闐委，慢藏誨盜。」[4] 則高駢修築羅城前之成都城內（即築羅城後之子城）已分置里閈，其附城居民區當亦分置鄉、里。高駢所築之

---

1 韓愈：〈唐故江西觀察使韋公墓誌銘〉，載《韓昌黎全集》卷二五，中國書店1991年影印本，第243頁。

2 江西省博物館：〈江西南昌唐墓〉，《考古》1977年第6期；魯西奇：〈隋唐五代買地券叢考〉，《文史》2007年第2期。

3 參閱王文才：《成都城坊考》，巴蜀書社1981年版，第55～80頁；嚴耕望：〈唐五代時期的成都〉，載《嚴耕望史學論文選集》，中華書局2006年版，第193～203頁。

4 王徽：〈創築羅城記〉，《全唐文》卷七九三，中華書局1983年影印本，第8307～8310頁，引文見第8308頁上半部分右。

羅城「南北東西凡二十五里」，當是將原先附城之居民區圍進羅城內，重新加以規劃、調整，其大部分里坊當即在此時確定下來。

盧州里坊的形成則當在唐末五代。楊吳天祐四年至大和五年間（907—933年），張崇久鎮盧州，曾大規模修築盧州羅城。殷文圭〈後唐張崇修盧州外羅城記〉謂其所修羅城週二十六里一百七十步，濠闊七十丈，共有十三門，規模確實很大[1]。合肥所出吳大和六年（934年）盧州合肥縣汲府君買地券中見有「合肥縣永寧鄉右廂武德坊」，南唐保大十年（952年）陳氏十一娘買地券及保大十一年姜氏妹婆買地券，則另見有右廂南善政坊與納善坊[2]，表明楊吳、南唐時盧州城已形成完備的里坊制（在坊上還設置了廂）。基本可以肯定，盧州里坊之區劃、設置應當就是在張崇修築盧州羅城之時。

據此，我們認為一些州府治所城市中的里坊，大抵是在唐中後期乃至五代十國時期增修或拓展羅城的過程中才逐步形成的。後世地方志中所見各城市的里坊之名，就其源起而論，大抵皆可以追溯至唐中後期，而少有可溯至唐前期者，或者就是一個證明。

那麼，這些唐中後期增築或拓築羅城時所置之里坊，是否如長安、洛陽里坊那樣，由封閉式坊牆或籬柵所環繞呢？可以肯定的是，在現存文獻中，均未見有在羅城中營築坊垣的記載，考古發掘也未見有可以確證的坊牆遺跡。正因為此，不少學者傾向於認為城方城市中很可能是用籬柵代替垣牆作為圍隔方式的。這種可能性當然是存在的，但問題還不在這裡，而在於這些新築羅城中的里坊也主要是以戶籍控制為目的而編組的基層行政單位，它以居住區塊為

1　殷文圭：〈後唐張崇修盧州外羅城記〉，《全唐文》卷八六八，中華書局1983年影印本，第9093～9096頁。

2　汪煒、趙生泉、史瑞英：〈安徽合肥出土的買地券述略〉，《文物春秋》2005年第3期；葛介屏：〈安徽合肥發現南唐墓〉，《考古通訊》1958年第7期；魯西奇：〈隋唐五代買地券叢考〉，《文史》2007年第2期。

基礎，但卻並不一定就是封閉性的區塊。

上引《大唐令》所規定城市中坊正的職責僅在「掌坊門管鑰，督察奸非」，而未及鄉村里正所掌之「按比戶口」、「催驅賦役」。然北宋《兩朝國史志》（兩朝指太祖、太宗兩朝）謂「諸鄉置里正，[主]賦役；州縣郭內舊置坊正，主科稅。開寶七年……」[1] 這裡的「舊」顯指唐五代，則唐五代城郭內之坊正亦當「主科稅」，亦當負責推排戶籍、差發夫役。唐代地方城市中戶口之推排及其所負擔之賦役情形如何，已有研究尚不能明，然宋代差發夫役之法乃是按坊輪差，「排門差撥」[8]，推測唐五代時亦當如是。又，《舊五代史・晉書・少帝紀》載天福七年（942年）八月癸酉「詔免襄州城內人戶今年夏秋來屋稅，其城外下營處與放二年租稅 [2]」，說明城內居民的主要賦稅負擔是屋稅，與城外鄉村民戶的田賦負擔相類。城內居民既按屋納稅，其基層行政單位之編組與區劃也必然是以住宅所在之街區為根據。據此，我們認為唐中後期五代地方城市中的里坊主要是戶籍控制、治安管理與徵收屋稅（及鋪稅）的基層行政單元，並不一定要以垣牆、籬柵圍繞、形成封閉性區塊。以情理論，如果城市中的里坊以街巷為中心，當便於屋稅之征納。由此出發，我們揣測唐中後期一些州府羅城中的里坊在區劃、設置之初，就不是封閉式的區塊，而是以街巷為中心、向兩邊展開的街區。對此，已有學者作出了初步論證 [3]；在這裡，我們再提供一個有趣的證據。

敦煌變文《前漢劉家太子傳》述西漢末年，王莽篡漢，劉家太子

1　《宋會要輯稿》職官四八之二五，中華書局1957年影印本，第3468頁，上半部分右。

2　《舊五代史》卷八一〈晉書七・少帝紀〉天福七年八月癸酉，中華書局1976年版，第1071頁。

3　成一農從宋元方志中有關坊巷的記載，推論唐代地方城市中的坊也與宋代一樣，以街道為單位，而不是方塊形的區域；「在這種情況下要構成封閉的坊，只需在坊的兩頭築門即可」（〈走出坊市制研究的誤區〉，載《唐研究》第12輯，北京大學出版社2006年版，第314～317頁）。我們贊同成一農的這一推論，故本文於此從略。

逃逝，「投於南陽郡」，為張老收「為養男，不放人知。一同親子，便往學問」。一個月後，漢帝詔救，「劉家太子逃逝他州，誰人捉得，封邑萬戶。」

其時南陽郡太守，諸坊諸曲出牓曉示；並及諸坊，各懸布鼓，擊之音響，以辯凡聖。諸坊各有監官，每有人來，胥遣打布鼓，〔都無音響〕。遂有一童子，過在街坊，不聽打鼓，即放過去；更經一日過街，亦乃不聽打鼓。直至三件，監官遂喚童子問曰：「何故不聽打鼓？」童子曰：「厶乙此鼓，切不得打者，若打者必有不祥之事。」問曰：「有〔何〕不祥？」答曰：「若打一下，諸坊布鼓自鳴；若打兩下，江河騰沸；若打三下，天地昏暗。」於是打其三聲，天地昏暗，都無所見。太子遂乃潛身走出城外。遂得耕夫相救。[1]

在這個故事中，講述人似乎並未分清漢時南陽郡（治宛，在今河南南陽）與唐代南陽郡（治穰，在今河南鄧州）並非一處，但故事所描述的諸郡（州）城中並分設坊曲，諸坊各有監官（或即坊正？），並置鼓於坊，遇有變故，郡縣出榜曉示，又由監官伺察行人，則當是唐代州縣城的普遍情況。故事裡的童子「過在街坊，不聽打鼓，即放過去；更經一日過街，亦乃不聽打鼓」。顯然，坊鼓當置於街口，監官胥吏即於街口設卡置鼓，以為伺察；或於街口修築一段短垣，中立一門，上書坊名，即為坊門。這種情形，很可能就是地方城市中里坊制的實態。

認為唐中後期州府羅城中的里坊是以街巷為中心、向兩邊展開的街區，並不意味著否認里坊制是一種嚴格的城市戶口控制制度和

1 潘重規編：《敦煌變文集新書》卷六〈前漢劉家太子傳〉，文津出版社1994年版，第1035～1045頁。

唐代地方城市中的里坊制及其形態

治安措施。實際上，本文之主旨恰在強調里坊制本質上乃是一種治安與社會控制制度，圍築坊牆或籬柵、形成封閉式區塊，固然最便於達致控制之目的，但卻只是手段，並非目的。在這個意義上，中唐以後各州府城市（特別是節鎮駐在城市）大規模地興築或擴修羅城，在羅城內普遍推行里坊制，正說明各地軍閥、官府對城市居民及其經濟社會生活的控制呈現出逐漸強化的趨勢 [1]，而非如傳統闡釋體系所云：晚唐五代時期城市中里坊制逐漸鬆弛，以致崩潰，城市居民的經濟社會生活日趨自由。

四、餘論：附郭的「市」

綜上所論，可以認知：唐前中期大部分州縣治所城市中並不存在以坊牆或籬柵環繞的封閉式里坊，只在少數新築或全面重修城郭的地方城市，才根據制度規定，依照長安、洛陽之例，於城內置立坊牆、分隔城內區塊，形成封閉式的里坊布局；在那些沿用舊城垣的州府城羅城、沒有羅城的州縣城郭下，以及根本未立城郭的州縣治所城市中，亦或置有里、坊，其性質則屬於城鄉基層行政組織系統，並不一定置立坊牆或籬柵。「安史之亂」後，隨著大部分州府治所城市及部分縣城普遍增修或擴修羅城，里坊制在地方城市中得到普遍推行；然這些羅城中新置的里坊，主要是以戶籍控制、科

---

1 我們認為，晚唐五代時期（甚至或可上溯至「安史之亂」後），城鄉基層行政組織及其區劃方面均顯示出一種不斷軍事化的趨勢，具體表現為兩方面：一是「保」制的推行（雖然很難確定其是否普遍，但越來越多的地區實行「保」制當是可以肯定的），在一些鄉村地區形成了鄉、里、保三級制；二是在一些節鎮治所城市，廂逐漸演變成為一級行政區劃與組織，還可能形成了一些軍政合一的組織（都、隊），並統有轄區。這種城鄉組織與區劃的軍事化趨勢及其具體表現，正是此一時期社會政治經濟乃至文化全面受到軍事武力之侵奪與控制、全面走向軍事化的一個方面。說詳魯西奇〈隋唐五代買地券叢考〉之第三部分之「（三）買地券所見隋唐五代城鄉區劃組織的兩個側面」，《文史》2007年第2期。

稅和治安為目的而編組的基層行政單位，其形態並不是封閉式的區塊，而是以街巷為中心、向兩邊展開的街區。

如果上述認識尚非大謬的話，那麼，長期以來有關坊市制性質及其成立、鬆弛、解體與社會經濟文化意義的傳統闡釋體系，至少對於地方城市而言，並不具備普遍適用性。按照傳統說法：唐前期各州縣治所城市普遍仿照都城制度修建了坊牆（或籬柵），形成封閉式里坊布局；中唐以後，在制度規定鬆弛（其前提則是中央對地方的控制力衰退）、商業活動的需要和衝擊、城市居民的增加及其生活需求的增大等多種因素的綜合作用下，地方城市中的里坊制，也與都城中的里坊制一樣，逐步走向崩潰。在我們看來，唐前期地方城市中並未普遍實行坊市制，更未普遍建立起封閉式的里坊；而正是在傳統說法認為坊市制已開始鬆弛的唐後期，很多州府治所城市及部分縣城的羅城裡普遍設立了屬於基層行政組織的里、坊；里坊制在唐後期的普遍推行，反映出城市居民及其經濟社會生活所受到的控制呈現出逐漸強化的趨勢，而不是如傳統說法所云，在逐步鬆弛。

這裡，還有一個問題需要辨析。如所週知，關於唐代里坊制之傳統闡釋所強調的側重點之一乃是「市」坊的封閉性，認為城市中主要的商業活動都集中於封閉的「市」坊內，從而極大地限制了城市的商業活動及其發展，傳統說法並據此而將唐代里坊制與市制合稱為「坊市制」。對此，已有學者作出了較充分的辨析，認識到唐代法律並未禁止在市坊之外進行商業活動，而且越來越多的史料也證明在普通的居住里坊內也存在一些商業店鋪和商業活動 [1]。

---

1 參閱［日］佐藤武敏：〈唐代の市制と行——とくに長安を中心として〉，《東洋史研究》1966年第25卷第3號；劉淑芬：〈中古都城坊制的崩解〉，載劉淑芬：《六朝的城市與社會》，臺灣學生書局1992年版，第441～480頁，特別是第456～459頁；李孝聰：〈唐代城市的形態與地域結構——以坊市制的演變為線索〉，載李孝聰主編：《唐代地域結構與運作空間》，上海辭書出版社2003年版，第274～280頁；成一農：〈走出坊市制研究的誤區〉，載《唐研究》第12輯，北京大學出版社2006年版，第305～307頁。

145

唐代地方城市中的里坊制及其形態

在此基礎上，我們進一步注意到：在許多城市城郭外，特別是城門外，均存在著市場，其商業活動的發展及其重要性可能超過城內的「市」。

如上所述，唐前中期，在許多沿用舊城垣的州縣治所城市裡，即有部分居民附郭居住，形成城下街區。這些附郭的城下街區，大抵皆存在規模不等的商業活動。早在唐前中期，襄州城外東北面、漢水岸邊的大堤上即酒樓林立，車馬馳突，伎樂繁盛，顯然是以碼頭、渡口為中心形成的市場[1]；夔州西市「俯臨江岸，沙石下有諸葛亮八陣圖」，亦在城外無疑[9]。以情理論，在以舟船為主要交通工具的南方城市，竹木、米糧之類大宗商品的貿易地點當以碼頭、渡口為便，而不太可能位於城中，更不太可能居於封閉的市坊裡。晚唐五代文獻中所見許多南方城市在城外碼頭、橋渡的「魚市」、「橋市」，雖然見於文獻記載的時間較晚，但其淵源當甚早，很可能早在唐前期即已存在[10]。在一些北方城市的城門外，特別是交通要道所經的城門外，也很可能形成市場。《通典》卷七〈食貨七・天下盛衰戶口〉記開元中之太平景象云：

至（開元）十三年封泰山……自後天下無貴物，兩京斗米不至二十文……東至宋汴，西至岐州，夾路列店肆待客，酒饌豐溢。每店皆有驢賃客乘，候忽數十里，謂之驛驢。南詣荊、襄，北至太原、范陽，西至蜀川、涼府，皆有店肆，以供商旅。[2]

1　參閱嚴耕望：〈荊襄驛道與大堤豔曲〉，載《唐代交通圖考》第4卷，上海古籍出版社2007年版，第1039～1079頁；張偉然：《湖北歷史文化地理研究》，湖北教育出版社2000年版，第180～186頁；魯西奇、潘晟：《漢水中下游河道變遷與堤防》，武漢大學出版社2004年版，第177～182頁。

2　《通典》卷七〈食貨七〉「天下盛衰戶口」，中華書局1988年版，第152頁。

這些店肆雖然「夾路」而列，但必以城門外的通途兩旁最為集中，從而形成店肆密集的附郭商業區，「因為城門溝通城市與腹地扇形區域間來來往往的全部交通，所以緊靠城門外的地區是為鄉村居民服務的集市和商業最有利的地方。客棧和迎合客商需要的其他服務設施設置在通遠距離商路的幾座特定的城門之外」[11]。

如果我們不能否認在唐中葉以前，一些州縣治所城市城郭外的碼頭、渡口和城門外的道路兩旁即已出現市場，而這些市場基本沒有可能形成封閉狀態，那麼，所謂唐前期市場及其商業活動受到嚴格限制的傳統說法，就會受到進一步的質疑；而且，如果承認這一點，那麼，中晚唐五代以至於宋代頻見於文獻記載、主要分布於州縣城附近的「草市」，也並非「新興事物」，而有其悠久的歷史淵源，不過是在中唐以後有較大的發展，因而受到廣泛注意而已；再進一步，傳統說法將草市的興起及其發展與所謂「坊市制的崩潰」聯繫在一起，把它作為「中世紀商業與城市革命」乃至「唐宋變革」的重要表現之一，也就需要重新推敲了。

注釋：

[1] 其重要者有：（1）宿白：〈隋唐城址類型初探（提綱）〉，載北京大學考古學系編：《紀念北京大學考古專業三十週年論文集（1952～1982）》，文物出版社1990年版，第279～285頁。（2）郭湖生：〈子城制度——中國城市史專題研究之一〉，（日本京都）《東方學報》第57冊（1985年），第665～683頁。（3）李孝聰：〈唐宋運河城市城址選擇與城市形態的研究〉，載《環境變遷研究》第4輯，北京古籍出版社1993年版，第156～179頁；〈唐代城市的形態與地域結構〉，載李孝聰主編：《唐代地域結構與運作空間》，上海辭書出

唐代地方城市中的里坊制及其形態

版社2003年版，第248～306頁。（4）齊東方：〈魏晉隋唐城市里坊制度——考古學的印證〉，載《唐研究》第9輯，北京大學出版社2003年版；（5）〔日〕愛宕元：《唐代地域社會史研究》，同朋舍1997年版。（6）〔日〕伊原弘：《中國人の都市と空間》，原書房1993年版；《蘇州——水生都市の過去と現在》，講談社1993年版；《中國中世都市紀行——宋代の都市と都市生活》，中央公論社1988年版；《中國開封の生活と歲時——描かれた宋代の都市生活》，山川出版社1991年。（7）〔日〕斯波義信：〈南宋都城杭州的商業中心〉〈南宋都城杭州的城市生態〉，載斯波義信：《宋代江南經濟史研究》，方健、何忠禮譯，江蘇人民出版社2001年版，第321～374頁。

[2] 關於宋元時期城垣的修築，請參閱斯波義信：〈宋代的城市城郭〉，載斯波義信：《宋代江南經濟史研究》，方健、何忠禮譯，江蘇人民出版社2001年版，第291～320頁；黃寬重：〈宋代城郭的防禦設施及材料〉，《大陸雜誌》1990年第81卷第2期；成一農：〈宋、元以及明代前中期城市城牆政策的演變及其原因〉，載中村圭爾、辛德勇編：《中日古代城市研究》，中國社會科學出版社2004年版，第145～183頁。

[3] 李孝聰：〈唐代城市的形態與地域結構——以坊市制的演變為線索〉，載李孝聰主編：《唐代地域結構與運作空間》，上海辭書出版社2003年版，第265頁。

[4] 關於「中世紀城市革命」，請參閱Mark Elvin, The Pattern of the Chinese Past: A Social and Economic Interpretation. Stanford: Stanford University Press. 1973, pp.164~178; Shiba Yoshinobu（斯波義信）, Commerce and Society in Sung China. Translated by Mark Elvin.Ann Arbor, Michigan: Center for Chinese Studies, The University of Michigan. 1970, pp.126~164.（日文本《宋代商業史研究》，風間書房1968年版）施堅雅曾經把這場革命概括為5個特點：

（1）放鬆了每縣一市、市必須設在縣城的限制；（2）官市組織衰替，終至瓦解；（3）坊市分隔制度消滅，而代之以「自由得多的街道規劃，可在城內或四郊各處進行買賣交易」；（4）有的城市在迅速擴大，城外商業郊區蓬勃發展；（5）出現具有重要經濟職能的大批中小市鎮。（施堅雅：《中華帝國的城市發展》，載施堅雅主編：《中華帝國晚期的城市》，葉光庭等譯，中華書局2000年版，第24頁）。

[5] 成一農也對唐代地方城市中存在封閉式里坊的傳統說法提出了質疑，他主要從城市規劃的角度展開論述，認為大部分地方城市是從魏晉南北朝以來逐步發展起來的，並沒有經過事先規劃，不可能形成整齊劃一的里坊；他進而討論了唐代地方城市中坊的形態，認為唐代地方城市中的坊可能與宋代一樣，也是以街道為單位的。見成一農：〈走出坊市制研究的誤區〉，載《唐研究》第12輯，北京大學出版社2006年版，第305～318頁。

[6] 在愛宕元注明築城年代為唐天寶以前（含天寶年間）的74座州縣城中，確知修築或重築於隋及唐前期（「安史之亂」前）的州縣城郭共有46座，占其注明築城年代的164座州縣城的28%，占其所研究的全部331座州縣城的14%弱。這兩個比例遠比我們研究的漢水流域唐前期新築或重修城垣的州縣城所占的比例高，很可能是由於愛宕元所列唐前期所築城郭中，邊城佔據了相當大的比例。不管怎樣，可以確定屬於唐前期新築或重修城垣的州縣城，在全部州縣治所中所占的比例，最高的估計也不會超過15%。

[7] 〈張漪墓誌銘並序〉稱：「（漪夫人李氏）以開元廿年十一月廿五日寢疾，恓化於靖安里之私館，春秋六十二。越明年孟冬月才生魄，與君合窆於相城舊塋王墳之甲，從先也。」（周紹良主編：《唐代墓誌彙編》「開元三八一」，上海古籍出版社1992年版，第1419～1420頁）所謂「相城舊塋」，乃指安養縣西相城裡之張氏家族墓地，頻見於樊城所出諸張氏墓誌中。張氏家族之居地，諸志均言

149

在襄陽，而不詳述其具體所在，獨是志見張漪私館在「靖安里」。志云：「爾後王辭廟堂，恩拜本郡。君表乞扶持，采蘭樊沔。」考張柬之引疾，在神龍元年（705年）秋。《舊唐書》卷九一〈張柬之傳〉稱：「其年秋，柬之表請歸襄州養疾，許之，仍特授襄州刺史。又拜其子漪為著作郎，令隨父之任……柬之至襄州，有鄉親舊交抵罪者，必深文致法，無所縱捨。其子漪恃以立功，每見諸少長，不以禮接，時議以為不能易荊楚之剽性焉。」（中華書局1975年版，第2942頁。）自此之後，至玄宗初年張漪卒，未見其他記事，則張漪當一直居於襄陽。故靖安里必是張氏家族在襄陽的老宅。

[8] 關於宋代城郭中的坊制，請參閱陳振：〈略論宋代地方行政制度的演變——從廂坊制到隅坊（巷）制、廂界坊（巷）制〉，本書編委會編：《漆俠先生紀念文集》，河北大學出版社2002年版，第339～349頁；包偉民：〈宋代的城市管理制度〉，《文史》2007年第2期。

[9]《太平廣記》卷三七四「八陣圖」（中華書局1961年版，第2969頁）條所記。按：此條出自韋絢《劉賓客嘉話錄》。「四庫全書」本《劉賓客嘉話錄》無此條，而書前有大中十年（856年）自序，謂為江陵少尹時，追述長慶元年（821年）在白帝城時所聞於劉禹錫者，則其所記大抵為元和間事。然此條記載所見之夔州西市，則當在唐前中期即已存在。理由有二：一是既以「西市」為稱，當係據制度而置，其淵源當可上溯至唐前期；二是西市下江岸沙石上有八陣圖，而據《太平寰宇記》卷一四八夔州奉節縣引〈荊州圖副〉所云：「永安宮南一里渚下平磧上，週回四百十八丈，中有諸葛武侯八陣圖」（金陵書局1882年版，第4頁b），則西市所在當即永安宮故址，其淵源甚遠，不會是「安史之亂」後方崛起者。

[10] 李孝聰《唐代城市的形態與地域結構——以坊市制的演變為線索》列舉了南方城市外魚市、橋市以及夜市的情形，把這些市場的出現作為唐中葉以後地方城市中日益活躍的經濟活動逐步突破

「市」的約束的表現之一（第284～285頁）。有關魚市、橋市的文獻記載確實均出自中晚唐及五代，但這很可能是由於唐前中期文獻記載較為缺失的緣故。加藤繁在其有關唐宋草市的著名研究中（加藤繁：〈唐宋時代的市〉、〈關於唐宋的草市〉、〈唐宋時代的草市及其發展〉，載《中國經濟史考證》第1卷，吳傑譯，商務印書館1959年版，第278～336頁）也指出大部分草市均設在州縣城附近（第304～308頁）。關於唐代草市最早的文獻記載，一般僅可舉出《唐會要》卷七一〈州縣改置下〉河北道「德州」條下所記開元十三年（725年）橫海軍節度使鄭權奏稱中的德州安德縣灌家口草市（中華書局1955年版，第1264頁）；但加藤繁也承認，至遲到東晉時代，建康城外已見有草市（第316～318頁）。我們認為，至少在一些主要依靠舟船水路交通的南方城市，在城外碼頭、渡口處形成市場，很可能淵源甚早，甚至是一種「原始的傾向」，即在築城之初或不久就在城外出現了市場或其雛形。

[11] 章生道：〈城治的形態與結構研究〉，施堅雅主編：《中華帝國晚期的城市》，第84～111頁，引文見第108頁。章生道所論雖然是晚唐以及宋代的情形，並特別說明城門口附郭的發展是由於「晚唐時期城市管理開始放鬆，南宋時城市化有了發展」，但我們認為，城門外附郭商業區的形成與發展，乃是城市商業功能的必然需求。《資治通鑒》卷二八一〈後晉紀二〉天福二年（937年）六月甲午天雄節度使范延光謀反、遣兵焚滑州城外草市條下胡三省注云：「時天下兵爭，凡民居在城外，率居草屋以成市里，以其價廉功省，猝遇兵火，不至甚傷財以害其生也。」（中華書局1956年版，第9174頁）胡三省釋「草市」為「草屋所聚而成之市里」，未必確當，然其謂城外（城郭下）之居住成本低廉，當是事實。因此，我們認為，附郭街區及其商業活動的發展，也很可能是一種「原始的傾向」，因為它比較符合商業發展的需求，居住成本也較為低廉（相對於城內而言）。

唐代地方城市中的里坊制及其形態

「山南道」之成立

一、問題之提出

唐太宗貞觀元年（627年），省並州郡，「又因山川形便，分天下為十道」，其中有山南道[1]。《唐六典》卷三《尚書戶部》「山南道」條下云：

古荊、梁二州之境，今荊、襄、鄧、商、復、郢、隨、唐、峽、歸、均、房、金、夔、萬、忠（原注：已上十六州為山南東道）、梁、洋、集、通、開、壁、巴、蓬、渠、涪、渝、合、鳳、興、利、閬、果（原注：已上西道），凡三十有二州焉。東接荊、楚，西抵隴、蜀，南控大江，北據商、華之山。其名山有嶓塚、熊耳、巫峽、銅梁、荊山、峴山，大川則有巴、漢、沮、淯之水。[1]

此處所記山南道所屬州郡，當是開元二十二年（733年）分置山南東、西二道後之情形，較之唐初貞觀間山南道所領，多出閬、果二州；較之《新唐書·地理志》所記山南道所屬之三十五州，則少澧、朗、成、文、扶五州，增商、合、渝三州；較之《元和郡縣

---

1 《唐六典》卷三〈尚書戶部〉「山南道」條，中華書局1992年版，第67～68頁。

圖志》（有闕文）所記山南東、西道節度使所轄，亦多出涪、閬、渝、金、商等州。儘管有這些變化，唐代山南道所統之地域，「東接荊、楚，西抵隴、蜀，南控大江，北據商、華之山」，即北抵秦嶺、伏牛山、方城山一線，東南自南陽盆地東緣經桐柏山，向南經大洪山東端、漢水下游，復轉西南，溯長江，過三峽，大致在今渝、黔交界線南與黔中道分界；其西南部則大致沿嘉陵江西源白龍江（古羌水）、嘉陵江與涪江間的分水嶺一線，與劍南道分界，大抵相當於今陝西南部漢中、安康、商州三地區，河南南陽地區，湖北省大部，重慶市大部及四川省東部的廣大地區。

山南既「北據商、華之山」，顯因處商山、華山之南而得名。商山，在唐時京兆藍田縣與商州上洛縣間，乃灞水、丹水之分水嶺，為著名的藍田—武關道之所必經[1]。《通典》卷一七五〈州郡五〉商州「上洛」縣下原注稱：「有商山，亦名地肺山，亦名楚山，四皓所隱。其地險阻。王莽命明威侯王級曰：『繞霤之固，南當荊楚。』繞霤者，言四面塞阨，其道屈曲，水回繞而霤，即今七盤十二繞。」[2] 踰此即進入所謂「荊楚」地區。司空曙〈登秦嶺〉句云：「南登秦嶺頭，回首始堪憂。漢闕青門遠，商山藍水流。三湘遷客去，九陌故人游。從此思鄉淚，雙垂不復收。」[3] 則商山、秦嶺乃「天所以限南北」者。華山即太華山，在唐時華州華陰縣境，自古即為名山。《史記・封禪書》「自華以西，名山七、名川四，曰華山……」句下張守節《正義》引《括地志》云：「華山在華州華陰縣南八里，古文以為『敦物』也。」[4] 商、華二山皆處

---

1 關於藍田—武關道，請參閱嚴耕望：〈藍田武關驛道〉，載嚴耕望：《唐代交通圖考》第三卷〈秦嶺仇池區〉，上海古籍出版社2007年版，第637～666頁；王文楚：〈唐代長安至襄州荊州驛路考〉，載王文楚：《古代交通地理叢考》，中華書局1996年版，第134～164頁。

2 《通典》卷一七五〈州郡五〉商州「上洛」縣下原注，中華書局1988年版，第4579頁。

3 《全唐詩》卷二九三，中華書局1999年版，第3332頁。

4 《史記》卷二八〈封禪書〉，中華書局1959年版，第1372頁。

「南山」之中，所謂「北據商、華之山」，蓋以商、華指代南山。
《雍錄》卷五〈山〉「南山」條云：「終南山橫亙關中南面，西起
秦、隴，東徹藍田，凡雍、岐、鄠、鄂、長安、萬年，相去且八百
里，而連綿峙據其南者，皆此之一山也。」又稱：「李吉甫在元和
間核關中終南山所歷而著諸郡縣，自鄂、鄠、武功以至長安、萬
年，每縣皆著終南，且曰在縣之某方某方之幾里。則南山之在關
中者常相聯接，其不謬矣。」[1] 蓋所謂「山南」者，即「南山」之
南也。

　　然唐代「山南」並不僅指長安「南山」之南，還包括洛陽南山
以南之南陽盆地以及荊襄歸峽地區。《資治通鑒》卷一五四梁武帝
中大通二年（魏長廣王建明二年，530年）十二月下記魏「城陽王
徽走至山南」，胡注云：「山南，伊、潁南山之南也。」[2] 所謂
伊、潁南山，當指洛陽以南的熊耳、方城諸山。《水經注》卷十五
〈洛水〉述洛水東北流，過盧氏縣南，「又東，翼合三川，並出縣
之南山，東北注洛。……又有葛蔓谷水，自南山流，注洛水」。又
記荀公溪水、庫谷水、侯谷水、廣由澗水、直谷水等洛水支流，並
出自南山[3]。則今盧氏、洛寧、宜陽境內諸山均得稱為「南山」。
《舊唐書》卷六九〈薛萬徹傳〉附〈盛彥師傳〉記武德初盛彥師與
史萬寶鎮宜陽（在今河南宜陽南），「及李密之叛，將出山南，
史萬寶懼密威名，不敢拒」；而盛彥師「領眾踰熊耳山南，傍道而
止」，設伏截擊；李密果擁眾「踰山南渡」，為彥師擊殺。後「太
宗討王世充，遣彥師與萬寶軍於伊闕，絕其山南之路[4]」。這裡的

1　《雍錄》卷五〈山〉「南山」條，中華書局2002年版，第105～107頁。
2　《資治通鑒》卷一五四梁武帝中大通二年十二月，中華書局1956年版，第4791頁。
3　楊守敬、熊會貞注疏：《水經注疏》卷十五〈洛水〉，江蘇古籍出版社1989年版，第1293～
　　1306頁。
4　《舊唐書》卷六九〈薛萬徹傳〉附〈盛彥師傳〉，中華書局1975年版，第2520頁。

「山」，顯指熊耳、方城諸山。凡此諸山，正處洛陽之南，且與長安南山迤邐相連，遂共同構成唐代「山南」之北界。

《尚書・禹貢》謂：「華陽、黑水為梁州。」梁州之範圍，雖然因黑水之定位不同而迄無定說，然其處華山之陽，亦即秦嶺之南，則並無異辭。漢晉益、梁之分域，雖歷有變化，但大抵皆不出所謂「華陽」範疇。而唐代之「山南（道）」則超越古梁州之域，兼有古荊州之大部，遂得囊括「古荊、梁二州之境」。何以會發生此種變化？僅以「山川形便」四字，尚不足以提供令人信服的解釋：蓋唐代山南道境內北南有巴嶺（巴嶺山、巴山）之隔，東西有巫山之塞、夔峽之險，內部交通實非便利；而其東、西兩面實無山川以與淮南、劍南二道形成自然邊界。關於巴山對於山南境內南北部分的阻隔以及巴山諸谷道的交通，請參閱嚴耕望：〈山南境內巴山諸谷道〉、〈天寶荔枝道〉[1]；細繹有關史實，考究相關地理，我們發現：唐代山南道之區劃實為繼承南北朝後期特別是西魏北周時代有關山南的政治地理觀念與軍政設置而來，並不是唐初朝臣簡單地依據所謂「山川形便」而劃定者。茲略論之。

二、兩晉北魏時代的「山南」主要指今南陽、商洛地區

「山南」之稱，初見於《晉書》。《晉書》卷七三〈庾翼傳〉記東晉康帝建元元年（343年），庾翼圖謀北伐，至夏口，上表稱：

臣近以胡寇有弊亡之勢，暫率所統，致討山北，並分見眾，略

---

1 關於穿過長江三峽地區的水陸交通，請參閱嚴耕望：〈成都江陵間蜀江水陸道〉、〈唐代三峽水運小記〉，載嚴耕望：《唐代交通圖考》第四卷〈山劍滇黔區〉，上海古籍出版社2007年版，第1007～1028、1029～1038、1079～1144、1155～1162頁。

復江夏數城。……又山南諸城，每至秋冬，水多燥涸，運漕用功，實為艱阻。計襄陽，荊楚之舊，西接益梁，與關隴咫尺，北去洛河，不盈千里，土沃田良，方城險峻，水路流通，轉運無滯，進可以掃蕩秦趙，退可以保聚上流。[1]

在此之前，庾翼已表桓宣為都督司、雍、梁三州，荊州之南陽、新野、襄陽、南鄉四郡諸軍事，梁州刺史，命桓宣率部前趣丹水，「動搖秦雍」；則庾翼上表中所謂「致討山北」，即與所謂「掃蕩秦趙」同義，其中的「山」當指雖然「險峻」、但「水路流通」的方城山。然則，「山南」即當指方城山之南的南陽地區。庾翼疏中將「江夏數城」與「山南諸城」並提，又謂秋冬時節山南諸城水多燥涸，則其所謂「山南」之地並不包括荊州江夏、南郡地，也不包括漢水上游地區。

拓跋氏既都洛陽之後，亦以山南指稱洛陽南山之南，由上引《資治通鑑》卷一五四所記「城陽王徽走至山南」可證[2]。又，《魏書》卷七四〈爾朱榮傳〉錄武泰元年（528年）爾朱榮上疏述及當時軍事形勢云：「今關西雖平，兵未可役；山南鄰賊，理無發召；工師雖眾，頻被摧北；人情危怯，實謂難用。若不更思方略，無以萬全。」[3]其中「關西雖平」，乃指據有關隴的莫折念生、蕭寶夤等已被平定；「山南鄰賊」之「賊」，顯指蕭梁——自孝明帝孝昌元年（梁武帝普通六年，525年）以來，梁將曹義宗部持續與魏軍在南陽地區展開拉鋸戰，爭奪十分激烈；而「二荊、西郢群蠻皆反，斷三鴉路，殺都督，寇掠北至襄城」，魏先後遣都督崔遲、臨

1 《晉書》卷七三〈庾翼傳〉，中華書局1974年版，第1934頁。
2 《魏書》卷十九下〈城陽王長壽傳〉附子徽傳所記，與此相同，中華書局1974年版，第511頁。
3 《魏書》卷七四〈爾朱榮傳〉，中華書局1974年版，第1646頁。

「山南道」之成立

淮王彧、將軍裴衍、恆農太守王羆、都督魏承祖、南道行臺辛纂、中軍將軍費穆等南援荊州（治穰城，在今河南鄧州），直到是年十月才擊敗梁軍，解荊州之圍 [1]。當爾朱榮上此疏時，費穆尚未擊退梁軍，胡太后敕書中所謂「費穆虎旅，大翦妖蠻」云云，僅為虛辭，故爾朱榮以為「理無發召」山南征蠻禦「賊」之兵，其所說之「山南」，即方城山（三鴉路所經）以南之南陽地區。

方城、熊耳諸山相連，故由洛陽觀之，熊耳諸山亦得稱為「南山」，熊耳山以南之商洛地區亦包括在「山南」範圍內。《周書》卷四四〈泉企傳〉云：「及齊神武專政，魏帝有西顧之心，欲委企以山南之事，乃除洛州刺史、當州都督。未幾，帝西遷，齊神武率眾至潼關，企遣其子元禮督鄉里五千人，北出大谷以禦之。」[2]泉企為上洛土豪，世雄商洛；魏孝武帝意欲西奔，而委泉企「以山南之事」，任企為洛州（治上洛，今陝西商州）刺史、當州都督，顯然是試圖籠絡泉氏，保障由洛陽西南經商洛入關中的通路，其所謂「山南」，乃指熊耳、伏牛諸山西南的商洛地區。

因此，兩晉、北魏之世所習稱之「山南」，大抵是指洛陽南山（熊耳、伏牛與方城山）以南之南陽地區以及丹水中上游的商州盆地。直到北魏末年，才見有以「山南」指稱今陝西南部之梁、漢地區者。

今見文獻中，最早以「山南」指代梁、漢地區者，當是魏孝明帝正光末（524年）於梁州所置之「山南行臺」[2]。《魏書》卷九〈肅宗紀〉正光五年十二月記事云：「山南行臺、東益州刺史魏子

---

1 見《資治通鑑》卷一五〇，梁武帝普通六年（北魏孝明帝孝昌元年，525年）十一月、十二月，中華書局1956年版，第4706～4707頁；卷一五一，普通七年十一月，第4718頁；卷一五二，梁武帝大通二年（528年）五月、十月，第4749、4753頁。
2 《周書》卷四四〈泉企傳〉，中華書局1971年版，第786～787頁。

建招降南秦氐民，復六郡十二戍，又斬賊王韓祖香。」[1] 同書《魏書》卷一〇四〈自序〉記其事云：

> 初，世宗時平氐，遂於武興立鎮，尋改為東益州。其後鎮將、刺史乖失人和，群氐作梗，遂為邊患，乃除子建為東益州刺史。子建布以恩信，風化大行，遠近清靜。正光五年，南、北二秦城人莫折念生、韓祖香、張長命相繼構逆……及秦賊乘勝，屯營黑水，子建乃潛使掩襲，前後斬獲甚眾，威名赫然，先反者及此悉降。及間使上聞，肅宗甚嘉之，詔子建兼尚書為行臺，刺史如故。於是威震蜀土，其梁、巴、二益、兩秦之事，皆所節度。[2]

文中之「秦賊」指當時據有關中西部的莫折念生。時魏於關中置西道行臺，相繼以元脩義、蕭寶夤為大都督，負責征剿莫折念生。山南行臺之建，或即因西道行臺已不能兼顧梁、益之事。魏子建以東益州刺史兼為行臺，此山南行臺駐地即當在武興（今陝西略陽）；其所節度之梁、巴、二益、兩秦，即治於南鄭之梁州、治於閬中（今四川閬中縣）之巴州、治於晉壽（今四川劍閣東北）之益州、治於武興之東益州、治於上邽（今甘肅天水）之秦州及治於仇池（今甘肅西和縣南）之南秦州，包括渭水、西漢水與漢水上游地區。然山南行臺蓋因人應事而設，存在時間未久。魏孝莊帝永安二年（梁武帝中大通元年，529年），魏以唐永為東益州刺史代子建，以梁州刺史傅豎眼為行臺，山南行臺遂移治梁州，而東益州氐、蜀尋反，唐永棄城走，東益州遂沒[3]。傅豎眼旋卒，代之者為

1 《魏書》卷九〈肅宗紀〉，正光五年十二月，中華書局1974年版，第238頁。
2 《魏書》卷一〇四〈自序〉，中華書局1974年版，第2321～2322頁。
3 《資治通鑒》卷一五三，梁中大通元年七月，中華書局1956年版，第4768頁；《魏書》卷七十〈傅豎眼傳〉，中華書局1974年版，第1558～1560頁。

「山南道」之成立

董紹，似無所作為，而山南行臺旋廢[1]。其後數年間，元魏內亂不已，氐王楊紹先乘機逃歸武興，興復仇池故國；梁益州刺史鄱陽王蕭范、南梁州刺史樊文熾合兵進圍晉壽，魏東益州刺史傅敬和降；梁北梁州刺史蘭欽引兵攻圍南鄭，魏梁州刺史元羅舉州降，於是梁、益復入於蕭梁[2]。北魏文獻中，再也未見以「山南」指稱漢水上游地區者。

因此，兩晉至北魏時代所習稱的「山南」，主要是指洛陽南山（以方城山、熊耳山為主體）以南（及西南）的今南陽、商州地區；北魏末年所置之「山南行臺」，統轄地域則主要在長安南山（以秦嶺為主體）以南的今漢水、嘉陵江上游地區，然其存在時間甚短，影響亦非巨。

三、西魏北周時代「山南」地域之拓展

當北魏之世，魏軍雖屢次南侵，然在南陽荊襄地區，迄未能越過襄陽，故魏人所習稱的「山南」，其南界大抵即在襄陽漢水一線（魏末所置之山南行臺，轄區則在劍閣之北）；至西魏北周之世，先後定漢東，下江陵，復克漢中，平劍南，據有今湖北、重慶、四川大部分地區，「山南」的地域範圍遂隨之而大規模拓展。

宇文泰據有關隴之初，軍事活動之重心集中於東方。在東南方面，以獨孤信為都督三荊州諸軍事、東南道行臺、荊州刺史，與東

1　《魏書》卷七九〈董紹傳〉：「永安中，代還。於是除安西將軍、梁州刺史、假撫軍將軍、兼尚書，為山南行臺，頗有清稱。前廢帝以元乎代之。」（中華書局1974年版，第1759頁）。據《魏書》卷十八乎本傳，元乎當未入漢中。董紹入關中後，山南行臺當即省廢。

2　《資治通鑒》卷一五六，梁武帝中大通六年（534年）四月，中華書局1956年版，第4843頁；卷一五七，梁武帝大同元年（535年）七月、十一月，第4866～4868頁。

魏爭奪荊州，後為東魏所敗[3]。大統三年（537年），西魏復取荊州後，又重設東南道行臺[4]。「東南道」之謂，顯然是從長安角度而言[5]。至魏恭帝元年（梁元帝承聖三年，554年）冬，西魏大將于謹、楊忠率大軍攻破江陵，覆滅梁元帝政權，立蕭詧為梁主，資以荊州之地，而將襄陽據為己有，改為襄州，置總管府[6]。此後數年間，宇文周、後梁與新建立的陳朝在荊湘之地展開拉鋸戰，直到周武帝保定元年（陳天嘉二年，561年）中，周將賀若敦戰敗北歸，周才完全放棄對巴湘地區的爭奪，與陳朝在長江中游一帶劃江而治[7]。至保定二年（562年），乃分「山南」為四總管。《周書》卷五〈武帝紀上〉保定二年五月庚午下載：「以山南眾瑞並集，大赦天下，百官及軍人，普泛二級。」[1]據其前後文，知所謂「山南眾瑞並集」者，乃是此前南陽獻三足烏，湖州（治湖陽縣，在今河南唐河縣南境湖陽鎮）上言見二白鹿從三角獸而行，則此處所說之「山南」仍是指南陽地區。是年六月己亥，又「分山南荊州、安州、襄州、江陵為四州總管」。其中，荊州總管府鎮穰城（今河南鄧州），督荊、淅、淮、湖、純、蒙、〔灃〕（禮）、廣、殷、霍（鴻）、鄭、豫、滐、潘等十四州及南陽、平陽等八防（或十防），均在今南陽盆地範圍內，與隋南陽、淅陽、淯陽、淮安四郡所統範圍大致相同[8]；安（鄖）州總管府領安（鄖）、隨、溫、應、土、順、洮、環、岳、肆（唐）、欵（北郢）等十一州，魯山、甑山、沌陽、應城、平靖、武陽、上明、溳水八鎮，其範圍約在今湖北隨州、安陸、京山、應城、廣水、孝感、孝昌、仙桃、天門、漢川、蔡店諸市縣地，大致與隋漢東、安陸、沔陽三郡相當[9]；襄州總管府本管[2]

1　《周書》卷五〈武帝紀上〉保定二年五月庚午，中華書局1971年版，第66頁。

2　保定五年至建德元年（565～572年）間的襄州總管府為大總管府，轄制荊州、安州與江陵三總管府，見《周書》卷五〈武帝紀上〉保定五年正月庚子（中華書局1971年版，第71頁）、建德元年四月甲戌（第80頁）。

「山南道」之成立

所領為襄、郢、昌、豐、唐、蔡六州，其範圍包括今襄樊、宜城、鍾祥、棗陽、老河口、南漳、穀城等縣市，相當於隋襄陽、竟陵二郡或唐襄、郢二州之地[1]；江陵總管府領基、郢、硤、平四州及江陵等五防，包括今荊州、荊門、當陽、宜昌諸縣市，大致相當於隋南郡、夷陵二郡之地[10]。

北周時代之「山南」，既包括上述四總管府轄區，乃指北據方城山、南抵長江、西止伏牛山—荊山—巫山一線、東迄南陽盆地東緣—桐柏山—隨棗走廊東端—澴水一線的廣大地區。保定四年（564年），宇文護伐齊，令「大將軍權景宣率山南之兵出豫州[2]」；《周書》卷三一〈韋孝寬傳〉錄韋孝寬所上平齊三策之一策中謂「並令廣州義旅，出自三鵶；又募山南驍銳，沿河而下[3]」；楊堅秉持周政，尉遲迥、王謙、司馬消難起兵，後梁蕭巋將帥密請興師，乘亂取利，「進可以盡節於周氏，退可以席捲山南[4]」。凡此所見之「山南」，大抵皆指荊、襄、安、江陵四總管之地，其中，荊州總管之地（南陽盆地）即大約相當於北魏時代所說的「山南」；襄州、安州、江陵三總管所領各州之納入「山南」範疇，顯然是西魏、北周勢力不斷拓展的結果。

宇文泰據有關隴之後，很長時間內並未著意經營梁漢巴蜀。直到大統十七年（551年）十月，西魏方命達奚武將兵下漢中，王雄出子午谷，伐上津、魏興；至翌年夏，遂全有劍北之地；繼而任尉遲迥攻取巴、蜀，平劍南[11]。其時多以漢川、梁漢、劍北指代

1　考詳嚴耕望：《中國地方行政制度史・魏晉南北朝地方行政制度》，上海古籍出版社2007年版，第475～477頁；王仲犖：《北周地理志》，中華書局1980年版，第470～488頁。

2　《周書》卷十一〈晉蕩公護傳〉，中華書局1971年版，第174頁。

3　《周書》卷三一〈韋孝寬傳〉，中華書局1971年版，第540頁。

4　《周書》卷四八〈蕭巋傳〉，中華書局1971年版，第865頁。

漢水、西漢水（嘉陵江）上游地區，即晉時梁州之域[1]。然亦有稱為「山南」者。《周書》卷四四〈李遷哲傳〉謂李遷哲為安康人，「世為山南豪族」；「大統十七年，太祖遣達奚武、王雄等略地山南，遷哲（時為梁東梁州刺史）率所部拒戰，軍敗，遂降於武」。此處之「山南」顯即秦嶺以南之漢水中游地區。又，《周書》卷三三〈趙文表傳〉：「魏恭帝元年，從開府田弘征山南，以功授都督。復從平南巴州及信州，遷帥都督。」[2]這裡的「山南」則包括了南巴州、信州等地。《隋書》卷六六〈鮑宏傳〉：「高祖作相，奉使山南。會王謙舉兵於蜀，路次潼州，為謙將達奚惎所執，逼送成都，竟不屈節。」[3]潼州治巴西（今四川綿陽東），已踰梁、利二州，且屬益州總管府所領。鮑宏奉使山南，路次潼州，則其所使之「山南」當指益州總管府所領諸州以東的今川東、重慶地區。《周書》卷二一〈王謙傳〉記王謙之叛，「所管益、潼、新、始、龍、邛、青、瀘、戎、寧、汶、陵、遂、合、楚、資、眉、普十八州及嘉、渝、臨、渠、蓬、隆、通、興、武、庸十州之人多從之」。益州總管府所領十八州為「劍南」，嘉、渝等十州則屬於「山南」，正當是鮑宏奉使前往之地。

王仲犖先生據上引《隋書·鮑宏傳》，將隆州總管、信州總管各州隸於「山南」之下[4]，大致確當。然以梁州、金州、利州三總管府所領各州屬之山南，甚易理解，蓋其地大致皆處秦嶺以南、劍閣以北；而以主要處於巴嶺（大巴山）以南，甚至南逾長江三峽的信州總管府所領各州同屬「山南」[12]，而不隸劍南之益州，則別有

1　如《周書》卷十九〈達奚武傳〉：「十七年，詔武率兵三萬，經略漢川。」（中華書局1971年版，第304頁）《周書》卷二〈文帝紀〉魏廢帝二年八月，「克成都，劍南平。」（第34頁）。
2　《周書》卷三三〈趙文表傳〉，中華書局1971年版，第581頁。
3　《隋書》卷六六〈鮑宏傳〉，中華書局1973年版，第1547頁。
4　王仲犖：《北周地理志》，中華書局1980年版，第306～307頁。

「山南道」之成立

委曲。蓋益州總管府所領十八州（或十九州）大抵皆為尉遲迥伐蜀時所取[13]，而信州總管府所領各州則由梁、金方面屬於達奚武、王雄軍事集團之賀若敦、李遷哲諸將所攻取，其地雖與益州總管府各州相連，卻並不歸屬益州總管府。蓋當廢帝元年（552年）達奚武、王雄攻取梁漢之時，西魏之軍力未得過劍閣—巴嶺一線；至恭帝元年（554年），魏軍賀若敦、李遷哲部方越過巴嶺，經略巴峽諸郡。《周書》卷四四〈李遷哲傳〉記其事云：

> 魏恭帝初，直州人樂熾、洋州人田越、金州人黃國等連結為亂。……太祖以遷哲信著山南，乃令與敦同往經略。熾等或降或獲，尋並平蕩。仍與賀若敦南出狗地。遷哲先至巴州，入其邪郭。梁巴州刺史牟安民惶懼，開門請降。……自此巴、濮之民，降款相繼。……令與田弘同討信州。魏恭帝三年正月，軍次並州。梁並州刺史杜滿各望風送款。進圍疊州，克之，獲刺史冉助國等。……凡下十八州，拓地三千餘里。時信州為蠻酋向五子王等所圍，弘又遣遷哲赴援。比至，信州已陷。五子王等聞遷哲至，狼狽遁走。遷哲入據白帝。賀若敦等復至，遂共追擊五子王等，破之。及田弘旋軍，太祖令遷哲留鎮白帝。……世宗初，授都督信臨等七州諸軍事、信州刺史。[1]

賀若敦、李遷哲平定直（治安康，在今陝西石泉縣）、洋（治洋川，在今陝西西鄉）、金（治吉安，在今陝西安康）諸州之後，「南出狗地」，當即南踰巴嶺，進入巴水上游地區[2]。其所至之巴州，治大谷郡化成縣，即隋清化郡治（今四川巴中）。攻取巴州

---

1 《周書》卷四四〈李遷哲傳〉，中華書局1971年版，第790～792頁。
2 李遷哲部南下之途，當即唐代由西鄉縣南行至壁州（治在今通江縣）復轉西南至巴州之道。關於此道經行路線，請參閱嚴耕望：〈山南境內巴山諸谷道〉，載嚴耕望：《唐交通圖考》第四卷〈山劍滇黔區〉，上海古籍出版社2007年版，第1019～1020頁。

後，遷哲部復東取並（治宣漢，在今四川宣漢縣東北）、疊（治地不詳）、信（治白帝城，在今重慶奉節）諸州。而賀若敦所部則向西攻略，進至南梁州（治在今四川閬中）；復順涪水而下，追擊譙淹餘部，然後至信州與遷哲部會合[1]。此役歷時三年，「拓地三千餘里」，巴、西漢與涪水三水中下游及長江三峽地區盡入於西魏。主持其事的將領李遷哲本屬山南豪強，在達奚武經略漢川時戰敗投附，當屬達奚武系統，或直屬宇文泰；賀若敦則可能出自獨孤信系統[2]，與平定益州的尉遲迥均非出一系。或正因為此故，賀若敦、李遷哲所略取之巴、漢、峽中諸州不隸益州總管府，而歸屬梁州大總管府轄制[14]。

這種政治格局，使「山南」的範圍大幅度向南拓展，包括了北起秦嶺、南逾長江，西起嘉陵江、東迄漢灃二水的廣大地區。然而，當北周時代，梁、利、金、信四總管府（及存在時間不長的隆州總管府）所領諸州之「山南」，與荊、襄、安、江陵四總管府所領諸州之「山南」，似尚未統一為同一地理概念，迄未見有將其合而稱之者。顯然，這一時期所習稱的「山南」僅是一種較寬泛的地理觀念，並沒有嚴格的範圍界定。

四、隋及唐初對西魏北周「山南」觀念的繼承及其意義

隋開皇六年（586年），為準備伐陳，置山南道行臺尚書省於襄

1　見《周書》卷二八〈賀若敦傳〉，中華書局1971年版，第475頁。
2　據《周書》卷二八〈賀若敦傳〉，敦為代人，父統，為東魏潁州長史，大統三年（537年），執刺史田迅，以降宇文泰，父子俱歸西魏。其時獨孤信已入據洛陽，賀若統父子可能就投入獨孤信帳下。賀若敦本傳稱：「明年，從河內公獨孤信於洛陽，被圍。」正說明賀若敦當屬獨孤信所部。

「山南道」之成立

州，以秦王俊為尚書令。《隋書》卷四五〈秦王俊傳〉謂：「（開皇）六年，遷山南道行臺尚書令。伐陳之役，以為山南道行軍元帥，督三十總管，水陸十餘萬，屯漢口，為上流節度。」[1] 此山南道行臺所領州郡不能具考，或本無定制，僅概指南山以地之地耳；後秦王俊以行軍元帥督三十總管（當指行軍總管），節度上流，自當兼括荊湘巴蜀之地[2]。此山南道行臺之設置歷時雖短，但說明隋時已將梁利金信諸州與荊湘地區視為一體，統稱為「山南」。

唐初繼承了這種政治地理觀念。李淵初入長安，即以李孝恭為山南道招撫大使，「自金州出於巴蜀，招攜以禮，降附者三十餘州[3]」；又以馬元規為山南撫慰使，與鄭元璹將兵出商洛，狗南陽、荊、襄、安陸[4]。兩路招撫、撫慰使，並以「山南」為稱，顯然是延續周隋以來之慣稱；而李孝恭自金州南出招撫巴蜀之路途與範圍，正與西魏北周時代李遷哲南徇之途大致相同；馬元規、鄭元璹出兵商洛，南下荊襄，也正是當年獨孤信、楊忠、于謹等經略荊

1 《隋書》卷四五〈秦王俊傳〉，中華書局1973年版，第1239頁。
2 平陳之役，黃州總管周法尚、江陵總管崔弘度、安州總管元景山、襄州總管韋世康、基州刺史崔仲方，並以行軍總管，受秦王俊節度。分見《隋書》卷六五〈周法尚傳〉，卷七四〈崔弘度傳〉，卷三九〈元景山傳〉，卷四七〈韋世康傳〉，卷六〇〈崔仲方傳〉。其時楊素以信州總管節制巴蜀諸軍，至少在原則上亦聽秦王俊節度。荊州刺史劉仁恩、湘州刺史薛冑、楊素別將龐暉破湘州，擒陳湘州刺史岳陽王叔慎、武州刺史鄔居業，「俱送秦王俊，斬於漢口」（見《資治通鑒》卷一七七，文帝開皇九年二月，中華書局1956年版，第5511～5513頁）。說明荊湘之地亦當屬秦王俊統領。
3 《舊唐書》卷六〇〈河間王孝恭傳〉，中華書局1975年版，第2347頁。《資治通鑒》卷一八四隋恭帝義寧元年（617）十二月下記其事，謂孝恭「自金川出巴、蜀，檄書所至，降附者三十餘州」，胡注云：「自金川出巴中，自巴中則至蜀矣。」（中華書局1956年版，第5766～5768頁）自武德二年（619年），任孝恭為信州（三年改為夔州）總管，「以圖蕭銑」。蓋孝恭經略山南之途，當自長安越南山，經子午道而至金州；復由金州南逾巴山，進入巴中；然後沿巴水而下，入於峽中。其所略之三十餘州，當即今陝東南、鄂西北與川東、重慶之地。
4 見《舊唐書》卷一八七上〈忠義傳・呂子臧〉，中華書局1975年版，第4869頁；《資治通鑒》卷一八五武德元年五月（中華書局1956年版，第5791頁），卷一八六，武德元年十月（第5816～5817頁）。

襄之舊途。在此之前，李襲譽自長安赴漢中募兵，《舊唐書》卷五九本傳稱為「外出募山南士馬[1]」；楊士林割據顯州（治比陽，今河南泌陽縣），《新唐書·高祖紀》稱為「據山南[2]」；後來蘇世長勸王世充所署襄州行臺王弘烈歸附李唐，自稱「臣以山南歸國[3]」。結合上引《舊唐書·盛彥師傳》所記，則知隋唐之際，以「山南」指稱秦嶺—熊耳—方城山以南地區，已久成慣例。而武德中所置之襄州道行臺，又可稱為「山南東道行臺」[4]，則已顯露出山南道分為東、西的趨勢。

因此，「貞觀十道」中的山南道，實為沿襲西魏北周以來「山南」的地理觀念而來。唐初的山南道，既包括了兩晉、北魏人觀念中「山南」所指的洛陽南山以南，今南陽、商洛地區，以及北魏末年所置「山南行臺」統轄的漢水、西漢水上游地區，也包括了西魏、北周時期魏周軍隊大規模南征所佔領的荊襄巴峽地區；其西部與劍南道的分界，東部與淮南道的分界，均難以「山川形便」作出解釋，其主要根據應當是西魏北周以來的政治地理格局。質言之，唐初「山南道」的成立，實有其長久的歷史淵源，並非僅據「山川形便」而劃定者。

如所周知，自戰國以來（甚或更早），人們借用大禹治水的傳說，將其所知的「天下」劃分為九個區域，即所謂「大禹九州」；至漢武帝時「攘卻胡、越，開地斥境，南置交阯，北置朔方之州，兼徐、梁、幽、並夏周之制，改雍曰涼，改梁曰益，凡十三部，置刺史」，遂奠定了十三州刺史部的基本格局；歷西漢後期、新莽、

---

1 《舊唐書》卷五九〈李襲譽傳〉，中華書局1975年版，第2331頁。
2 《新唐書》卷一〈高祖紀〉，中華書局1975年版，第3頁。
3 《舊唐書》卷七五〈蘇世長傳〉，中華書局1975年版，第2628頁。
4 《新唐書》卷七八〈廬江王瑗傳〉云：「武德時，例王，累遷山南東道行臺右僕射。與河間王孝恭合討蕭銑，無功，更為幽州都督。」（第3526頁）則襄州道行臺又稱為「山南東道行臺」。

「山南道」之成立

東漢、三國、兩晉、十六國、南北朝，諸州屢經分合置廢，變化甚巨，總的趨勢乃是州數越置越多，其轄境則相應縮小，其具體做法則大抵由西漢時代的十三州（加上司隸校尉部，為十四個地域單元），不斷分割，增置新州。至於唐初分置十道，竟打破戰國以來以「九州」為基本架構的地理分劃觀念，另以「山川形便」為原則，將帝國疆域分劃為關內、河南、河東、河北、山南、隴右、淮南、江南、劍南、嶺南等十道，奠定了唐宋（以及遼金）道（路）制的基本框架。這是中國古代地理區劃（以及行政區劃）體系的一大變局。唐宋時期道（路）的劃分及諸道（路）具體範圍的確定，雖然仍或與「九州」體系相比附，但事實上二者並非同一體系，相差甚大。如貞觀十道中，淮南、江南、嶺南三道並屬所謂「古揚州之境」；而河南一道，則囊括「古豫、兗、青、徐四州之境」；至於古雍州，則被分屬關內、隴右二道；古梁州，被分屬山南、劍南二道。凡此，均說明「貞觀十道」與「《禹貢》九州」是兩種地理區劃體系，其所建基的地理空間觀念有很大不同。

從「九州」到「十道」，經歷了漫長而複雜的演變過程。關於唐代道制之形成及其演變，論者已多，無須贅述。本文之意旨，僅在通過對「山南」這一地理觀念的出現、所指稱之具體地域範圍的考察，論證唐初的「山南道」，並非當時朝臣根據輿圖所示、依其「山川形便」而劃定者，而是對西魏北周乃至兩晉、北魏以來不斷變化的地理觀念及政治地理格局的繼承與發展，實有其特定的政治、軍事乃至經濟、文化基礎。進而言之，貞觀十道中各道的劃分及其地域範圍的確定，或皆非僅以「山川形便」四字所可解釋，而有其深厚的歷史政治地理背景。如河南、河北道，即顯然與北魏、東魏、北齊以來的政治地理格局及其變化有著密切關聯。因此，欲探究唐初「貞觀十道」之淵源及其劃分之原則，必須結合晉魏以來地理觀念與政治地理格局之變化，方能明瞭。惟茲事所涉甚廣，非

本文所能詳述，願俟諸將來及有心者。

注釋：

[1]《新唐書》卷三七〈地理志一〉（中華書局1975年版，第959頁）、《舊唐書》卷三八〈地理志一〉（中華書局1975年版，第1384頁）、《通典》卷一七二〈州郡二〉「序目下，大唐」（中華書局1988年版，第4478頁）所述均同。貞觀十道，既以「山川形便」為區劃之準則，諸道又均以山、河方位為稱，故論者多認為乃係地理區域之分劃，不具後來監察乃至行政區劃之意義，大致確當。然《唐六典》卷三〈尚書戶部〉述戶部郎中之職掌，謂：「郎中、員外郎掌領天下州縣戶口之事。凡天下十道，任土所出而為貢賦之差，分十道以總之。」（中華書局1992年版，第64頁）則貞觀十道，當是戶部為分理天下州縣戶口、區分確定各地貢賦等而劃分的，是一種「會計」區劃，並非全無實際行政意義，至少在戶部綜理天下州縣戶口、貢賦時，是按十道分類條列、統計的。此點所涉較大，容俟以後再作討論。

[2]《晉書》卷一一六〈姚萇載記〉云：「初，萇隨楊安伐蜀，嘗晝寢水旁，上有神光煥然，左右咸異之。及苻堅寇晉，以萇為龍驤將軍、督益梁州諸軍事，謂萇曰：『朕本以龍驤建業，龍驤之號，未曾假人，今特以相授，山南之事一以委卿。』堅左將軍竇沖進曰：『王者無戲言，此將不祥之徵也，惟陛下察之。』堅默然。」（中華書局1974年版，第2965頁）然此條記載實頗令人懷疑：苻堅之言，似與姚萇晝寢、上有神光一樣，皆出於附會傳言，不足憑信。而《晉書》出自唐人之手，「山南之事一以委卿」云云，即便苻堅確有類似之語，「山南」之謂，亦很可能出自唐人以唐代地理觀念陳述前秦時代之史事，非必出於苻堅，茲存疑不取。

「山南道」之成立

169

[3]《資治通鑑》卷一五六，中大通六年閏十二月，中華書局1956年版，第4858～4859頁；《周書》卷十六〈獨孤信傳〉，中華書局1971年版，第264頁。東南道行臺當為建於永熙二年（533年）的南道行臺之延續，參閱陳仲安、王素：《漢唐職官制度研究》，中華書局1993年版，第208頁。

[4] 大統三年，西魏乘沙苑之捷，命洛州刺史李顯趨三荊，復取荊州；是年冬，又見西魏荊州刺史郭鸞攻東魏東荊州刺史慕容儼，不克（《資治通鑑》卷一五七梁武帝大同三年十月、十二月，中華書局1956年版，第4886、4890頁）。然迄未見西魏於荊州方面復置東南道行臺。《周書》卷二六〈長孫儉傳〉：「時荊襄初附，太祖表儉功績尤美，宜委東南之任，授荊州刺史、東南道行臺僕射。……在州遂歷七載。征授大行臺尚書，兼相府司馬。……又除行臺僕射、荊州刺史。」（中華書局1971年版，第427～428頁）庾信撰《周柱國大將軍［拔］（拓）拔儉神道碑》（見《文苑英華》卷九〇五，中華書局1966年版，第4759～4760頁）謂：「（大統）六年，以公為使持節、都督三荊、二襄、南雍、平、信、江、隨、郢、［淅］（浙）一十二州諸軍事，荊州刺史，東南道行臺僕射……十二年，除大行臺尚書，仍為大丞相司馬……十五年，更除東南道行臺僕射，都督十五州諸軍事，行荊州事。十六年，大丞相總十六軍，克清河洛。公又中分麾下，參謀幃幄。高選霸僚，公為長史。其年加都督南道三十六州諸軍事。」則長孫儉自大統六年至大統十二年間，長任荊州刺史、東南道行臺。繼為荊州刺史者當為賀蘭祥，然不開設行臺，但稱「都督三荊、南襄、南雍、平、信、江、隨、二郢、（浙）［淅］十二州諸軍事、荊州刺史，」見《周書》卷二十〈賀蘭祥傳〉，中華書局1971年版，第336頁。大統十五年，長孫儉復任為東南道行臺僕射，可能為時未久；是年底，又以楊忠為「都督三荊、二襄、二廣、南雍、平、信、隨、江、二郢、淅十五州諸軍事，鎮穰城」。參閱陳仲安、王

素：《漢唐職官制度研究》，中華書局1993年版，第208頁；王仲犖：《北周地理志》，中華書局1980年版，第410～414頁。

[5]《周書》卷十九〈侯莫陳順傳〉：「（大統）十六年，拜大將軍，出為荊州總管、山南道五十二州諸軍事、荊州刺史。孝閔帝踐祚，拜少師，進位柱國。其年薨。」（中華書局1971年版，第308頁）大統十六年侯莫陳順出為荊州總管、荊州刺史、都督山南道五十二州諸軍事一事，實頗為可疑。蓋其時長孫儉正在荊州方面以東南道行臺僕射之身分，主持軍政，所督之州由十五州加督三十六州，恰為五十一州，與五十二州之數相近。其時楊忠亦在荊州，負責前線軍事。似不太可能另委出自侯莫陳崇系統的侯莫陳順出鎮荊州。而長孫儉所督之州，據上引《周柱國大將軍（拓）［拔］跋儉神道碑》，為東南道五十二州。又《周書》卷二八〈史寧傳〉：「孝閔帝踐祚，拜小司徒，出為荊、襄、淅、郢等五十二州及江陵鎮防諸軍事、荊州刺史。」（中華書局1971年版，第468頁）均不稱為「山南道」。故〈侯莫陳順傳〉此處之記載當存疑。河北平山縣所出〈崔仲方妻李麗儀墓誌〉（見河北省文物研究所、平山縣博物館：〈河北平山縣西嶽村隋唐崔氏墓〉，《考古》2001年第2期；羅新、葉煒：《新出魏晉南北朝墓誌疏證》，中華書局2005年版，第366～370頁）記侯莫陳順官銜為「柱國、荊安東南五十三州諸軍事、荊州總管、荊州刺史」，則《周書・侯莫陳順傳》之「山南道」疑當作「東南道」。

[6] 見《資治通鑒》卷一六五，梁元帝承聖三年（554年）九月、十月、十一月、十二月，中華書局1956年版，第5117～5124頁；卷一六六，梁貞陽侯天成元年（555年）正月，第5125～5126頁。《周書》卷二〈文帝紀下〉，西魏恭帝元年十一月、十二月，中華書局1971年版，第35～36頁；卷十九〈楊忠傳〉，第316～317頁；卷十五〈于謹傳〉，第347～348頁。

[7] 見《資治通鑒》卷一六八，陳文帝天嘉元年（北周明帝武成二

「山南道」之成立

171

年，560年）二月、三月、八月、九月、十月、十二月，中華書局1956年版，第5194～5196、5202～5204、5208～5210頁；天嘉二年正月、十一月，第5212～5213、5217頁。《周書》卷二八〈賀若敦傳〉，中華書局1971年版，第474～475頁；〈史寧傳〉，第468頁。

[8] 荆州總管府統州及其變化，嚴耕望先生已有詳考，見所著《中國地方行政制度史・魏晉南北朝地方行政制度》，上海古籍出版社2007年版，第471～475頁。北周荆州總管府所統，當以十四州為常制。其中，荆州治穰城（今河南鄧州）；淅州治析陽（今河南西峽縣）；淮州治比陽（今河南泌陽）；湖州治湖陽（在今河南唐河縣南境）；純州治淮安（今河南桐柏東）；蒙州治武川（今河南南召縣東南）；禮州當為豐州之譌誤，治武當（今湖北丹江口西）；廣州治魯山（今河南魯山）；殷州治城陽（在今河南泌陽南），考見王仲犖：《北周地理志》，中華書局1980年版，第410～449頁。鄭、溙二州，王先生無考。今考《隋書・地理志》淮安郡「慈丘」縣下注稱：「後魏有鄭州、潘州、溙州及襄城、周康二郡，上蔡、青山、震山三縣，並開皇初廢。」（中華書局1973年版，第842頁）據此，則二州皆當在隋、唐慈丘縣境內，今河南泌陽東境、確山西境；且荆州總管府所領州中，另可補出潘州，遂成十四州之數。豫州，據王仲犖先生所說，當即北齊之東豫州，北周宣政初改為息州（治廣陵城，在今河南息縣）者。然此東豫州居於荆州總管府諸州之東，當屬豫州總管府所領；而豫州汝南郡之首縣向為上蔡縣，上引《隋書・地理志》隋慈丘縣境嘗置有上蔡縣，當即北周荆管豫州之所治。霍州，王仲犖先生謂無考，但稱非梁置霍州。今考《隋書・地理志》淮安郡「比陽」縣原注云：「又有比陽故城，置西郢州。西魏改為鴻州，後周廢為真昌郡。」（中華書局1973年版，第842頁）大統中長孫儉、楊忠所督向有西郢州，後荆州總管府所領不當無此州，故此處所見之霍州當即由西郢州所改之鴻州，蓋以音近而誤作「霍州」。

[9] 安州總管府所領州鎮，《周書》卷三六〈崔彥穆傳〉記為十一州（明帝初，557—558年）；卷二八〈權景宣傳〉附〈郭賢傳〉記為安、應等十二州（武成二年，560年）；卷三五〈崔謙傳〉記為隨應等十一州、甑山上明魯山三鎮（保定二年，562年）；卷三〇〈于翼傳〉記為安、隨等六州五防（建德二年，573年）；卷二一〈司馬消難傳〉記為鄖（安州所改）、隨、溫、應、土、順、沔、環、岳九州，魯山、甑山、沌陽、應城、平靖、武陽、上明、溳水八鎮（靜帝大象間，579—580年）。蓋以十一州為常制。其中，安州治安陸（今湖北安陸），隨州治隨（今湖北隨州），溫州治角陵（今湖北京山縣），應州治永陽（在今湖北廣水西北），順州治厲城（當在今湖北隨州東北境），沔州治甑山（在今湖北漢川縣東南）、環（澴）州治京池（在今湖北孝感），岳州治孝昌（今湖北孝昌），考詳王仲犖：《北周地理志》，中華書局1980年版，第450～472頁。土州治左陽縣，王先生謂在隨州東北五十里。今考《隋書·地理志》漢東郡「土山」縣下原注：「梁曰龍巢，置土州，東西二永寧、真陽三郡，及置石武縣。後周廢三郡為齊郡，改龍巢曰左陽。又有阜陵縣，改為漳川縣。開皇初郡廢。十八年改左陽為真陽，石武為宜人。大業初又改真陽為土山，州及宜人、漳川並廢入焉。」（中華書局1973年版，第892頁）隋土山縣，傳統說法向來定在今隨州北。然隋土山縣乃合土山、宜人、漳川諸縣而來，其中漳川縣當近漳水（流經今京山縣北境與應城縣北境的漳河），土山若在隨州北境，則與漳川過於懸遠，中隔大洪山區，當無合為一縣之可能。據《水經注》卷三一〈溳水〉「富水」條記載，此漳水又稱土山水，「水出土山南，逕隋郡平林縣故城西……又南流，右入富水」（楊守敬、熊會貞注疏：《水經注疏》卷三一〈溳水〉，江蘇古籍出版社1989年版，第2646頁）。則蕭梁北周之土州、隋土山縣當在今京山縣東北境與隨州交界處之坪壩鎮一帶。除此九州之外，安州總管還當領有肆（唐）、欵（北郢）二州。《周

「山南道」之成立

書》卷二八〈權景宣傳〉記大統末景宣隨楊忠平定漢東之地後，「於
是，應、禮、安、隨並平。朝議以景宣威行南服，乃授並安肆郢新應
六州諸軍事、並州刺史」。並州即隨州，新州即後來之溫州。肆州，
《隋書・地理志》漢東郡「唐城」縣下原注：「後魏曰㴲西，置義陽
郡。西魏改㴲西為下溠，又立肆州，尋曰唐州。後周省均、㪥、溳、
歸四州入，改曰唐州。」（中華書局1973年版，第892頁）由此肆
（唐）州在隋時唐城縣，即今隨州西境之唐鎮。權景宜所督之郢州當
為北郢州。《隋書・地理志》漢東郡「安貴」縣原注：「梁置，曰定
陽，又置北郢州。西魏改定陽曰安貴，改北郢州為欽州，又尋廢為溳
水郡。」（中華書局1973年版，第892頁）欽州得廢為溳水郡，當近溳
水，在今隨州西南境。王仲犖、嚴耕望先生於此均未詳考，特予補出。

　　[10] 江陵總管府當由江陵防主所改置。于謹破江陵之後，西魏
立蕭詧為梁主，居江陵東城；另置江陵防主，統兵居於西城，名曰
助防，「外示助詧備禦，內實兼防詧也」（《周書》卷四八〈蕭詧
傳〉，中華書局1971年版，第859頁）。其時長孫儉以東南道行臺僕射
之身分鎮守江陵，督五十餘州（見《周書》卷二六〈長孫儉傳〉，中
華書局1971年版，第427〜428頁），任江陵防主者為鄭偉。《周書》
卷三六〈鄭偉傳〉：「魏恭帝二年，進位大將軍，除江陵防主、都督
十五州諸軍事。」（中華書局1971年版，第634頁）其所督之十五州
不能詳悉，然庾信撰〈周大將軍襄城公鄭偉墓誌〉（見《文苑英華》
卷九四七，第4978〜4979頁）謂「公暫臨江界，已悉南越之兵；裁
［泛］（沉）樓船，即善昆彌之戰。遂得安歌澧浦，弭節涔陽，留魯
侯而宴章臺，對齊人而畋雲夢」。則其所督當包括江陵以南長江南岸
之澧浦、涔陽地。繼鄭偉任為江陵防主者為權景宣。《周書》卷二八
〈權景宣傳〉云：「孝閔帝踐祚，征為司憲中大夫，尋除基郢硤平四
州五防諸軍事、江陵防主，加大將軍。」（中華書局1971年版，第479
頁）保定二年（562年）改設江陵總管後，仍以權景宜為總管。其後任

为江陵總管者則有崔謙（天和元年，566年）、田弘（天和二年）、陸騰（天和四年至建德二年間）、陽雄（建德三年，574年）等。《周書》卷四四〈陽雄傳〉稱：「遷江陵總管、四州五防諸軍事，改封魯陽縣公。宣政元年，卒於鎮。」（中華書局1971年版，第797頁）則江陵總管所領與江陵防主同，均為基郢硤平四州及五防。嚴耕望先生於江陵總管府始末雖略有疏理（《中國地方行政制度史・魏晉南北朝地方行政制度》，上海古籍出版社2007年版，第478頁），然並不詳悉，故予補考。其中，基州治豐鄉（在今湖北荊門東南），郢州治樂鄉（在今湖北鍾祥西北），硤州治石鼻城（當在今湖北宜昌西北），平州治當陽（今湖北當陽）。考詳王仲犖：《北周地理志》，中華書局1980年版，第493〜510頁。

[11] 見《資治通鑑》卷一六四，梁簡文帝大寶二年（551年）十月（中華書局1956年版，第5073〜5074頁），梁元帝承聖元年（552年）正月、四月、五月、八月（第5077、5084〜5091頁）；卷一六五，梁元帝承聖二年二月、五月、七月、八月（第5097、5103〜5105頁）。《周書》卷十九〈達奚武傳〉、〈王雄傳〉；卷二一〈尉遲迥傳〉。另請參閱李文才：《南北朝時期益梁政區研究》，商務印書館2002年版，第125〜116頁。

[12] 關於梁州、金州、利州、信州及益州總管府置廢、領州與轄區，請參閱嚴耕望：《中國地方行政制度史・魏晉南北朝地方行政制度》，上海古籍出版社2007年版，第463〜471頁；王仲犖：《北周地理志》，中華書局1980年版，第232〜234、307〜309、318〜320、369〜371、392〜394頁。

[13] 錢大昕《廿二史考異》卷三二《周書》「蕭撝傳」條云：「都督益、梁、秦、潼、安、瀘、青、戎、寧、華、信、渠、萬、江、新、邑、楚、義十八州諸軍事。此十八州，惟益、梁、秦沿宋齊之舊，餘皆梁末增置。尉遲迥都督十八州，亦即謂此。」（上海古籍

「山南道」之成立

出版社2004年版，第533頁）其說不確，特別是迥所督之梁、秦絕非宋齊梁以來之梁、秦二州，王仲犖先生已有辨析（見王仲犖：《北周地理志》，中華書局1980年版，第318～320頁）。然尉遲迥所督之十八州，大抵皆為西魏廢帝二年（553年）取蜀時所取諸州，既不包括此前已由達奚武、王雄攻佔的梁、東益、西益、東梁諸州（即今陝南漢中、安康地區及鄂西北地方），也不包括在此後數年間由陸騰、李遷哲、賀若敦等平定的隆、信諸州，則當無疑問。

[14] 關於北周梁州總管府所領各州，王仲犖先生認為當是梁、興、鳳、洋、隆、巴、集、萬、通、蓬、遷、渠十二州，並認為梁管、利管、信管（以及短期存在之隆管）同為普通總管府，並無統領關係（王仲犖：《北周地理志》，中華書局1980年版，第318～320頁）。今考初任梁州總管者為崔猷。《周書》卷三五〈崔猷傳〉云：「魏恭帝元年……以猷為都督梁利等十二州、白馬儻城二防諸軍事、梁州刺史。及太祖崩，始、利、沙、興等諸州，阻兵為逆，信、合、開、楚四州亦叛，唯梁州境內，民無貳心。利州刺史崔謙請援，猷遣兵六千赴之。信州糧盡，猷又送米四千斛。二鎮獲全，猷之力也。……保定元年，重授總管梁利開等十四州白馬儻成二防諸軍事、梁州刺史。」（中華書局1971年版，第616頁）崔猷前後所督之十二州或十四州，均包括屬於利管、信管所領的始、利、沙、興與信、合、開、楚諸州，則梁州總管或得節制利管、信管各州。繼崔猷之任者當為宇文導之子宇文廣。《周書・明帝紀》：武成元年九月乙卯，「以大將軍、天水公廣為梁州總管」。庾信〈周大將軍趙廣墓誌〉（見《文苑英華》卷九四八，第4987頁）謂：「武成元年，遷都督興梁等十九州諸軍事，梁州刺史。」繼宇文廣任為梁州總管者為楊寬。《周書》卷二二〈楊寬傳〉：「保定元年，除總管梁興等十九州諸軍事、梁州刺史。」（中華書局1971年版，第367頁）所領亦為十九州。而繼任之高琳所管則只有十州，見《周書》卷二九本傳。建德初任為梁州

總管的李輝所領亦為梁洋等十州。《周書》卷十五〈李弼傳〉附子輝傳云：「建德元年，出為總管梁洋等十州諸軍事、梁州刺史。時渠、蓬二州生獠積年侵暴，輝至州撫綏，並來歸附。」（中華書局1971年版，第241頁）則梁管所領十州中有梁、洋、渠、蓬諸州。據此，我們認為武成、保定初的梁州總管府當是大總管府，領有十九州，包括後來梁管、信管、利管所屬各州；而保定三年以後的梁州總管則是普通總管府，領有十州。保定三年以後的梁州總管所領十州當是梁（治南鄭，在今陝西漢中）、洋（治洋川，在今陝西西鄉縣）、興（原東益州，治武興，今陝西略陽）、鳳（治梁泉，在今陝西鳳縣）、隆（治閬中，在今四川閬中）、渠（治流江，在今四川渠縣）、蓬（天和中分巴、隆二州置，治安固，在今四川營山縣東北）、巴（治化成，在今四川巴中）、集（梁東巴州，治難江，在今四川南江縣）、通（治石城，在今四川達州）。這樣，梁州所領之十州，其範圍大致相當於隋河池、順政、漢川、清化、宕渠、通川諸郡，即今陝西漢中與四川巴中、南充、達縣之地。而武成、保定初梁州總管所領之十二州，則另有利、沙、方、始四州，而無隆、蓬二州（有此二州則為十四州）。至於宇文廣、楊寬所領之十九州，則當在崔猷十二州（梁、洋、興、鳳、渠、巴、集、通、利、沙、方、始）之外，再加上信管所領之信、開、南、臨、容、鄰等七州。其時並置利州總管府（領利、沙、方三州）、隆州總管府（領隆、渠）、信州總管府（領七州），而以梁州總管府總領之，則梁州總管府為大總管府。另請參閱嚴耕望：《中國地方行政制度史‧魏晉南北朝地方行政制度》，上海古籍出版社2007年版，第463～465頁。

「山南道」之成立

唐代長江中游地區政治經濟地域結構的演變

《文苑英華》卷八七〇錄有李騭〈徐襄州碑〉，述徐商鎮襄州之事甚詳，云：

其一曰：漢南數郡，常患江水為災，每至暑雨漂流，則邑居危墊，築土環郡，大為之防，繞城堤四十三里，非獨築溺是懼，抑亦工役無時，歲多艱憂，人倦追集。公（按：指徐商）乃詳究本末，尋訪源流，遂加高沙堤，擁扼散流之地，於是豁其穴口，不使增修，合入蜀江，瀦成雲夢，是則江漢終古不得與襄人為患矣。其二曰：襄陽，荊鄂十道之要路，公私來往，充給寔繁。是必率配行供，假借辦賄求利，歲月不堪。公乃悉用官儲，創置釋器，富供給費，不擾齊人。往來徒所憧憧，邑人信皆不知矣。其三曰：軍人百姓窮困者，多投狀陳論，苦於從前債利。蓋以數十邑公私債負不許停，至於補累攤征，有加無減，遂使家傳積欠，戶率催足，延及子孫，例無放免，飛走無路，怨憤難伸。官中曾無所收，私室常被攬擾。公乃縷悉上奏，放免獲依。債戶既除，冤聲永息。其四曰：承前役納所由在田，在城居側近者近百頃，統謂之馬禾。比每年配諸將官健出力營種，率歲出功錢，人不下六七百，例入屯將所由。官田元無所獲，徒遺虛豎將額，添市耕牛，破費甚多，收穫無幾。公乃廢卻其 [地] （他），判租與

179

人，每歲所收卻耕種之利，租人皆獲利，使將健永免工傭。其五曰：襄土疆闊遠，連接江山，每至秋時，常多寇盜，張旗結黨，夜出畫藏，謂之山柵，擾害頗甚，燒劫閭井，驅率平人，至於道途，皆須警備。公乃選擇少壯官健三百人，別造營，各為捕盜將，常令教習，不雜抽差，訓練無時，以為備禦。每聞屬縣寇劫，當時據數抽行，晨往夕歸，夜發晨至，皆是並贓捉獲，更無孑遺。頓挫賊心，鄉閭遂泰。因創造捕盜將營屋四百間，分為左、右，中間開報點集，列垛置標；別創一亭，以為教試之所。奏立將額，門當通衢，過客行旅，莫不興歎。大中十一年，諸郡構亂，起於湖南，准詔徵兵，同力剪滅。漢南軍征五百人，克日成功，實自捕盜威強之力……其六曰：荊南中路有蠻水驛，地當卑下，泥淖常多，暑雨之時，不通車馬，皆是結筏牽挽，以濟公私行人，力出編甿，妨害農業，繚繞甚遠，兩縣勞辛。遂徑捷就高別一路，度宜造驛，〔永〕（水）無差徼之虞，又近於當路十二里。其七曰：襄州兩稅，每差綱官送納，並有直進膠臘，其數甚多。例屬新官，豈免敗闕，陪備差遣，擾害頗深。每吏部注官，多不敢受。因訪問資綱大數，可以資陪人，遂請度支陸運腳搬馱到京，遣進奏院所由勾當輸納，既免損汙疋帛，又免上供失時。襄州新官，永無差役之弊。其八曰：漢陰驛西舊有江亭一所，迎候皆於此，前後窄隘，不便筵宴；所要鋪陳，須至漢陰驛上廳內，遂使前後虛谽，難置門牖；重客居停，全無床幅，結束非便，寢止難安。遂別構設廳以備迎送……因命新亭曰漢廣亭。[1]

　　按：徐商，字秋卿，《新唐書》卷一一三有傳，甚簡略[2]。碑文稱其「家世儒門，修遠長波，流芳積潤。自十五代祖諱欽，十四代祖

1　《文苑英華》卷八七〇李騭〈徐襄州碑〉，中華書局1966年版，第4591～4593頁。
2　《新唐書》卷一一三〈徐商傳〉，中華書局1975年版，第4192頁。

諱某，兩世繼為中書侍郎。十三代祖諱湛，十一代祖諱孝嗣，間代繼為太尉。南朝之盛，俱在《南史》本傳。生公七世祖諱文遠，隋朝為國子祭酒，皇朝為國子博士」。今考《南史》卷十五，知徐孝嗣之父為聿之，聿之之父為湛之，湛之之父即劉宋初年重臣徐羨之。碑文所言不盡確切。其七世祖徐文遠在隋唐之際周旋於李密、王世充與唐王朝之間，《資治通鑒》頗及之。五世祖即徐有功，舊、新《唐書》並有傳（分別見卷八五、卷一一三）。徐商於唐文宗太和五年（831年）舉進士，會昌二年（842年）選入禁署，歷官尚書左丞；大中八年（854年）授河中節度使；十年春，移鎮襄陽，任山南東道節度使、襄州刺史，至十四年（即咸通元年，860年）應召赴闕，在襄陽首尾約五年[1]。徐商在襄州事蹟，本傳但載其置捕盜將及捕盜將平定江西叛亂事，而是文則言之甚詳，其辭雖不無誇飾，卻絕非虛造。本文即以此碑文為線索，結合有關文獻記載，綜論有唐一代襄陽所統領或監察之區域的伸縮及其原因、襄州之政治地位與經濟發展的關係、襄州領縣的調整及其與襄州之間的空間關係的變化，或可得見唐代長江中游地區政治經濟地域結構演變之一斑也。

一、唐代襄陽統轄或監察區域的伸縮及其原因

《徐襄州碑》起首即述撰寫是碑之緣起，稱徐商雖已離開襄陽數年，「而襄之卒校民吏，自七州之幼艾，追思公之養育教訓」。此「七州」者，當指除襄州外山南東道節度使所轄之鄧、唐、隨、

1　徐商移鎮襄陽，據此碑文，在大中十年春；十四年（今本作「四十年」，誤），應召赴闕，碑文不載事在幾月。《新唐書》卷一一三〈徐商傳〉稱：「咸通初，以刑部尚書為諸道鹽鐵轉運使」。大中十四年十一月始改元咸通，則此事當在是年十一月之後。

郢、復、均、房七州（考詳下）。此為中唐以後之情形。實際上，歷有唐一代，襄州所統轄或監察之區域歷有伸縮，而其統領區域之伸縮，則與所設機構之性質與職能、中央對漢水中游乃至長江中游地區的控制能力和控制政策、襄陽週圍地區的軍事政治形勢以及地方勢力的興衰有著密切關係。

襄陽在三國時期即已崛起，歷兩晉南朝並為重鎮[1]。齊梁後期，蕭詧據有雍州，「以襄陽形勝之地，又是梁武創基之所，時平足以樹根本，世亂可以圖霸功」，著意經營，試圖謀求霸業[1]。後詧與據有江陵的湘東王蕭繹（即後來的梁元帝）交惡，於太清三年（西魏大統十五年，549年）北附於西魏。至梁元帝承聖三年（西魏恭帝元年，554年）冬，西魏宇文泰遣大將于謹等率大軍南下，在襄陽會合蕭詧，向江陵的梁元帝政權發動大規模的進攻，於是年底（555年初）攻下江陵，梁元帝政權滅亡；西魏立蕭詧為梁主，居江陵，統荊州一州之地，而襄陽則由西魏軍隊直接佔領[2]。西魏改雍州為襄州，北周武帝保定二年（562年）置襄州總管府，隋因之[3]。隋文帝開皇六年（586年），為準備伐陳，置山南道行臺尚書省於襄州，以秦王俊為尚書令，平陳後即廢[4]。

隋唐之際，襄、鄧一帶曾為王世充所據。唐武德四年（621年）王世充行臺王弘烈等以襄州歸降唐朝，唐於其地置安撫使，復置行臺尚書省[2]。《舊唐書》卷三九〈地理志二〉（以下簡稱「〈舊志〉」）「襄州」條云：「州置山南道行臺，統交、廣、安、黃、

---

1 《周書》卷四八〈蕭詧傳〉，中華書局1971年版，第855～856頁。

2 《周書》卷十九〈楊忠傳〉（中華書局1971年版，第317頁），卷十五〈于謹傳〉（中華書局1971年版，第347～348頁），卷四八〈蕭詧傳〉（第859～860頁）。

3 《周書》卷五〈武帝紀上〉，保定二年六月己亥，中華書局1971年版，第67頁；《隋書》卷三一〈地理志下〉「襄陽郡」下原注，中華書局1973年版，第891頁。

4 《隋書》卷一〈高祖紀上〉，開皇六年十月癸丑，中華書局1973年版，第24頁；卷四五《秦孝王俊傳》，第1239頁。

壽等二百五十七州。」[1]同書卷六十〈河間王孝恭傳〉謂武德六年，「遷襄州道行臺尚書僕射。時荊襄雖定，嶺表尚未悉平，孝恭分遣使人撫慰，嶺南四十九州皆來款附[2]」。則其時襄州道行臺所轄範圍甚廣，包括長江中游以及東到淮河中游、南至嶺南的廣大地區。至武德七年，因襄州行臺左僕射李孝恭轉任東南道行臺左僕射，襄州行臺被取消[3]。

　　唐初，沿邊及內陸軍事要地，例置總管，然襄州並未置有總管。武德七年，改總管為都督，襄州因置都督府。〈舊志〉稱：「［武德］七年，罷行臺為都督府，督襄、鄧、唐、均、浙、重七州。」[3]則襄州都督府直接由襄州道行臺改置而來，非如多數都督府由總管府改置。其時襄州都督府所轄之七州，襄州領襄陽（治今襄樊市襄城區）、安養（即後之臨漢縣，時治樊城，考詳下）、漢南（治大堤城，今宜城市北境小河鎮附近，詳下）、義清（治柘林，當在今襄陽縣西北境之泥嘴鎮附近，詳下）、南漳（今縣）、常平（在今襄陽縣西境）、陰城（今老河口市西北之光化老城）、穀城（今縣）八縣[4]，鄧州領穰縣（今鄧州市）、冠軍（今鄧州市西北境）、深陽（今鄧州市東北境）、新野（今縣）四縣[5]，唐州領棗陽、春陵與清潭三縣（皆在今棗陽市及隨州西境）[4]，均州領

1　《舊唐書》卷三九〈地理志二〉（以下簡稱「《舊志》」）「襄州」，中華書局1975年版，第1549頁。

2　《舊唐書》卷六十〈河間王孝恭傳〉，中華書局1975年版，第2348頁。

3　按：此處僅有六州，不足七州之數。該條下文云：貞觀八年（643年），廢郡州，以率道、樂鄉二縣來屬。郡州，據下文樂鄉縣條，為武德四年置，領樂鄉、長壽、率道、上洪四縣（當無長壽，詳下）。武德中之襄州都督府所轄七州中當有郡州。

4　據《舊志》，武德四年，襄州領襄陽等六縣；五年，省鄀州，以穀城、陰城二縣屬襄州。故武德七年時襄州所轄當為八縣。中華書局1975年版，第1549～1550頁。

5　《舊志》「鄧州」下稱，武德二年，鄧州領穰縣、冠軍、深陽三縣；三年，立順陽縣（在今鄧州西境）；四年，廢新州，以新野縣來屬；又置平晉縣（亦當在今鄧州境）；六年，省順陽入冠軍，省平晉入穰縣（中華書局1975年版，第1543頁），故至武德七年時，鄧州所領乃為四縣，其地則不出今鄧州、新野二縣市。另：深陽縣，《隋書・地理志》作「課陽縣」，《新唐書・地理志》（以下簡稱《新志》）作「淉陽縣」，今從《舊志》。

唐代長江中游地區政治經濟地域結構的演變

武當、均陽二縣（皆在今丹江口市境內）[1]、淅州領內鄉、默水二縣（皆今河南內鄉、西峽與淅川境內）[5]，重州領荊山、重陽（今南漳西境與保康東境）二縣[6]，鄀州領樂鄉（治今鍾祥西北境之樂鄉關）、率道、上洪（在皆今宜城境）三縣[7]。這樣，武德七年時襄州都督府所轄地區大致包括今河南西峽、淅川、內鄉、鄧州、新野，湖北丹江口、老河口、穀城、襄樊、襄陽、宜城、棗陽、南漳等縣市的大部分地區及隨州西北部、鍾祥西北部與保康東部的部分地區。

自武德七年（624年）至貞觀元年（627年）四年間，由於政區不斷調整，襄州都督府所領州縣歷有變化，其轄區則有所擴大。（1）在鄧州，武德八、九年間，廢宛州、酈州、北澧州，以南陽（今南陽市）、新城（今內鄉縣東南）二縣來屬；貞觀元年，省冠軍入新城，省深陽入穰縣[2]。故貞觀初年鄧州領穰、新野、南陽、新城4縣，境域較之武德間向北擴展，包括了今南陽市及鎮平縣一帶。（2）在唐州，貞觀元年，廢湖州，省上馬（今河南唐河縣）入湖陽（治今河南唐河南境湖陽鎮），以湖陽屬唐州，則唐州轄境亦向北稍擴展，包括了今唐河境[3]。（3）在淅州，武德八年，省均陽入武當，以南豐州之鄖鄉、堵陽、安福（皆今鄖縣、十堰境內）屬均州；貞觀元年，廢均州，省堵陽、安福二縣入鄖鄉，而以鄖鄉、武當二縣入淅州，淅州乃兼有原均州、南豐州地域，轄境向西擴展，包括了今鄖縣、十堰一帶[4]。（4）在襄州，貞觀元年，省重

1　據〈舊志〉，均州武當郡於義寧二年（618年）由隋淅陽郡分置，初領武當、均陽二縣，後置平陵縣（武德七年復省），故武德七年均州仍領二縣。中華書局1975年版，第1545～1546頁。

2　《舊志》「鄧州」沿革，「南陽」、「臨湍」條下（中華書局1975年版，第1543～1544頁）；《新志》鄧州南陽郡「穰」、「南陽」、「向城」條下（第1032頁）。

3　《舊志》唐州「湖陽」、「泌陽」條（中華書局1975年版，第1545頁）；《新志》泌州淮安郡「湖陽」、「泌陽」條，中華書局1975年版，第1031頁；《元和志》唐州「湖陽縣」、「泌陽縣」條，中華書局1983年版，第540頁。

4　《舊志》「均州」沿革，「鄖鄉」條，中華書局1975年版，第1545～1546頁；《新志》「均州武當郡」沿革，「鄖鄉」條，中華書局1975年版，第1032頁。

州，以荊山屬襄州（重陽屬遷州），襄州西南境乃稍向西擴展，包括了原重州的東半部。（5）在郢州，貞觀元年，增領長壽縣（今鍾祥市），省上洪縣入樂鄉，郢州境域稍向擴展到今鍾祥市一帶[8]。因此，到貞觀元年，經過調整，襄州都督府所轄當為襄、鄧、唐、淅、郢五州，較武德中少了均、重二州。《全唐文》卷一五二許敬宗〈唐並州都督鄂國公尉遲恭碑〉云：「貞觀四年，授襄、郢、鄧、淅、唐五州都督，襄州刺史。」[1]足可為證。然襄州都督府轄境卻略有擴大：向北包括了今南陽、鎮平、唐河一帶，向西擴展到今鄖縣、十堰境，向東南延伸到今鍾祥市附近，只是在西南方向上因為原重陽縣改屬遷州，而略有退縮（參見圖6—1武德、貞觀間襄州都督府轄區的變化）。

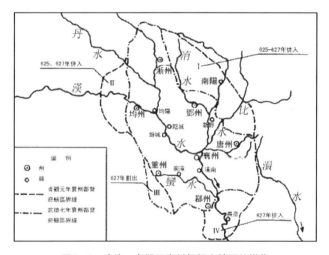

圖6—1　武德、貞觀間襄州都督府轄區的變化

貞觀六年（632年），罷襄州都督府。自此至睿宗景雲二年（711

1　《全唐文》卷一五二許敬宗〈唐並州都督鄂國公尉遲恭碑〉，中華書局1983年影印本，第二冊，第1555頁。

唐代長江中游地區政治經濟地域結構的演變

年），襄陽一直沒有高於刺史的軍政或監察機構。睿宗景雲二年六月二十八日，「敕天下分置都督府二十四，令都督糾察所管州刺史以下官人善惡」。其時規定襄州都督府所管為襄、鄧、金、商、均、房、唐七州 [1]。這一轄區較之貞觀初年襄州都督府轄區又有所擴大：（1）增加了金、商、房三州。其中金州領西城（今陝西安康）、洵陽（今縣）、石泉（今縣）、安康（今漢陰西）、黃土（今陝西洵陽縣東，陝、鄂交界處）、平利（在今安康東南）六縣 [2]，商州領上洛（今陝西商州）、豐陽（今山陽）、洛南（今縣）、商洛（今丹鳳縣西）、上津（今湖北鄖西縣北上津堡）、安業（今陝西柞水）六縣 [3]，房州領房陵（今湖北房縣）、永清（今保康西境）、竹山（今縣）、上庸（今竹溪縣東南境）六縣 [4]。（2）鄧州北境有所擴展。貞觀九年，原屬北澧州之向城縣（今南陽北境、南召縣南境）來屬鄧州。（3）唐州轄地有較大變化。貞觀初之唐州領棗陽、湖陽二縣，轄境相當於今棗陽、唐河境，已見上考 [5]。至貞觀九年（635年），改顯州（治比陽，在今河南泌陽）為唐州，原唐州之棗陽、湖陽二縣及原屬魯州之方城縣（今縣）均併入新置之唐州，州治移入原顯州治比陽。翌年，棗陽改隸隋州。故自貞觀十年至景雲元年（636—710年），唐州領比陽、慈丘（今泌陽縣東北）、桐柏（今桐柏縣東）、

1　《唐會要》卷六八「都督府」條「景雲二年六月二十八日制」，中華書局1955年版，第1192頁。

2　《舊志》「金州」條，中華書局1975年版，第1539～1540頁；《新志》「金州漢陰郡」條，中華書局1975年版，第1033頁。按：二志均有漢陰、洵陽二縣，其中漢陰乃至德二年（757年）由安康縣改稱，洵陽乃天寶元年（742年）由黃土縣改稱。故景雲之制仍當為安康、黃土縣。

3　《舊志》「商州」條，中華書局1975年版，第1538頁；《新志》「商州上洛郡」條，中華書局1975年版，第965～966頁。按：《新志》有乾元縣，乃安業縣於乾元元年（758年）所改。

4　《舊志》「房州」條，中華書局1975年版，第1546～1547頁；《新志》「房州房陵郡」條，中華書局1975年版，第1032頁；《元和志》「房州」條，中華書局1983年版，第545頁。

5　清潭、春陵二縣分別廢於武德五年、貞觀元年，二縣地併入棗陽縣，見《舊志》隋州「棗陽」條（中華書局1975年版，第1548頁）及《新志》「棗陽」條（中華書局1975年版，第1031頁）。

平氏（今桐柏縣西）、湖陽、方城六縣[1]。唐州之名雖仍與此前同，統轄地域卻已大異，包括今河南南陽地區東半部之唐河、桐柏、泌陽、社旗、方城諸縣，而不包括原唐州的中心區域今湖北棗陽市。此外，淅州於貞觀八年廢，仍以武當、均陽二縣置均州，並割原屬上州之豐利縣（今陝西白河縣南）屬均州；而原屬淅州之內鄉縣（默水縣於淅州廢罷之同時併入內鄉）則割屬鄧州[2]。與此同時，廢郢州，以率道、樂鄉二縣屬襄州，原屬郢州之長壽縣改隸溫州（出處已見前）。因此，景雲元年擬議中的襄州都督府轄區較之貞觀初年範圍有較大擴展：向西、西北包括了金、房、商三州，西界到達今陝西石泉、寧陝、柞水、商州、洛南一線；向北增加了向城、方城、慈丘、比陽、桐柏、平氏諸縣，包括了整個南陽盆地。但在東與東南方向上則減少了棗陽、長壽二縣，境域略向後退縮（參見圖6—2景雲二年擬設之襄州都督府轄區）。

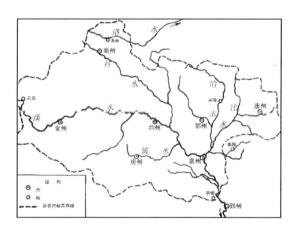

圖6—2　景雲二年擬設之襄州都督府轄區

---

1 《舊志》「唐州」、隋州「棗陽」條，中華書局1975年版，第1544、1548頁；《新志》「泌州淮安郡」條，中華書局1975年版，第1031頁；《元和志》「唐州」條，中華書局1983年版，第539頁。
2 《舊志》「均州」、鄧州「內鄉」條，中華書局1975年版，第1544～1546頁；《新志》「均州武當郡」、鄧州「內鄉」條，中華書局1975年版，第1032頁。

然此事因受到朝臣反對而未能付諸實施，同年七月即停罷¹。二十四都督府停罷之後，在此前即已設置的十道按察使遂愈益顯得重要²。《唐會要》卷七十〈州縣分望道〉稱：「景雲二年五月，出使者以山南控帶江山，疆界闊遠，於是分為山南東西兩道。」³則其時已分山南為兩道。今存文獻中，未見有睿宗朝山南道按察使之任例。開元初，陽嶠以荊州長史為山南道按察使⁴。《唐大詔令集》卷一〇四蘇頲〈遣王志愔等各巡察本管內制〉（開元四年七月六日）命荊州長史任昭理、梁州都督張守潔「各巡本管內官人⁵」；開元八年（720年）八月，同時以荊州長史盧逸、梁州（治今陝西漢中市）都督裴觀充山南道按察使⁶。雖在名稱上未云東、西，但山南實已分為兩道，分別以荊州長史、梁州都督兼任按察使。其中東道按察使既以荊州長史兼任，其治所當在荊州；西道按察使以梁州都督兼任，則其治所當在梁州^[9]。到開元二十二年（734年），改置十五道採訪處置使，並成為定制，其中山南東道採訪使則改駐在襄州，且兼任襄州刺史^[10]。

景雲至開元中所置山南東道按察使、採訪處置使之監察區域，

---

1 自六月二十八日詔書分置二十四都督府，至秋七月停新置都督府，此議之存在前後不足兩月（是年閏六月）。今存文獻中未見有景元中襄州都督或襄州都督府司舉參軍（實際負責糾察管內官人，見下）的任例，可能此事並未付諸實施。

2 太宗貞觀元年（627年），因山川形便，分天下為十道。貞觀間，多次派出觀風俗大使、巡察使等使職巡察地方，然諸使所察之地區並不以十道分屬，也不穩定。高宗、則天朝，也屢見九道巡察使、十道安撫使之目，其情形與貞觀間相似。至中宗神龍二年（706年）方定制分設十道巡察使（後改為按察使）「二周年一替，以廉按州部」，正式定期派遣使職監察州部。參閱陳仲安、王素：《漢唐職官制度研究》，中華書局1993年版，第221～222頁。

3 《唐會要》卷七十〈州縣分望道〉，中華書局1955年版，第1233頁。

4 《新唐書》卷一三〇〈陽嶠傳〉，中華書局1975年版，第4493頁。《舊唐書》本傳略同。又見《宋本冊府元龜》卷六八三〈牧守部・遺愛第二〉，中華書局1989年版，第2351頁。

5 《唐大詔令集》卷一〇四蘇頲〈遣王志愔等各巡察本管內制〉，商務印書館1959年版，第531頁。

6 見《宋本冊府元龜》卷一六二〈帝王部・命使第二〉，中華書局1989年版，第350頁。又《宋本冊府元龜》卷六二六〈環衛部・選任・舉職〉，開元十年，「山南按察使、梁州都督裴觀為左威衛將軍」（中華書局1989年版，第2007頁）。

當包括襄、鄧、唐（泌）、均、房、隋（治今隨州）、郢（治今鍾祥）、復（治今仙桃市東南）、金、商[1]、荊（治今荊州市）、峽（治今宜昌）、歸（治今秭歸）、夔（治今重慶市奉節）、萬（治今萬州）、忠（治今忠縣）、涪（治今涪陵）[2]共十七州。至天寶初，又將原屬江南西道之澧（治今湖南澧縣東）、朗（治今湖南常德）二州割屬山南東道。於是，山南東道的監察區域乃今湖北中西部、重慶東部、湘西北與陝東南的廣大地區。

「安史之亂」起，政治軍事格局大變。為適應軍事需要，山南東道採訪使漸變為採訪防禦使、防禦使，而最後演變為節度使。《舊唐書》卷九八〈源洧傳〉：「天寶中，為給事中、鄭州刺史、襄州刺史、本道採訪使。及安祿山反，既犯東京，乃以洧為江陵郡大都督府長史、本道採訪防禦使、攝御史中丞，以兵部郎中徐浩為襄州刺史、本州防禦守捉使以禦之。」[3]《舊唐書‧玄宗紀》天寶十四載十二月書此事曰：「以永王璘為山南節度使，以江陵長史源洧副之。」則源洧由襄州刺史轉任江陵長史，兼山南東道採訪防禦使。但此舉顯然是臨時措置，源洧也在到江陵不久後即去世。徐浩以襄州刺史兼任之防禦使所轄範圍當限於本州；《舊志》「襄州」沿革云：「［天寶］十四載，置防禦使。」當即指此。然在襄州防禦使之外，又有山南東道防禦使，其轄區似不限於襄州一

1　金、商二州，《舊志》並屬山南西道，《新志》金州屬山南東道，商州屬關內道。二書相歧異，且諸書皆未記二州改屬事。按：景雲間擬議中的襄州都督府領有金、商二州，都督府停罷後設置的山南東道按察使當亦領此二州。然迄未見有明確之證據。譚其驤先生主編《中國歷史地圖集》第五冊第52～53頁「唐‧山南東道、山南西道」幅將二州劃入山南東道，或另有所據。今從之。

2　《舊志》脫涪州，《新志》屬山南東道。據《新志》及《唐會要》卷七一〈州縣改置下〉，涪州置於武德初，貞觀中屬山南道，「元和三年七月復以涪州隸黔中道」，則在開元中當屬山南東道。

3　《舊唐書》卷九八〈源洧傳〉，中華書局1975年版，第3072頁。

唐代長江中游地區政治經濟地域結構的演變

州[1]。到至德二載（757年），乃「升襄陽防禦使為山南東道節度使，領襄、鄧、隋、唐、安、均、房、金、商九州，治襄陽[2]」，正式設置山南東道節度使。

　　至德二載正式設立之山南東道節度使，領有九州；乾元三年（即上元元年，760年）四月，來瑱被任為山南東道節度使，《舊唐書》卷一一四本傳稱其節制襄、鄧、均、房、金、商、隨、郢、復十州（按：此處不足十州之數，據同傳下文，當另有唐州）[3]。領州中均有金、商、均、房四州，然於其之前設立的興平軍節度使卻也轄有此四州[4]，顯然相互重疊。興平軍雖於上元二年（761年）廢罷，但緊接著即設立武關內外四州防禦觀察使，「領州如故」；翌年此防禦使廢，同時以金、商度屬京畿；興元元年（784年）復置金、商二州都防禦使，治金州[11]。因此，山南東道節度使實際上從未能夠控制金、商二州；而從興平軍節度、武關內外四州防禦使的活動情況看，它也未能實際控制均、

1　正文所引〈源洧傳〉及《舊唐書‧徐浩傳》、《全唐文》卷四四五張式〈大唐故銀青光祿大夫彭王傅上柱國會稽郡開國公東海徐公（浩）神道碑銘）均稱浩任為本郡（州）防禦使（中華書局1983年影印本，第五冊，第4542頁）。《全唐文》卷三六七賈至〈授韓洪山南東道防禦使等制〉則稱「山南東道防禦使」；《全唐文》卷三六七賈至〈授竇紹山南東道防禦使制〉又見以崔伯陽為襄陽防禦使，同時以竇紹為山南東道防禦使（第四冊，第3730頁），則山南東道防禦使與襄州（襄陽）防禦使非一，然二者之關係如何，不詳。

2　《新唐書》卷六七〈方鎮四〉，中華書局1975年版，第1869～1870頁。《舊唐書》卷十〈肅宗紀〉：至德二載（757年）正月甲寅，「〔以〕將作少監魏仲犀為襄陽、山南道節度使」（中華書局1975年版，第245頁）。《資治通鑒》記載，天寶十五載（即至德元載，756年）正月，置南陽節度使，以南陽太守魯炅為之，節制襄陽諸郡（卷二一七，中華書局1956年版，第6953頁）；翌年（至德二載）五月，魯炅為叛軍所敗，奔襄陽（卷二一九，第7024～7025頁）。《舊唐書》卷一一四〈魯炅傳〉云：「朝廷因除御史大夫、襄陽節度使。」同傳並引是年十二月策勳行賞詔，稱魯炅為「南陽郡守、兼御史大夫、權知襄陽節度事」（中華書局1975年版，第3361～3363頁），則此時已設立襄陽節度使。故山南東道節度使之置當在至德二載（757年），《舊志》「襄州」沿革謂置於上元二年（761年），誤。

3　《舊唐書》卷十〈肅宗紀〉乾元三年四月己未條亦記載：「以陝州刺史來瑱為襄州刺史，充山南東道襄、鄧等十州節度觀察處置等使。」（中華書局1975年版，第258頁）。

4　《資治通鑒》與《新唐書》卷六七〈方鎮表四〉均將興平軍之置列於至德元載，則興平軍之置當在山南東道節度使之正式設置之前。

房二州。至德二載山南東道領州中又有安州，但安州實際上一直處於淮南節度的控制之下[12]。故至德中山南東道節度使實際控制者當為襄、鄧、隋、唐、均、房六州。至上元元年，增領原屬荊南之郢、復二州，實有八州[13]。

　　山南東道節度使轄區以後又歷有變化。廣德元年（763年）至建中二年間（781年），梁崇義長期據有襄陽，《舊唐書》卷一二一本傳稱他「奄有襄、漢七州之地 [1]」，較之來瑱實際控制之八州仍少一州，所欠者當為復州。貞元三年（787年），仍以復州還山南 [2]，同時改隸山南者還有安州（貞元十年復度屬奉義軍）[3]。是年，以曹王李皋為山南東道節度，以襄、鄧、唐、復、郢、安、隋七州隸之 [4]。至元和十年（815年），以淮西用兵，析山南東道為兩節度：山南東道領襄、復、郢、均、房五州，唐、隋、鄧三州別置一節度。但為時甚短，元和十二年底即復還舊制 [5]。此後，直到唐末，山南東道節度轄區較少有大的變化（參見圖6—3山南東道節度使轄區的變化）。

1　《舊唐書》卷一二一〈梁崇義傳〉，中華書局1975年版，第3490頁。
2　梁崇義為山南東道節度時所領之七州，史不載其具體情況。《新唐書》卷六七〈方鎮表四〉於貞元三年下記「山南東道節度增領復州」，則復州在此前不隸山南。
3　《舊唐書》卷十二〈德宗紀上〉貞元三年閏五月，以李皋為山南東道節度使、襄鄧郢安隨唐等州觀察使，中有安州；《新唐書》卷六七〈方鎮表四〉：貞元十年，安州隸奉義軍節度。
4　此據《資治通鑒》卷二三二，貞元三年四月庚申，中華書局1956年版，第7485頁。《舊唐書》卷十二〈德宗紀上〉記此事無復州。據《新唐書·方鎮表》，貞元三年，「山南東道節度增領復州」。知此時山南東道當領有復州，故當以《通鑒》所記為是。諸書記李皋所領無均、房二州，然此二州在貞元、元和中仍當屬於山南東道。《全唐文》卷四九一權德輿〈送司門殷員外出守均州序〉稱貞元中，殷員外「嘗佐廉問於漢南，會是邦缺守，乘傳權領」（中華書局1983年影印本，第五冊，第5014頁）。漢南，指襄陽。則此時均州仍屬山南東道節度，殷員外方得以「乘傳權領」。然貞元中均、房之屬山南，尚無確證，俟今後詳考。
5　見《舊唐書》卷十六〈憲宗紀下〉元和十年十月庚子、十二年十一月丙戌條，《新唐書》卷六七〈方鎮表四〉。

唐代長江中游地區政治經濟地域結構的演變

圖6—3　山南東道節度使轄區的變化

　　儘管有這些複雜的變化，但總的說來，在上元二年（761）之後的大部分時間裡，山南東道節度使實領有襄、鄧、復、郢、唐、隨、均、房八州[1]。其中襄、鄧、唐、均、房諸州領縣情況已見前（唐州於開元十三年置上馬縣，後改泌陽縣，故領縣增至七縣）。隨州領隨（今隨州市）、光化（今隨州東南）、棗陽、唐城（開元二十六年分棗陽置，今隨州西北唐縣鎮）四縣，郢州領長壽、京山（今縣）、富水（今京山縣東北宋河鎮）三縣，復州領沔陽（今仙桃

1　參閱《元和志》卷二一「山南道二，襄陽節度使」條（中華書局1983年版，第527～528頁）。實應中，隨、唐二州曾短期度屬淮西；貞元中，唐州曾隸東都畿。參閱《新唐書》卷六七〈方鎮表四〉。

市東南沔城鎮）、竟陵（今天門市）、監利（今監利縣北）三縣[1]。因此，唐後期的山南東道節度使轄區實際上包括了以襄陽為中心的漢水中下游大部分地區。

綜上所考，可知：有唐一代，以襄陽為中心設置的地位高於刺史的官署（我們姑且稱之為「統州官署」）之性質與功能各有不同，所領州郡也歷有變化（表6—1）。我們注意到：這些官署的性質、功能及其統轄（監察）區域的大小，明顯地受到中央對地方的控制政策、策略以及地域政治與軍事格局的制約或影響。具體地說，設置怎樣的官署機構，主要是出於中央控制、統治地方的需要，取決於政治、軍事的需要和中央對地方的控制能力；而這一官署統轄（或監察）區域的大小，除了取決於其性質、功能之外，還常常受到襄陽所在的漢水中游地區及其毗鄰地區的地域政治格局的影響乃至制約。茲略論之。

1.武德四年（621年）所置之襄州道行臺，與武德間其他行臺一樣，乃是適應戰爭需要的特殊舉措，其所領區域十分廣闊，且常隨戰事發展而變動，可不具論。至武德七年（624年）置襄州都督府，其轄區之確定則顯然受到當時襄陽週圍地區政治格局的深刻影響。按：此次改總管府為都督府，本含有軍民分治、逐步結束戰時體制之意[14]。但是，戰事剛剛結束（有的地方仍在進行），在戰爭上崛起的地方勢力相當強大，各種關係錯綜複雜，這使唐王朝在設置、調整都督轄區時不得不謹慎從事。襄州都督府是在襄州行臺撤銷的背景下建立的，首任都督就是原襄州行臺兵部尚書劉瞻[15]。這種背景，再兼以襄州地位之重，襄州都督府轄區本不當如此狹促。但當時襄陽地區的政治格局決定了它只能領有襄、鄧等七州：

1　《舊志》、《新志》與《元和志》之「隋州」、「郢州」、「復州」條。按：關於郢州治所，《舊志》謂在京山，《新志》、《元和志》稱在長壽縣，今從後者。

表6—1　唐代襄陽統州官署的變化

官署名稱	存在時間	性質	所領州郡	統轄（監察）區域
襄州道行臺	武德四年至七年（621—624年）	軍政合一的臨時機構	交、廣、安、黃、壽等二百五十七州	長江中游、淮河中上游及嶺南地區
襄州都督府	武德七年至貞觀六年（621—632年）	軍事機構	襄、鄧、唐、均、淅、重、郡七州（貞觀元年後無均、重二州）	今西峽、淅川、內鄉、鄧州、新野、南陽、鎮平、唐河、郿縣、十堰、丹江口、老河口、襄樊、襄陽、宜城、棗陽、南漳等縣市大部，隨州、鍾祥、保康一部分
襄州都督府（擬設）	景雲二年（711年）六月至七月	行政監察與軍事機構	襄、鄧、金、商、均、唐、房等七州	今河南南陽地區，陝西商州、安康地區，湖北十堰市、襄樊市所轄的大部分地區（欠棗陽）
山南東道採訪處置使（按察使）	景雲二年至天寶十四載[1]（711—755年）	地方監察機構	襄、鄧、唐、均、房、隋、郢、復、金、商、荊、峽、歸、夔、萬、忠、涪等十七州（天寶中增澧、朗二州）	今湖北十堰、襄樊、荊州、宜昌地區，南陽盆地，陝西商州、安康地區，重慶市東部涪陵、萬州市及湖南常德市
山南東道節度使	至德二載至唐末（757—907年）	軍政合一的地方統治機構	襄、鄧、唐、隋、均、房、郢、復等八州（歷有變化，詳正文）	今湖北襄樊、十堰地區及隨州、鍾祥、京山、天門、仙桃、洪湖等縣市及河南南陽地區

　　據《唐會要》卷二八「採訪處置使」條記載，諸道採訪處置使於乾元元年（758年）停罷。但在山南東道，天寶十四、十五載之際源洧逝後，即未見有採訪使之任例。故此處將山南東道採訪使的停罷時間暫定在天寶十四載。

　　（1）在襄陽東北方向上，顯州（淮安郡）土豪楊士林、田瓚早在隋末即「殺郡官而據其郡」；武德二年（619年），曾逐走朱粲，降附唐信州總管李瑗，唐為此置顯州道行臺，以楊士林、田瓚分任尚書令、長史；武德三年六月，田瓚殺楊士林降王世充，世充以瓚為顯州總管；九月，田瓚復「以所部二十五州來降」，唐仍任為顯州總管[1]。這一支地方勢力歷史長、力量大，所以唐王朝雖明知其左右逢源，亦不得不以榮寵官爵羈縻之。行臺、總管之置，即為不

1　《資治通鑒》卷一八七，武德二年春正月，中華書局1956年版，第5839頁；卷一八八武德三年六月、九月，第5884、5889頁。《新唐書》卷一〈高祖紀〉武德三年六月，中華書局1975年版，第11頁。

得已之手段。武德三年顯州總管所領，據《舊志》記載，為顯（治比陽，今河南泌陽）、北澧（治方城，今方城）、純（治桐柏，今桐柏縣東）三州；五年，又增唐州（七年，度屬襄州都督）。這一地區在武德間也就不可能歸屬襄州都督府統轄。

（2）在襄陽的東面，另一支地方勢力周法明集團據有蘄春（治今湖北蘄春）、永安（治今新洲）、安陸（治今安陸）、沔陽（治今仙桃西南境）四郡，武德四年五月降唐，唐授以黃州總管；同年九月，周法明參加平定蕭銑之役，出兵夏口道；最後於武德六年十一月被殺 [1]。在置黃州總管（領黃、蘄、亭、南司四州）之同時，安州亦置總管，領安州及新設立的澴、應（今孝感、廣水境）二州。顯然，這都是為安撫周法明集團而採取的措施。周法明死後，唐王朝才得以逐步控制這一地區。武德七年，安州改置大都督府，領安、申、陽、溫、復、沔、光、黃、蘄九州，統轄地域包括了漢水下游東面今鄂東北、豫東南的廣大地區 [2]。在武德七年的地域政治格局中，安州大都督府與襄州都督府基本上是分據漢水下、中游，前者統轄域較大，地位也高，襄州不可能向東擴展 [3]。這裡值得提出一點補充的是：這一界線的形成或許與正文所論唐初這一地區的政治形勢有關，也就是說，唐初所置襄州、安州二都督府的分界，為以後山南、淮南二道的分界奠定了基礎。

（3）在襄陽西面，武德三年即置有金州總管府，管金、井、

---

1 《資治通鑒》卷一八九，武德四年五月、九月，中華書局1956年版，第5918、5930頁；卷一九〇，武德六年十一月，第5974頁。
2 《舊志》「黃州」沿革，「安州」沿革，中華書局1975年版，第1580～1581頁。在今見文獻中，首任安州大都督是名將李靖。《舊唐書》本傳稱李靖在武德八年檢校安州大都督。然前引李百藥〈荊州都督劉瞻碑銘〉稱是年以趙王為安州大都督。趙王，當指李孝恭，然兩唐書孝恭本傳均不見此事，且孝恭當時正任揚州大都督。當有誤，今不取。
3 襄州、安州二都督府轄區的分界，後來經過調整，實際上就構成了唐代山南道（東道）與淮南道之間的界線。關於此二道的分界，周振鶴先生曾從自然地理的角度加以分析，所論很有道理，請參閱周振鶴：《體國經野之道》，（香港）中華書局1990年版，第178～180頁。

直、洵、洋、南豐、均、［淅］（漸）、遷、房、重、順等十二州（均在今陝西安康、湖北十堰一帶）。金州方面雖未見有地方勢力盤踞，但因其地處關中、漢中與荊楚地區交通的要道，是定都關中的唐王朝較早據有的地區之一。當武德三年王世充部將王弘烈佔據襄陽地區時，唐高祖即命金州總管府司馬李大亮安撫樊、鄧以圖之。李大亮進擊樊城，下其城柵十四，說明金州方面也擁有一支力量較大的武裝[1]。《舊志》未載金州總管廢罷之時間，推測也當於武德七年改為都督府，其原管之均、淅、重三州已屬襄州都督府，洵、井、南豐、遷諸州已省併，疑其當領有金、房、直、上、商等州[2]。金、商地區在唐代一直很重要而且敏感，唐王朝總的傾向是將它們隸屬於關內，以便加強對這一地區的控制。所以在大部分時間裡，金、商二州並不隸屬於以襄陽為中心的軍事區（見下文）。

（4）在襄陽南面，則是荊州大都督府（貞觀元年改為都督府）轄區。自漢末以來，江陵、襄陽並為荊楚重鎮，互不上下，而江陵之地位復稍勝之，所以襄州都督府更無由向南擴展。

因此，武德七年襄州都督府的統轄範圍應當是在權衡當時漢水中下游地區各種地方政治勢力以及中央政府在這一地區的政治實力的基礎上劃定的，是當時這一地區政治軍事力量分布在機構設置與軍政區域劃分上的反映。但是，這些措施畢竟是權宜之計，非太平盛世所應有。所以自武德七年至貞觀元年間，襄州都督府轄區作了一系列的調整（考已見前）。這些調整，既有「因山川形便」的考慮，也明顯地包含著政治意圖。如廢湖州後以湖陽屬唐州，從而使襄州都督轄區楔入了顯州都督轄區；廢宛、酈州之後，將南陽、新

---

1 《資治通鑒》卷一八八，武德三年十一月，中華書局1956年版，第5894頁。《新唐書》卷九九〈李大亮傳〉，中華書局1975年版，第3911頁。
2 《舊志》「金州」條，中華書局1975年版，第1539頁。按：關於金州總管是否改為都督，及其所管州，這裡的認識還需要進一步的證據，尚俟以後詳考。

城屬鄧州，也隱含著削弱顯州都督府之意。看來這些調整遇到了相當的阻力，對於顯州的經營直到貞觀九年才得以最後完成，歷時十數年，充分表明這裡存在著一支根深蒂固的地方勢力。

2.景雲二年擬設之都督府，職在「糾察所管州刺史以下官人善惡」，似乎是單純的地方監察機構。實則不然。當時改各府錄事參軍為司舉從事，每府置兩員，直接負責糾察管內州縣官吏，資望比侍御史。「若糾不以實，奸不能禁者，令左右御史臺彈奏。」則司舉從事同於漢代的刺史，成為隸屬御史臺的中央駐外監察官員；他同時又是都督的屬官，受都督節制。至於都督本人，則似仍掌軍事[1]。這樣，都督府實際上既掌握軍權，又擁有行政監察權，已有類於漢末的州牧。所以當時的反對者認為都督「操糾舉之柄，典刑賞之科，若委非其人，授受有失，權柄既重，疵纇或生，豈所以強幹弱枝、經邦軌物者也[2]」？擔心都督府權力太重、易成尾大不掉之勢。因為反對者甚多，這項舉措不得不於同年七月停罷，但反映了中央對於控制地方有著強烈的願望。

此時所擬設的襄州都督府管襄、鄧、金、商、均、唐、房七州。顯然，這是承平歲月下的安排，主要是出於管理與監察方便的考慮，而不是軍事控制的需要。金、商二州特別是商州歸屬襄州都督府而不是歸屬畿內，說明這時軍事方面的考慮已退居次要地位。正因為此，此次擬設的二十四都督府轄區大多呈現為塊狀，多與自然地理區域相合。如與襄州都督府相鄰的梁州都督府管梁、利、興、鳳、洋、集六州，主要是漢水上游與嘉陵江上游地區；安州都

---

1 《唐會要》卷六八「都督府」條，中華書局1955年版，第1194頁。《舊唐書》卷七〈睿宗紀〉特別指明，這項改革是「依漢代故事」；當時論者，也多將此舉與漢代十三州刺史部之設相聯繫。另請參閱陳仲安、王素：《漢唐職官制度研究》，中華書局1993年版，第220頁。

2 《唐會要》卷六八「都督府」條太子右庶子李景伯、中書舍人盧補等議，中華書局1955年版，第1195～1196頁。

唐代長江中游地區政治經濟地域結構的演變

197

督府管安、沔、復、隋、黃、申、蘄、光八州，基本上是所謂的漢東、淮（水上游）南、江北地區；荆州都督府管荆、硤［峽］、郢、澧、朗、岳、鄂七州，則包括了三峽以下的沿江各州，也是荆州傳統的影響範圍[16]。從自然地理和行政管理的角度看，這種區劃是比較合理的。當然，它也的確易於孕育地方割據勢力，不利於中央對地方的控制。因此，這一計畫受到反對而未能實施，是有一定道理的。

3.景雲中十三道按察使、開元天寶中之十五道（開元二十六年置黔中道，為十六道）採訪使監察區域之劃分，主要是依據「山川形便」原則，此點論者已多，茲不贅述。需要補充的是，落實到山南東道監察區域的劃分上來，「山川形便」的原則更具體體現在交通之便利方面。換言之，按察使、採訪使既職在巡察地方，當然要考慮由其治所到所管州郡的交通問題。嚴耕望先生曾指出，中古時期南北交通有三條主線：西線由關中越秦嶺西段，循嘉陵江入巴蜀；東線由黃淮平原逾淮水至長江下游之吳越；中線由關中東南行，或由河洛西南行，皆至宛、鄧、襄陽，復循漢水至長江中游之荆楚。「其東道主線由壽春、合肥，或由彭城、淮陰；西道主線多由散關棧道，或由祁山、仇池，皆因時而異。惟中道之必取襄陽，則山川形勢使然，無可易者[1]」。襄陽「北接宛、洛，跨對樊、沔，為荆、郢之北門[2]」，向來就是聯繫長江中游與中原、關中地區的交通樞紐。由襄、鄧西北陸行過武關、藍關，或自襄州溯漢水、丹水入商州，再轉陸路經藍關，或自襄州溯漢水至洋州，轉陸路經梁州入褒斜道越秦嶺，均可至長安；由襄州北行經南陽、方城

1　嚴耕望：〈荆襄驛道與大堤豔曲〉，載嚴耕望：《唐代交通圖考》第四卷，上海古籍出版社2007年版，第1039～1078頁。另請參閱嚴耕望：〈唐代國內交通與都市〉，《大陸雜誌》1954年第8卷第4期。

2　《元和志》卷二一山南道二「襄州」總敘，中華書局1983年版，第527～528頁。

可至洛陽；南行經荊襄大道至江陵，或溯湘江越南嶺至廣州，或經沅水入桂，或西上入蜀，或東下吳越；東南循漢水而下，經郢、鄂入江，亦得聯絡吳越嶺南[1]。以襄陽為交匯點的這些交通網絡對於山南東道區域的界定有著十分重要的影響：所管各州基本上都在交通要道上。其中商州處在由襄陽去長安、漢中的藍田—武關道上，經金州則可聯絡漢中。前已述及，在戰爭時期，此二州多屬關中或自成一區；但二州與關中中隔秦嶺，交通不便，所以在太平歲月，軍事考慮退居次要位置，交通便利遂成為首先考慮的因素。歸、夔、萬、忠、涪五州雖已深入峽中，但均在長江沿線，與荊州的交通顯然比與山南西道採訪使治所梁州之間的交通要便利得多。澧、朗二州在天寶初度屬山南東道，也當是由於其處在由荊襄南下桂、容（今廣西地區）之要途，而與江南西道採訪使治所洪州（今南昌）過於懸遠之故。而安州雖距襄陽甚近，但因不在漢水道上，故分屬淮南道[2]。總之，交通條件在山南東道監察區域的劃分中顯然起了很大的作用。

4.「安史之亂」後山南東道節度使轄區範圍的確定及其變化，明顯地受到軍事行動、週圍地區的軍事形勢以及各種地方勢力之消長的影響。最初設置山南東道節度使，顯然事起倉促，僅是一種臨時措置，故其名稱既不一致，轄區也很模糊，並互有重疊。這種相互重疊、隸屬非一的狀況，顯然是出於戰事需要的臨時措施，非為定制。在原則上，山南東道節度轄區東起安州，西至金、商，北以伏牛山、方城山、桐柏山為界，顯然是憑山據險，以抵禦來自北

1　參閱嚴耕望：《唐代交通圖考》第三卷「藍田武關道」，上海古籍出版社2007年版，第637～668頁；〈唐上津道考〉，《「中央研究院」歷史語言研究所集刊》1968年第38本；王文楚：〈歷史時期南陽盆地與中原地區間的交通發展〉，《史學月刊》1964年第10期。

2　當然，在安州的歸屬問題上，交通只起了部分作用，歷史因素（如前文提到的唐初的政治形勢）、地理因素（淮水以南的位置），以及淮南道過小等都是原因。但以郢州、復州隸山南東道，而以安州隸淮南，與襄州之間的交通條件顯然起了一些作用。

唐代長江中游地區政治經濟地域結構的演變

方的安史叛軍。但在實際上，山南東道節度並不能控制金、商、安三州。安州本屬淮南，可不論；至金、商二州之自成一區，則顯然與「安史之亂」後此二州戰略地位之重要有著密切的關係。蓋「安史之亂」後，汴宋淪落，淮河阻兵，運河交通中斷，荊襄運道遂成為溝通南北聯繫的唯一紐帶，江淮粟帛率經由襄陽，溯漢水，或取上津路經商州轉送扶風，或運至洋川、漢中，復轉運扶風，以供軍需[1]。金、商二州正處在這條唐王朝的生命線上，其戰略地位之重要不僅是軍事上的，更是經濟上的。興平軍、武關內外四州防禦使以及後來的金、商二州都防禦使之置，都是為了保護這條運道並拱衛京師的東南面。在這裡，軍事與戰略上的考慮壓倒了地理與管理方面的考慮，成為唐後期方鎮轄區劃分的決定性因素。

郢、復二州之由荊南度屬山南東道，則當與襄州軍力的擴張有關。乾元二年（759年）八月，襄州將康楚元、張嘉延作亂，逐走刺史，並襲破荊州，商州刺史韋倫討平之。然翌年四月，襄州將張維謹、曹玠復叛，殺節度使史翽；唐王朝採取息事寧人政策，方得平息變亂[2]。在這一系列的變亂中，襄州軍力大張。按：襄州因地處前沿，軍力較盛。天寶末魯炅以南陽節度使屯兵葉縣時，即有兵5萬（已見前）；魯炅退守襄陽，當有一部分兵力因之而進入襄陽。康楚元作亂，擁眾至萬餘人；梁崇義割據山南，《舊唐書》本傳稱其「帶甲二萬」；襄州軍將屢次作亂，唐王朝只能虛與委蛇，息事寧人，也可見出其軍力之盛。而荊南節度則軍力單薄。上元元年（760年），呂諲被任為荊南節度，辭以無兵，後以元結在唐州招募的義

---

1 參閱前揭嚴耕望先生諸文，以及王力平：〈唐肅、代、德時期的南路交通〉，載中國唐史學會編：《古代長江中游的經濟開發》，武漢出版社1988年版，第331～345頁。

2 《資治通鑒》卷二二一，乾元二年八月乙巳、九月甲午、十一月甲子條，上元元年四月壬辰條，中華書局1956年版，第7080～7081、7088、7091頁。

軍5000人撥付，方得赴任[1]。襄、荊二州軍力的較大差距，使襄州的勢力易於向荊州方面擴張。郢、復二州很可能就是當張嘉延進佔荊州之同時佔領的。兵亂雖然平定，但郢、復二州已被襄陽方面控制，故來瑱帥山南，得領此二州。至來瑱被殺，襄陽內亂，襄州軍力當有所削弱，或因襄州內亂而收縮，故梁崇義受推為襄陽帥，只領七州，失復州。

　　來瑱鎮襄陽之初，領有十州，是山南東道節度使轄區範圍最大的時期。轄地既廣，軍力且盛，來瑱又擁兵自重，與朝廷之關係遂至惡化。《資治通鑑》卷二二二寶應元年（762年）二月（建辰月）庚寅條云：「上（肅宗）招山南東道節度使來瑱赴京師。瑱樂在襄陽，其將士亦愛之，乃諷所部將吏上表留之；行至鄧州，復令還鎮。荊南節度使呂諲、淮西節度使王仲昇及中使往來者言『瑱曲收眾心，恐久難制』。上乃割商、金、均、房別置觀察使，令瑱止領六州。」[2]可見武關內外四州防禦使之置除上述戰略方面的考慮外，直接的意圖則是削弱來瑱的勢力。但這一企圖顯然受到襄州方面的極力抵制，故第二年即廢罷四州防禦使，以均、房還山南。

　　至貞元間李皋鎮襄陽，復領有本屬淮南西道之安州，其原因蓋主要有三：（1）安州在此前被李皋所部收復，李皋實際上已控制安州。（2）安州與申州接鄰，與唐、鄧一起「扼淮西衝要」。朝廷欲經略淮西，當以發安州出「義陽三關」為一要途。朝廷任李皋帥山南，意在進謀淮西，故以安州屬之為便。（3）李皋係出宗室，忠於朝廷，亦得朝廷信任。此點或許最為重要，李皋死（貞元八年）

1　《全唐文》卷三四四顏真卿〈唐故容州都督兼御史中丞本管經略使元君（結）表墓碑銘（並序）〉，中華書局1983年影印本，第四冊，第3494～3496頁。又據《資治通鑑》卷二二一記載，上元元年九月，呂諲置永平軍團練兵3000人（中華書局1956年版，第7096頁），也反過來說明此前荊南兵力單薄。正因為此，張嘉延才得以輕而易舉地取得荊州。
2　《資治通鑑》卷二二二，寶應元年（762年）二月（建辰月）庚寅條，中華書局1956年版，第7121頁。

唐代長江中游地區政治經濟地域結構的演變

後不久（貞元十年），安州即改隸奉義軍，人事變動顯然是重要原因之一。至於元和間山南東道之分而複合，則完全是淮西戰事的需要，無需贅論。

總之，「安史之亂」後山南東道節度使轄區的變化主要受到戰爭需要、地區軍事形勢、地方武力之盛衰、節度使人選以及朝廷對這一地區的控制能力、控制政策與方略等諸方面因素的影響，正因為這些因素不斷變化，才導致了山南東道節度轄區變化之頻繁與複雜。其中，區域軍事形勢、地方武力、節度使人選這些地方性因素起著主導性作用，中央往往只能認可既成事實；但中央的作用也不可忽視，在州郡歸屬問題上，中央還是擁有最後的決定權。這與武德間的情況很相似，而與景元、開元間的情形迥異（當然，節度使與按察使、採訪使的性質也大不相同）。質言之，當天下太平時，在監察乃至行政區的劃分上，中央掌握著絕對的決定權，劃分的標準主要是山川形便、交通便利和地理區域，其原則是便於行政管理和巡視監察。戰亂一起，地方因素就浮出水面，並在地方軍政區域的劃分上佔據主導地位；中央與地方勢力在州郡歸屬問題上決定權的大小，往往取決於地方勢力（主要是地方武力，但也包括地方經濟實力以及地方集團在朝廷中之政治代理人的地位與實力）的大小及其對中央的態度，而不是取決於中央的意圖。

二、經濟地域結構與政治地域結構的關係

前文所引《徐襄州碑》述徐商之功業，首推主持整修襄陽漢水堤防，謂徐商在深入調查、仔細研究的基礎上，加高沙堤，壅遏散流，豁開穴口，「是則江漢終古不得與襄人為患矣」。所言雖涉及「漢南數郡」，且受災者亦非襄陽一郡，但真正強調的卻只是襄陽

環城堤防，真正受益者也只是「襄人」而已。

襄陽堤防，緣起甚早。《三國志》卷十八〈魏書·龐悳傳〉記載：在關羽、曹仁樊城之戰中，「仁使悳屯樊北十里，會天霖雨十餘日，漢水暴溢，樊下平地五六丈，悳與諸將避水上堤。羽乘船攻之，以大船四面射堤上[1]」。則漢水北岸的樊城地區，在漢末已有堤防。至南朝劉宋元嘉間，張邵為雍州刺史，在襄陽「築長圍，修立堤堰，開田數千頃，郡人賴之富贍[2]」。蕭梁時雍州刺史蕭綱（即後來的梁簡文帝）在〈臨雍州原減民間資教文〉中稱「誠欲投軀決堤，曝身求雨[3]」，其所欲決之堤顯然是漢水堤。此後，歷北周、隋，直到唐高祖、太宗、高宗、則天朝，文獻中均不見有關襄陽堤防的記載，直至中宗神龍間始見襄陽堤防事。《新唐書》卷一二〇〈張柬之傳〉載：張柬之於神龍元年（705年）罷相為襄州刺史，「會漢水漲齧城郭，柬之因壘為堤，以遏湍怒，闔境賴之[4]」。至元和末，王起「以檢校尚書右僕射為山南東道節度使。濱漢塘堰聯屬，吏弗完治。起至部，先修復，與民約為水令，遂無凶年[5]」。王起與民所約之「水令」，當包括對漢江堤防的維修保護。但水令顯然未能得到長期執行。會昌元年（841年）秋七月，漢水溢堤入郭，「陸走漂民，襄陽以渚」。盧肇《漢堤詩·序》記此次大水云：「上元年秋，漢水大溢，齧襄堤以入。既沉漢郭，遂滅峴趾。棟檐且流，壓溺無算，襄之城僅以門免。三日水去，陷為大塗，餘

1 《三國志》卷十八〈魏書·龐悳傳〉，中華書局1959年版，第546頁。
2 《宋書》卷四六〈張邵傳〉，中華書局1974年版，第1395頁。按：長圍本是軍事工事，環繞駐軍營地或城堡週邊壘土而成。張邵所築襄陽城「長圍」既是軍事防禦工事，也可起到防禦洪水泛溢的作用，頗疑即為後世襄陽城堤的起源。其修立之堤堰雖未明其地理位置，推測其中可能有部分屬於漢江堤防。
3 《全上古三代秦漢三國六朝文》第三冊，《全梁文》卷九，中華書局1958年版，第3000頁下。
4 《新唐書》卷一二〇〈張柬之傳〉，中華書局1975年版，第4323頁。
5 《新唐書》卷一六七〈王起傳〉，中華書局1975年版，第5117頁。

唐代長江中游地區政治經濟地域結構的演變

民棲於楚山，號不敢下，餒躓相挽，其能全者什六七。」[1] 時任山南東道節度使的牛僧孺因之而罷官[2]。繼僧孺任者為盧鈞。《新唐書》卷一八二本傳云：「會昌中，漢水害襄陽，拜鈞山南東道節度使，築堤六千步，以障漢暴。」[3] 盧肇〈漢堤詩〉「序」記之甚詳：「因故堤之址，廣倍之，高再倍之，距襄之郊，繚半百里。」此雲繞襄陽城的堤防長達「半百里」，《徐襄州碑》稱「繞城堤四十三里」，基本相近，可見會昌中襄陽已形成規模巨大的環城堤。徐商所主持的堤防工程實際上是對已有堤防的整理、維修和完善。

山南東道之均、襄、郢、復四州均為漢水所經，且州城皆臨漢水，同樣瀕遭洪災[4]；房、隨、唐、鄧分別處於筑水（今南河）、溳水、堵水（今唐河）、淯水（今白河）流域，也易遭洪水之患[5]。可是，從今見記載看，有唐一代漢水中下游的堤防工程絕大部分集中在襄州一州，襄州一州又主要集中在襄陽城附近。在上游的均州未見有興築堤防的記載；郢、復二州處漢水下游，堤防之修築在唐代僅見兩

1　《全唐詩》卷五五一，中華書局1999年版，第6439～6440頁。

2　《全唐文》卷七九五，孫樵〈復召堰籍〉，中華書局1983年影印本，第九冊，第8337～8338頁；卷七五五，杜牧〈唐故太子少師奇章郡開國公贈太尉牛公（僧孺）墓誌銘並序〉，第八冊，第7826頁。

3　《新唐書》卷一八二〈盧鈞傳〉，中華書局1975年版，第5367～5368頁。

4　《新唐書》卷三六〈五行三〉記載：長慶二年，「襄、均、復、郢四州漢水溢決」。開成三年，「江漢漲溢，壞房、均、荊、襄等州民居及田產殆盡」。會昌元年，「漢水壞襄、均等州民居甚眾」。《唐會要》卷四四「水災下」：貞元十一年，「復州竟陵等三縣遭朗、蜀二水泛漲，沒溺損戶一千六百六十五，田四百一十頃」（中華書局1955年版，第748頁）。凡此，都說明不獨襄州，均、郢、復等沿漢諸州乃至在支流上的房州均常常遭受洪水災害。文獻中又常統稱「山南東道大水」，如《唐會要》卷四四〈水災下〉記開成二年八月大水，即曰：「山南東道諸州大水，田稼漂盡。丁酉，詔：『大河西南，幅員千里；楚澤之北，連互數州。以水潦暴至，堤防潰溢，既壞廬舍，復損田苗……』」顯然包括了山南東道各州，又主要是沿漢各州及在唐白河流域的鄧、唐二州。總計《新唐書‧五行志》所記，可以確認為漢水中下游大水者共有12次。

5　《新唐書‧五行志》中單獨提到房州大水一次（開成三年）、鄧州大水三次（開元八年、十年、十五年）、唐州大水一次（開元十年）。開元十年唐、鄧二州同時大水，「害稼，漂沒民居，溺死者甚眾」。未見有關隨州大水的記載，但有一次提到安州大水（元和九年）。

例，且規模較小，亦不受當局重視[17]；屬於襄州的宜城縣境內在南朝時已築有較大規模的「大堤」，在唐代卻沒有見到維修或重築的記載，當已廢棄[18]。何以會如此？這當然有自然方面的因素：漢水在襄陽城西萬山一帶曲轉東北流，又在城東北接納自東北來之淯水，水流回轉，故最易形成洪災。但漢水中游河道是典型的遊蕩型河段，河谷寬廣，最容易形成洪水氾濫；至於其下游，更是「地窪而卑，水漾而溢」，漢水主河道在歷史時期都曾多次改道[19]。萬曆《湖廣總志》卷三二〈水利二〉「漢江堤防考略」云：「均陽以上，山阜夾岸，江身甚狹不能溢；襄樊以下，景陵以上，原隰平曠，故多遷徙；潛、沔之間，大半匯為湖渚。」[1]所以，從自然地理角度看，漢水中下游的大部分河段都非常需要興修堤防。因此，唐代襄州特別是襄陽城堤防在漢水中下游一帶特別受重視、其發展也尤其突出的現象，僅僅從自然地理角度是得不到合理解釋的。

冀朝鼎先生在其名著《中國歷史上的基本經濟區與水利事業的發展》中曾經談到水利與政治的關係，指出：

發展水利事業或者說建設水利工程，在中國，實質上是國家的一種職能，其目的在於增加農業產量以及為運輸，特別是為漕運創造便利條件。諸如灌溉管道、陂塘、排水與防洪工程以及人工水道等，多半都是作為公共工程而建造的，它們同政治都有著密切的聯繫。各個朝代都把它們當作社會與政治鬥爭中的重要政治手段和有力的武器。興建以及發展這類土木工程的目的，最初都不是出自人道主義的考慮，而是決定於自然和歷史的條件以及統治階級的政治需要。[2]

1　萬曆《湖廣總志》卷三二〈水利二〉「漢江堤防考略」，《四庫全書存目叢書》本（據福建省圖書館藏明萬曆刻本影印），齊魯書社1996年版，史部第195冊，第141頁。

2　冀朝鼎：《中國歷史上的基本經濟區與水利事業的發展》，朱詩鼇譯，中國社會科學出版社1981年版，第7～8頁。

所言雖立乎大，且也非無可議之處，但卻指出了襄陽堤防獨重的根本原因：出於政治需要。正是因為襄陽是漢水中下游地區的政治軍事中心，山南東道採訪使、節度使的治所，「北據漢沔，利盡南海，連綴吳蜀[1]」，乃「天下之腰膂也。中原有之可以並東南，東南得之亦可以圖西北者也[2]」，政治軍事地位十分重要，其堤防建設才受到特別的重視；而堤防潰決，地方長官被政敵藉故打擊，也正是把堤防當作「重要政治手段和有力的武器」的一個例證[3]。

顧炎武《日知錄》卷十二「水利」條云：

> 歐陽永叔作《唐書・地理志》，凡一渠之開，一堰之立，無不記之……而志之所書，大抵在天寶以前者居什之七。豈非太平之世，吏治修而民隱達，故常以百里之官而創千年之利；至於河朔用兵之後，則以催科為急，而農功水道有不暇講求者歟？[4]

可襄陽則不然。如上所述，襄陽修堤防事在天寶以前僅一見（神龍初），而天寶之後則凡三見（元和、會昌、大中間），尤其是自唐初至神龍八十多年間根本未見有關襄陽堤防的記載。顯然，這不能解釋為唐前期襄陽一帶沒有或者較少洪水，也不能完全歸因於史籍缺載；即使這兩方面因素都存在，仍然可以肯定：唐代襄陽

1　《全唐文》卷三六七賈至〈授竇紹山南東道防禦使等制〉，中華書局1983年影印本，第四冊，第3730頁。

2　《讀史方輿紀要》卷七五「湖廣總部」，第3484頁。關於襄陽地位之重要，亦可參閱同書卷七九湖廣五「襄陽府」條，第3697～3701頁。

3　《資治通鑒》卷二四六，武宗會昌元年閏九月：「以前山南東道節度使、同平章事牛僧孺為太子少師。先是漢水溢，壞襄州民居，故李德裕以為僧孺罪而廢之。」胡三省注云：「史言李德裕以私怨而廢牛僧孺。」（中華書局1956年版，第7955頁）牛、李相爭，而李以襄陽堤壞水溢為辭構僧孺，正說明襄陽堤防之重要。

4　顧炎武著、黃汝成集釋：《日知錄集釋》卷十二「水利」條，上海古籍出版社2006年版，第727頁。

的堤防建設，後期較前期為重。之所以如此，看來與唐後期襄陽之政治軍事地位較前期為重，山南東道節度治所較之採訪使治所更有實質性意義，當不無關係。

作為一個區域政治軍事中心，襄陽（襄州）不僅在堤防水利方面受到重視，還在地方經濟、交通、社會治安等各方面受到某種「優待」，享受程度不同的「優惠政策」。這在前引〈徐商州碑〉及其他文獻中都有所反映。

1.在交通方面。《徐襄州碑》稱：「襄陽，荊鄂十道之要路，公私來往，充給實繁。」嚴耕望先生謂：「荊鄂十道，雖或僅舉其成數，但至少當包括荊南、鄂岳、江西、湖南、嶺南、黔中、東川、西川諸道，則除長江下游一隅之外，皆在交通網中。」[1]由於地處交通要道上，「公私來往，充給實繁」，地方與人民負擔較重；但公私來往，更主要的是促進了地方商業的發展，帶來了地方經濟的繁榮。關於此點，前揭嚴耕望先生文已有詳論。這裡需要補充的是：由於是政治中心，襄陽及其附近的交通設施之維修、驛站供給與服務等均得到特別重視，為行人提供了較好的旅行條件，從而在一定程度上促進了商業的發展。前引《徐商州碑》所述徐商事功之第二、六、八條均與交通有關：其第二條稱徐商將驛站供給改由「官儲」支出，「創置釋器，富供給費，不擾齊人」。這種辦法顯然是針對襄陽的特殊優惠政策，不可能推廣到山南東道各地。第六條關涉到驛路之改良。按：蠻水驛當在今宜城市南境，蠻水，即今蠻河。據碑文，舊驛路當貼近漢水，故地勢卑下，道路彎曲；徐商所修新路當偏西，貼近崗地邊緣，故高且直。第八條則涉及漢陰驛的

1 嚴耕望：〈荊襄驛道與大堤艷曲〉，載嚴耕望：《唐代交通圖考》第四卷，上海古籍出版社2007年版，第1045頁。按：實際上，受到中原戰事的影響，長江下游的江南東道和淮南道有時也經襄陽而入關中，所以此所言「十道」者，也許並不一定是舉其成數而已，也可能是實指。

唐代長江中游地區政治經濟地域結構的演變

設施。漢陰驛在襄陽城西，臨漢江，為水陸驛，規模甚宏大（參閱前揭嚴耕望文）。徐商新修一亭，並予以重新設計布置。此二事均甚小，但都從一個側面反映出徐商對襄陽交通條件之改善的重視及其所作出的努力。雖然沒有材料足資證明，但我們仍然可以相信：重視襄陽及其附近交通之地方長官，絕非徐商一人；而徐商等之所以特別重視襄陽的交通條件，與其政治軍事中心和轉運中心的地位當不無關係[1]。

2.在地方經濟政策方面。《徐襄州碑》之第三、四、七條均涉及稅收、債務等地方經濟問題。第三條是放免積年債負，既統言「數十邑」，則放免範圍當包括山南東道各州縣。第七條有關兩稅錢送納時的陋規，明言「襄州」，則山南東道其餘各州並不包括在內[2]。第四條是將原由「將健」耕種的襄陽城附近的官田出租，以免除將健之「工傭」，顯然僅與襄州有關。襄陽城週圍有此種官田，本就與其軍事政治地位有關；而徐商將此種官田出租，應當有利於農業經濟的發展。這兩條措施涉及的範圍雖然很小，但如此小的事情，卻能受到節度使的注意，原因正在於它發生在節度使駐地襄州。

但在經濟政策上向襄州傾斜最典型的表現還是在水利方面。除上述漢水堤防外，農田水利之興修也以襄州最多，最受重視。據牟發松先生統計，在今存文獻中，有關唐代襄州水利事業的記載共有三項，兼提襄、鄧者共四項，而山南東道其餘各州只有二項[3]，反映出襄州及緊鄰的鄧州之水利事業受到特別的重視。

3.在地方治安方面。《徐商州碑》之第五條述徐商創置捕盜將

---

1 關於襄陽在中唐以後轉運中心的地位與作用，請參閱張弓：《唐朝倉廩制度初探》，中華書局1986年版，第33～35頁。

2 《唐會要》卷八三「租稅上」：「貞元二年正月詔：天下兩稅錢，委本州揀擇官典送上都。」（中華書局1955年版，第1537頁）則兩稅錢當是分州送納的。所以可以肯定此處之「襄州」非指山南東道，而僅指襄州一州。

3 牟發松：《唐代長江中游的經濟與社會》，武漢大學出版社1988年版，第79～80頁。

以及襄州捕盜將在協助平定湖南、江西叛亂之事。《資治通鑑》卷二四九大中十二年（858年）十月下述其事云：「初，山南東道節度使徐商，以封疆險闊，素多盜賊，選精兵數百人別置營訓練，號捕盜將。及湖南逐帥，詔商討之。商遣捕盜將二百人討平之。」[1] 則捕盜將之性質，有類於今之「特警隊」，其任務是更好地維護地方社會治安。山南東道駐軍，本即主要集中在襄州[2]；徐商復別置捕盜將，以應付突發事變，其對於襄州社會治安之重視可見一斑。

綜上可知，一方面，作為政治軍事中心，襄州（尤其是襄陽城及其週圍）在許多方面備受重視，政治社會環境與經濟環境均優於山南東道的其他州郡，從而在一定程度上形成了其地方經濟發展的某種優勢，促進了其區域經濟中心地位的確立。在襄陽逐步發展為漢水中下游地區經濟中心的過程中，政治因素的作用是顯而易見的。

另一方面，襄陽政治地位上升的背後，也有地方經濟的發展在發揮著某種作用。在一定意義上，襄陽政治地位的上升，是以其區域經濟發展為基礎的。眾所週知，在農業社會裡，人口數量多少與人口密度高低與地區經濟的先進與落後成對應關係，因此，我們以人口作為經濟發展的一個指標，通過對唐代襄州人口數量與密度的分析（見表6 2），對襄州經濟地位與政治地位之間的關係作一番考察。

表中貞觀戶一般認為是指貞觀十三年（639年）戶數，雖然距貞觀六年罷襄州都督府已有七年，但它依然可以反映出唐初的大致情

---

1 《資治通鑑》卷二四九，大中十二年十月，中華書局1956年版，第8073～8074頁。
2 山南東道之兵力部署情況，從來瑱被誅、梁崇義據襄州之事變中或可見出。來瑱入朝，「命諸將分戍諸州。瑱死，戍者皆奔歸襄陽。」則在正常狀態下，軍隊顯然集中在襄陽一地。時梁崇義以右兵馬使駐鄧州，左兵馬使李昭領軍援河南進至汝州，節度副使薛南陽留守襄陽，雖然是特殊時期的布置，仍可見出襄陽之重（《資治通鑑》卷二二二，廣德元年三月；《舊唐書》卷一二一〈梁崇義傳〉）。在此之前，行軍司馬裴茙圖謀奪來瑱之位時，以所部二千人駐穀城，也貼近襄陽（《舊唐書》卷一一四本傳）。凡此，都說明唐後期山南東道之駐軍當集中在襄州。

唐代長江中游地區政治經濟地域結構的演變

形；開元與天寶戶數基本上可以看作置山南東道採訪使時的情況；而元和戶則反映了「安史之亂」後的狀況。我們注意到：

表6—2 唐代山南東道諸州郡各階段戶口情況

州郡	貞觀		開元		天寶		元和	
	戶數	戶/平方公里	戶數	戶/平方公里	戶數	戶/平方公里	戶數	戶/平方公里
襄州	8957	0.67	36357	2.72	47880	3.58	107107	8.01
鄧州	3754	0.20	38611	2.08	43055	2.32	14104	0.76
唐州	2726	0.27	21597	2.16	42643	4.26	40750	4.07
均州	2829	0.36	9859	1.25	9698	1.23	8182	1.04
房州	4533	0.29	14431	0.93	14422	0.32	4400	0.28
隋州	2353	0.24	13216	1.32	23917	2.39	12716	1.27
郢州	1580	0.19	5699	0.67	10246	1.20	11900	1.40
復州	1494	0.15	5232	0.55	8210	0.84	7690	0.79
金州	14091	0.65	9670	0.44	14091	0.65	——	
商州	4901	0.28	——		8926	0.52		
荊州	10260	0.57	86800	4.79	30392	1.68		
峽州	4300	0.44	——		8098	0.83		
歸州	3531	0.49	4845	0.67	4645	0.64	——	
夔州	7830	0.46	15900	0.94	15620	0.92	——	
萬州	5396	0.84	5100		5179	0.81		
忠州	8319	0.93	——		6722	0.75		
澧州	3474	0.19	——		19620	1.06		
朗州	2149	0.24	——		9306	1.03	——	

說明：表中貞觀戶數與天寶戶資料《舊唐書・地理志》之「舊領戶」、「天寶戶」，分別指貞觀十三年（639年）與天寶十一載（752年）戶數；開元戶數與元和戶數皆據《元和郡縣志》，分別指開元二十年（732年）左右和元和二年（807年）左右的戶數。鄧州貞觀戶、荊州開元戶與天寶戶可能有誤，凍國棟先生已經指明，參閱凍國棟：《唐代人口問題研究》，武漢大學出版社1993年版，第194～195頁。另外，唐州天寶戶數似也有問題，從開元二十年至天寶十一載，在短短二十年時間裡，戶數增加一倍似乎是不可能的（在沒有移民遷入的情況下）。

（1）在貞觀年間，後來的山南東道有四個人口密集區：襄州、金州、荊州以及夔、萬、忠三州，這與武德至貞觀初分置襄州、金州、荊州[1]與夔州[20]總管—都督府的政治格局基本上是一致的，也就是說，總管—都督府所在的州一般也就是戶口較多、人口密度較大的州[21]。唐州的戶數較少，表明其經濟實力弱，正是其地初置總管、後被廢罷的原因之一。

（2）到開元天寶間，貞觀間的四個人口密集區仍然保持著，不過各州之間的差距有所縮小。值得注意的是夔州的戶數與密度都超過了萬、忠二州，其中似也可窺見政治因素的作用。如果排除了荊州開元戶與唐州天寶戶兩個不太正常的資料，可以相信：襄州的戶數與人口密度在當時山南東道採訪使所監察的十九州（表中欠涪州）中都是最高的。換言之，襄州的社會經濟在當時的山南東道應當是最發達的。這是襄州成為山南東道採訪使治所的不可忽視的經濟背景。

（3）在元和間山南東道節度使所轄的八州中，襄州的戶數與人口密度均佔據了絕對的優勢地位，它的戶數超過了其餘各州的總和，占全道總戶數的51.2%。襄州在「安史之亂」後的一百多年時間裡，之所以能夠比較穩固地控制所屬各州，與此種戶口優勢不無關係。許多學者已經指出：唐後期襄州人口的大幅度增加，與「安史之亂」後北方人口的遷入有關[2]，然則，襄陽地近中原，戰亂很

---

1 《舊志》「荊州」沿革謂：武德五年，荊州置大總管，管荊、辰、朗、澧、東松、沈、基、復、巴、睦、崇、硤、平等十三州，統潭、桂、交、循、夔、高、康、欽、尹九州。七年，改為大都督府；督荊、辰、朗、澧、東松、岳（巴州改）、硤、玉（平州改）八州，仍統潭、桂、交、夔、高、欽、尹七州。貞觀二年，降為都督府，惟督前七州。至十年，都督荊、峽、澧、朗、岳五州，並成為安史之亂前的定制（中華書局1975年版，第1551～1552頁）。因此，在武德、貞觀中，荊州實際上是今三峽以東、岳陽以西長江兩岸地區的政治軍事中心。

2 參閱吳松弟：《中國移民史》第3卷，福建人民出版社1997年版，第311～318頁；牟發松：《唐代長江中游的經濟與社會》，武漢大學出版社1988年版，第284～286頁等。

易波及，其本身確也迭遭兵燹，何以仍能吸引住部分移民？其政治軍事中心的地位至少是重要原因之一。因為是節度駐地，有大軍駐屯，移民遂得進入，戶口因之而增加；而戶口之增加又為駐軍提供了兵源保證，經濟之發展則提供了財政基礎，從而又強化了其政治軍事地位[1]。

總之，從武德貞觀間的襄、金、荊、夔諸州總管─都督府，到開元、天寶間的山南東道採訪使，以至於「安史之亂」後的山南東道、荊南[2]和鄂岳[3]等節度、觀察使之設置，統轄區域、治所之確定，雖然直接受到各種政治因素的制約，但經濟因素在其中所起的作用也是不可忽視的。因此，政治地域結構的形成與調整，雖然是各種政治力量相互鬥爭、協調的結果，但其背後卻是地方經濟實力在發揮作用；而政治地域結構形成之後，又反過來影響經濟地域結構的塑造。從總體上看，政治地域結構與經濟地域結構之間存

1　在元和間山南東道各州戶口中，唐州戶數與人口密度僅次於襄州，而遠超過其他各州，它似乎在成為襄州之外的另一個區域中心。這種地位應當是元和十年分山南東道為二、以唐州為中心另建一節鎮的經濟背景（其軍事背景已見前）。

2　《舊志》「荊州」沿革：「自至德後，中原多故，襄、鄧百姓，兩京衣冠，盡投江湘，故荊南井邑，十倍其初，乃置荊南節度使。上元元年九月……以舊相呂諲為尹，充荊南節度使，領澧、朗、硤、夔、忠、歸、萬等州，又割黔中之涪，湖南之岳、潭、衡、郴、邵、永、道、連八州，增置萬人軍，以永平為名……至德二年，江陵尹衛伯玉，以湖南闊遠，請於衡州置防禦使。自此八州置使，改屬江南西道。」（中華書局1975年版，第1552頁）述荊南節度之置、領甚詳。又：「夔州」沿革下記至德元年置七州防禦使，不言統領何州及何時廢罷。據《全唐文》卷六〇六劉禹錫〈夔州刺史廳壁記〉、《唐大詔令集》卷三八賈至〈嗣道王煉雲安等五郡節度等使制〉及《新唐書》卷六七〈方鎮表四〉，知夔峽防禦使置於至德元載，二載升節度使，領夔、峽、歸、萬、忠等「峽中五郡」。乾元元年廢，五郡並隸荊南。按：夔州之地位與金州相似，而夔州終屬於荊南而金州卻單立節鎮，蓋以夔州屬荊南可分東川之勢也。

3　《新唐書・方鎮表》記乾元二年（759年）置鄂岳沔都團練守捉使，上元二年岳州改隸荊南；至永泰元年，升鄂州都團練使為觀察使，增領岳、黃、蘄三州。《舊唐書》卷一五五〈穆寧傳〉謂寧為鄂州刺史、鄂岳沔都團練使，時有「沔州別駕薛彥偉坐事忤旨，寧杖之致死」（中華書局1975年版，第4114頁）。則鄂岳都團練與觀察所領皆當有沔州。《舊志》「鄂州」條下稱鄂岳觀察使領鄂、岳、蘄、黃四州（中華書局1975年版，第1610頁），無沔州，蓋因太和七年（833年）省沔州入鄂州之故。至永貞元年（805年），復增領安州。參閱吳廷燮：《唐方鎮年表》卷六，載《二十五史補編》第六冊，中華書局1955年版，第7742～7746頁。

在著一種相互影響、相互制約的關係，而相互影響、相互制約的結果，是使兩者逐步趨向一致，從而形成統一的社會經濟區域。

然則，到底是經濟地域結構決定（或影響、制約）著政治地域結構，抑或反之？要回答這一問題顯然是非常困難的，因為各地區、不同時期的情況千差萬別，幾乎無法得出一種普遍性的認識來。就襄陽及其所屬區域而言，可以說：首先是由於其政治地理區位和交通條件，決定了其政治軍事地位的重要性，從而使它必然成為一種政治軍事中心；這種政治軍事中心地位在一定程度上促進了其地方經濟的發展，有利於它逐步成長為經濟中心，從而又反過來為其作為政治軍事中心提供經濟保障。質言之，自然地理結構是政治與經濟地域結構的「原型」，它在政治與經濟地域結構的形成過程中起到了一種「初始範式」的作用；政治地域結構則是最活躍的部分，它對於經濟地域結構的影響是能動的、顯而易見的；經濟地域結構的形成雖然在一定意義上可以看作是自然地理結構與政治地域結構共同作用的結果，但它對於政治地域結構的影響卻是潛在的、根本性的。

三、襄州屬縣及其空間關係的變化

《舊志》「襄州」沿革云：「隋襄陽郡。武德四年（621年），平王世充，改為襄州，因隋舊名。領襄陽、安養、漢南、義清、南漳、常平六縣。」按：據《隋書·地理志》，隋襄陽郡領襄陽、安養、穀城、上洪、率道、漢南、義清、陰城、南漳、常平、郡十一縣，武德四年之襄州少上洪、率道、郡、穀城、陰城五縣。蓋在同時分穀城、陰城二縣置鄀州[22]，上洪、率道、樂鄉三縣置郡州[23]。在此之前，武德二年，又分南漳縣置重山縣，於縣治西一百五里置

重州，領荊山、重陽、平陽、渠陽、土門、歸義六縣，則武德四年襄州所領之南漳，實僅有隋南漳之東半[1]。故武德四年襄州直轄地區大致相當於今襄樊、襄陽、宜城北境、南漳一帶，地域遠小於隋襄陽郡。

武德四年之後，隨著唐王朝對這一地區控制的逐步穩定，襄州地區的州縣也逐步調整。（1）首先被省併的是鄀州（武德五年），陰城、穀城二縣還隸襄州。（2）貞觀元年（627年），廢重州，荊山縣（已合併了渠陽縣）度屬襄州，但原屬重州之重陽縣改屬遷州。也就是說，今南漳縣西北境一帶歸屬襄州，而保康之大部分則屬遷州。至貞觀八年，省重陽入荊山，則今保康之大部分亦當歸屬襄州。（3）貞觀元年，鄀州增領長壽縣；八年，廢鄀州，率道、樂鄉二縣（貞觀元年已省上洪入樂鄉）屬襄州（長壽隸溫州）。同時，省陰城入穀城，南漳入義清[2]，漢南入率道。因此，到貞觀八年，襄州屬縣及轄地已全部穩定下來。

貞觀八年之後，以迄於唐末，襄州領縣與轄地未見有變化，但屬縣治所卻有一些值得注意的變動（參見圖6—4襄州部分屬縣治所的變動）：

---

1 《隋書・地理志》襄陽郡「南漳」原注云：「西魏並新安、武昌、武平、安武、建平五縣置，初曰重陽，又立南襄陽郡。後周置沮州，尋廢，復改重陽縣曰思安。開皇初郡廢，十八年改縣曰南漳。」（中華書局1973年版，第891頁）則南漳初名重陽。武德二年重州所領之荊山在南漳縣西一百多里處，且以縣「荊山」為名，當近荊山，當在今南漳西北境之長坪一帶（漢臨沮縣所在）；重陽（當為新立者）則當在今保康縣南境馬良鎮之重陽坪；土門縣，當在今保康縣城南清溪河鎮附近（清代之土門堡，考均另詳）；渠陽、歸義、平陽三縣無可考，地皆當在今保康境或南漳西北境。重州之置以及分置各縣，可能是隋唐之際當地土豪勢力擴張、各自為政的一種結果。

2 《舊志》作「省南津入義清」（中華書局1975年版，第1550頁）。按：據上下文，襄州無南津縣。《新志》「義清」縣下原注：「貞觀八年，省南漳入焉。」（中華書局1975年版，第1030頁）茲據《新志》改。

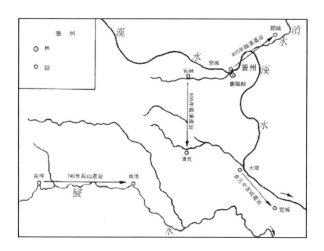

圖6—4　襄州部分屬縣治所的變動

　　1.永徽元年（650年），將義清縣城由柘林移至清良。按：《元和志》「義清縣」條云：「東北至州五十八里。本漢中盧縣地也，西魏於此置義清縣，後因之。中盧故縣，在今縣北二十里。」[1]唐初義清縣為西漢至南朝梁之中盧縣，西魏改為義清縣，縣治當在今襄陽西不遠處之泥嘴鎮[2]，也就是《舊志》之所謂柘林。永徽元年縣城由柘林（今泥嘴鎮）附近向南遷移二十里，至清良，其地當在今南漳縣北境與襄陽交界處的舊縣鋪一帶[24]。義清縣城之此次南移，當與此前貞觀八年省南漳入義清有關。蓋南漳既省入，義清轄境乃向南擴展，包括了今南漳縣大部分地區和襄陽縣西南境（漢水南岸），原在今泥嘴之縣城遂僻處一隅，故南移以便於統治。

　　2.開元二十八年（740年）荊山縣城由今長坪一帶移至南漳故

<hr />

1　《元和志》卷二一襄州「義清縣」條，中華書局1983年版，第530頁。

2　參閱《宋書》卷三七〈州郡志三〉雍州刺史襄陽公相「中盧令」條，中華書局1974年版，第1136頁；洪齮孫：《補梁疆域志》卷三雍州襄陽郡「中盧」條，《二十五史補編》本，第四冊，第4415頁。關於漢至梁中盧縣地望之考證，參閱石泉：〈古鄀、維、涑水及宜城、中盧、邔縣故址新探——兼論楚皇城遺址不是楚鄀都、漢宜城縣〉，載石泉：《古代荊楚地理新探》，武漢大學出版社1988年版，第258～348頁。

城（今縣城），同時改名為南漳縣。此次荊山（南漳）縣之移治，應當是為適應原南漳併入義清、重陽併入荊山之後的地方新形勢而採取的措施。蓋義清既並南漳，轄境甚廣，雖縣城由今之泥嘴南移至舊縣鋪，距原南漳之南境仍過遠；而合併重陽縣之後的荊山縣城仍居深山之中，與襄州之聯繫不便，故將荊山縣城東移至今南漳縣城，以便於該縣與襄州的聯繫[25]。荊山（南漳）縣城既移至南漳故城，且改名南漳縣，則原南漳轄地當歸入新的南漳縣（其北境則仍屬義清縣）。新的南漳縣城雖仍在縣境之東北部，但向西可沿蠻水河谷而上，向南可利用今漳河上游支流茅坪河谷，便於控制全境。

　　3.貞元二十一年（永貞元年，805年），臨漢縣由樊城鎮移治古鄧城，同時改名鄧城縣。《元和志》襄州「臨漢縣」條云：「南至州二十里。本漢鄧縣地，即古樊城，仲山甫之國也。西魏於此立安養縣，屬鄧城郡。周天和五年改屬襄州。天寶元年，改為臨漢縣。縣城南臨漢水……故鄧城，在縣東北二十二里。」按：《元和志》成書於元和八年（813年），此條所據，顯然是貞元二十一年前之舊典。臨漢縣（安養縣）原治樊城，與襄陽城隔漢水相望，相距甚近；古鄧城，當即西晉所置屬於義陽郡之鄧城縣故址[1]。《太平寰宇記》卷一四五襄州「鄧城縣」下稱：「隋改河南郡為鄧城郡，廢棘陽、襄鄉二縣立安養縣。」[2]《宋書・州郡志》雍州「河南太守」謂：「僑立，始治襄陽，孝武大明中，分沔北為境。」[3] 則臨漢（安養、鄧城）縣境在今襄陽縣之漢水北、唐白河兩岸地。關於臨漢縣徙治之原因，《太平寰宇記》云：「貞元二十一年，以襄州為襄陽府，徙臨漢縣於東古鄧地，乃改為鄧城縣。」襄州升府事不見於兩唐志及《唐會

---

1 參閱石泉：〈古鄧國鄧縣考〉，載石泉：《古代荊楚地理新探》，武漢大學出版社1988年版，第105～126頁。

2 《太平寰宇記》卷一四五襄州「鄧城縣」，中華書局2007年版，第2817頁。

3 《宋書》卷三七〈州郡志三〉雍州「河南太守」條，中華書局1974年版，第1140頁。

要》，然《寰宇記》所言或有所據[1]。若然，則臨漢縣移治改名之原因可能是由於在襄州升府（升為大都督府，或升為襄陽府）時，樊城度屬襄陽之故。但樊城度屬襄陽縣之時間肯定不長，不久當即還屬鄧城縣[2]；然鄧城縣並未因之而還治樊城，蓋縣城在鄧城，更有利於控制唐白河兩岸之縣境也。

4.貞元中宜城縣治由大堤城（今宜城北境之小河鎮東）移至今縣城。《舊志》「宜城」縣沿革云：「宋立華山郡於大堤村，即今縣。後魏改為宜城郡，分華山、新野、置陽立率道縣。周省宜城郡入率道縣。武德四年，率道屬鄀州。貞觀八年，改隸襄州。天寶七載，改為宜城縣。」據石泉先生考證，宋齊梁之華山縣、西魏北周至唐貞觀八年之漢南縣、貞觀八年至天寶之率道縣，以及此後改稱之宜城縣，均治於大堤城，其地當在今宜城北境之小河鎮東[3]。兩唐志及《元和志》均不言宜城遷治事，然《元和志》「宜城縣」云：「本漢邔縣地也。城東臨漢江，古諺曰：『邔無東』，言其東逼漢江，其地短促也……漢水，在縣東九里。」[4] 既言其「東逼漢江」，復謂「漢水，在縣東九里」，明顯矛盾，所反映的當是不同時期的情況。蓋大堤城臨漢水，而今縣城則去漢水已遠矣。韓愈《昌黎外集》卷四〈記宜城驛〉云：「於太傅帥襄陽，遷宜城縣，並改造南境數驛。」則宜城遷治即在貞元中于頔任山南東道節度之

1　貞元二十一年，正當于頔任山南東道節度使。《舊唐書》卷一五六本傳稱頔「廣軍籍，募戰士，器甲犀利，僩然專有漢南之地……因請升襄州為大都督府，府比鄆、魏。時德宗方姑息方鎮，聞頔事狀，亦無可奈何，但允順而已」（中華書局1975年版，第4130頁）。《太平寰宇記》所云襄州升府事或即指其升為大都督府，抑或襄州同時升為襄陽府？

2　兩唐志、《元和志》及宋初成書之《太平寰宇記》並稱鄧城縣為古樊城地，則樊城在大部分時間裡皆當屬鄧城縣地。

3　參閱石泉：〈古鄀、維、涑水及宜城、中廬、邔縣故址新探——兼論楚皇城遺址不是楚鄀都、漢宜城縣〉，載石泉：《古代荊楚地理新探》，武漢大學出版社1988年版，第258~348頁。

4　《元和志》卷二一襄州「宜城縣」條，中華書局1983年版，第531頁。

時[1]。于頔在遷宜城縣治之同時，「改造（襄州）南境數驛」，則宜城之遷治或與交通道路之改變有關。結合前引徐商亦曾改造這一帶道路的記載，疑本段驛道原來貼近漢水河道南行，故大堤城處驛道上；後漸向西移，逐漸離開漢水河道，向地勢稍高的崗地邊緣靠近，大堤城乃不在驛道上，遂選擇交通方便的今宜城縣城作為新縣城。

綜上所考，我們注意到：（1）在隋唐之際的社會大變亂中，襄州曾分置出三州（重、酇、鄀），各州領縣之和（武德四年，襄、重、酇、鄀四州共領十七縣）亦大於原有之領縣（襄州十一縣及原屬鄀州之樂鄉縣，共十二縣），襄州之直轄區域因之而大為縮小。之所以會如此，「群盜初附，權置州郡」是原因之一，重州及其所屬六縣之置是典型的例證；戰時之權宜為又一因，酇、鄀二州之分置為其例。無論何種原因，皆出於政治軍事之需要，而經濟與行政管理之因素則幾乎不在考慮之列。（2）在太平時期，襄州領縣中最可注意的變化是義清、荊山（南漳）、臨漢（鄧城）、宜城四縣治所的遷移。此四縣遷治的具體原因雖各有不同，但其目的卻都是為了加強對縣境的直接控制和行政管理的便利。四縣所遷新治均在不同程度上距襄陽城更遠，而更靠近其轄境之中心位置；在與州城的空間關係上，顯示出明顯的「離散」傾向。進而言之，當社會大動盪之際，屬縣對於州郡的依賴性加強，縣治向州城靠攏，呈現出一種空間集聚化傾向；而在太平歲月裡，縣的獨立性加強，可能會發生縣城逐步遠離州城的現象。

由此，我們再回到文首所錄《徐商州碑》上來。徐商是襄州刺

1　韓愈《昌黎外集》卷四〈記宜城驛〉（見馬其昶校注、馬茂元整理：《韓昌黎文集校注‧文外集卷上》，上海古籍出版社1987年版，第685頁）。業師石泉先生認為韓愈所云為孤證，不足為憑（石泉：〈古鄢、維、淯水及宜城、中廬、邔縣故址新探——兼論楚皇城遺址不是楚鄢都、漢宜城縣〉，載石泉：《古代荊楚地理新探》，武漢大學出版社1988年版）。然韓愈是于頔同時代人，且與于頔交往頗密（《韓昌黎文集》卷三另收有〈與于襄陽書〉，可參證），欲否定此條記載勢必要有強有力之證據，而先生所舉之證據尚不足以說服我，故此處不從先生之說。

史。《舊唐書・職官三》謂刺史之職掌在「考覆官吏，宣布德化，撫和齊人，勸課農桑，敦敷五教。每歲一巡屬縣，觀風俗，問百年，錄囚徒，恤鰥寡，閱丁口，務知百姓之疾苦。部內有篤學異能聞於鄉閭者，舉而進之；有不孝悌、悖禮亂常、不率法令者，糾而繩之。其吏在官公廉正己、清直守節者，必謹而察之；其貪穢諂諛、求名狗私者，亦謹而察之[1]」。則刺史於屬縣實有較全面的控制權。然在《徐商州碑》所述徐商事功中，卻基本上沒有涉及除襄陽外其他屬縣的事務。之所以如此，或由於有關屬縣之事務多為正常職責範圍內的例行公事，無需多言；但我們從上述承平時期襄州部分屬縣逐步遠離州城的現象，似乎可以見出縣之於州的離散傾向，縣的相對獨立性似乎在加強，州對於縣一般事務的干預似乎較少。如果這一假設有其合理的成分，或者會有助於解釋何以在眾多的有關刺史事蹟的記載中，很少見到干預屬縣事務之事例[2]。

四、餘論：核心區的意義

如所週知，冀朝鼎在其名著《中國歷史上的基本經濟區與水利事業的發展》中，提出了「基本經濟區」（key economic area）的概念，指出：「中國歷史上的每一個時期，有一些地區總是比其他地區受到更多的重視。這種受到特殊重視的地區，是在犧牲其他地區利益的條件下發展起來的，這種地區就是統治者想要建立和維護的所謂『基本經濟區』。」他認為：「在唐朝曾經提供了大量漕糧的長江流域，

---

1 《舊唐書》卷四四〈職官志三〉，中華書局1975年版，第1919頁。
2 不獨徐商如此，還可以舉出很多的例證。但這個假設能否成立，還需要做大量的工作。中國古代州（郡、府）縣關係的研究一直比較薄弱，此處提出的這個假設實際上是非常魯莽的，很可能根本是錯誤的。但我相信這一思路是有益的，所以保留在這裡，以待方家批評指正。

相對於黃河流域來說，大體上已確立了基本經濟區的地位；但在五代時期的五十三年的歷史表明，長江流域依然是由一些很鬆散的單位所組成，還沒有成長為一個緊密結合的單一地區。」也就是說，它「還未進步到足以克服各個獨立的、自給自足的地區單位之間所存在著的自然與歷史的障礙[1]」。本文所討論的長江中游地區是長江流域這一唐代「基本經濟區」的組成部分。我們看到：（1）即使是長江中游地區，在唐代也還未能形成「一個緊密結合的單一地區」。唐代長江中游地區政治地域結構的不斷變化，正說明這一地區還只是一些較小區域的鬆散組合，而不是統一的、完整的經濟政治區域。無論是襄陽，還是江陵，在唐代都未能起到長江中游地區政治經濟中心的作用——它們都只是較小區域的中心，而不是長江中游地區的中心[2]。換言之，統一的、完整的長江中游地區在唐代還沒有形成[3]。（2）冀朝鼎所說的「基本經濟區」，是就全國範圍而言的，其目的在於通過對基本經濟區之轉移的分析，闡釋中國歷史上交替出現之統一與分裂現象的經濟地理基礎。本文的分析表明：至少在唐代襄陽所統轄的區域裡，也存在著這樣的「受到特殊重視的地

1　冀朝鼎：《中國歷史上的基本經濟區與水利事業的發展》，朱詩鼇譯，中國社會科學出版社1981年版，第8、106頁。

2　即使是開元、天寶中作為山南東道採訪使治所的襄陽，其監察範圍也只有長江中游地區之半，而且也很難說得上有完全的政治控制，更遑論經濟上的控制了。

3　之所以提出這個問題，是因為施堅雅在其名作《十九世紀中國的地區城市化》（載施堅雅：《中華帝國晚期的城市》，葉光庭等譯，中華書局2000年版，第242～297頁）中，在將農業中國劃分為九個地方大區時，長江中游地區是九大區域之一，他認為這些區域具有相對獨立性與內部完整性。吳承明先生指出：「施堅雅的區域模型是以地文學（Physiography）為基礎，以晚清市場分布情況為參照的，因而是一種靜態的模型，沒有考慮上述多種區域差異的歷史因素。」（見斯波義信：《宋代江南經濟史研究》中譯本「序」，江蘇人民出版社2001年版，第5頁）拙作《區域歷史地理研究：對象與方法——漢水流域的個案考察》（廣西人民出版社2000年版）也曾談到這一點，認為施堅雅「將考察的時間範圍基本限定在19世紀，著重於區域結構橫剖面的觀察分析，沒有能夠充分考慮區域體系的歷史發展過程」。實際上，我認為唐代屬長江中游地區發展週期中的「始發階段」，很難適用施堅雅對長江中游地區的規定性。然則，統一的長江中游政治經濟區域又是何時形成的？回答這一問題還應做進一步深入的研究。

區」，這就是襄州，又特別是襄陽城及其週圍地區，它的確「比其他地區受到更多的重視」；而控制這一地區，對於中央和地方統治者來說，都有著非同一般的意義。這樣的地區，也就是施堅雅（G. William Skinner）所說的「核心區（core）」。

施堅雅認為：從地理角度看，每一區域都可分為「核心」與「邊緣」兩大部分。在他劃分的農業中國的九大區域中，除雲貴高原外，其他區域的核心部分都位於河谷或低地地帶，邊緣地帶則位於區域週邊的高地、沼澤、鹽鹼灘和綿亙的山區。他認為：自然地理條件的不同，促成了核心區與邊緣地帶的種種差異。這首先表現在資源集中程度的不同：在農業社會中，最主要的資源為可耕地，可耕地的多少、單位面積的勞動生產率與人口集中程度密切相關。核心區的可耕地比例（墾殖指數）比邊緣地帶高，而且土質肥沃。在核心區，投放於排澇、墾荒、灌溉、抗洪等方面的資金、人力，遠遠高於邊緣地區，人口密度更是邊緣地帶無法比擬的。這幾方面因素共同作用的結果，導致核心區的農業生產率遠遠超過邊緣地帶。其次，與邊緣地帶相比，核心區具有明顯的交通優勢。在當時的歷史條件下，水運的單位支出低於陸運。因此，除雲貴和西北地方外，所有區域都以可通航的水系為其交通幹線，即使不能通航的水系，它們所流經的河谷也順其自然成了陸上交通線。除水系外，核心區因地勢平緩，鋪設公路和開鑿運河的成本也較低廉。這樣，每一區域的運輸網路和運輸樞紐都集中在核心區。再次，交通設施的相對優越，有利於經濟往來，刺激市場經濟的發展，使核心區商業化程度遠遠超過邊緣地帶。進而，每一區域的主要城市都崛起於核心區或通向核心區的主要交通線上[1]。

1　施堅雅：〈中國歷史的結構〉，載王旭等譯：《中國封建社會晚期城市研究》，吉林教育出版社1991年版，第10～11頁。在前揭施堅雅主編《中華帝國晚期的城市》所收之〈中華帝國的城市發展〉、〈19世紀中國的地區城市化〉等文章中，施氏都以不同方式闡述了這些論點，請參閱。

唐代長江中游地區政治經濟地域結構的演變

　　本文特別是第二部分的研究在某種程度上似乎可以看作是對施氏學說的注釋，只不過將學說所闡釋的年代從19世紀提前到了唐代，區域則從範圍相當廣大的宏觀區域（大區，macro-region）換成了相對較小的次一級區域。這至少為施氏「核心—邊緣」理論的普遍適用性提供了一個例證。我們雖然沒有唐代襄州之農業生產率的確切認識，但可以相信，唐代襄州所在的襄宜平原的生產力發展水準在當時的漢水流域乃至整個長江中游地區都是最高的[1]；其交通條件與人口密度的優勢，及其在水利等經濟方面所受到的重視與優惠條件，上文都作了詳細的分析。因此，在山南東道的範圍內，襄州（襄宜平原）具備施堅雅所說之核心區的大部分特徵，也擁有核心區的特權，發揮核心區的作用。

　　然而，這個核心區相對而言太小了，遠不足以影響整個長江中游地區。準確地說，在唐代，襄陽更主要的是漢水中下游地區的中心城市，襄宜平原則是這一地區的核心區。整個長江中游地區呈現出多中心的狀態，而統一的、完整的長江中游政治經濟區域之形成，則有待於一個範圍更大的、發展水準更高的核心區和中心城市的出現——江漢—洞庭湖平原的興起，以及武漢三鎮的發展。

　　注釋：

　　[1] 襄陽在先秦時屬楚地，為「楚國之北津」；秦漢時為南郡屬縣，地位不顯；東漢末劉表據有荊州，治襄陽，其地位方漸顯重要。曹操得荊州，置襄陽郡；西晉初亦為荊州治（平吳後遷江陵）；東晉

1　參閱魯西奇：《區域歷史地理研究：對象與方法——漢水流域的個案考察》，廣西人民出版社2000年版，第350～373頁。

初梁州寄治襄陽，太元中僑置雍州，宋、齊、梁因之，並為重鎮。參閱《水經注》卷二八〈沔水中〉（楊守敬、熊會貞注疏：《水經注疏》卷二八〈沔水中〉，江蘇古籍出版社1989年版，第2367～2381頁），《太平寰宇記》卷一四五山南東道四「襄州」下引習鑿齒〈襄陽耆舊記〉（中華書局2007年版，第2811頁），《晉書》卷十四〈地理志上〉「雍州」後敘（中華書局1974年版，第432頁），《宋書》卷三七〈州郡三〉「雍州刺史」條（中華書局1974年版，第1135～1136頁），《南齊書》卷十五〈州郡志下〉「雍州」條（中華書局1972年版，第281～282頁）；以及《讀史方輿紀要》卷七五「湖廣一」之〈湖廣方輿紀要・序〉，卷七九湖廣五「襄陽府」（中華書局2005年版，第3484～3488、3697～3701頁）等。

[2]《資治通鑑》卷一八九〈唐紀五〉武德四年秋七月庚申條記載：「王世充行臺王弘烈、王泰、左僕射豆盧行褒、右僕射蘇世長以襄州來降。」（中華書局1956年版，第5921頁）同月辛巳條見有「襄州道安撫使郭行方攻蕭銑郢州，拔之」（第5926頁）。知此時置有襄州道安撫使。同年十月庚戌條則見有襄州道行臺。則襄州道安撫使存在之時間或僅有三數月，當是為處理王弘烈等降唐後之善後事宜而設置之臨時機構，其轄區不詳，推測主要是王弘烈所據之襄、鄧地區。

[3]《新唐書》卷七八〈廬江王瑗傳〉云：「武德時，例王，累遷山南東道行臺右僕射。與河間王孝恭合討蕭銑，無功，更為幽州都督。」（中華書局1975年版，第3525頁）則襄州道行臺又稱為「山南東道行臺」。瑗之改任幽州都督，亦當在武德七年。另，《文館詞林》卷四五九李百藥〈荊州都督劉瞻碑銘〉云：「［武德］五年，拜襄州道行臺兵部尚書，仍持節山南道巡撫大使……又以本官檢校襄州都督、襄州刺史。尋除司農卿……八年……」（《叢書集成初編》本，中華書局1985年版，第一冊，第87頁下）則襄州行臺在尚書左右僕射之外，得有諸部尚書。而在襄州道行臺存在之同時，仍置有山

南道巡撫大使，其職責當是宣慰剛剛平定的蕭銑故地，《舊唐書》卷六十〈河間王孝恭傳〉稱孝恭「分遣使人撫慰」，劉瞻當即「使人」之一。

[4] 武德中之唐州非兩《唐書·地理志》及「《元和志》」所記之唐州，後之唐州乃隋淮安郡、顯州（治比陽，在今河南泌陽）於貞觀九年所改稱。武德中之唐州則由隋春陵郡、昌州沿革而來，治棗陽（今市）。武德中唐州之領縣，史籍中沒有明確記載。《舊志》隋州「棗陽」縣下稱：「隋置春陵郡。武德三年，改為昌州，領棗陽、春陵、清潭、湖陽、上馬五縣。其年，分湖陽、上馬置湖州。五年，廢昌州及清潭縣。」（中華書局1975年版，第1548頁）不云改稱唐州事。而同書「唐州」下則稱：「［武德］五年，又分置唐州，屬顯州總管。」（第1544頁）則昌州當是先廢入顯州，後又分出置唐州。因湖州之廢在貞觀元年，故此時尚有湖州，則此時之唐州領縣只有棗陽、春陵與清潭三縣。

[5] 隋淅陽郡領南鄉、內鄉、丹水、武當，均陽、安福、鄖鄉七縣，其中武當、均陽二縣在武德元年初（即義寧二年）已分出置均州（同年，改淅陽郡為淅州），鄖鄉、安福（及堵陽）分出置南豐州，則淅州當只餘南鄉、內鄉、丹水及由內鄉分置之默水縣。然《新志》僅記內鄉本為淅陽郡治，丹水、南鄉二縣均未見記載。頗疑二縣在唐初已廢入內鄉，默水之分置或即是丹水、南鄉廢罷後的舉措。按：《資治通鑑》卷一八六，武德元年十月丙申條載：「朱粲寇淅州。」胡三省注稱此淅州為南鄉之淅州（中華書局1956年版，第5820頁）。此後，朱粲盤據此一地區二年餘，地方多殘破，南鄉、丹水之廢或即在此時。若然，則武德七年時淅州僅領有內鄉、默水二縣。

[6]《舊志》襄州「南漳」縣下稱：「武德二年，分南漳置荊山縣。又於縣治西一百五里置重州，領荊山、重陽、平陽、渠陽、土門、歸義六縣。七年，省渠陽入荊山，省平陽入重陽，又省土門、歸

義二縣並房州之永清。」（中華書局1975年版，第1550～1551頁）則武德七年時重州領荊山、重陽二縣。

[7]《舊志》襄州「宜城」縣條云：「武德四年，置郡州。領樂鄉、長壽、率道、上洪四縣。」（中華書局1975年版，第1551頁）然同書「郢州」條稱：「武德四年，置郢州於長壽縣。」（第1548頁）《新志》「樂鄉」縣下云：「武德四年，以樂鄉及襄州之率道、上洪置郡州。貞觀元年，又領長壽，省上洪。八年州廢，長壽隸溫州。」（第1031頁）則武德四年之郡州不當領有長壽縣。

[8]《舊志》「襄州」沿革，「南漳」、「樂鄉」條，中華書局1975年版，第1549～1551頁；《新志》襄州襄陽郡「南漳」、「樂鄉」條，中華書局1975年版，第1030～1031頁。

[9] 至開元十三年正月〈遣使疏濯囚徒制〉（見《宋本冊府元龜》卷一六二〈帝王部‧命使第二〉，中華書局1989年版，第351頁）中，則開始明確提到山南東、西道（遣「水部郎中崔珣往山南東道」，「右諭德李林甫往山南西道」）。關於景雲中山南已分為東、西兩道，嚴耕望先生〈景雲十三道與開元十六道〉（載臺灣中研院《史語所集刊》第36本上冊，又見《嚴耕望史學論文選集》，聯經出版事業公司1991年版，第193～200頁）證之已詳，此處所言，僅在補充一些證據。

[10]《舊唐書》卷三八〈地理志一〉，中華書局1975年版，第1385頁。第一任山南東道採訪使韓朝宗即以襄州刺史兼任。《新唐書》卷一一八本傳云：「開元二十二年，初置十［五］道採訪使，朝宗以襄州刺史兼山南東道。」（中華書局1975年版，第4273頁）《宋本冊府元龜》卷九二九〈總錄部‧謬舉〉：「韓朝宗為荊州刺史，兼判襄州刺史、山南道採訪使。」（中華書局1989年版，第3701頁）《全唐文》卷二八三張九齡〈貶韓朝宗洪州刺史制〉稱：「荊州大都督府長史兼判襄州刺史事山南道採訪處置等使上柱國長山縣開國伯韓

唐代長江中游地區政治經濟地域結構的演變

朝宗。」（中華書局1983年影印本，第三冊，第2875頁）則韓朝宗當是以荊州長史判襄州刺史，兼山南東道採訪使。此後開元天寶間之山南東道採訪使宋鼎（《元和志》卷二一「隨州唐城縣」：「開元二十四年，採訪使宋鼎奏置。」中華書局1983年版，第543頁；《曲江集》卷二稱襄州刺史宋鼎）、宋遙〔《千唐志・上党郡大都督府長史宋公（遙）墓誌銘並序》〕、韋陟（《舊唐書》本傳）、陸景融（《舊唐書・陸象先傳》）、裴寬（《舊唐書》本傳）、張九皋〔《全唐文》卷三五五蕭昕《唐銀青光祿大夫嶺南五府節度經略採訪處置等使攝御史中丞張公（九皋）神道碑》，中華書局1983年影印本，第四冊，第3598～3599頁〕等皆兼任襄州刺史。

[11] 據《新唐書》卷六七〈方鎮表四〉，至德元載（756年），置興平軍節度使，領上洛（商州）、安康（金州）、武當（均州）、房陵（房州）四郡，治上洛。上元二年（761年）廢節度使，置武關內外四州防禦觀察使，領州如故，寶應元年（762年）罷。《舊唐書》卷十〈肅宗紀〉乾元元年九月（中華書局1975年版，第253頁）、二年四月紀事（第256頁）中見有商州刺史、興平軍節度李奐。

[12] 淮南與淮西節度使之置，目的是為了對付永王李璘，故淮南節度使以高適為之，轄區甚大；同時設置的淮南西道節度領蔡、鄭、許、申、光五州，亦與淮南節度重申、光二州。至德元載底，淮南節度高適、淮西節度來瑱等會於安州，盟誓討璘，說明當時安州並未歸屬山南東道節度控制。見《資治通鑒》卷二一九至德元載十二月，中華書局1956年版，第7007～7008頁。

[13]《新唐書》卷六五〈方鎮表二〉：乾元二年，「復置淮南西道節度使，領申、光、壽、安、沔、蘄、黃七州，治壽州。」（中華書局1975年版，第1802頁）可知安州度屬淮西即在乾元二年。貞元間，安州又曾短期度屬山南東道，旋還屬。據同書卷六七〈方鎮四〉，郢、復二州在此前屬荊南節度（至德二年置）。

[14] 武德中之總管雖在名義只掌管軍事，但實際上不可避免地多預行政民事；一些總管本是地方土豪，實際上集地方軍事、行政與財政大權於一人之手。此例甚多，無需列舉。武德七年所置之都督，則基本上只掌軍事。《唐會要》卷六八「刺史上」條記貞觀三年唐太宗謂侍臣曰：「朕每夜恆思百姓，閱事或至夜半不寐。唯思都督、刺史，堪養百姓，所以前代帝王稱共治者，惟良二千石也。雖文武百僚，各有所司，然治人之本，莫如刺史最重耳。」（中華書局1955年版，第1197頁）可見當時都督與刺史，職掌雖均與百姓有關，但一文一武，一軍一民，分工不同。參閱陳仲安、王素：《漢唐職官制度研究》，中華書局1993年版，第219頁。因此，武德七年改總管為都督（大總管為大都督），不僅僅在於名義上的改變，更重要的在於整頓各地軍民事務，逐步理順地方軍民官員的分工。

[15]《文館詞林》卷四五九李百藥〈荊州都督劉瞻碑銘〉：「［武德］五年，拜襄州道行臺兵部尚書，仍持節山南道巡撫大使……又以本官檢校襄州都督、襄州刺史。尋除司農卿……八年，以趙王為安州大都督，又以本官檢校安州大都督府長史。又權檢校荊州大都督府長史，其年又檢校襄州都督。」《叢書集成初編》本，中華書局1985年版，第一冊，第87頁下。

[16]《唐會要》卷六八「都督府」條，中華書局1955年版，第1193～1194頁。按：表面上看來，梁州都督府轄區跨越今川陝交界處的米倉山地，似不能組成一個相對完整的地理單元。但實際上，漢水中源漾水河源頭烈金壩附近地勢低平，從漾水源頭越過低矮的山嶺，即進入嘉陵江支流黑水河上游戴家壩一帶；沿漢水北源沮水河西上，在今勉縣茶店與略陽縣何家岩鎮之間越過分水嶺，也可進入嘉陵江上游河谷。這兩條通道又恰是由關隴入蜀的要道。這樣的地理形勢與交通條件，使漢水上游與嘉陵江上游地區的聯繫自古以來就非常密切，並逐步形成為一個相對完整的政治軍事與經濟區域。參閱魯西奇：

《區域歷史地理研究：對象與方法——漢水流域的個案考察》，廣西人民出版社2000年版，第378～381頁。安州都督府所轄申（治在今河南信陽）、光（治在今河南潢川）二州在大別山北麓，與其他各州隔以大別山，但中有「義陽三關」及穆陵、陰山等關口相通，且自漢代即與山南地區同屬一郡，作為一個地理區域有其歷史繼承性。

[17]《唐會要》卷八九「疏鑿利人」條記載：李皋為荊南節度使，「江陵東北七十里，廢田旁漢，古堤壞決凡二處，每夏則為浸溢。皋使命塞之，廣良田五千頃，畝收一鍾」（中華書局1955年版，第1620頁）。兩唐書〈李皋傳〉所記同。但此堤既在「江陵東北七十里」，則似不可能「傍漢」，或所記里數不確。又，《冊府元龜》卷四九七〈邦計部・河渠二〉：「（元和）十四年五月御史臺奏，據山南（東南）東道觀察使孟簡狀奏稱，得復州刺史許志雍狀：請於復、郢二州界內修築鄭敬古堤，兼塞斷鱄鵜港，壅截界水開地，有利於當道。又據荊南觀察使裴武奏稱：山南東道築堤及塞鱄鵜港有害於當道。」請朝廷制止築堤。（中華書局1960年影印本，第六冊，第5964頁上）此堤在郢、復二州交界處，或當在今潛江、天門間。鄭敬古堤與李皋主持修復之堤是否為一，不能確知（以往論者多以為一），但既云「古堤」，則修築當較早；但其規模皆不大，卻是可以肯定的。

[18] 宋齊梁之華山縣，北周、隋至唐初之漢南縣，唐貞觀八年到天寶初之率道縣，均治於大堤城，故址約在今宜城縣北30里小河鎮東（石泉：〈古鄢、維、涑水及宜城、中廬、邔縣故址新探——兼論楚皇城遺址不是楚鄢都、漢宜城縣〉，載石泉：《古代荊楚地理新探》，武漢大學出版社1988年版，第258～348頁）此城以「大堤」為名，其地當有大堤。嚴耕望先生謂因「其地有堤，障防漢水，先成村落，改築為城，故亦稱大堤城」（嚴耕望：〈荊襄驛道與大堤豔曲〉，載嚴耕望：《唐代交通圖考》第四卷，上海古籍出版社2007年版）。所說誠是。「大堤」之名，初見於劉宋元嘉中，其堤防之築，

則當在劉宋初或更早。

[19] 參閱長江流域規劃辦公室水文局：《長江中游河道基本特徵》，1983年內部刊印本；湖北省地質礦產局：《湖北省區域地質志》，地震出版社1990年；中國科學院地理研究所、水利部長江水利委員會漢江工作隊：《漢江流域地理調查報告》，科學出版社1957年版，第27頁；陶家元：〈漢江襄洌段遊蕩河道特徵分析及該段河道的整治〉，《華中師範大學學報》（自然科學版）1989年專輯2；魯西奇（與潘晟合作）：〈漢水下游河道的歷史變遷〉，《江漢論壇》2001年第3期。

[20]《舊志》「夔州」沿革云：夔州，隋為巴東郡，武德元年改為信州；又改為夔州，「仍置總管，管夔、硤、施、業、浦、涪、渝、谷、南、智、務、黔、（克）［充］、思、巫、平十九州」。貞觀十四年，為都督府，督歸、夔、忠、萬、涪、渝、南七州。後罷都督府（中華書局1975年版，第1555頁）。不載總管府初置之時間，都督府之沿革亦多不清楚。按：《舊唐書》卷六十〈盧江王瑗傳〉：「武德元年，歷信州總管，封盧江王。」（第2351頁）《資治通鑑》武德二年正月己巳，「（楊士林）帥漢東四郡遣使詣信州總管盧江王瑗請降」。《舊唐書》卷六十〈河間王孝恭傳〉：「武德二年，授信州總管……三年，進爵為王。改信州為夔州，使拜孝恭為總管。」（第2347頁）則武德初已置有信（夔）州總管。《冊府元龜》卷四四三〈將帥部・敗衄三〉：「武德八年……夔州都督、行軍長史、中書侍郎溫彥博為虜所執。」（中華書局1960年影印本，第六冊，第5254頁下）則武德八年已稱夔州都督，當是與其他總管同時改稱都督。

[21] 其中襄州、金州、荊州的戶數與密度在其所管各州中都是最高的，襄、金二州且遠高於其他各州。夔州的戶數在其所轄各州中不是最高，以其為總管—都督府駐地，當主要是考慮到其軍事地位的重要性。

[22] 在王弘烈歸唐之前，武德三年，金州總管府司馬李大亮即受命經略樊、鄧（當指鄧城，非指鄧州），曾攻下樊城鎮（《資治通鑒》卷一八八）。李大亮從金州方向進軍樊、鄧，當先佔據在今老河口、穀城一帶之陰城、穀城二縣地，酇州之置或即在其時，當在王弘烈等以襄州降唐之前。《隋書・地理志》陰城縣下原注云：「西魏置酇城郡，後周廢。」此州以酇為名，其治所當在陰城（今老河口市西北光化老城）。

[23]《資治通鑒》卷一八九武德四年七月辛巳，「襄州道安撫使郭行方攻蕭銑郢州，拔之」。郢州之置當即此後之舉措，蓋因蕭銑之舊也。郢州所領三縣，樂鄉隋屬竟陵郡（郢州），在今鍾祥西北境之東鄉關；上洪、率道並在今宜城東境、漢水東岸。郢州之置，其初顯然有圖取蕭銑之意。

[24] 北宋太平興國元年（976年），改義清縣為中廬縣（見《元豐九域志》卷一京西南路「襄州」，中華書局1984年版，第23頁）。故《讀史方輿紀要》卷七九湖廣五襄陽府「南漳縣」條記南漳縣北有「中廬城」（中華書局2005年版，第30716頁）。此中廬城非漢至梁之中廬，而是唐永徽後之義清縣、宋初之中廬縣。

[25] 由今南漳縣城東北行經舊縣鋪，北趨襄陽，自古以來就是一條重要的交通孔道。《元和志》襄州南漳縣「粗山」條：「粗山在（南漳）縣東北一百八里。吳將朱然、諸葛瑾從粗中乘山險道北出。粗中去襄陽城一百五十里。」（中華書局1983年版，第530頁）朱然、諸葛瑾所出之「險道」當即經此。今316國道亦經過這裡。

南陽漢代碑石叢考

一、引言

西漢南陽郡領宛、犨、杜衍、酇、育陽、博山、涅陽、陰、
堵陽、雉、山都、蔡陽、新野、築陽、棘陽、武當、舞陰、西鄂、
穰、酈、安眾、冠軍、比陽、平氏、隨、葉、鄧、朝陽、魯陽、
春陵、新都、湖陽、紅陽、樂成、博望、復陽等三十六縣；元始
二年（2年），有戶三十五萬九千三百一十六，口一百九十四萬
二千五十一[1]。東漢南陽郡領縣與西漢大致同，除春陵改稱章陵、博
山改稱順陽外，增襄鄉、南鄉、丹水、析、成都五縣（邑），減杜
衍、新都、紅陽、樂成四縣，共為三十七城；永和五年（140年）戶
五十二萬八千五百五十一，口二百四十三萬九千六百一十八[2]。兩漢
南陽郡所領縣邑眾多，戶口繁盛，經濟富庶，是當時著名的大郡。
《史記·貨殖列傳》云：「潁川、南陽，夏人之居也。……秦末世，
遷不軌之民於南陽。南陽西通武關、鄖關，東南受漢、江、淮。宛亦
一都會也。俗雜好事，業多賈。其任俠，交通潁川，故至今謂之『夏

1　《漢書》卷二八上〈地理志上〉「南陽郡」條，中華書局1962年版，第1563～1564頁。
2　《續漢書·郡國志四》「南陽郡」條，載《後漢書》第12冊，中華書局1965年版，第3476～
　　3477頁。

人』。」[1]《漢書・地理志》後敘亦稱：「宛，西通武關，東受江、淮，一都之會也。宣帝時，鄭弘、召信臣為南陽太守，治皆見紀。信臣勸民農桑，去末歸本，郡以殷富。」[2]張衡〈南都賦〉更極言南陽之富庶壯麗：

于顯樂都，既麗且康。陪京之南，居漢之陽。割周楚之豐壤，跨荊豫而為疆。體爽塏以閑敞，紛鬱鬱其難詳。爾其地勢，則武關關其西，桐柏揭其東。流滄浪而為隍，廓方城而為墉。湯谷湧其後，清水蕩其胸。推淮引湍，三方是通。……其陂澤，則有鉗盧玉池，赭陽東陂。貯水淳涆，互望無涯。……其水則開竇灑流，浸彼稻田。溝澮脈連，堤塍相輞。朝雲不興，而潢潦獨臻。決渫則暵，為溉為陸。冬稌夏穱，隨時代熟。其原野則有桑漆麻紵，菽麥稷黍，百穀蕃廡，翼翼與與。[3]

據此數條史料，或已可略見漢代南陽郡社會經濟發展之總概。論者亦多引據上述資料，兼之以《漢書》卷八九〈循吏・召信臣傳〉，《後漢書》卷三一〈杜詩傳〉、卷三二〈樊宏傳〉以及《水經注》卷三一〈淯水〉，卷二九〈比水〉、〈湍水〉，卷二十〈丹水〉，卷二八〈沔水中〉等相關記載，以討論漢代南陽地區社會經濟之發展[4]。而欲更進一步考察漢代南陽地方社會之情形與變動，僅依靠上述史料則有所難能，必想方設法拓展史料範圍。

1　《史記》卷一二九〈貨殖列傳〉，中華書局1959年，第3269頁。

2　《漢書》卷二八下〈地理志下〉，中華書局1962年版，第1654頁。

3　張衡：〈南都賦〉，載《六臣注文選》卷四，中華書局1987年影印本，第83～90頁。

4　參閱龔勝生：〈漢唐時期南陽地區農業地理研究〉，《中國歷史地理論叢》1991年第2期；馬雪芹：〈南陽地區西漢、唐宋、明清時期水利事業之比較研究〉，《中國歷史地理論叢》1993年第2期；魯西奇：《區域歷史地理研究：對象與方法——漢水流域的個案考察》，廣西人民出版社2000年版，第218～229頁；魯西奇：〈《水經注》所見南陽地區的城邑聚落及其形態〉，載《燕京學報》新25期，北京大學出版社2008年版，第45～89頁。

顯然，收集、整理、考釋、運用碑石資料乃是吾人試圖於傳統文獻之外拓展史料範圍的第一步。今見傳世南陽漢代碑石共八種，其中桐柏淮源廟碑、玄儒先生妻壽碑、舜子巷義井碑、中部碑等四碑久已見於宋歐陽修《集古錄》、趙明誠《金石錄》、洪適《隸釋》或《隸續》等金石文獻之著錄，前人亦皆有程度不同之討論；宛令李孟初神祠碑、張景造土牛碑、許阿瞿畫像石誄文、魯陽都鄉正衛彈碑等則出自清中期以來，前人抑或有所考釋、討論。前人於此諸碑石文字之考釋、討論，多著眼於釋讀、辨義，間亦及於名物制度，雖皆頗見功底，然論者往往綜考各地眾多金石文字，非專於此數碑上下工夫，故就此數碑而言，其中仍多有未明之處；更為重要者，以往論者多分別考釋各碑，而未將此數碑集於一體，將其置入漢代南陽地方社會這一背景下加以考察，故並未究明其真正內涵與意義。

　　本文即試圖由此出發，首先在前人基礎上，釋讀碑文，考釋前人所未及或未明之處，結合傳統文獻中的相關記載，進一步廓清其意義；然後將此數碑聯繫起來，分析其所反映之漢代南陽地方社會的若干實相。

二、漢碑八種考釋

（一）宛令李孟初神祠碑（永興二年，154年）

　　此碑於清乾隆年間白河水漲時，在南陽城外河街外白河岸邊沖出，咸豐十年（1860年）移於南陽府署，現藏南陽臥龍崗漢碑亭內。碑高159公釐，寬90公釐。字凡十五行，前題大字二行，字倍大於後文。以下十三行，行約三十字，皆有殘泐。下部磨損處刻有咸豐十年金梁題記。翁方綱依原式載於《兩漢金石記》，題為「故宛

南陽漢代碑石叢考

令益州刺史李孟初神祠碑 [1]」；《金石萃編》卷八錄有釋文 [2]；楊守敬《寰宇貞石錄》收有拓本圖影 [3]；高文《漢碑集釋》校訂釋文，並作了簡釋 [4]。茲據高釋，參合翁氏摹本、楊氏拓本，錄文於次：

故宛令益州刺史南郡襄陽李……／字孟初神祠之碑。／君□舉孝廉，除補郎中，遷……／史，卒官。□故吏民追思德化……／更訊治立碑。復祠下……／垣宇樹木，皆不彳令□不□夊守……／中大人共案文，□□□□□文……／永興二年六月己亥朔十日□，宛令……／部勸農賊捕掾李龍，南部游徼……／屋有守祠義民，今聽復，無……／時令琅邪開陽貴君諱咸，字□□，□□□□□□，伯□□□戊彳……／□河南洛陽虞衍字元博，□□□□□□□□□□仲興，□□□漢海……／□掾吳定，尉□、功曹史□□伯□□□，時嗇夫劉俊叔艾，佐□□攷……／戶□□□伯，□史左□元舉，□□□□，時賊捕掾李龍昇高，□□□京□甫□……／□□□□供功曹史左治，□□□□□，時亭長張河曼海，亭長唐譚伯祖……／

此碑殘泐較甚，不能通讀，然其意旨則大致可知：蓋李孟初為南郡襄陽人，嘗為南陽郡宛縣令、益州刺史。卒後，時任宛縣令貴咸（琅邪郡開陽縣人）與佐官、屬吏、鄉亭吏為之共立神祠，且置守祠義民，復其徭役。翁方綱《兩漢金石記》謂：「碑以立祠為主，故不詳敘李君出處之跡，蓋曾舉孝廉，官郎中，官宛令，又官益州刺史，卒於官，吏民追思，為立祠也。……貴君以下則立祠之諸官姓名。」

---

1 翁方綱：《兩漢金石記》卷十二，南昌使院乾隆五十四年（1789年）刻本，第二十三頁A面～第二十五頁A面。
2 王昶：《金石萃編》卷八，掃葉山房民國十年石印本，第八頁A面。
3 楊守敬：《寰宇貞石圖》，不分卷，徐無聞整理，載謝承仁主編：《楊守敬集》第九卷，湖北人民出版社、湖北教育出版社1997年版，第66～67頁。
4 高文：《漢碑集釋》，河南大學出版社1997年版，第175～180頁。

所說大致確當。

然是碑實有若干不明之處。李孟初為南郡襄陽人，亦非卒於宛縣令任上（很可能卒於益州刺史任上，蓋碑文「卒官」前為「史」字，其前之闕文或可補為「益州刺」三字），其於宛縣任上有何種「德化」，致令宛縣吏民「追思」而為之立祠？頗疑李孟初由宛縣令升任益州刺史[1]，尚未之任，而卒於南陽，故宛縣吏民為之立祠。

「中大人共案文」之「中大人」，或釋為中貴、宦者。武億〈授堂金石跋〉謂：「『中大人共案文字』蓋以宦者監視，摹勒上石，亦猶袁逢《華岳廟》遣郭香察書之比。但一令長神祠，至遣中貴為之檢案，亦莫解其殊寵之由也。」[2] 今考「中大人」確可釋為中貴、宦者，然碑文「中大人」之前闕文，「中大人」三字或接上一行讀。《後漢書》卷二六〈趙憙傳〉記趙憙為南陽宛人，光武中任為簡陽侯相，「憙不肯受兵，單車馳之簡陽。吏民不欲內憙，憙乃告譬，呼城中大人，示以國家威信，其帥即開門面縛自歸」。袁宏《後漢紀》卷八〈光武皇帝紀〉於光武二十七年下追記此事云：「憙至簡陽，民閉城門，不肯納。憙便止城門外，問國中大夫素為百姓所親信者，乃召問之。對曰：『夫擁兵欲以自守，而至於為賊，恐懼不能自反耳。』憙因告以『倉卒之時，非國家所疾，無自疑阻，懇為陳恩信』。賊遂自縛詣憙降。」[3] 則《後漢書》所謂「城中大人」即「素為百姓所親信」之「國中大夫」，亦即城中的耆宿名士。據此，頗疑《李孟初神祠碑》中「中大人」之前闕文或有「城」或「國」字，當為「城中大

1　漢代刺史之任，多以縣令、侍御史為主要途徑。嚴耕望先生曾列舉縣令遷刺史之例數端，並謂據碑傳所見，刺史之由縣令升任者約占全額四分之一。載嚴耕望：《中國地方行政制度史‧秦漢地方行政制度》，上海古籍出版社2007年版，第322～333、331～332頁。

2　武億：《授堂金石跋》卷二，「漢故宛令神祠碑」條，《授堂遺書》本，道光二十三年（1843年）刻本，第七頁A面。

3　袁宏：《後漢紀》卷八，〈光武皇帝紀〉，「光武二十七年，太僕趙憙為太尉」條。載《兩漢紀》，下冊，張烈點校，中華書局2002年版，第149頁。

南陽漢代碑石叢考

人」或「國中大人」。如然，則此句碑文當作「［城］中大人共案文
［字］」解，亦即南陽城中諸耆宿名士一同檢視文字，共立此碑。

　　據碑文所記，主持立祠勒碑者為時任宛縣令貴咸（蓋貴咸即為李
孟初之繼任者），而經辦其事者當即勸農賊捕掾李龍與南部游徼某。
俞樾《俞樓雜纂》卷二五〈讀漢碑〉云：「《續漢書・百官志》：
凡縣『各署諸曹掾史。本注曰：諸曹略如郡員。五官為廷掾，監鄉
［五］部，春夏為勸農掾，秋冬為制度掾』。『制度掾』之名，未
詳何義。今以此碑證之，疑當作春夏為勸農掾，秋冬為賊捕掾。蓋春
夏農事方興，故宜勸之；秋冬則民間皆有蓋藏，盜賊竊發，在所不
免。故即以勸農掾為賊捕掾，事相因也。賊捕之名不美，居是職者，
因有制度之號，相沿既久，遂以入史。非得此碑，則賊捕之名遂亡
矣。」[1]所論或可從。然則，「部勸農賊捕掾」前或闕一「五」字，
即當作「五部勸農賊捕掾」。

　　南部游徼，當是縣內分部而置之游徼。《續漢書・百官志》：
「鄉置有秩、三老、游徼。……游徼掌徼循，禁司奸盜。」是各鄉置
有游徼。然此處所見之游徼以「南部」為稱，當是「部游徼」。甘
肅武威磨咀子十八號漢墓所出《王仗十簡》亦見有「部游徼[2]」。嚴
耕望先生嘗考漢世諸縣置有游徼，曾舉出數例，且臚列《堂邑令費
鳳碑》、《中部碑》、《蒼頡廟碑側》及《嘉祥武宅山縣令導從圖
刻像》所見之「門下游徼」，認為縣游徼猶郡府門下督盜賊，職近
賊曹，秩不及百石，隸屬功曹；又論及鄉游徼，認為屬外部吏，屬
鄉職。嚴先生注意到「碑傳所見游徼，其中或有出部者」，然未加

1　俞樾：《俞樓雜纂》卷二五〈讀漢碑〉「李孟初神祠碑」條，《春在堂全書》本，光緒
　二十八年（1902年）刻本，第四頁A、B面。
2　簡文云：「河平元年，汝南西陵縣昌里先年七十，受王杖，頰部游徼吳賞使從者毆擊先，用
　訴，地大守上讞廷尉，報：罪名明白，賞當棄市。」見中科院考古研究所編輯室：〈武威磨
　咀子漢墓出土王杖十簡釋文〉，《考古》1960年第9期；陳直：〈甘肅武威磨咀子漢墓出土王
　杖十簡通考〉，《考古》1961年第3期。

討論，僅謂「惟同是縣吏，故統稱縣職歟[1]」？今考門下游徼，當居於縣中，常跟從縣令。《後漢書》卷八一〈獨行列傳・王忳傳〉記王忳任郿縣令，至斄亭，有女鬼訴其家十餘口為亭長所殺，忳問亭長姓名，女子曰：「即今門下游徼者也。」王忳「召游徼詰問，具服罪」。則此門下游徼即跟從縣令王忳出巡者。《續漢書・輿服志上》：「公卿以下至縣三百石長，導從置門下五吏，賊曹、督盜賊、功曹，皆帶劍，三車導；主簿、主記，兩車為從。」這裡的「門下五吏」（賊曹、督盜賊、功曹、主簿、主記），當如陳直先生所釋，「在屬吏中應成為另一系統之政權組織，出則導車從，入則參機要，為最親信之僚屬」；「門下等於吏屬中之內廷，諸曹等於吏屬中之外廷[2]」。然則，門下游徼即屬於縣廷之「內廷」；縣游徼則屬之「外廷」，縣游徼中出部巡徼者，得稱為「部游徼」；諸鄉另置有游徼，是為「鄉游徼」。

貴咸以下題名，當即參與此次立祠刻碑的諸官吏。河南洛陽虞衍、仲興之前的官銜並闕文，然由題名之次序及虞衍為河南洛陽人推測，此三人或為宛縣之佐貳官，丞、尉之屬。吳定之下則為屬吏：「掾吳定」前或可補出「廷」字，則吳定當為廷掾；「尉」字下或可補出「曹」字，則「史□［字］伯□」當為尉曹兼功曹；嗇夫劉俊，列於尉曹、功曹與戶曹之間，當是縣嗇夫；「戶」字下或可補出「曹」字，其字或即「日伯」；「史左□元舉」前或可補出「令」、「小」之類，蓋左元舉（闕字當為其名）當為令史、小史之類；供功曹史，前此未見，「供」字或連上讀，「功曹史」聯讀

1　嚴耕望：《中國地方行政制度史・秦漢地方行政制度》，上海古籍出版社2007年版，第227～228頁。

2　陳直：〈望都漢墓壁畫題字通釋〉，載陳直：《文史考古論叢》，天津古籍出版社1988年版，第463～471頁，特別是第464～466頁。此處所引《續漢書・輿服志》句，今中華書局校點本斷作「公卿以下至縣三百石長導從，置門下五吏、賊曹、督盜賊功曹，皆帶劍，三車導；主簿、主記，兩車為從」，陳直先生已指明其誤，請參看。

南陽漢代碑石叢考

為吏職，或係功曹之屬下小史。張河、唐譚二亭長則屬於鄉亭吏。這些屬吏、鄉亭吏，顯然皆為宛縣本地人，故未署其籍貫。由於碑文殘缺甚多，故題名之屬吏、鄉亭吏必不止於此。

（二）張景造土牛碑（延熹二年，159年）

1958年出土於河南南陽市南城門內馬路東側，現藏於南陽市博物館漢碑亭內。碑身四週皆殘，現存碑高125公釐，寬54公釐。無額。碑文凡十一行，行二十三字。原報告錄有釋文[1]，高文《漢碑集釋》題為「張景碑」，亦有釋文，並據上下文意補出數字，然後作了簡釋[2]。茲據高釋，參校拓本圖影[3]，校錄如次：

[府告宛：男]子張景記言：府南門外勸[農]土牛，□□□□／調發十四鄉正，相賦斂作治，並土人、犁、耒、艸、蒀、屋，功費六七／十萬，重勞人功，吏正患苦。願以家錢，義作土牛，上瓦屋、欄楯／什物，歲歲作治。乞不為縣吏、列長、伍長、徵發小繇。審如景[言]／施行，復除，傳後子孫。明檢匠所作，務令嚴事。畢成，言。會廿□，／府君教。大守丞印。延熹二年八月十七日甲申起。／八月十九日丙戌，宛令右丞憎告追鼓賊曹掾石樑寫移，□／遣景作治五駕瓦屋二間，周欄楯拾尺。於匠務令功堅。奉□。／畢成，言。會月廿五日。他如府記律令。掾趙述□□。／府　告宛：言男子張景，以家錢義於府南門外守□□□／瓦屋，以省賦斂。乞不為縣吏、列長、伍長、小繇□□。／

此碑實由三種公文組成：（1）自首行「府告宛」至「延熹二年八月十七日甲申起」，是南陽郡給宛縣的「告」，指示宛縣，同意

1　鄭傑祥：〈南陽新出土的東漢張景造土牛碑〉，《文物》1963年第11期。
2　高文：《漢碑集釋》，河南大學出版社1997年版，第227頁。
3　本社編：《中國碑帖精華・張景碑》，上海書畫出版社2008年版。

男子張景的請求，將郡城南門外造作、維護勸農土牛的工程，「承包」給張景，同時免除張景的部分徭役。這份「告」是遵照太守（府君）本人的命令（「府君教」）[1]，於延熹二年八月十七日發出的[2]，屬於「府書」性質。（2）自「八月十九日」起，至「掾趙述□□」止，當是宛縣廷掾趙述執筆撰寫、回復南陽郡的「應書」，報告郡府：八月十九日，宛令即讓右丞愔命令追鼓賊曹掾石樑擬寫、發出文書，執行府君教令，遣張景建造五駕瓦屋二間。這份報告於當月二十五日發出。以漢代文書行文之慣例，文中「奉」字下當可補出「教」字；「掾趙述」下當可補出「敢言」或「敢言之」字樣。（3）自第十行「府告宛」至末尾，顯然不完整，其後當尚有較多闕文。由「以家錢義於府南門外守□□□瓦屋」之句看，其內容似與前一「府告宛」的府書略有不同，應為轉告宛縣，張景願負責勸農儀式所用瓦屋等設施的看守、維護（「守」），「以省賦斂」，其條件仍是「不為縣吏、列長、伍長、小繇」[3]。

　　勸農儀式上置立土牛，不知起於何時。《禮記・月令》述天子祈谷藉田之禮，均不見用土牛，惟於季冬之月「命有司大難，旁磔，出土牛，以送寒氣」。鄭玄注云：「旁磔，於四方之門磔攘也。出，猶作也。作土牛者，丑為牛，牛可牽止也。送猶畢也。」清儒孫希旦釋曰：「是月陰寒至盛，故命大難（儺）。仲秋之難，唯天子行

1　高文謂碑文「會」字下當脫一「月」字，並據下文有「會月廿五日」補出「四」字，作「會［月］廿［四］」，這樣，府君的指令是於當月二十四日發出；二十五日，宛縣掾即擬定了回報府書的「應書」。但如此解釋，卻與下文「延熹二年八月十七日甲申起」發生衝突，因為不可能府君於廿四日發出指令，而府書卻於十七日即已發出。因此，我們認為府書中的「會月」與宛縣應書中的「會月」不是一個月，前者應是七月，後者才是八月。

2　睡虎地秦簡《秦律十八種・行書律》：「行傳書、受書，必書其起及到日月夙莫。」（睡虎地秦墓竹簡整理小組：《睡虎地秦墓竹簡》，文物出版社1978年版，第104頁）則知此處的「延熹二年八月十七日甲申起」為此府書發出的時間。高釋認為「起」字下當闕一字，蓋以每行字數推測，並無確據，茲不從。

3　關於漢代官文書之種類、形式，請參閱薛英群：〈漢簡官文書考略〉，載甘肅省文物工作隊、甘肅省博物館編：《漢簡研究文集》，甘肅人民出版社1984年版，第258～297頁。

之；季春之難，雖及於國人，而不若是月之驅除為尤徧也。旁磔，磔牲於國門之旁，即季春之『九門磔攘』也。出土牛者，牛為土畜，又以土作之，土能勝水，故於旁磔之時出之於九門之外，以禳除陰氣也。」[1] 是土牛初用於季冬驅除之大儺。漢時季冬逐疫大儺得用土牛，見於《淮南子·時則訓》及《呂氏春秋·季冬紀》「命有司大儺，旁磔，出土牛，以送寒氣」句下高誘注[2]。《續漢書·禮儀志中》記季冬大儺、享臘之禮，「立土牛六頭於國都郡縣城外丑地，以送大寒。」劉昭補注引《月令章句》云：「是月之昏建丑，丑為牛。寒將極，是故出其物類形象，以示送達之，且以升陽也。」然同書〈禮儀志上〉記立春之儀謂：「立春之日，夜漏未盡五刻，京師百官皆衣青衣，郡國縣道官下至斗食令史皆服青幘，立青幡，施土牛耕人於門外，以示兆民，至立夏。唯武官不。」《東觀漢記·禮志》謂：「立春之日，立青幡，施土牛於門外，以示兆民。」[3]《論衡》卷十六〈亂龍篇〉：「立春東耕，為土象人，男女各二人，秉耒把鋤；或立土牛。［象人、土牛］，未必能耕也，順氣應時，示率下也。」[4] 是東漢時立春勸農之禮亦用土牛，而其立意則與大儺所用土牛全不相同。又，《鹽鐵論》卷六〈授時〉賢良曰：「古者，春省耕以補不足，秋省斂以助不給。……今時雨澍澤，種懸而不得播，秋稼零落乎野而不得收。田疇赤地，而停落成市，發春而後，懸青幡而策土牛，殆非明主勸耕稼之意，而春令之所謂也。」[5] 是西漢昭帝時勸農之禮已用土牛，而由賢良之反對態度觀之，「懸青幡而策土牛」的勸農儀式，或即武帝時所新創。然則，季冬逐疫大儺用土

1　孫希旦：《禮記集解》，沈嘯寰等點校，中華書局1989年版，第500頁。
2　張雙棣：《淮南子校釋》卷五〈時則訓〉，北京大學出版社1997年版，第609頁；陳奇猷：《呂氏春秋校釋》卷十二〈季冬紀〉，學林出版社1984年版，第615～618頁。
3　吳樹平：《東觀漢記校注》卷五〈禮志〉，中州古籍出版社1987年版，第157頁。
4　黃暉：《論衡校釋》卷十六〈亂龍篇〉，中華書局1990年版，第702頁。
5　王利器：《鹽鐵論校注》卷六〈授時第三十五〉，中華書局1992年版，第423頁。

牛當為古禮，而立春勸農之用土牛則可能為漢代新制。

據上引《續漢書・禮儀志》，勸農儀式乃官方典禮，各郡國縣道均須舉行。儀式之地點，〈禮儀志〉但謂在城門外，張景碑則稱在「府南門外」，則於南門外行勸農之禮，當是規制。據上引《論衡》所言，知勸農儀式須置立土人（男女二人、秉耒把鋤）、土牛；據張景碑，知除土人、土牛、犁、耒之外，還須有作為廟室的五駕瓦屋二間以及草、蓆（竹席或草席）等什物。綜合這些記載，可知舉辦勸農儀式的地點建有一座五駕的瓦屋，屋內須放置草、蓆等物，屋前（還是屋內？）有泥塑、實物組合而成的造型一組：男女二人，秉耒把鋤（當是男子秉耒，女子把鋤）；牛一頭或兩三頭，當曳犁，作耕田狀（男女及牛為泥塑，耒、鋤、犁等皆當為實物）。儀式在立春之日舉行，規模盛大：城中各級官員，下至所謂「斗食令史」，都身著青幘，參加儀式；城門上立起青幡。

此項勸農儀式之功費，總計達六七十萬。在張景承包之前，由官府「調發十四鄉正，相賦斂作治」，「重勞人功，吏正患苦。」高文引《續漢書・百官志五》「亭長」條下劉昭補注引《漢官儀》「民年二十三為正」之句，釋「鄉正」為一鄉服徭役之民工，則「十四鄉正」即當理解為「十四個鄉的服徭役的民工」。然作屋二間、十人土牛若干，竟須調發十四個鄉的民工來服役，殊不可解；且以民年二十三為「正」後方服徭役，亦不確當[1]。茲考《漢書》卷七六〈韓延壽傳〉記延壽於宣帝時為東郡太守，「置正、五長，相率以孝弟，不得舍奸人」。顏師古注曰：「正，若今之鄉正、里正也。五

---

1 張家山漢簡《二年律令》之「徭律」謂：「免老、小未傅者、女子及諸有除者，縣道勿敢徭使。」則傅籍之男子、非免老與復除者，均得徭之。其「傅律」下則稱：「不更以下子年廿歲，大夫以上至五大夫子及小爵不更以下至上造年廿二歲，卿以上子及小爵大夫以上年廿四歲，皆傅之。」（載張家山二四七號漢墓竹簡整理小組編：《張家山漢墓竹簡［二四七號墓］》釋文修訂本，文物出版社2006年版，第64、58頁）顯然，庶人二十歲須傅籍，而傅籍之後即得服徭役。「民年二十三為正」之「正」，當作「正卒」解。

南陽漢代碑石叢考

長，同伍之中置一人為長也。」雖以唐制釋漢制，但漢時鄉亦或置有正，卻可推知。張景碑所見之「鄉正」，負責「相賦斂作治」。《續漢書‧百官志》謂：「鄉置有秩、三老、游徼。本注曰：有秩，郡所署，秩百石，掌一鄉人。其鄉小者，縣置嗇夫一人。皆主知民善惡，為役先後，知民貧富，為賦多少，平其差品。」則賦斂作治正屬有秩、嗇夫的職責範疇。故頗疑張景碑之「鄉正」即諸鄉有秩、嗇夫之異稱。因此，碑文所謂「調發十四鄉正，相賦斂作治」，即可釋為調遣、發動14個鄉的有秩、嗇夫等鄉吏，讓他們徵集賦稅，籌措經費，並負責建造勸農儀式使用的屋宇，製作土人、土牛等。

為勸農儀式而進行的「賦斂作治」調發的鄉正涉及14個鄉。由南陽郡就此事所發的府書僅對宛縣一縣觀之，此十四鄉很可能都是宛縣的屬鄉。漢代各縣所屬的鄉數，論者或據《漢書‧百官表》所記西漢末有縣（及道、國、邑）一千五百八十七、鄉六千六百二十二，以及《續漢書‧郡國志五》引《東觀書》所記永興元年（153年）有縣一千一百八十、鄉三千六百八十二，以及居延漢簡所見張掖郡的鄉里情況，認為漢時每縣屬鄉數當有定制，大抵皆在四鄉、五鄉左右[1]。然由實際情形觀之，各縣屬鄉數可能有較大差別。東海尹灣漢簡《東海郡吏員簿》記有漢成帝晚年東海郡所屬各縣吏員數，其中各縣之鄉有秩、鄉嗇夫與鄉佐皆當為按鄉分置。據《漢書‧百官表》、《續漢書‧百官志》及劉昭補注引《漢官儀》所記，知每鄉各置一嗇夫，大鄉（五千戶以上）則置有秩。因此，我們據《東海郡吏員簿》所記各縣邑侯國的鄉有秩、鄉嗇夫員數[1]，推算出各縣邑侯國所屬鄉數（見表7—1）。由表7—1可以見出，東海郡各縣邑侯國所屬的鄉數差別甚大，海西、下邳、蘭陵、郯四縣屬鄉較多，而承、東安、建陵、山

1　何雙全：〈《漢簡‧鄉里志》及其研究〉，載甘肅省文物考古研究所編：《秦漢簡牘論文集》，甘肅人民出版社1989年版，第145～235頁。

鄉、武陽、都平、邸鄉、建鄉、干鄉、建陽、都陽等十二邑、侯國卻均各有一鄉。因此，雖然按照《集簿》所記東海郡38個縣邑侯國共有屬鄉170個計算，平均每縣（邑、侯國）領鄉數為4.47個，即每縣不足五鄉；但實際上各縣邑侯國屬鄉數相差甚大，以致這個平均數並無意義。又，長沙走馬樓三國吳簡所見之鄉名共有28個，雖然這些鄉是否均屬於臨湘侯國，尚有不同看法，但其中的大部分為臨湘屬鄉，並無疑義；換言之，臨湘侯國至少應領有20個左右的鄉[1]。因此，不能根據統計資料，得出漢世定制每縣屬鄉四五個的結論。南陽郡宛縣是大縣，西漢末年即有47547戶[2]，分置14個鄉是完全可能的。

表7—1　西漢東海郡各縣所屬鄉數

縣邑侯國	鄉有秩	鄉嗇夫	鄉數	縣邑侯國	鄉有秩	鄉嗇夫	鄉數
海西	4	10	14	承	0	1	1
下邳	1	12	13	昌慮	1	2	3
郯	5	6	11	蘭旗	0	4	4
蘭陵	0	13	13	容丘	1	2	3
朐	1	6	7	良成	1	1	2
襄賁	2	5	7	南城	0	2	2
戚	2	3	5	陰平	0	3	3
費	2	5	7	新陽	0	2	2
即丘	0	8	8	東安	0	1	1
厚丘	0	9	9	平曲	0	2	2
利成	1	3	4	建陵	0	1	1
況其	0	5	5	山鄉	0	1	1
開陽	1	4	5	武陽	0	1	1
繒	1	3	4	都平	0	1	1
司吾	0	7	7	邸鄉	0	1	1
平曲	1	0	1	建鄉	0	1	1
臨沂	0	7	7	干鄉	0	1	1
曲陽	不詳	不詳	不詳	建陽	0	1	1
合鄉	0	2	3	都陽	0	1	1

1　參閱侯旭東：〈長沙走馬樓三國吳簡所見「鄉」與「鄉吏」〉，載侯旭東：《北朝村民的生活世界——朝廷、州縣與村里》附錄一，商務印書館2005年版，第370～396頁。
2　《漢書》卷二八上〈地理志上〉南陽郡「宛」縣下原注，中華書局1962年版，第1563頁。

南陽漢代碑石叢考

　　張景承包勸農土牛及相關設施的條件，是「不為縣吏、列長、伍長、徵發小徭」；郡府同意其承包申請，「復除」上述各項負擔。凡此諸項負擔，皆當屬於所謂「邑中事」，即由郡縣官府主持的徭役[2]。蓋漢世部分縣吏屬於役職。《續漢書‧百官志五》「五官為廷掾」句下劉昭補注引《漢官儀》記洛陽令所屬「員吏七百九十六人：十三人四百石，鄉有秩、獄史五十六人，佐史、鄉佐七十七人，斗食令史、嗇夫假五十人，官掾史、干小史二百五十人，書佐九十人，循行二百六十人」。此雖都城特製，然一般縣吏員額亦當與此相類。這些縣吏中，當有相當部分為無秩之役職。《漢書‧百官表上》謂縣吏「百石之下有斗食、佐史之秩，是為少吏」。則少吏之外，或皆無秩。東海尹灣漢簡《東海郡吏員簿》記諸縣吏員甚悉，尉、獄丞以下有官有秩、鄉有秩、令史、獄史、官嗇夫、鄉嗇夫、游徼、牢監、尉史、官佐、郵佐、鄉佐、亭長等目，皆當有秩祿。然則，干小史、書佐、循行之類，或皆無秩祿，乃屬於役職。《東觀漢記》卷十七〈馮良傳〉：「南陽馮良少作縣吏，恥在廝役，因壞車殺馬，毀裂衣冠，主撻之。」[1]《後漢書》卷五三〈周燮傳〉附載此事，謂馮良「出於孤微，少作縣吏。年三十，為尉從佐。奉檄迎督郵，即路慨然，恥在廝役，因壞車殺馬，毀裂衣冠，乃遯至犍為」。馮良以所作之縣吏（尉從佐，當屬尉史，李賢注云：「從佐謂隨從而已，不主案牘也。」）乃屬「廝役」，深以為恥，顯係役職。《後漢書》卷六二〈陳寔傳〉謂陳寔「出於單微」，「少作縣吏，常給事廝役，後為都亭佐」。則陳寔先所作縣吏，尚低於亭佐，當無秩祿。

　　列長、伍長，亦皆屬役職。張家山漢簡《二年律令‧市律》：「市販匿不自占租，坐所匿租臧為盜，沒入其所販賣及賈錢縣官，奪之列。列長、伍人弗告，罰金各一斤。」文書整理者釋「列」為「市

1　吳樹平校注：《東觀漢記校注》卷十七〈馮良傳〉，中州古籍出版社1987年版，第723頁。

肆」，並引《漢書・食貨志》所錄晁錯之言「商賈大者積貯倍息，小者坐列販賣」以為證，則「列長」可釋為「市肆之長」。又，雲夢睡虎地秦簡《秦律十八種・金布律》謂：「賈市居列者及官府之吏，毋敢擇行錢、布；擇行錢、布者，列伍長弗告，吏循之不謹，皆有罪。」整理者認為秦時「商賈有什伍的編制，列伍長即商賈伍人之長[1]」。然張家山漢簡《二年律令・戶律》云：「自五大夫以下，比地為伍，以辨券為信，居處相察，出入相司。有為盜賊及亡者，輒謁吏、典。」[2]《續漢書・百官志》：「里有里魁，民有什伍，善惡以告。本注曰：里魁掌一里百家。什主十家，伍主五家，以相檢察。」則漢世編戶例有什伍之制，非僅限於商賈。

　　小徭，高文引《三國志・魏志・倉慈傳》裴注所引《魏略》記曹魏黃初中顏斐為京兆太守，「起文學，聽吏民欲讀書者，復其小徭」，然未加分析。茲考「小徭」當即《鹽鐵論》所見之「小役」。《鹽鐵論》卷三〈未通篇〉御史曰：「古者，十五入大學，與小役；二十冠而成人，與戎事」，以「小役」與「戎事」並舉。如所週知，漢世徭役別為三項，即更卒、正卒與戍卒，正卒與戍卒均屬「戎事」（或以戍卒為正卒在邊境服役者）；惟更卒是較單純的力役，主要是到郡縣官府當差、從事地方土木工程建設，承擔各種雜役[3]。更卒一般不離開所在郡縣，又主要從事力役，故稱為「小役」、「小徭」；與之相對應，正卒、戍卒或得稱為「大役」、「大徭役」[4]。

1　睡虎地秦墓竹簡整理小組：《睡虎地秦墓竹簡》，文物出版社1978年版，第56～57頁。
2　張家山二四七號墓漢墓竹簡整理小組：《張家山漢墓竹簡［二四七號墓］》，文物出版社2006年版，第51頁。
3　參閱韓連祺：〈漢代的田租、口賦和徭役〉，載韓連祺：《先秦兩漢史論叢》，齊魯書社1986年版，第464～519頁；錢劍夫：《秦漢賦役制度略考》，湖北人民出版社1984年版，第128～240頁。
4　《史記》卷七〈項羽本紀〉記項籍（羽）與項梁流亡吳中，「每吳中有大繇役及喪，項梁常為主辦，陰以兵法部勒賓客及子弟，以是知其能」。顯然，大徭役是指戎事，故項梁方得藉之「以兵法部勒賓客及子弟」。

南陽漢代碑石叢考

張景承包勸農土牛及相關設施工程之後，所可復除者即包括為縣吏、列長、伍長及更卒之役，凡此，皆為「邑中事」，即郡縣主持操辦之役，而不包括正卒、戍卒等「大繇」，即由國家徵發的繇役。因此，其得到復除的繇役範圍是相當有限的。蓋以其所承辦之工程既屬「邑中事」，本屬郡縣役之一部分，故得免除其他郡縣役負擔。《李孟初神祠碑》所見「守祠義民，今聽復」亦當作如此解，但免除其承擔的郡縣役部分，而不包括正卒、戍卒等正役，更不包括各種稅賦。

最後，關於張景的身分，碑文但稱為「男子」，然由其可以承擔功費六七十萬的工程、而且設法復除其家族子孫的郡縣繇役來看，絕非小戶百姓，必是巨室富戶。《太平御覽》卷五一五〈宗親部‧兄弟〉引司馬彪《續漢書》謂：「張堪，字君游，南陽宛人，為郡族姓。堪早孤，讓先父餘財數百萬與兄弟。」[1]張景與張堪同出宛縣張氏，很可能是同族。

（三）桐柏淮源廟碑（延熹六年，163年）

歐陽修《集古錄》、趙明誠《金石錄》、洪适《隸釋》並有著錄，謂在唐州。應劭《風俗通義》卷十〈山澤〉「四瀆」條謂「淮出南陽平氏桐柏大復山東南，入海。……廟在平氏縣」。《續漢書‧郡國志》南陽郡「平氏」縣下劉昭補注引《荊州記》云：「桐柏淮源湧發，其中潛流三十里，東出大復山南，山南有淮源廟。」是淮水之源建有廟宇，稱為淮廟或淮源廟。《水經注》卷三十〈淮水〉云：「（桐柏大復）山南有淮源廟，廟前有碑，是南陽郭苞立。又二碑，並是漢延熹中守、令所造，文辭鄙拙，殆不可觀。」則酈道元嘗見淮源廟前共有三碑。郭苞，當即《桐柏淮源廟碑》所

---

1 《太平御覽》卷五一五〈宗親部五‧兄弟中〉，中華書局1960年影印本，第2343頁。

見之「郭君」，其任南陽太守當在順帝中[1]。郭苞碑蓋至北宋時已佚，歐陽修即未得見。延熹中守、令所造二碑，令（當是平氏令）所造之碑亦佚，存者乃南陽太守中山盧奴張□所造。

歐陽修所見之碑磨滅尚不甚，「文字斷續粗可考次」。後復漸次磨滅，遂至不可辨讀。故元至正四年（1344年）唐州同知杜昭乃主持重立此碑，倩吳炳重書、何德洪刻石[2]。後世所傳之《桐柏淮源廟碑》拓本即據此至正重刻碑拓印。吳炳於碑末題記云：

淮源廟為國家崇奉尚矣。漢延熹六年，南陽太守躬奉廟祀，為民祈福；民用胥悅，刻石頌德，其辭邇雅。韓公作《南海廟碑》，文疑取於此。隸書之妙，與《劉熊碑》如出一手書。風雨剝食，其僅存者漫不可讀。昔人嘗正／書是文，勒石廟側，間有誤謬，識者病之，未有奮然以新之者。至正四年，杜君昭字德明，京師人，以文學才敏同知唐州，既修祠廟，因以重刻舊碑，謀諸僚佐，動合事宜，上下協應。以浚儀吳炳嘗習漢隸，請重書／舊文於石，乃參以《隸釋》，更定其誤。嗚呼！漢碑之見於歐陽氏《集古錄》、趙明誠《金石錄》者，所存寡矣。洪氏蓬萊閣本世不多見，其償於荒畑野草之間者，蓋不數見。《桐柏廟碑》，漢刻中之炬赫者也。其壞而復見，豈／獨以文字之妙可用垂不朽與？抑淮源神靈陰有以相之與？然則，頌之，所謂「天地清和，嘉祥昭格，靈祇之報祐」。聖世崇奉明祀者，宜無窮期也。夫金石刻辭，古人所以傳遠，託得其所，必久而後壞；／雖壞矣，得人焉，亦且復完。既為重書，乃記以告後觀者，知是碑再刻由

1　碑文謂郡守奉祀淮廟，「從郭君以來，廿餘年不復身至」。淮源廟碑立於延熹六年（163年），其二十餘年前正當順帝永和、漢安間（136—143年）。然則，郭苞當在順帝中任南陽太守。

2　元至正間重立之碑至「文化大革命」前尚保存完整。20世紀50年代曾置於桐柏縣招待所東院，1962年被公布為河南省文物保護單位。後毀於「文革」中。

南陽漢代碑石叢考

杜君始，亦將隨所遇而用其力焉。則缺文斷碣之僅存者，庶幾有望於後之人矣。至正四年三月，前翰林待制吳炳記。安仁大師何德洪刻。

則吳炳實據當時所見之正書碑文及多已漫滅之原碑，參以《隸釋》錄文，重新以漢隸書之，其文或有與原刻不同者，亦未可知。《隸續》卷七〈碑式〉謂：「桐柏廟碑，無額，有穿。文十三行，行三十三字。末有兩行題侍祠官屬，以春秋二字題於兩行之上，春四人，秋五人，中無空字。」而今見至正碑拓本則無穿，末二行「春」、「秋」二字與上文各行首字齊平，非在行上。據此，則知吳炳所書並非摹寫原碑，而是新寫，故與原碑不盡相同，碑式亦與原碑略異。又，錢大昕〈潛研堂金石文跋尾〉謂「（吳）炳分隸頗有法度，而少漢人淳古之氣」，自是從書法角度言之。

楊守敬《寰宇貞石圖》、北京圖書館金石組編《北京圖書館藏中國歷代石刻拓本彙編》均收有是碑拓本圖影[1]。茲據《寰宇貞石圖》所收拓本圖影，參合《隸釋》（卷二）、《金石萃編》（卷十）所錄釋文，校釋如次：

延熹六年正月八日乙酉，南陽太守中山盧奴〔張〕君，處正好禮，尊神敬祀。以淮出平氏，／始於大復，潛行地中，見於陽口，立廟桐柏，春秋宗奉，災異告愬，水旱請求。位比諸侯，聖／漢所尊。受珪上帝，大常定甲。郡守奉祀，絜沈祭。從郭君以來，廿餘年不復身至。遣行／丞事，簡略不敬。明神弗歆，災害以生。五嶽四瀆，與天合德。仲尼慎祭，常若神在。君準則／大聖，親之桐柏。奉見廟祠，崎嶇逼狹。開祐神門，立闕四達。增廣壇場，飾治華蓋。高大殿

1　楊守敬：〈寰宇貞石圖〉，載謝承仁主編：《楊守敬集》第九冊，湖北人民出版社、湖北教育出版社1997年版，第81頁；北京圖書館金石組編：《北京圖書館藏中國歷代石刻拓本彙編》，中州古籍出版社1989年版，第一冊，第124頁。

／宇，□齊傳館。石獸表道，靈龜十四。衢廷弘敞，宮廟嵩峻。祇慎慶祀，一年再至。躬進三牲，／執玉以沈。為民祈福，靈祇報祐。天地清和，嘉祥昭格。禽獸碩茂，草木芬芳。黎庶賴祉，民／用作頌。其辭曰：／

泫泫淮源，聖禹所導。湯湯其逝，惟海是造。疏穢濟遠，柔順其道。弱而能強，仁而能武。□／□晝夜，明哲所取。實為四瀆，與河合矩。烈烈／明府，好古之則。虔恭禮祀，不愆其德。惟前廢弛，匪躬匪力。災眚以興，陰陽以忒。陟彼高／岡，臻茲廟側。肅肅其敬，靈祇降福。雍雍其和，民用悅服。穰穰其慶，年穀豐殖。望君輿駕，／扶老攜息。慕君塵軌，奔走忘食。懷君惠賜，思君罔極。於胥樂兮，傳於萬億。／

春侍祠官屬：五官掾章陵劉訢，功曹史安眾劉瑗，主簿蔡陽樂茂，戶曹史宛任巽。／秋：五官掾新［野］梁懿，功曹史酈周謙，主簿安眾鄧嶷，主記史宛趙旻，戶曹史宛謝綜。／

「中山盧奴」下，今見元至正刻石拓本、《集古錄》與《隸釋》錄文並缺一字，而《古文苑》卷十八所錄則有「張」字，朱彝尊《曝書亭集》卷四七〈漢桐柏廟碑跋〉亦謂其購自江都市的拓本作「盧奴張君」，蓋清時所傳拓本尚另有他本。今據以補出「張」字。末一行「梁懿」前所缺之字，諸拓及錄文並無，然後漢南陽郡屬縣中有「新」字者，惟「新野」一縣，今據以補出「野」字。

淮瀆之祀，或起源甚早。包山楚簡中見楚人有「大水」之祀，陳偉先生釋「大水」為淮水之別名，則楚人即曾祀淮 [1]。《史記·封禪書》記西周之制云：「天子祭天下名山大川，五嶽視三公，四瀆視諸侯；諸侯祭其疆內名山大川。四瀆者，江、河、淮、濟也。」淮處

1　陳偉：《包山楚簡別釋》，武漢大學出版社1996年版，第168～169頁。

南陽漢代碑石叢考

楚國境內，因得祭祀。至秦並天下，「令祠官所常奉天地名山大川鬼神可得而序也。於是自殽以東，名山五，大川祠二。曰太室。太室，嵩高也。恆山，泰山，會稽，湘山。水曰濟，曰淮。春以脯酒為歲祠，因泮凍，秋涸凍，冬塞禱祠。其牲用牛犢各一，牢具珪幣各異。」[1] 則淮水為秦時所祀「山東」大川之一。西漢前期，嶽瀆之祭似非盡備。至宣帝神爵元年（西元前61年），制詔太常：「夫江海，百川之大者也，今闕焉無祠。其令祠官以禮為歲事，以四時祠江海雒水，祈為天下豐年焉。」則此前川瀆祀典非備，至是方成定制。「自是五嶽、四瀆皆有常禮。東嶽泰山於博，中嶽泰室於嵩高，南嶽灊山於灊，西嶽華山於華陰，北嶽常山於上曲陽，河於臨晉，江於江都，淮於平氏，濟於臨邑界中，皆使者持節侍祠。唯泰山與河歲五祠，江水四，餘皆一禱而三祠云。」[2] 是岳瀆之祠乃天子之祀，常祠「皆使者持節侍祠」。然東漢之制，似略有變化。《風俗通義》卷十〈山澤〉「五嶽」記泰嶽之祠，謂十月合凍、臘月涸凍與正月解凍，「皆太守自侍祠」，而川瀆之祠「與五嶽同」，是川瀆之祀亦由所在郡守侍祠，天子不再另遣使者持節侍祠。《西嶽華山廟碑》述兩漢華嶽祠祀之演變云：

　　高祖初興，改秦淫祀。大宗承循，各詔有司，其山川在諸侯者，以時祠之。孝武皇帝修封禪之禮，思登假之道，巡省五嶽，禋祀禮備。故立宮其下，宮曰集靈宮，殿曰存仙殿，門曰望仙門。仲宗之世，重使使者持節祀焉，歲一禱而三祠。後不承前，至於亡新，寖用丘虛，訖今垣址營兆猶存。建武之元，事舉其中，禮從其省，但使二千石以歲時往祠。其有風旱，禱請祈求，靡不報應。自是以來，

1　《史記》卷二八〈封禪書〉，中華書局1959年版，第1357、1371頁。
2　《漢書》卷二五下〈郊祀志下〉，中華書局1962年版，第1249頁。

百有餘年，有事西巡，輒過亨祭。然其所立碑石，刻紀時事，文字摩滅，莫能存識。[1]

然則，華嶽之祠，東漢時但使郡守往祠，不再使使者持節往祀。而由西漢中期所建宮殿廟宇已「寖用丘虛」、僅存垣址以及所立碑石「文字摩滅，莫能盡識」觀之，東漢時太守或間往祭祀，天子西巡亦「輒過亨祭」，而華嶽廟宇實少維修，祭祀之典亦非每歲皆行。

淮瀆之祀當與華嶽祀典相類：淮廟（淮源廟）蓋立於宣帝之世，西京時當每歲使使者往祀；兩漢之際禮廢；東漢「禮從其省」，以南陽郡太守侍祠，故《淮源廟碑》謂「大常定甲，郡守奉祀」。然郡守並不能每歲皆往，故祀典漸缺，以至自順帝中南陽郡守郭苞親往淮源祭祀之後，二十餘年間，竟無郡守前往，不過「遣行丞事」，即派遣郡吏以「行丞事」名義前往祭祀[2]。直到延熹中，中山國盧奴縣人張君任南陽太守，方親至桐柏，並主持對淮廟進行了一次全面維修：「開祐神門，立闕四達；增廣壇場，飾治華蓋；高大殿宇，□齊傳館。」蓋在維修工程完成後，郡守張君又一次前往桐柏，「躬進三牲，執玉以沈」，行正式的祭祀禮；然後又設立了春、秋二祀的侍祠官屬。中山盧奴張君，《後漢書》無傳，其事蹟不詳。碑文謂其「處正好禮，尊神敬祀」，或為河北儒學之士。

張君所置春秋侍祠官屬中，五官掾居首。五官掾在郡吏中地位

1　《隸釋》卷二，中華書局1985年影印本，第25～26頁。
2　行丞事，當是郡府臨時官員，蓋以郡吏暫領郡丞名義，執行某事。《續漢書・天文志中》：永和三年（60年）五月，「吳郡太守行丞事羊珍與越兵弟葉、吏民吳銅等二百餘人起兵反，殺吏民，燒官亭民舍，攻太守府。太守王衡距守，吏兵格殺珍等。」羊珍顯系吳郡土豪，當是以屬吏得充吳郡太守行丞事。《司隸楊君石門頌》中，見有行丞事、西成韓朖字顯公，受漢中太守王昇之遣，與曹督掾南鄭巍整字伯玉一起，「案察中曹卓造作石養」。事成之後，巍整「從署行丞事、守安陽長」（《隸釋》卷四，中華書局1986年影印本，第49～50頁；又見《漢碑集釋》，河南大學出版社1997年版，第88～104頁）。韓朖、巍整顯然都是漢中郡屬吏而臨時接受差遣充任佐官者。

南陽漢代碑石叢考

僅次於功曹，位尊而職散；祭祀之時，於群吏中居首班，蓋有主祭之責[1]。其下則有功曹史、主簿、戶曹史、主記史等目。功曹於郡國守相自辟之屬吏中地位最高，職統諸曹，史即為其長，而在此碑所見春秋侍祠官屬中，則列於五官掾之後，蓋祠祀非功曹本職之故。主簿則為郡守門下屬吏，乃郡守親近之吏；戶曹史為戶曹之副職，亦主祠祀之事；主記史當即《續漢書・百官志》所見之「主記室史」，其職掌為「主錄記書，催會期」，亦為門下屬吏[2]。凡此諸吏，例皆由本郡之人充任：五官掾二人，分別來自章陵（治在今湖北棗陽境）、新野（治今河南新野）；功曹史二人，分別來自安眾（治在今河南鄧州東北境）、酈（治在今河南內鄉縣城北）；主簿二人，分別來自蔡陽（治在今湖北棗陽西境）、安眾；戶曹史二人，均來自宛縣；主記史一人，亦來自宛。這些郡吏被正式任命為淮廟春秋侍祠官，當是前此郡守臨時派遣郡吏以「行丞事」名義前往致祭的制度化。雖然郡守張君本人於一年中兩次前往桐柏淮廟，但他所設立的春秋侍祠官屬，卻使郡吏代表郡守主持祭祀成為制度規定。由於這些郡吏均出自本郡豪族，這種制度規定在客觀上遂使祭祀淮廟的主持之權，逐漸由郡守向地方豪族集團轉移。

這種變化很可能是普遍的。在南陽太守張君維修淮源廟、刻立《淮源廟碑》之前兩年，延熹四年，弘農太守袁逢亦主持了華嶽宮殿的維修工程（後袁逢遷京兆尹，在繼任弘農太守的孫璆主持下至延熹八年方完成），具體主持其事者乃弘農郡屬吏、掾華陰人王萇[3]。王萇所任為何掾不詳，由其以主華嶽祠廟事觀之，或為五官掾。華陰正在

1　嚴耕望：《中國地方行政制度史・秦漢地方行政制度》，上海古籍出版社2007年版，第122～124頁。

2　關於功曹史、主簿、戶曹史、主記史的職掌，嚴耕望先生考之已詳，見《中國地方行政制度史・秦漢地方行政制度》，上海古籍出版社2007年版，第119～122、124～126、130～131頁。

3　〈西嶽華山廟碑〉，見《隸釋》卷二，第25～26頁。

華山之麓，王氏以華陰人主華嶽祠廟之事，顯然是以地方豪族的身分得太守召辟為掾，復以郡吏（五官掾？）身分主持嶽廟事宜。

（四）許阿瞿畫像石誄文（建寧三年，170年）

1973年出土於南陽市東郊李相公莊一座晉墓中，石長112公釐，寬40公釐，厚12公釐。原石現藏南陽漢代畫像博物館。石面主體部分為畫像，中有一橫格，把畫面分成上下兩組：上組上垂幃幔，幔下有一位身著長襦的總角兒童，端坐於榻上，榻前擺一案，案上放置耳環等物。右上方刻「許阿瞿」三字。其後立一僕，著長衣，手執扇。右邊有三個頭梳雙髻的兒童：一童玩鳥，鳥從手中飛去；一童牽一木鳩，後一童執鞭趕鳩。下組為舞樂百戲場面，共有五人演奏舞蹈。畫像石左側豎刻有文字六行，滿行二十三字；末二行漫漶，不能盡識。原報告將其定名為「許阿瞿墓誌銘[1]」；巫鴻認為這是「一段以漢代贊體風格寫成的誄文[2]」。今從巫鴻說，定名為「許阿瞿畫像石誄文」。原報告附有畫像石圖版和釋文，高文《漢碑集釋》亦有釋文，題為「許阿瞿畫像石左方墓誌[3]」。茲參合原報告與高釋，錄文如次：

惟漢建寧，號政三年，三月戊午，甲寅中旬，痛哉可哀，許阿瞿／〔身〕。年甫五歲，去離世榮。遂就長夜，不見日星。神靈獨處，下歸窈／冥。永與家絕，豈復望顏。謁見先祖，念子營營。二增仗人，皆往／弔親。瞿不識之，啼泣東西。久乃隨逐，當時復遷。父之與母，感／□□□。□王五月，不□□廿。羸劣瘦□，投財連篇。

1 南陽市博物館：〈南陽發現東漢許阿瞿墓誌畫像石〉，《文物》1974年第8期。又見南陽漢代畫像石編輯委員會編：《南陽漢代畫像石》，文物出版社1985年版，圖版204。

2 巫鴻：〈「私愛」與「公義」：漢代畫像中的兒童圖像〉，載巫鴻：《禮儀中的美術——巫鴻中國古代美術史文編》，三聯書店2005年版，第225～242頁。

3 高文：《漢碑集釋》，河南大學出版社1997年版，第354～355頁。

冀子長哉，／□□□□。□□□此，□□土塵。立起□歸，以快生人。／

「身」字，原報告未釋，高文補出，茲從高釋。「二增仗人」，原報告釋作「三增仗火」，高文改釋為「二增仗人」，並釋「增」為「層」，作「曾」解；釋「杖人」為「老人」，今從高釋。「感□□□」句，原報告未釋，茲據高釋補出。「□王五月，不□□廿」，原報告釋作「□王五月，不□晚甘」；高文釋作「□□五月，不□□甘」；今細辨原石，改釋為「□王五月，不□□廿」，其意大抵當是五月廿日營葬許阿瞿。「立起□歸，以快生人」，諸家均釋作「立起□塪，以快往人」。今細辨原石，「塪」字誤，當是「歸」字；「往」字亦為誤釋，當作「生」字。然則，「立起□歸，以快生人」之意，蓋即祈願亡人許阿瞿儘快回歸，以讓活著的人感到欣慰。

由於許阿瞿畫像石是在二次使用它的晉墓中發現的，許阿瞿墓葬的情形已不可知，所以我們無法根據墓葬材料推知許阿瞿的家庭情況。然由畫像石所表現的情景看，許阿瞿當是富家之子。同墓所出的另一塊畫像石，石長118公釐，寬40公釐，厚12公釐，上刻執笏門吏一人，頭戴平幘，身著長衣，執笏恭立，作進謁狀。如果這塊畫像石與許阿瞿畫像石一樣，也是取自原許阿瞿墓，那麼，許阿瞿當出自官宦之家。漢末靈、獻之世，曾有南陽許攸，初為袁紹謀主，後投曹操，「以恃舊不虔」為曹操所殺 [1]。許阿瞿其或許攸之族乎？

巫鴻先生說：許阿瞿「畫像在漢代藝術中有著特殊的地位。當代

1　見《三國志・魏書》卷十二〈崔琰傳〉，「太祖性忌，有所不堪者，魯國孔融、南陽許攸、婁圭，皆以恃舊不虔見誅」句下裴注引《魏略》，中華書局1959年版，第373頁。

喪葬建築中的大部分人物畫像出自歷史文獻中的說教性故事，但這一畫像卻是當時一位真實的兒童的『肖像』。許阿瞿的父母定做該畫像以表達喪子的悲痛，誄文將這種悲痛用父母的口吻直接訴說給他們的兒子」。這一畫像所表現的，當然未必是許阿瞿生前生活的寫照，而更可能是他的父母、製作畫像的匠人對現世生活的觀察、理解以及其冥世生活的期望。正如巫鴻所論：這個「肖像」的造型來源於漢畫中男主人接受拜見、欣賞樂舞表演的標準形式。「在這一作品中，孩子的形象代替了成人，許阿瞿的『肖像』因此再次轉變為一種理想化的『公共性』圖像。似乎對孩子的懷念只能寄託於約定俗成的公共藝術（public art）的公式才能得到表達，似乎贊文中顯露的父母對兒子強烈的愛只能通過喪葬藝術的通行語言才能得到陳述。」[1]不僅如此，許阿瞿畫像石上的誄文，也可能來源於一種「公共性」的表達方式，不過是在某種誄文樣式之上，結合許阿瞿的具體情況，加以改寫而成的。其中，「痛哉可哀」，「去離世榮。遂就長夜，不見日星。神靈獨處，下歸窈冥。永與家絕，豈復望顏」以及「羸劣瘦□，投財連篇。冀子長哉，□□□□。□□□此，□□土塵。立起□歸，以快生人」等辭句，都很可能出自誄文樣式，為誄文、挽詞之慣用語[2]。甚至「謁見先祖，念子營營。二增仗人，皆往吊親」等句，也可能本自誄文樣式。

漢代畫像石、磚所繪諸種建築、田獵、出行、宴樂、喪葬等圖像，一般認為就是漢世豪家世族生活的反映。由於畫像石墓宏大華

1　巫鴻：〈「私愛」與「公義」：漢代畫像中的兒童圖像〉，載巫鴻：《禮儀中的美術——巫鴻中國古代美術史文編》，三聯書店2005年版，第225～242頁，引文見第226、242頁。

2　今存漢晉歌誄文，多出自文人之手，其辭多雅訓，然其意旨、用詞仍或有與此誄文相近者。如潘安仁〈楊仲武誄〉句云：「如何短折，背世湮沉。嗚呼哀哉！寢疾彌留，守茲孝友。臨命忘身，顧戀慈母。哀哀慈母，痛心疾首。啾啾同生，悽悽諸舅。……痛矣楊子，與世長乖。朝濟洛川，夕次山隈。歸鳥頡頏，行雲徘徊。臨穴永訣，撫櫬盡哀。」載《六臣注文選》卷五六，中華書局1987年影印本，第1049～1050頁。

南陽漢代碑石叢考

貴，隨葬器物繁多，其墓主多出自豪門，故此點本無疑義。然這些畫像石（以及誄文）之刻制，雖多在墓主生前，但必非出於墓主及其家族或家族成員之手，而當倩請專營墓葬畫像之石工或磚匠代為製作。墓主家庭或家族乃至墓主本人或可就畫像之構想、設計給予指示，然具體的構圖、刻制等皆當決於石工或磚匠。這些工匠則當有樣式可依：人物、車馬、建築、神仙、祥瑞、舞樂百戲、天文圖像等皆或有圖本可供模仿，構圖、設計等則或師徒相傳。因此，畫像中的內容與其說是現世豪族生活的反映，毋寧說是這些工匠立足於其對現世豪族生活的認識與想像而進行的藝術創造。在許阿瞿畫像石上，雖然許阿瞿可能是其本人的「肖像」，但另外的三個兒童與舞樂百戲則應當是一種「公共性」的表達方式。

如果我們確信這幅畫像以及誄文很可能出自營墓工匠之手，而這些工匠又有樣式可據的話，那麼，這幅堪稱藝術品的畫像、這首哀婉悽絕的誄文，或可說明漢代南陽地區普通民眾的藝術與文化水準已達到相當的高度，而其中所反映的生死觀念、關於冥世的構想等，則更可視為普通民眾的認識或信仰。

（五）玄儒先生婁壽碑（熹平三年，174年）

此碑初見於歐陽修《集古錄》，其卷三「後漢玄儒婁先生碑」條云：

今《光化軍乾德縣圖經》載此碑。景祐中，余自夷陵貶所再遷乾德令，按圖求碑，而壽有墓在穀城界中。余率縣學生親拜其墓，見此碑在墓側，遂據《圖經》遷碑還縣，立於敕書樓下，至今在焉。治平元年六月十三日書。[1]

1　歐陽修：《歐陽修全集》，北京市中國書店1986年版，第1126頁。

《隸釋》卷九錄有釋文。今傳無錫華中圃所藏宋拓本，後有嘉靖己酉（1549年）豐道生題識，謂：「此刻與禮器、張遷等碑筆法相似，二碑尚存，而是刻傳之甚少，中父所藏乃宋拓爾。冊首闕文，則都太僕（指都穆——引者）《金薤琳琅》可考也。」楊守敬《望堂金石》據無錫華氏所藏拓本摹寫，並將豐道生題識並摹於碑文下[1]。高文《漢碑集釋》錄有釋文，並有簡釋[2]。碑原有篆額一行，題「玄儒婁先生碑」，蓋已久佚。碑文凡十三行，每行二十五字。茲據楊守敬摹本，參校諸釋，錄文如次：

　　先生諱壽，字元考，南陽〔陰〕（隆）人也。曾祖父，攸《春秋》，以大夫侍講，至五／官中郎將。祖父，大常博士，征朱爵司馬。親父安貧守賤，不可營以／祿。先生童孩多奇，岐嶷有志，捖發傳業，好學不厭。不攸廉隅，不飭／小行。溫然而恭，慨然而義。善與人交，久而能敬。榮且溺於耦耕。甘／山林之杳藹，遁世無悶。恬佚淨漠。徥徥衡門，下學上達，有朋自遠。／冕紳莘莘，朝夕講習，樂以忘憂。郡縣禮請，終不回顧。高位厚祿，固／不動心。蔗絺大布之衣，糲糕蔬菜之食。蓬戶茅宇，棬樞甕牖。樂天／知命，榷乎其不可拔也。是以守道識真之士，高尚其事。鄉䣖州鄰，／見親愛裹。年七十有八，熹平三年正月甲子，不祿。國人乃相與論／惪處諡，刻石作銘，其詞曰：／

　　皇矣先生，懷惪惟明。優於《春秋》，玄嘿有成。知賤為貴，與世無爭。徥／徥衡門，禮義滋醇。窮下不苟，知我者天。身歿聲彁，千載作珍，綿之／日月，與金石存。／

1　楊守敬：《望堂金石初集》「元儒先生婁壽碑」，載謝承仁主編：《楊守敬集》第11冊，湖北人民出版社、湖北教育出版社1997年版，第84～94頁。
2　高文：《漢碑集釋》，河南大學出版社1997年版，第411～416頁。

南陽漢代碑石叢考

碑文前二行自「先生諱壽」至「不可」共四十八字，今傳宋拓本即已殘闕，諸家釋文均據歐陽修錄文本用《隸釋》本補出。其中南陽陰人之「陰」字，諸釋均作「隆」字。然漢南陽郡並無「隆縣」，而有「陰縣」，其地正在宋代乾德、穀城二縣境，且「隆」、「陰」二字形近，故「隆」字實為「陰」字之訛。今改。

婁壽家世，據碑文，曾祖仕至五官中郎將，比二千石[1]；祖父仕至朱爵司馬，比千石[2]；父「安貧守賤」，並無官爵；婁壽本人，雖為鄉里所重，然終未仕宦，以處士終其身。婁氏曾祖即「修《春秋》，以大夫侍講」；祖父所為之「大常博士」，或亦以《春秋》之學而得致；婁壽本人，亦「優於《春秋》，玄嘿有成」，則婁氏似家傳《春秋》之學。東漢南陽經學，初蓋以《孟氏易》為宗。兩漢之際，有南陽淯陽人窪丹，「世傳《孟氏易》。王莽時，常避世教授，專志不仕，徒眾數百人。建武初，為博士，稍遷，十一年，為大鴻臚。作《易通論》七篇，世號窪君通。丹學義研深，《易》家宗之，稱為大儒[3]」。然中世以後，南陽諸生則多習《春秋》。南陽章陵人謝該，「善明《春秋左氏》，為世名儒，門徒數百千人。建安中，河東人樂詳條《左氏》疑滯數十事以問，該皆為通解之，名為《謝氏釋》，行

---

1 《續漢書・百官志二》「光祿勳」下有「五官中郎將，比二千石。本注曰：主五官郎」。中華書局1965年版，第3574頁。

2 朱爵司馬，為衛尉屬官。《續漢書・百官志二》「衛尉」下記曰：「宮掖門，每門司馬一人，比千石。本注曰：南宮南屯司馬，主平城門；宮門蒼龍司馬，主東門；玄武司馬，主玄武門；北屯司馬，主北門。北宮朱爵司馬，主南掖門；東明司馬，主東門；朔平司馬，主北門。凡七門。凡居宮中者，皆有口籍於門之所屬。宮名兩字，為鐵印文符，案省符乃內之。若外人以事當入，本官長史為封棨傳；其有官位，出入令御者言其官。」（中華書局1965年版，第3580頁。）是宮門司馬掌宮門之啟閉出入。洪適於此碑下跋語稱：「《西漢紀》：從官給事宮司馬中者。注云：宮之外門為司馬門，蓋今之皇城門也。《東漢志》：宮掖門凡七，每門一司馬。考之於碑，元賓為蒼龍司馬，沈君為北屯司馬，則主南宮門者；劉曜為朱爵司馬，《靈臺碑》管遵為東明司馬，則主北宮門者。」

3 《後漢書》卷七九上〈儒林列傳上〉「窪丹」，中華書局1965年版，第2551頁。

於世[1]」。謝該所處時代，較婁壽稍晚，或即婁壽所授眾徒之一。若然，婁氏家傳之《春秋》學或為《左傳》。

據碑文，婁氏以儒學傳世，婁壽更以品行高潔而得鄉里敬重。然觀其曾祖、祖父二代任職，似亦非清寒儒士，而更可能係出鄉里豪族。在碑陰所錄為婁壽「刻石作銘」的「國人」名單中，見有五官掾婁伯□、督郵婁叔生及府掾婁伯胤、婁伯就、婁仲絢、婁敬□，都是南陽郡的屬吏（見下），凡此諸婁，以及處士婁元□、婁元□、婁叔都、婁□臺等，很可能均與婁壽同出一族。然則，陰縣婁氏確為當地豪族。又，《三國志·魏書·崔琰傳》「南陽許攸、婁圭」句下裴注引《魏略》云：「婁圭字子伯，少與太祖有舊。初平中，在荊州北界合眾，後詣太祖。太祖以為大將，不使典兵，常在坐席言議。」又引《吳書》謂：「子伯少有猛志，嘗歎息曰：『男兒居世，會當得數萬兵、千匹騎著後耳。』儕輩笑之。後坐藏亡命，被系當死，得逾獄出，捕者追之急，子伯乃變衣服如助捕者，吏不能覺，遂以得免。會天下義兵起，子伯亦合眾與劉表相依。後歸曹公，遂為所待，軍國大計常與焉。」婁圭為南陽人，變亂之起，於荊州北界合眾，先依劉表，後歸曹操，很可能係出於陰縣婁氏，即婁壽之同族。觀其言行，乃鄉里豪右，絕非清介儒士。

婁壽辭世後，鄉里諡之為「玄儒先生」，是為私諡。洪適謂：「（此諡）猶陳寔之文範，法真之玄德也。《隸釋》又有忠惠父魯峻碑，亦非諡於朝者，群下私相諡，非古也，末流之弊。故更相標榜，三君八顧之目紛然，而奇禍作矣。」漢末私諡，正是清議品評人物之流習，未足為怪。

《隸釋》卷九另錄有〈婁壽碑陰〉，未說明其出處，但謂：「此

---

1 《後漢書》卷七九下〈儒林列傳下〉「謝該」，中華書局1965年版，第2584頁。

259

南陽漢代碑石叢考

碑在光化，而歐趙不云有陰。初若可疑，蓋漢人立碑多有陰，往往椎拓者略而棄之，好古之士，身在它壤，無自而知也。婁先生南陽人，而此有葉令，又其間姓婁之可見者十有二人。以前碑合之，大小與中穿適相等，然後知為婁君碑陰，決也。」則知洪適亦未睹原碑，但見拓本，據文辭、碑式而斷其為婁壽碑陰。據洪適稱，碑陰十五行，每行記四人（末一行記二人）；題名可見者五十四人，漫滅者四人，共五十八人。

故五官掾婁□伯，三百。故守長史掾夏光淵，二百。故從事□□張，千。故府掾□子□，二百。／故五官掾陳季高，三百。故府掾終百眾，五百。故督郵終仲行，千。故從事終叔向，二百。／故督郵終伯康，千。故督郵范仲隱，二百。故府掾婁伯胤，五千。故校官祭酒婁伯就，五百。／故府掾陳德賢，四百。故府掾終叔興，二百。（下缺一人）。處士夏仲高，二百。／處士夏幼高，二百。處士婁元□，三百。處士終永梁，二百。處士婁元□，三百。／處士張彥□，百。處士婁叔都，二百。故守葉令終文勝，二百。故督郵陳瑋公，二百。／故督郵婁叔生，五百。故府掾婁仲絢，百。故府掾婁敬□，□百。處士□仲順，二百。／處士呂和孝，二百。（下缺一人）。處士豐子能，三百。處士婁宣卿，二百。／處士夏伯明，四百。處士陳子讓，二百。處士馮永南，三百。處士鄧叔敬，二百。／處士婁□臺，五百。處士婁幼碧，五百。故從事、南郡許孔俊，三百。故從事、□陽……。／故五官掾、□都尹紂□，五百。故督郵□□仲儀，二百。故督郵□□□，□百。故督郵……。／處士鄧超……。處士□鬱……。處士友趙文弘，三百。處士汝南……。／處士□□□，□百。處士……。處士□□，二百。處士□□□，二百。／處士□□君，□百。（下缺二人）。處士□□舉，□百。／處士□□明，百。處士□□□，二百。／

在碑陰題名現存的五十四人中，有二十五人署有官稱：五官掾三人（婁□伯、陳季高、□都尹尌□），守長史掾一人（夏光淵），從事四人（□□張、終叔向、南郡許孔俊、□陽□□□），府掾七人（□子□、終百眾、婁伯胤、陳德賢、終叔興、婁仲絢、婁敬□），督郵八人（終仲行、終伯康、范仲隱、陳瑋公、婁叔生、□□仲儀，以及失名二人），校官祭酒一人（婁伯就），守葉令一人（終文勝）。五官掾、長史掾、府掾、督郵、校官祭酒，皆當為南陽郡屬吏。此碑題名中，「故五官掾婁□伯」居於首位，顯因五官掾職司祠祀之故；又以其同為婁氏，為婁壽立碑刻銘之事，或即由其宣導、主持。長史掾當為南陽郡長史之屬吏。嚴耕望先生嘗引《漢書・百官表》、衛宏《漢舊儀》，證漢制王國與邊郡置長史，內郡但置丞[1]。而此碑見南陽郡置有長史，或東漢時內郡亦得置長史。郡國僚佐丞、長史、尉亦皆為屬吏，而長史之屬吏甚為鮮見，此見「守長史掾」一職，頗值得注意。府掾七人，當為諸曹之長。督郵八人，當非同時並置，任職或有先後，蓋南陽一郡不當分置八部督郵也。校官祭酒，當為學官。南陽郡校官，見於《後漢書・明帝紀》：永平十年（67年）閏月，明帝南巡，「幸南陽，祠章陵。日北至，又祠舊宅。禮畢，召校官弟子作雅樂，奏〈鹿鳴〉，帝自御塤篪和之，以娛嘉賓」。漢世郡國校官或分科置掾史，得稱為「校官掾」，諸校官掾之長者，即為校官祭酒[2]。此處之校官祭酒婁伯就，居於府掾之間，顯然是南陽郡的校官祭酒。從

1 嚴耕望：《中國地方行政制度史・秦漢地方行政制度》，上海古籍出版社2007年版，第102～103頁。

2 《漢書・儒林傳》「序」稱：「元帝好儒，能通一經者復。數年，以用度不足，更為設員千人；郡國置五經百石卒史。」〈學師宋恩等題名碑〉（《隸釋》卷十四，中華書局1986年影印本，第156～157頁）見有易掾二人、尚書掾三人、詩掾二人、禮掾二人、春秋掾一人、文學掾一人、文學孝子一人、孝義掾一人，共十三人。凡此諸掾，當即史書所記之校官掾（如《東觀漢記》卷十三〈王阜傳〉記王阜為重泉令，「使校官掾長涉疊為張雅樂。」見《東觀漢記校注》，中州古籍出版社1987年版，第500頁）。校官祭酒則當為諸校官掾之長。

南陽漢代碑石叢考

事則是州的屬吏。此碑陰題名中所見之從事四人，□□張、終叔向當出南陽郡，許孔俊為南郡人，佚名一人之郡望則當為桂陽[1]。守葉令終文勝，可能與終叔向、終百眾、終伯康、終叔興、終永梁等同出一族，皆當為南陽終氏。

除二十四位郡、州吏及一位守葉令之外，碑陰題名中餘下的二十九人，皆為處士，其中只有一人望屬汝南郡（與南陽郡相鄰），其餘二十八人皆屬南陽郡。

顯然，碑陰題名反映了婁壽生前的社會關係網路。就地域而言，婁壽的社會關係網路主要集中在南陽郡：五十四人中，只有四人不是南陽人（南郡許孔俊、桂陽□□□、汝南□□□、□〔武？〕都尹紂□）。從而進一步證明東漢儒士的社會交往主要集中在鄉里（郡）的範圍之內。就社會階層而言，處士婁儒的交往與影響遍及荊州與南陽郡的屬吏群體（終文勝可能也是以郡吏之身分曾短暫「守葉令」）及南陽郡各縣的「處士」群體。就所涉及的大姓而言，題名中望屬南陽郡的五十人中，有三十七人可辨明姓氏，其中婁氏十二人，終氏六人，夏氏與陳氏各四人，其餘為鄧、張、豐、馮、呂等姓。除婁氏本族之外，婁壽顯然與終、夏、陳三氏來往最為密切。

（六）舜子巷義井碑（光和三年，180年）

《隸釋》卷十五著錄，稱為「舜子巷義井碑」，謂碑文「凡二十三行，行三十七字，石理皴剝，僅有五十餘字依約可辨，其間有『光和三年』字，知為漢碑也。……碑在隋之舜子巷。元祐丁卯年，郡守許覺之始徙於後圃」。蓋此碑宋時於隋州城內舜子巷內發現，「義井碑」或為其碑額原題，故得合稱為「舜子巷義井碑」。其所存五十餘字，據《隸釋》所記，為：

---

1 荊州所屬諸郡中帶「陽」字者惟南陽、桂陽二郡，以是碑題名之例，系出南陽郡者不出其郡望，則此處「陽」字前所缺之字當為「桂」字。

縣邑□□宮前以宛……氾□□衣……去古……踰彊者□□弱者
□□訾……鄉……任然……丁吉□□守府……如縣記利廣興□中……
記……百……光和三年□月……縣……發……州……計市馬……四
萬……亂常……大□木□□□會□□□百萬分……升……

　　碑文殘缺過甚，無以釋讀，惟可略作推測。洪適謂：「其始有
『縣邑』二字，蓋是敘述其事。末有『四萬』及『百萬』等字，則是
紀其所費也。中有『強者』、『弱者』之文，當是『強者捐其財，弱
者輸其力』也。據《水經》云：義井出隋城東南，常湧溢而津注，冬
夏不異。下流與溠水合，又南注於淯。則此非穿鑿之井，故工役之費
至五十餘萬。」所說皆可從。又，碑文殘字中兩見「記」字：「如縣
記」，「記」。今考「記」為漢代文書之一種，「無論奏聞公府，官
事往還，抑或尋常書問，並得通用[1]」。《漢書》卷八六〈何武傳〉
記武為刺史，行部必「出記問墾田頃畝，五穀美惡」。顏師古注云：
「記，謂教命之書。」是何武以「記」詢問郡縣情形。同書卷七六
〈張敞傳〉載張敞疏有句云：「以臣有章劾當免，受記考事。」顏師
古注：「記，書也。若今之州縣為符教也。」是張敞接到敕書、接受
調查。《後漢書》卷四一〈鍾離意傳〉記意少為郡督郵，「時部縣亭
長有受人酒禮者，府下記案考之。意封還記，入言於太守」。李賢
注：「記，文符也。案，察之。」是郡（會稽郡）府發下文符，要求
鍾離意調查其所督察之縣亭長受人酒禮之事。《義井碑》殘字中所見
「如縣記」三字，「縣」顯指隨縣，則「縣記」當是隨縣令所發出的
行下之命，受命者當為隨縣所屬之亭部鄉里。上引《張景造土牛碑》
有「他如府記律令」之辭，則此碑「如縣記」三字前後之行文亦當可

<hr>

1　陳槃：〈漢晉遺簡偶述〉，《中研院歷史語言研究所集刊》第16本，載陳槃：《漢晉遺簡識
　　小七種》，中研院歷史語言所專刊1975年第63種，第19～57頁，引文見第49頁。

南陽漢代碑石叢考

作「他如縣記律令」。

　　碑文殘字中又見有「計市馬」三字。今按：此項治理義井水的工程，何以需要「市馬」，頗不能解。疑「市馬」當為「市買」之訛，很可能是錄文或傳抄時致誤。《漢書》卷二三〈刑法志〉記武帝之世法網嚴密，「奸吏因緣為市」。顏師古注曰：「弄法而受財，若市買之交易。」又《太平御覽》卷九六四〈果部一〉引謝承《後漢書》記劉祐為郡主簿，「郡將小子常出錢付之，市買果實」。則「市買」為「就市購買」之意。推測碑文之意，當是指工程所需之材料工具，皆就市購買，非徵諸民間，故用錢若干。

　　義井是溠水上的一條小支流。《水經注・溳水》經文記溳水「東南過隨縣西」，注文云：「縣故隨國矣。……有溠水出縣西北黃山，南逕㶟西縣西，又東南，㶟水入焉。……溠水又東南逕隨縣故城西。……其水又南與義井水合。水出隨城東南，井泉嘗湧溢而津注，冬夏不異，相承謂之義井，下流合溠。溠水又南流注於溳。」先秦隨國、漢晉隨縣故址，當在今隨州市西北、溠水東岸的安居店北[1]，義井水更在其東南，當在今安居鎮稍東南處。義井水既是隨縣城外的一條泉水，則此碑所記之義井工程，很可能是堰陂灌溉工程。

　　據此，或可粗略推知此碑之結構與內容：其起首部分敘事之源起，很可能是隨縣吏民的「言」或「記言」（如《張景造土牛碑》所見「張景記言」），述隨城東南義井水可供灌溉、鄉里集議願聚資集力以興工等情；然後可能是隨縣令所下之「記」，謂縣廷已「審如」上「言」，且報告南陽郡太守府，府中回書或有諸事皆如所言施行，「他如縣記律令」之辭；然後是奉郡、縣之教，於光和三年某月開始施工；最後部分則當是「畢成」之後，會計工程耗費

1　石泉：〈古代曾國—隨國地望初探〉，載石泉：《古代荊楚地理新探》，武漢大學出版社1988年版，第84～104頁。

工時材料之辭，特別言明所用材料器具為「市買」而來，非征自民間。此一揣測庶幾距離碑文原意不致太遠。

《義井碑》碑陰則大致可辨。《隸續》卷五謂碑陰文字「每行五人，中無闕空，有名氏字多者則侵用下列。題名之下，又有記事之辭」。其文曰：

五大夫王□，本二萬。五大夫殷□，本二萬。五大夫殷通，本二萬。五大夫殷□，本二萬。五大夫魏忠，本二萬。五大夫蔡□，本二萬。五大夫魏加，本二萬。五大夫呂石，本二萬。五大夫黃海，本二萬。五大夫殷宮，本二萬。五大夫□任，本二萬。五大夫殷□，本二萬。五大夫殷方，本二萬。五大夫殷錫，本二萬。五大夫□萬，本二萬。五大夫陳□，本二萬。五大夫□□，本二萬。五大夫□禮，本二萬。五大夫□□，本二萬。五大夫耿□，本二萬。五大□□，本二萬。五大□□，本二萬。五大□□，本萬。五大□□，本萬。五大□□，本萬。五大□□，□萬。五大□□，□萬。五大□□，□□千。五大□□，□□千。五大□□，□□千。□□□□，□□□。五……。分子□□，□□萬。分子……。分子……。分子……。分子……。分子梁……。分子……。分子……。分子□□，本萬。分子潘□，木萬。分子□安，木萬。分子□□，本萬。□□周閑，本萬。分子□□，本三千。分子□□，本三千。分子□□，□□千。分子□□，□□千。分子□□，□三千。分子□容，本三千。分子□林，本三千。分子□南，本三千。分子□將，本三千。□子季宜，本三千。分子□□，本三千。分子樂□，本三千。□□□□，□□□。□□□□，□□□。分子黃國，本三千。分子孫景，本三千。分子寶詡，本三千。分子廖祥，本三千。分子賈方，本三千。分子黃遷，本三千。分子王潤，本三千。分子□與，本三千。分子□□，本三千。分子蘇尚，本三千。分子張柔，本三千。分子張□，本三千。分子□□□，本三千。分子周謂，本三千。分子周李，本三千。分子

南陽漢代碑石叢考

□能，本三千。分子張宣，本三千。分子□海，本三千。□□□□，
□□□。□□□□，□□□。分子張景，本三千。分子張芳，本三千。
分子龔儀，本三千。分子楊徹，本三千。分子唐豪，本三千。分子孟
戊，本三千。分子馬相，本三千。分子唐□，本三千。分子許臺，本
三千。分子蔡泯，本三千。分子王豐，本三千。分子黃持，本三千。
分子張雙，本三千。分子郭昌，本三千。分子□□，本三千。分子張
濟，本三千。分子謝林，本三千。分子□□，本三千。□□□□，本
三千。□□□□，□□□。□□羽……馬及……息勿……功……千……
不……門下諸……平馬……萬五千……死備如……自……本矣……

《隸釋》云：「右義井碑陰。稱五大夫者三十一人，稱分子者
六十人，摩滅者數人，題名之下又有數十字，蓋是紀事之辭，殘缺
無成文者。漢承秦制，爵二十級，其九爵曰五大夫。《帝紀》：
安帝永初三年，三公以國用不足，奏令吏人入錢谷，得為關內侯、
虎賁、羽林郎、五大夫、緹騎、營士。又靈帝光和元年，開西邸賣
官，自關內侯、虎賁、羽林，入錢各有差。則知漢末以貲受爵，
比屋皆然。此碑五大夫所以若是之眾也。惟分子未詳。《穀梁》
曰：燕，周之分子也。注云：燕，召康公之後；分子，謂周之別
子孫也。《景北海碑》：鴟梟不鳴，分子還養。蓋用家富子壯則
出分之語，謂惡逆之鳥，鉗喙無聲，外爨之息，歸奉三牲也。《耿
勳碑》：修治狹道，分子效力。謂正丁已供差徭，分子亦來助役。
此碑分子，似指土豪出分之子。三碑皆與《穀梁》合。」今按：
五大夫為二十等爵之第九等（民爵），固無疑義，然洪適釋「分
子」為「別子」、「土豪出分之子」，卻未必恰當。蓋碑陰題名之
前三十一人即冠以「五大夫」以明其身分，後六十人何以用相對宗
子而言之「分子」來確定其身分？這些「別子」沒有資格取爵位，
甚或沒有列入編戶嗎？《金石錄補》謂：「蓋以治井公事，安得土

豪之子獨令出分者助財？予按《左傳》『振稟勸分』。此輩皆無官級，因勸分而與者，猶之他碑義士義民也。」即一般民眾，或得其確解。如所週知，漢代多以「男子」指稱無官爵的布衣之民；雖然已經得賜民爵（大多爵位較低，在第八等爵公乘以下）亦得稱為「男子」，但在如功記奏文等正式文書上，已有民爵者例皆明確寫出民爵的爵稱[1]。因此，此碑所出之「分子」或應作「男子」解，乃是以其社會身分冠其姓名之上。

明瞭此點之後，《義井碑》碑陰題名遂可略得通解：蓋隨縣民人約百人，集資興修義井水陂堰，碑陰所題即其集資名單與款項。在題名的九十一人中，冠以「五大夫」者三十一人，稱為「男子」者六十一人，這些「男子」皆當沒有爵位。然無論「五大夫」還是「男子」，皆是一般百姓，並無官吏，否則碑文當冠以其官吏名稱。在可以辨識姓氏的四十八人中，殷、張二姓較多，分別有七人；黃姓四人，周姓三人；其他王、魏、蔡、呂、唐、潘、孟、馬、楊、龔、梁、陳等姓都只有一二人。顯然，此事之參與者並沒有宗族之類的組織，所謂「別子」或「出分之子」的說法應無依據。

（七）魯陽都鄉正衛彈碑（中平二年，185年）

1934年發現於今河南魯山縣琴臺後的賽壇中，今藏南陽漢畫像石館，上半部已殘缺。原報告附有拓本及錄文[2]，然拓本較小，錄文亦稍有錯誤。俞偉超先生嘗據原拓本重錄釋文，並補出數字[3]。今據俞釋，錄文如次：

……□□□儲，不得妄給他官；君不得取，臣不得獲。

---

1 參閱西嶋定生：《中國古代帝國的形成與結構——二十等爵制研究》，武尚清譯，中華書局2004年版，第240～249頁。

2 許敬宗：〈魯山縣新出二石記〉，《考古學社社刊》1936年第4期。

3 俞偉超：《中國古代公社組織的考察》，文物出版社1988年版，第135～139頁。

267

南陽漢代碑石叢考

□□□□□□／……赴其身，歷世受災。民獲所欲，不復出賦，官吏□□□□□／……府文於側，紀彈之利。其辭曰：／

……彈。國服為息，本存子衍。上供正衛，下給更賤。民用不□，□□／……用□貝。防彼君臣，貪惏放散，歃血誓之，濁濊革憚。費小功大，／……身，清激□人，舉國以安，咸用殖殷。立動此國，不朽令聞。／……陽淳于翁漢成……陽泉鄉嗇夫韓牧。／……曇。……左尉沛國虹趙術德祖……都鄉嗇夫尹□。／……芳君直。……右尉河東蒲阪孫□登高。……唐鄉嗇夫張閼。／……陳。……別治掾趙存……瞿鄉嗇夫龐……／

《水經注》卷三一〈滍水篇〉謂「滍水又東逕魯陽縣故城南，城即劉累之故邑也，有魯山，縣居其陽，故因名焉。……內有〈南陽都鄉正衛為碑〉」。當即指此碑。同書卷二九〈比水篇〉「澧水」條記平氏縣故城內有《南陽都鄉正衛彈勸碑》。趙明誠《金石錄》卷十八見有《漢都鄉正街彈碑》，謂「在汝州界故昆陽城中」；《隸釋》卷十五以「街」字誤，當作「衛」字，故改為「都鄉正衛彈碑」。俞偉超先生謂凡此三碑皆當為《正衛彈碑》，因為是不同縣所立，「為區別起見，應各標明地名」，故將《金石錄》、《隸釋》所錄昆陽碑題為「昆陽都鄉正衛彈碑」，魯陽碑題為「魯陽都鄉正衛彈碑」，平氏碑題為「平氏都鄉正衛彈碑」，今從之。俞先生並據《昆陽都鄉正衛彈碑》立於中平二年（184年），結合《後漢書》所記在此前南陽黃巾起事的相關記載，認為此魯陽碑、平氏碑均與昆陽碑一樣，「是鎮壓了南陽黃巾之後的中平二年所立[1]」，亦可從。

《魯陽都鄉正衛彈碑》上半部分已佚失，文字闕略過甚，不便通

1　俞偉超：《中國古代公社組織的考察》，文物出版社1988年版，第131～140頁。

268

解。然是碑即與《昆陽都鄉正衛彈》同時所立，意旨且復相同，故或可與昆陽碑對讀以互解。俞偉超先生據《隸釋》所錄昆陽碑文，並略加補綴，釋文如次：

　　□□□□國□□□□□□公伯子□□□□□□□□□□□□□□□□□□□□□□□□□□□□□其□□□□□□□□□□□□□□□□國□勞用民□□□□□□□□相扶助，卒□曰□□□□□□□□□□□□□□□□□□□□不彊，迄於中平二年正月，縣令宋國寧陵□君諱脩……中□以府丞董察，□□撫昆陽，承喪亂之餘，允稱聖烈。□有林官，凡處□循□□□□□□輴既到，庶□於□□。潛夫縣役之不均，乃□惟□□□聖之□□，於有□以□□忠。於是乎輕賦節斂，調貧抑富，結單言府，斑董科例。收其舊值，□□之目，臨時慕顧，不煩居民。時太守東郡王環、丞濟陰華林，優嚘民隱，欽若是由，□□□□□郡校劉□為民約，□□乎無窮。自是之後，黎民用寧，吏無荷擾之煩，野無愁痛之憂，固因民所利。斯所謂惠康之榮□，量均之□□也。政之□□於是乎！成役之艱苦於是乎！乃頌曰：

　　□□□命猗歟！我君教《詩》說《禮》，寧德於民。底慎輕賦，帥約孔均，縣役以□，□士不□□□□□□我，好爵聿懷，多□明德，惟馨民以本□。服耕千耦，梵梵黍稷；於胥□□，永□不□。□□□□，中明慧通，□若五大夫，服厲□□，□□為□，掌領衛單，錢復不徵，吏□□□□□若其□，勸導有功。

　　時□□范秩，字元稚；尉曹掾都□，字漢賓；史張苞，字子才；有秩定陵杜則，字孝□；□□□□□□，字國室；陳□□□[1]。

　　將兩碑結合，可知當中平間南陽、潁川（昆陽縣屬潁川郡）一

1　俞偉超：《中國古代公社組織的考察》，文物出版社1988年版，第132～133頁。

269

帶受黃巾起義波及後，「承喪亂之餘」，郡縣長吏曾多方宣導、組織縣城所在之「都鄉」吏民建立「單」，由於在這種「單」內，大量成員被縣廷編為直接控制的「更卒」和「正衛」，故稱為「正衛單」，又可省稱為「正單」或「衛單」。俞偉超先生並進而指出：「（魯陽碑）碑末題名有四個以上的鄉嗇夫，可知此碑所記建立『正衛單』事，在魯陽縣內不僅限於這個『都鄉』，而是遍及各鄉；況且無論是上述的《昆陽碑》還是此碑，碑末題名皆與『里』內的少吏無涉，亦暗示出這種『正衛單』應當是以『鄉』為單位而不是以『里』為單位的。」[1] 換言之，在當時南陽、潁川郡所屬各縣，可能較普遍地以「鄉」為單位建立了這種稱為「正衛單」的組織。《魯陽都鄉正衛單碑》有句云：「……府文於側，紀單之利。」其所謂「府文」顯系南陽郡太守府之文書。然則，在各地建立「單」是由南陽郡太守下令組織的。

然則，「正衛單」究竟是一種怎樣的組織呢？俞偉超先生指出：正衛單具有公社組織和官府部曲組織的兩重性。首先，「單」內有「正衛」和「更卒」（《魯陽碑》所謂「上供正衛，下給更賤」），是被各縣官府組織起來的部曲，其供給取自官府倉儲系統（《魯陽碑》所謂「國服為息，本存子衍」），負責縣城的防守、巡邏並從事部分勞役。其次，參加正衛單、充當正衛或更卒的民戶可能不再承擔賦役或賦役負擔有所減輕（《魯陽碑》所謂「民獲所欲，不復出賦」；《昆陽碑》所謂「輕賦節斂，調貧抑富……收其舊值，□□之目，臨時慕顧，不煩居民」以及「底慎輕賦」、「錢復不徵」）；而單內也因此而殘存一些平均原則（《昆陽碑》先稱「潛夫繇役不均」，復言「底慎輕賦，帥約孔均，繇役以□」）。因此，正衛單是東漢官府在「喪亂之餘」為了重建統治秩序、利用原有的民眾結單方

1　俞偉超：《中國古代公社組織的考察》，文物出版社1988年版，第138～139頁。

式、由官府宣導、以鄉為單位建立的一種社會組織[1]。

在俞先生所論基礎上，我們還可以補充兩點：第一，各縣負責具體組織、建立諸鄉的正衛彈的長吏可能是縣尉，而各鄉正衛彈的直接責任人則為鄉嗇夫或有秩。《魯陽碑》碑末題名中見有左尉沛國虹縣人趙術、右尉河東郡蒲阪縣人孫□。據《續漢書‧百官志》，大縣或置尉二人。此處所見之左、右尉顯然為魯陽縣二尉。《昆陽碑》末題名中見尉曹掾都□、尉曹史張茍，而列名此二人之前的范秩姓名前正缺兩字，或即「縣（或左、右）尉」。因此，諸縣負責正衛彈之事者應當是縣尉與尉曹，蓋捕盜治安正是其職責所在。而諸鄉負責其事者卻非游徼，而是鄉嗇夫或有秩。《魯陽碑》題名中見有陽泉鄉嗇夫韓牧、都鄉嗇夫尹□、□唐鄉嗇夫張閎、□瞿鄉嗇夫龐□；《昆陽碑》題名中見有有秩定陵杜則，當即昆陽縣都鄉之有秩。蓋以正衛彈之組織涉及賦役之徵發，非僅為治安捕盜，故由鄉嗇夫、有秩主其事。

第二，正衛彈內部當有較嚴密的組織與紀律。《昆陽碑》有句稱：「巾明慧通，□若五大夫，服屬□□，□□為□，掌領衛單，錢復不徵。」俞先生於此句無釋。細究其前後文，此句之意當是於彈巾擇「巾明慧通」、民爵等級在五大夫左右者，任為正衛彈之長，「掌領衛彈」，且復除其算錢。由於「為」字下正闕一字，故無法考知此一職位的名稱（彈長？彈尊？或其他名稱？），但正衛彈本身當置有長則可肯定。又，《魯陽碑》云：「防彼君臣，貪惏放散，歃血誓之，濁濊革憚。」蓋參加正衛彈的吏民，都要「歃血誓之」，即舉行一個歃血立誓的儀式，宣誓服從正衛彈的紀律。《昆陽碑》中則稱立彈時曾「斑董科例」，即制定有規章制度。彈中「君臣」（吏民）所立誓遵守的當即這些「科例」。

---

1 俞偉超：《中國古代公社組織的考察》，文物出版社1988年版，第144～156頁。

南陽漢代碑石叢考

271

（八）中部碑

此碑初見於洪適《隸釋》卷十六，謂：「中部碑，隸額，今在均州。凡題名五十餘人，如漢世碑陰；而有額，謂之『中部』，殊不可曉。石理漫滅，名字有存者。」《隸續》卷五摹有碑額，隸書「中部碑」三字，偏其左，額上有白暈一重，右側復有兩暈；字下有穿。其正文已佚。《隸釋》錄有碑陰文字，未分行。茲據以錄文如下（《隸釋》注明所缺字數者以「□」表示，不明所缺字數者用「……」表示）：

□□祭酒謝俊……。主記□□□叔規。主簿□□子□。門□史李慈世。□曹掾任……。右□曹……。水曹……周……祭……武功……史……伯……臺……盛舉……王元陽……長尊……。門下功曹……。門下游徼……。主記史……。門下賊曹……史□球……掾卓……掾□□□宣……曹掾黃□□□章。右金曹掾慶昬元……甫……法曹□周順……曹掾□□子能。右賊曹掾……胡真……。兵曹掾文雒□□。功曹史謝陽□□。右戶曹史陳□□□。右金曹史王□□。法曹史□□子慎。右賊曹史王□叔□。兵曹史……。供曹史……。尉曹史……中。倉曹史任焱……曹史□□舉……史張□元……曹史□□元才。□□嗇夫鄭憲德量。校官主□師周□子堅。校官祭酒□寧昇舉。□部□書掾□任定英。茂□里祭酒任……陽里祭酒李元昇……。新安□里祭酒□郡□□卓……。威□里祭酒卓世……明。□□里祭酒解……。永安里祭酒……。安昌里祭酒楊邦……。宜遷里祭酒韓子……。中東里祭酒□海明……。西賈里祭酒任仲禮……。高陽里祭酒王暘德……營里祭酒□德……中。文營里祭酒周昇……營里祭酒張永……。

由於正文已佚，此碑何時、因何而立，何以名為「中部碑」，皆不能確知。嚴耕望先生據漢世碑陰題名之義例，認為《中部碑》

既遍列眾曹，各人又不著縣籍，故所書諸曹史皆當為縣吏[1]。然則，此碑當為縣吏所共立者。那麼，這些縣吏究屬何縣呢？

據洪適記載，此碑出自南宋時均州。宋均州領武當、鄖鄉二縣，治在今湖北丹江口市西境（現已沒入丹江口庫區），轄境相當於今丹江口、十堰、鄖縣地。其地在東漢時大抵屬南陽郡武當縣（縣治在唐宋均州城之西、今均縣鎮稍西處）及漢中郡錫縣（治在今陝西白河縣）東境，與之相鄰之縣則有南陽郡陰、酇、南鄉諸縣。如果此碑確實出自宋代均州境，那麼，此碑最可能是東漢南陽郡武當縣的縣吏與鄉官所共立，因為漢中郡錫縣治在宋時均州之西，所轄之「中部」不能在宋時均州境。碑文為這一推測提供了有力的證據。在碑文中，見有「……陽里祭酒李元昇」與「新安□里祭酒」。此二里相連，下一里名以「新」字為稱，二里當有關聯，很可能後一里為前一里所分置者。如果這一判斷不誤，那麼，「陽」字前所缺之字當有「安」字，即作「安陽里」；而後一里名中所缺之字亦可補出「陽」字，即當作「新安陽里」。而在居延漢簡中見有「［南］陽武當安陽里[2]」，正與此相合。據此可以斷定：《中部碑》所書縣吏當為東漢南陽郡武當縣的縣吏。

又，題名所見之「里祭酒」共有十四人，所涉諸里分別為茂□里、［安］陽里、新安［陽］里、威□里、□□里、永安里、安昌里、宜遷里、中東里、西賈里、高陽里、□營里、文營里、□營里。凡此十四里，皆當為漢世鄉里組織之「里」，並無疑義。然諸里之上並未冠以鄉名。揆諸義例，諸里之所以未冠鄉名者，當同出

1　嚴耕望：《中國地方行政制度史・秦漢地方行政制度》，上海古籍出版社2007年版，第234〜235頁。
2　《居延漢簡甲乙編》（中華書局1980年）327.7：「□陽武當安陽里，公乘，宋意，年卅七。」參閱何雙全：〈《漢簡・鄉里志》及其研究〉，載甘肅省文物考古研究所編：《秦漢簡牘論文集》，甘肅人民出版社1989年版，第145〜235頁，特別是第157、199頁。

南陽漢代碑石叢考

一鄉，此鄉很可能就是「中部鄉」。蓋碑以「中部」為名，乃此鄉所共立，故碑陰題名涉及各里時即無須再書明所屬之鄉。又由縣吏均參與立碑觀之，此中部鄉當即都鄉，即縣治所在之鄉。

然則，此《中部碑》當是南陽郡武當縣縣吏與中部鄉鄉吏、各里祭酒所共立者。弄清此點之後，則碑文所見縣吏職名或可略加補綴：「祭酒謝俊」前所缺二字，據其下所記三人皆屬門下吏推測，當可補出「門下」二字，作「門下祭酒」；「主記」下當可補出「室」或「史」字，作「主記室」或「主記史」；「門□史」當可補作「門下史」；「□曹掾任」當可補作「議曹掾任」；「右□曹」或可補作「右戶曹」，其下則可補出「掾」字，作「右戶曹掾」；「水曹」下亦可補出「掾」字；「法曹□周順」當可補作「法曹掾周順」；「□部□書掾」當可補作「中部郵書掾」。然則，《中部碑》碑陰題名所見之武當縣縣吏之可辨識者即有：門下祭酒一人（謝俊），主記史（室）二人，主簿一人，門下史一人（李慈世），議曹掾一人（任某），門下功曹一人，門下游徼一人，門下賊曹一人（以上為門下吏）；右戶曹掾、史各一人，水曹掾一人，右金曹掾（慶喬）、史（王□）各一人，法曹掾（周順）、史（□□子慎）各一人，右賊曹掾、史（王□）各一人，兵曹掾（文雒）、史各一人，供曹史一人，尉曹史一人，倉曹史一人，中部郵書掾一人（以上為列曹）；功曹史一人（謝陽，屬綱紀）；校官主□師一人，校官祭酒一人（以上屬學官）；「□□嗇夫」或可補作「中部嗇夫」（屬鄉吏）。此外，還有兩個「掾」、兩個「曹掾」、三個「史」、兩個「曹史」職名前缺字，不能判明或推測其究屬何曹之職。這樣，武當縣廷諸吏遂大皆齊備，門下、綱紀、列曹、學官均得題名其中；而中部嗇夫則為中部鄉的鄉吏。

碑陰題名在縣鄉吏之下，共有「里祭酒」十四人。《隸釋》於此碑下跋語云：「如淳曰：祭祠時惟尊長者以酒沃酹。胡廣曰：古

274

者賓客得主人饌，則老者一人舉酒以祭地。凡官名祭酒，皆一位之元長也。西京以宗室為劉氏祭酒，著節老臣如蘇武亦有此稱。東京擇博士聰明有威重者一人為祭酒。此碑所書里祭酒，雖未詳所出，殆是閭里高年如鄉三老之類者。」其說庶幾近之。蓋諸里各立有社，社則有祭，里祭酒當即主持諸里之社祭者。《史記‧封禪書》載：高祖十年（西元前197年）春，「有司請令縣常以春二月及臘祠社稷以羊豕，民里社各自財以祠。制曰：『可』」。是漢制里社各據財力以祭。《續漢書‧禮儀志中》「請雨」下劉昭補注引董仲舒《春秋繁露》記里社請雨之典云：「諸里礬社通之於閭外之溝。取五蝦蟆，錯置社之中。池方八尺，深一尺，置水暇蟆焉。具清酒脯脯。祝齋三日，服蒼衣，拜跪，陳祝如初。……令民閭邑里南門，置水其外，開里北門。具老猳豬一，置之里北門之外。市中亦置一猳豬。聞鼓聲，皆燒豬尾，取死人骨埋之，開山淵積薪而焚之。決通道橋之壅塞，不行者決瀆之。幸而得雨，報以豚一，酒、鹽、黍財足。」里祭酒當即此類典禮之主辦者。

里祭酒既為里社祭祀之主辦者，自屬閭里高年德威並重、「能帥眾為善」者，乃縣鄉三老之流亞。論鄉里教化之官者，往往及於縣鄉二老之屬，而於「里」是否亦有此類「率民」之鄉官則未加討論。此碑所見之里祭酒，是否普遍設置，不能詳知，然其屬於縣鄉三老之教化系統，則當可肯定。「里祭酒」或又作「里祭尊」。俞偉超先生曾列舉《簠齋手拓古印集》所收「安民里祭尊」印、黃濬《黃氏尊古齋古器物拓片集》所收「外里祭尊」、《方雨樓集古官印譜》所收「里尊印」，論證「里祭尊」即「里祭酒」，同屬鄉官系統[1]。其說至確，無須再贅。然則，武當縣中部鄉所屬各里（碑文見有十四里）祭酒與縣中諸吏共立此碑，所為之事雖不能知，但揣測必關乎鄉里教

1　俞偉超：《中國古代公社組織的考察》，文物出版社1988年版，第88～89頁。

275

化，其正文所書，或乃標舉鄉規民約，或乃宣示朝命恩意，其義當不外敦風俗、行教化。

此碑刻立時間，迄無蹤跡可尋，今惟可稍作推論。《三國志·魏書·張魯傳》記張魯據漢中，「以鬼道教民，自號『師君』。其來學道者，初皆名『鬼卒』。受本道已信，號『祭酒』。各領部眾，多者為『治頭大祭酒』，皆教以誠信不欺詐，有病自首其過，大都與黃巾相似。諸『祭酒』皆作義舍，如今之亭傳。……不置長吏，皆以『祭酒』為治，民夷便樂之」。張魯之「以祭酒為治」，雖或有其教義為根據，然「祭酒」之稱，必有其地方根源，而祭酒教部眾以誠信不欺詐，正是縣鄉三老、里祭酒之職掌；且張魯所據之漢中，與《中部碑》所出之地相鄰，故頗疑張魯「五斗米道」所設之「祭酒」，即源自漢中郡及其週圍地區前此已存在之「里祭酒」，張魯因襲「里祭酒」主持祭禮、敦行教化之職責，略加改造，建立起五斗米道的組織系統。若此說不誤，則《中部碑》刻立之時間，必與張魯據漢中之時相差不甚遠，或竟在張魯據漢中之時，亦未可知。據此揣測，此碑之立，當不出東漢後期桓、靈、少、獻之世（147—220年），很可能也是在南陽黃巾被平定之後，亦即靈帝末年、少帝之世或獻帝初年（180—190年）。

三、從碑石材料看東漢後期南陽地方社會

以上所考碑石八種，刻立時間大都在東漢後期桓、靈之世，內容則涉及立祠、興造勸農土牛、淮廟祠祀、哀悼亡人、追思彰表亡人德業、興修水利工程、建立民間治安組織、推行鄉里教化等方面。依據這些碑文，我們可以大致復原出東漢後期南陽地方社會所發生的若干事件：

1.東漢桓帝永興二年（154年），歲在甲午，已受命擔任益州刺史的前任南陽郡宛縣令、南郡襄陽人李孟初（其名已佚，孟初為其字），在赴益州刺史任之前，卒於宛縣；時任宛縣令貴咸、丞、尉以及勸農賊捕掾李龍等宛縣屬吏、南陽郡城（宛縣附郭）中的耆宿名士、宛縣所屬部分鄉亭吏，共同為李孟初建立神祠，並刻立碑石，以為紀念。

2.五午後，延熹二年（159年），歲次己亥，七月，宛縣民、男子張景向南陽郡提出申請，希望「承包」郡城南門外造作、維護勸農土牛的工程，並以免除部分徭役負擔作為條件；八月十七日，南陽郡太守府向宛縣發出「府書」，告知宛縣令，太守已同意張景的請求，責令宛縣令具體負責檢查工程品質，完成之後向郡府報告；八月十九日，宛縣令讓右丞惛知告追鼓賊曹掾石樑，發出文書，執行太守教令，遣張景建造五駕瓦屋二間及勸農儀式的相關配套設施；八月二十五日，宛縣掾趙述擬寫了一份回復南陽郡府的「應書」，報告郡府此事之執行情況；然後，郡府又向宛縣發出一份「府書」，告知宛縣，張景並願意承擔勸農儀式所用瓦屋等設施的看守、維護之責。

3.四年後，延熹六年（163年），春，時任南陽郡太守的張某（中山國盧奴縣人）親自前往平氏縣，祭祀淮廟（淮源廟），見廟宇衰敗狹促，遂興工維修、擴建；修建工程於秋天完成後，太守張君第二次前往淮廟祭祀，並設立了春、秋侍祠官屬，定制由郡府屬吏（以五官掾具體負責）代表郡守主持祭祀。

4.之後七年，桓帝已逝，是為靈帝建寧三年（170年），南陽許家一個五歲的孩童阿瞿不幸夭折，其父母倩人製作了一塊畫像石，上刻許阿瞿的肖像及其樂舞百戲圖，以及一篇誄文，以寄託對孩子的愛念之情。

5.又過了四年，靈帝熹平三年（174年），正月，南陽郡陰縣的儒學名家、處士妻壽以七十八歲高齡歿逝，鄉里謚為「玄儒先生」，南

陽郡及荊州刺史部的部分屬吏、處士等五十餘人為之共立碑石，以彰顯其德行學問；其碑陽書婁壽家世、德行，碑陰則為題名。

6.六年後，光和三年（180年），大亂將萌，南陽郡隨縣城附近的近百名百姓，以隨城東南的義井水可資灌溉，集議合力以興修水利，獲得郡、縣同意後，集資數十萬，於是年興工，工程所用材料器具皆為「市買」而來。工程完成後，共立碑石一方，碑陽紀其事，可能包含水利章程；碑陰則為集資人題名。

7.又過了五年，已是靈帝末年，中平二年（185年），南陽黃巾起義剛剛被平定，南陽郡（以及潁川郡）屬縣都在郡縣官府的提倡、鼓勵下，紛紛結集地方治安組織——正衛彈。南陽郡魯陽縣城及其附近的正衛彈是由魯陽縣左尉趙術、都鄉嗇夫尹□等人負責組織的，彈內有「正衛」和「更卒」，其供給取自官府倉儲系統，負責縣城的防守、巡邏並從事部分勞役；正衛彈內部有較嚴密的組織與紀律（「科例」），參加正衛彈的吏民，需要「歃血誓之」，掌領衛彈的衛彈之長可能稱為「彈尊」。

8.很可能也是在南陽黃巾被平定之後，南陽郡武當縣的部分縣吏與中部鄉鄉吏、各里祭酒一起，共同刻立了一方「中部碑」。由於碑陽紀事之文已佚，立碑之緣由與意旨已不能詳，然由碑陰題名推測，大抵關乎鄉里教化，很可能是標舉鄉規民約。

然則，這些碑石材料所記載的故事，究竟反映了什麼呢？

上考八種漢碑中，有五種涉及祠祀、祭奠、悼亡之事。其中，《宛令李孟初神祠碑》所記乃是孟初卒後故吏義舊為之立祠之事，乃漢世故習，無須具論；〈許阿瞿畫像石誄文〉所反映者，主要是父母之於亡子的「私愛」，亦可不論。《張景造土牛碑》、《桐柏淮源廟碑》、《玄儒先生婁壽碑》所記，則或略可見出東漢後期在祠祀禮儀方面，王朝國家（官府）之影響力正逐步衰退，而民間社會的力量卻在漸次成長。如上所述，勸農儀式既是官方典禮，其相

關設施乃由郡縣官府直接負責置辦，而張景卻以平民百姓之身分，申請「承包」勸農儀式所用屋宇、土人土牛等相關設施的造作、維護工程，並得到南陽郡的同意。淮廟祭祀屬於嶽瀆祭祀的一部分，而嶽瀆之祠乃天子之祠，西漢之制為「使者持節侍祠」；東漢改由所在郡守侍祠，天子不再另遣使者持節侍祠，而事實上郡守常不親至，僅派遣郡吏以「行丞事」名義前往；至延熹中，南陽郡守張君遂定制以郡吏充任春秋侍祠官，而郡吏復多出自本地豪族。臣僚歿亡後之謚典，本出天子恩賜，而婁壽以處士之身，鄉里名士競相標榜，竟加之以謚，是以「私謚」凌駕於「朝典」之上，鄉里之不以「王命」為歸之意甚明，王綱解紐之勢已不可挽。凡此，皆顯示出王朝國家力量在地方社會的核心集團——地方豪族中的影響正逐步衰退，郡吏、名士（均出自豪族）相結合的地方實力集團則正在崛起。

《舜子巷義井碑》殘闕過甚，其意不能明瞭，但據上所考，仍可見出民間力量在水利興修方面所發揮的作用。漢代南陽地區向以水利為重。西漢元帝建昭間（西元前38—前34年），召信臣任南陽太守，「行視郡中水泉，開通溝瀆，起水門提閼凡數十處，以廣溉灌，歲歲增加，多至三萬頃。民得其利，畜積有餘。信臣為民作均水約束，刻石立於田畔，以防分爭[1]」。杜詩於東漢建武七年（31年）遷任南陽太守，在任期間，「造作水排，鑄為農器，用力少，見功多，百姓便之。又修治陂池，廣拓土田，郡內比室殷足。時人方於召信臣。故南陽為之語曰：『前有召父，後有杜母』[2]」。《水經注》卷二九〈湍水〉、〈比水〉及卷三一〈淯水〉詳細記載了六門堰、鉗盧陂、馬仁陂、安眾港、鄧氏陂、樊氏陂等陂堰水利工程，其中除鄧氏陂、樊氏陂等為大莊園主所營造者外，多指為

---

1 《漢書》卷八九〈循吏傳・召信臣傳〉，中華書局1961年版，第3642頁。
2 《後漢書》卷三一〈杜詩傳〉，中華書局1965年版，第1094頁。

南陽漢代碑石叢考

召、杜所主持修造[1]。由今見史料看，除了大族修建的陂堰工程，大部分較大規模的水利工程皆當是在官府主持下修造的，並由官府制定用水章程。而隨縣義井水工程則很可能是民眾自發組織、集聚財力、共同完成的。這雖然是一個孤立的案例，也還有諸多未明之處，但借此仍可見出官府在農田水利事業方面的影響也在逐步衰退。

《魯陽都鄉正衛彈碑》則記錄了黃巾起義後東漢地方官府為恢復、重建地方秩序，利用民間原有的組織方式「彈」，將民眾組織進由官府控制的部曲組織的過程。「彈」是一種古老的村社組織，官府利用這種民間原有的組織方式以重建社會秩序，從一個側面說明官府的實際控制能力正逐步衰退，不得不利用固有的村社關係。但「這種『正衛彈』既是依靠原有的村社關係而組織起來的，公社本身固有的孤立性，一定會繼續體現出來。當時的具體歷史情況是，愈到東漢末年，各地州郡正日益膨脹著各自的獨立性，因而許多郡縣的豪強，在黃巾起義後，一下子就以割據各方之雄的面貌而出現。南陽、潁川、陳留等郡這時出現的『正衛彈』，對東漢朝廷來說，肯定也具有很大的獨立性或割據性[2]」。顯然，正衛彈的組織及其組織方式，對塢壁之興起及塢壁的組織方式均有很大影響。

在《中部碑》碑陰題名中，屬於鄉官系統的「里祭酒」與縣、鄉吏並列，而完全未見屬於鄉里行政系統的里魁（里長、里唯），說明里祭酒很可能已取代里魁，承擔起「里中小吏」的職責。換言之，本屬鄉官系統、職掌教化的里祭酒，逐步侵奪了本屬里魁的村里行政職能，成為村里基層政權的實際領導人。

要之，從上考八種漢代碑石文字可以見出：東漢後期，漢王朝在南陽地方社會各個領域的影響均表現出程度不同的衰退趨勢，特

---

1 參閱魯西奇：《區域歷史地理研究：對象與方法——漢水流域的個案考察》，廣西人民出版社2000年版，第218～229頁。
2 俞偉超：《中國古代公社組織的考察》，文物出版社1988年版，第147頁。

別是在水利事業、鄉村基層組織等方面，民間社會力量所發揮的作用越來越大；在地方社會的上層，官府則逐步將一些象徵著王朝國家權威的祠祀禮儀交給擔任郡吏的地方豪族或一般平民具體承辦，而地方名士也互相標榜，甚至以鄉里私謚取代王朝的謚典。

如所週知，東漢時代南陽乃是帝鄉，建為南都，社會經濟相當發達，屬於東漢帝國的核心區域。據《續漢書·郡國志》記載，永和五年（140年），南陽郡的著籍戶口為528551戶，2439618口，是東漢帝國版圖內戶口最多的郡。正是在這個時候，出生於南陽郡西鄂縣的張衡寫下了著名的〈南都賦〉，反映了南陽地區極盛時期的狀況。本文所考碑石八種的刻立時間，則恰處於此極盛時期之後，故生動地反映了一個社會經濟核心區從極盛逐步邁入衰退過程中的某些側面。

注釋：

[1] 連雲港市博物館、中國社會科學院簡帛研究中心等：《尹灣漢墓竹簡》，中華書局1997年版，第79～84頁。其中曲陽縣下鄉有秩員數闕文，「官嗇夫」之下即緊接「游徼」，未見鄉嗇夫。以東海郡所屬各縣置鄉有秩最多的郯縣也只有五人來推測，曲陽縣的鄉有秩不當超過五人，其縣又無鄉嗇夫，則其鄉數應少於五個。然據表7—1統計，東海郡除曲陽縣之處的37縣，共有161鄉，與《集簿》所記的170鄉相差9鄉，而曲陽縣不會多至9鄉之數。造成這種差距的原因，尚有待考究。參閱卜憲群：《秦漢官僚制度》，社會科學文獻出版社2002年版，第324頁。

[2] 張家山漢簡《二年律令·徭律》：「睆老各半其爵徭，□入獨給邑中事。」（《張家山漢墓竹簡［二四七號墓］》，文物出版

社2006年版，第64頁）是睆老（據《傅律》，「不更年五十八，簪裊五十九，上造六十，公士六十一，公卒、士五六十二，皆為睆老」。見《張家山漢墓竹簡〔二四七號墓〕》，文物出版社2006年版，第57頁）須服一半徭役，只承擔「邑中事」。換言之，「邑中事」在所有徭役負擔中居一半。

漢隋間漢水上游地區的鄉里控制

一、問題之提出

論東晉南朝鄉里制度者，多舉《晉書》卷二四〈職官志〉與《宋書》卷四十〈百官志〉的相關記載作為討論的出發點。[1]《晉書·職官志》云：

縣（戶）五百以上皆置鄉，三千以上置二鄉，五千以上置三鄉，萬以上置四鄉。鄉置嗇夫一人；鄉戶不滿千以下，置治書史一人；千以上置史、佐各一人，正一人；五千五百以上，置史一人，佐二人。縣率百戶置里吏一人，其土廣人稀，聽隨宜置里吏，限不得減五十戶。戶千以上，置校官掾一人。[2]

《晉書》書例，凡涉及南渡以後之變化者，多言明「江左以後」，

1 周一良：〈南朝境內之各種人及政府對待之政策〉，初刊於《歷史語言研究所集刊》第七本第四分，載周一良：《魏晉南北朝史論集》，北京大學出版社1997年版，第93~95頁；宮川尚志：〈六朝時代的村〉，載劉俊文主編：《日本學者中國史論著選譯》第四卷，中華書局，第67~108頁；嚴耕望：《中國地方行政制度史·魏晉南北朝地方行政制度》，上海古籍出版社2007年版，第344~349頁；吳海燕：〈東晉南朝鄉村社會基層組織的變遷〉，《中國農史》2004年第4期；高賢棟：《南北朝鄉村社會組織研究》，山東大學出版社2008年版，第7~9頁。
2 《晉書》卷二四〈職官志〉，中華書局1974年版，第746~747頁。

故可判斷此處所載當為西晉制度。《太平御覽》卷六〇六「文部」二二「劄」目引《晉令》曰：「郡國諸戶口黃籍，籍皆用一尺二寸劄，已在官役者，載名。」[1]《唐六典》卷六〈尚書刑部〉「郎中」條下原注云：「魏命陳群等撰《州郡令》四十五篇，〈尚書官令〉、〈軍中令〉合百八十餘篇。晉命賈充等撰《令》四十篇：一、戶，二、學，三、貢士，四、官品，五、吏員，六、俸廩，七、服制，八、祠，九、戶調，十、佃，十一、復除，十二、關市，十三、捕亡，十四、獄官，十五、鞭杖，十六、醫藥疾病，十七、喪葬，十八、雜上，十九、雜中，二十、雜下，二十一、門下散騎中書，二十二、尚書，二十三、三臺秘書，二十四、王公侯，二十五、軍吏員，二十六、選吏，二十七、選將，二十八、選雜士，二十九、宮衛，三十、贖，三十一、軍戰，三十二、軍水戰，三十三至三十八皆軍法，三十九、四十皆雜法。」[2]按：據《晉書》卷二〈文帝紀〉，命賈充「正法律」是在咸熙二年（265年）七月，其時司馬氏尚未代魏；而賈充卒於太康三年（282年）四月，則晉令蓋漸次編纂於泰始至太康三年間。又據《晉書‧食貨志》，平吳之後，又制戶調之式及占田課田之制。蓋戶調之徵發及占田課田制之實施當以較完備之版籍為基礎，而檢括戶口、編制戶籍又當以較嚴密的鄉里制度為前提，因此，上引《晉書‧職官志》所記之鄉里制度與《太平御覽》所見之黃籍制度，至遲到太康初年伐吳前後已形成，故平吳之後方得推行戶調式與占田課田之法。

　　與漢代鄉里制度相比，晉制仍以百戶為里，與漢制相同；里置里吏一人，與漢代里魁（里正、里司）亦大致相同；惟《晉書‧職官志》稱「縣率百戶置里吏一人」，似以縣直接統里，與漢制以鄉統

---

1 《太平御覽》卷六〇六「文部」二二「劄」，中華書局1960年影印本，第2726頁。
2 《唐六典》卷六〈尚書刑部〉「郎中」條，中華書局1992年版，第184頁。

里異；《晉志》又不言里下統有什、伍，亦與漢制不同。然此兩點差異，不能確定是否出於《晉志》所記較略之故。鄉的設置則與漢制有較大不同。漢制大率以十里為鄉，即每鄉領千戶，鄉置有秩（或嗇夫）、游徼、鄉佐，屬鄉吏系統；另由三老、孝弟、力田等組成鄉官系統，屬於鄉村自治性質[1]。晉制各鄉置嗇夫、治書史、史、佐等，皆當屬於吏職，而無三老、孝弟等鄉官系統，但也可能是因為《晉志》但記職官吏員，而於鄉村自治性質之鄉官未予記載之故。置鄉之標準，《晉志》既謂凡縣有五百戶以上者皆置鄉，則五百戶即當置一鄉，又謂「三千以上置二鄉」，則五百至三千戶之縣，僅置一鄉，又何以需要置鄉？如以三千戶以下置一鄉計，太康間西晉所領各州郡國統縣1232個，共有著籍戶口2494125戶，平均每縣約為2038戶，則平均每縣僅當置有一鄉。其中，平均每縣500戶之下的郡有豫州譙郡（7縣，每縣平均143戶）、魯郡（7縣，每縣平均357戶）、安豐郡（5縣，每縣平均220戶）、平州昌黎郡（2縣，每縣平均450戶）、涼州金城郡（5縣，每縣平均400戶）、西郡（5縣，平均每縣380戶）、酒泉郡（9縣，每縣平均489戶）、益州牂柯郡（8縣，每縣平均150戶）、荊州安成郡（7縣，每縣平均429戶）、揚州廬江郡（10縣，每縣平均420戶）、南康郡（5縣，每縣平均280戶）、交州九真郡（7縣，每縣平均429戶）、日南郡（5縣，每縣平均120戶）、廣州南海郡（6縣，每縣平均159戶）、臨賀郡（6縣，每縣平均417戶）、桂林郡（8縣，每縣平均250戶）、高興郡（5縣，每縣

---

1 《續漢書》志二十八〈百官志〉五，中華書局1965年版，第3624～3625頁。關於漢代鄉里制度的研究，請參閱王毓銓：〈漢代「亭」與「鄉」、「里」不同性質不同行政系統說〉，原刊《歷史研究》1954年第2期，載《王毓銓史論集》，中華書局2005年版，第292～302頁；嚴耕望：《中國地方行政制度史·秦漢地方行政制度》，上海古籍出版社2007年版，第237～251頁；池田雄一：《中國古代の聚落と地方行政》，汲古書院2002年版；邢義田：〈從出土資料看秦漢聚落形態和鄉里行政〉，載邢義田：《治國安邦：法制、行政與軍事》，中華書局2011年版，第249～355頁。

漢隋間漢水上游地區的鄉里控制

平均244戶）、寧浦郡（5縣，平均每縣244戶）等18郡，如果按照上引晉制的規定，此18郡所領112縣大抵皆不當置鄉。每縣平均超過500戶、不足3000戶的郡則共有131個，占全部郡國數（173個）的76%[1]，其所屬各縣按規定也只能設置一個鄉。如果按照這一規定，西晉時代的大多數縣可能僅可設置一鄉或不能置鄉，而在一縣只設一鄉的情況下，鄉大約只能成為具文，而不具實際的行政與賦役徵發功能。要之，《晉書・職官志》關於西晉太康間鄉里制度的記載本身就有若干不明之處，頗使人懷疑這一制度究竟是如何付諸實施，尚且不論在西晉滅吳統一的短短二十年相對太平的歲月裡，晉朝政府是如何將之推行到蜀漢與孫吳故地的廣大南方地區的。

《宋書・百官志》有關鄉里制度的記載也頗為論者所稱引，其文云：

> 縣令、長，秦官也。大者為令，小者為長，侯國為相。漢制：置丞一人，尉大縣二人，小縣一人。五家為伍，伍長主之。二五為什，什長主之。十什為里，里魁主之。十里為亭，亭長主之。十亭為鄉，鄉有鄉佐、三老、有秩、嗇夫、游徼各一人。鄉佐、有秩主賦稅，三老主教化，嗇夫主爭訟，游徼主奸非。[2]

此處但稱漢制，似劉宋時猶沿用漢代之鄉里制度，故嚴耕望先生說：「此條記鄉里吏，而僅述漢制，下文不見若何變化。蓋沈約之意，以為自漢以下至宋，大抵沿而未革也。」[3] 周一良先生則辨

1　據梁方仲先生《中國歷代戶口、田地、田賦統計》甲表15「西晉太康初年各州郡國戶數及每縣平均戶數」計算，上海人民出版社1980年版，第41～46頁。
2　《宋書》卷四十〈百官志下〉，中華書局1974年版，第1258頁。
3　嚴耕望：《中國地方行政制度史・魏晉南北朝地方行政制度》，上海古籍出版社2007年版，第344頁。

其非，謂：

　　其實《宋志》中所載漢制根本不存在，更無遺留或施行於宋代之理……宋代制度十九沿晉之舊，如於鄉黨閭里有規定組織，亦當用晉制，無越司馬氏而上法秦漢之理。若然，斯為劉氏創舉，制置始末不容無聞。休文誤信司馬彪漢代百戶為里之說，遂排比組成一系統，於〈百官志〉中備一格。然下文又言「其餘眾職，或此縣有而彼縣無，各有舊俗，無定制也」。是休文亦明知宋代未盡沿用其所謂漢制者。鄉官眾職既或有或無，無定制，則宋代未嘗普遍地系統地施行鄉黨制度，蓋無疑義。自杜君卿逕認《宋志》「漢制」二字下所排列之系統為「宋制」，後人遂習焉不察耳。《南齊書·百官志》及《隋書·百官志》所記梁陳制度，皆無鄉官。休文齊梁時人，其時果施行漢代鄉黨制度者，即使非盡漢人之舊，休文亦不應毫未省察，至漫合《百官表》與司馬彪之說，構成極不合事理之系統也。[1]

　　其說雖不無可商[2]，然《宋書·職官志》所載，實不足以據之以討論南朝鄉里制度，則決無疑義。

1　周一良：〈南朝境內之各種人及政府對待之政策〉，載周一良：《魏晉南北朝史論集》，北京大學出版社1997年版，第93～94頁。
2　如：（1）東晉南朝所轄地域，主要是蜀漢與孫吳統治之故地，蜀漢、孫吳之鄉里制度，大抵沿襲漢制而來，當無疑問。西晉短期統一，治理其地甚短，未必盡能推行晉制於各地，所以這些地區上法秦漢，沿用蜀漢、孫吳以來遵行之漢制，而非採用晉制，並非沒有可能。（2）《通典》卷三三〈職官典〉「鄉官」述宋鄉官之制，謂：「宋五家為伍，伍長主之；二伍為什，什長主之；什十為里，里魁主之；十里為亭，亭長主之；十亭為鄉，鄉有鄉佐、三老、有秩、嗇夫、游徼各一人，所職與秦漢同。」此段文字固然源於《宋書》，然杜佑明知宋制與秦漢相同，而此段文字前即述晉制，卻未將宋制與晉制相聯繫，當有所據，非必出於對《宋志》的誤解。（3）以「《南齊書·百官志》及《隋書·百官志》所記梁陳制度，皆無鄉官」，而判定齊梁陳皆無鄉黨系統，頗給人「以史料之無斷史實之無」之嫌，且亦並非全無史料可以證明南朝實當有鄉里系統。

漢隋間漢水上游地區的鄉里控制

　　然則，根據《晉書・職官志》、《宋書・百官志》有關晉、宋鄉里制度的記載，實不足以討論東晉南朝之鄉里制度及其系統，其理甚明。欲全面考察東晉南朝的鄉里制度，必須弄清：（1）蜀漢與孫吳的鄉里制度與漢制之關係。（2）西晉短期統一時期，是否將《晉書・職官志》所記太康初年定制的鄉里制度推行於蜀漢、孫吳故地？（3）東晉南朝在南方地區廣泛設置的僑州郡縣所領民戶是否有鄉里組織之編排？如果有，採行的是哪種制度（漢制還是晉制，或其他）？「土斷」前後是否有變化？（4）東晉南朝南方地區的實土郡縣（非僑郡縣）的鄉里制度究竟是怎樣的？其具體實施與變化情況如何？（5）南朝在蠻夷集聚區域廣泛設立的蠻左郡縣，以及南朝後期特別是齊梁之世增設的大量郡縣，是否實行某種鄉里制度？如果沒有，這些郡縣又是如何控制其所領民戶的？

　　探究上述問題，當然有不同的研究路徑。本文即試圖從我們的學術背景（區域歷史地理研究）出發，從區域研究入手，選取漢水上游地區作為研究對象[1]，考察自東漢末年張魯控制漢中至西魏恭帝二年（梁元帝承聖三年，554年）西魏較穩定地控制這一地區的三百餘年間，不斷更替的各政權採用怎樣的方式，控制這一地區鄉里社會的，藉此以分析此一時期這一地區是否存在鄉里制度與鄉里組織的編排，並通過對這一區域鄉里控制方式及其演變的考察，窺知東晉南朝時期鄉里制度及其變化的若干側面。

1　本文所說的「漢水上游地區」，大致指漢代的漢中郡所轄範圍，包括魏晉南朝時期的漢中郡及魏興（西城）、上庸、新城（房陵）等四郡，相當於今陝西南部的漢中、安康二地區及湖北省十堰市西南部地區。

二、晉隋間漢水上游地區的鄉里控制及其演變

(一)「不置長吏，皆以祭酒為治」疏證

漢末初平、建安間，張魯據有漢中二十餘年。《後漢書》卷七五〈劉焉傳〉附〈張魯傳〉：

> 魯字公旗。初，祖父陵，順帝時客於蜀，學道鶴鳴山中，造作符書，以惑百姓。受其道者輒出米五斗，故謂之「米賊」。陵傳子衡，衡傳於魯，魯遂自號「師君」。其來學者，初名為「鬼卒」，後號「祭酒」。祭酒各領部眾，眾多者名曰「理頭」。皆校以誠信，不聽欺妄，有病但令首過而已。諸祭酒各起義舍於路，同之亭傳，縣置米肉以給行旅。食者量腹取足，過多則鬼能病之。犯法者先加三原，然後行刑。不置長吏，以祭酒為理，民夷信向。[1]

則五斗米道之普通信眾，稱為「鬼卒」；其首領，稱為「祭酒」；祭酒之上，則有「理頭」；張魯以教主身分，稱為「師君」。張魯統治下的漢中，「不置長吏，以祭酒為理，民夷信向」，顯然是以五斗米道的宗教組織，取代了漢代的鄉里組織，建立起政教合一的鄉里控制體系。

「祭酒」之謂，論者多著意於其宗教意義，認為是五斗米道的教職，大抵為其基層教首。《三天內解經》卷上記天師道道務管理辦法云：「立二十四治，置男女官祭酒，統領三天正法，化民受戶。」[2] 是天師道分立二十四治分統道民，各領以男女官祭酒。然天師道二十四治所統道民甚多，掌管各治的首領實相當於「治頭

1　《後漢書》卷七五〈劉焉傳〉附〈張魯傳〉，中華書局1965年版，第2435～2436頁。
2　徐氏：《三天內經解》卷上，載《道藏》，文物出版社1988年影印本，第28冊，第414頁。

大祭酒」（見下），祭酒則當是基層教眾組織的首領。上引《後漢書・張魯傳》謂「諸祭酒各起義舍於路，同之亭傳」，則祭酒所領地域，大致與漢代的亭部所轄相類；其所起之「義舍」，亦當即祭酒處理治內事務的所在，相當於漢代鄉、亭吏的衙署。然「祭酒」作為民間社會組織之首領，實非自天師道始。《隸釋》卷十六載均州所見漢〈中部碑〉碑陰題名，首列「祭酒謝俊」，與其下之主簿、諸曹掾、門下功曹、門下游徼、門下賊曹、諸曹史等並列，顯然是郡縣吏。同時又有校官祭酒一人，里祭酒（如□陽里祭酒、永安里祭酒、新安里祭酒、安昌里祭酒、宜遷里祭酒、中東里祭酒、西賈里祭酒、高陽里祭酒、□營里祭酒、中文營里祭酒等）十五人。《隸釋》於《中部碑》下跋語云：

　　……所稱諸曹掾、史、功曹、主簿，與它碑同，其間游徼、嗇夫各一人，祭酒十六人，其一人曰校官祭酒，餘則里祭酒也。游徼、嗇夫，漢縣皆有之，凡此諸曹史，蓋縣吏也。〈成都左右生碑〉有文學祭酒，則此之校官祭酒也。如淳曰：祭祠時，唯尊長者以酒沃酹。胡廣曰：古者賓客得主人饌，則老者一人舉酒以祭地。凡官名祭酒，皆一位之元長也。西京以宗室為劉氏祭酒，著節老臣如蘇武亦有此稱；東京擇博士聰明有威重者一人為祭酒。此碑所書里祭酒，雖未詳所出，殆是閭里高年如鄉三老之類者。[1]

　　此碑雖不能的指其確切時間，但為漢碑卻自古無異辭。則「祭酒」之稱，應並非天師道所獨有[2]。事實可能恰恰相反——蓋「祭酒」本為漢中郡乃至更廣泛地區鄉里三老之類年高德劭者

1　《隸釋》卷十六〈中部碑〉，中華書局1986年影印本，第170～171頁。
2　如以此碑為漢末張魯據漢中後所立，似亦無不可，然是碑書諸曹掾、史、游徼、嗇夫甚備，又與張魯「不置長吏」相衝突，不當為張魯居漢中後所立者。

所擔當的鄉里職官，很可能屬於三老、孝弟之類的鄉官系統，張魯居漢中後因之而改造才成為天師道所用之稱號。如果此種揣測可以成立，則於張魯五斗米道政權統治下，在相當於漢代之「亭長」的祭酒之下，還可能有統領部眾更少的祭酒，其地位大約相當於《中部碑》所見的「里祭酒」。

上引《後漢書·張魯傳》說領部眾多者曰「理頭」。《三國志》卷八〈魏書·張魯傳〉記同一事，作「治頭大祭酒」，當以《三國志》所記為是，蓋「理頭」當為唐人所改[1]。「治頭大祭酒」的「治」，當即上引《三天內經解》所說天師道二十四治的「治」，亦即張魯五斗米道政權較高層級的政教合一管理單元。張魯政權所分置之「治」不詳。《水經注·沔水上》注文云：

沔水又東，逕白馬戍南，濜水入焉。水北發武都氐中，南逕張魯城東。……初平中，劉焉以魯為督義司馬，住漢中，斷絕谷道，用遠城治，因即崝嶺，週回五里，東臨濬谷，杳然百尋。西、北二面，連峰接崖，莫究其極。從南為盤道，登陟二里有餘。濜水又南，逕張魯治東。水西山上，有張天師堂，於今民事之。庾仲雍謂山為白馬塞，堂為張魯治。東對白馬城，一名陽平關。

濜水，楊守敬指為今勉縣老城（即沔州故城）西之白馬河，當可從[2]。張魯城，當在白馬戍（濜口城）之北，濜水西岸，或在今方家壩稍南處，是一座典型的山城。「用遠城治，因即崝嶺」，《輿地紀勝》卷一八三興元府古跡「張魯城」條引此作「建城治，

1　《三國志·魏書·張魯傳》下文作「不置長吏，皆以祭酒為治」，與《後漢書·張魯傳》「以祭酒為理」亦相同，疑《後漢書》之「理」字本亦當作「治」字。
2　楊守敬、熊會貞注疏：《水經注疏》卷二七〈沔水上〉，江蘇古籍出版社1989年版，第2297頁。

漢隋間漢水上游地區的鄉里控制

即峭嶺為城，週五里¹」。楊守敬據此斷此處之「遠」為「建」字之誤，「嶠」為「峭」之訛，並據此推定「用」當作「魯」字²。今按：朱中尉本（大典本）、官本及王先謙合校本此均作「用遠城治」，楊守敬之說至少無版本依據。此處之關鍵乃是「治」字之理解。本段注文又見「張魯治」，即在張魯城之稍南處；據庾仲雍所記，張魯治即位於瀘水西岸山上之張天師堂，又至今民事之。顯然，這裡的「治」，當是天師道二十四治的「治」；「用遠城治」，當解作「將治立於遠離原有城邑的地方」。然則，張魯治即當是由張魯直接管轄的一個「治」，故立有張天師堂；而張魯城則是張魯所居之城。觀注文所記張魯城形勢，頗類後世常見之山寺巨觀，而非城邑居址，亦可明張魯城為宗教設置。張魯直轄的「治」位於瀘水之上，其地南距瀘口城、陽平關不遠，而瀘口城、陽平關又為漢中西部地區最重要的關隘、據點，其西北為漢沮縣，東南為漢沔陽縣，故頗疑張魯治所轄地域大致相當於漢代沮、沔陽二縣境。換言之，我們揣測張魯五斗米道政權的「治頭大祭酒」所統大致相當於漢代的一兩個縣。

在治頭大祭酒之外，又有「都講祭酒」之設。《三國志》卷三六〈蜀書・馬超傳〉裴注引〈典略〉：

建安十六年，超與關中諸將侯選、程銀、李堪、張橫、梁興、成宜、馬玩、楊秋、韓遂等，凡十部，俱反，其眾十萬，同據河、潼，建列營陳。是歲，曹公西征，與超等戰於河、渭之交，超等敗走。超至安定，遂奔涼州。詔收滅超家屬。超覆敗於隴上。後奔漢中，張魯以為都講祭酒，欲妻之以女，或諫魯曰：「有人若此不愛其

1　《輿地紀勝》卷一八三利州路興元府古跡「張魯城」條，中華書局1992年影印本，第4703頁。

2　楊守敬、熊會貞注疏：《水經注疏》卷二七〈沔水上〉，江蘇古籍出版社1989年版，第2298頁。

親，焉能愛人？」魯乃止。[1]

馬超奔漢中前，顯非五斗米道信徒；投附張魯後，亦未必皈依米道，而張魯授以「都講祭酒」之職，其地位可能還在「治頭大祭酒」之上，其所統仍當為他自涼州挾裹南奔的部眾。與馬超一同投附漢川的侯選、程銀（當為程銀之弟）等本為河東人，「興平之亂，各有眾千餘家。建安十六年，並與馬超合。超破走，湛臨陣死。銀、選南入漢中」。於此前後南奔漢中，但並非馬超同黨的關中豪右還有劉雄鳴。《三國志·魏書·張魯傳》裴注引〈魏略〉曰：

劉雄鳴者，藍田人也。……郭、李之亂，人多就之。建安中，附屬州郡，州郡表薦為小將。馬超等反，不肯從，超破之。後詣太祖，太祖……表拜為將軍，遣令迎其部黨。部黨不欲降，遂劫以反，諸亡命皆往依之，有眾數千人，據武關道口。太祖遣夏侯淵討破之，雄鳴南奔漢中。漢中破，窮無所之，乃復歸降。[2]

劉雄鳴、程銀、侯選等率眾投附張魯後，張魯並未授以將軍等號，概如馬超之例，亦以不同名號的「祭酒」為稱，而劉雄鳴之徒並非道徒，故北還後多不言其居漢中時之官職名號，史傳遂得闕略。

上引《後漢書·張魯傳》謂張魯得「民夷信向」，《三國志·魏書·張魯傳》稱魯「以祭酒為治，民夷便樂之」，則知米道信徒中多有夷人，而祭酒之設，亦當及於夷區。《華陽國志》卷二〈漢中志〉：

1 《三國志》卷三六〈蜀書·馬超傳〉裴注引〈典略〉，中華書局1959年版，第946頁。
2 《三國志》卷八〈魏書·張魯傳〉裴注引〈魏略〉，第266頁。

漢隋間漢水上游地區的鄉里控制

　　魯既有漢中，數害漢使。焉上書言「米賊斷道」。至劉焉子璋為牧時，魯益驕恣。璋怒，建安五年，殺魯母、弟。魯率巴夷王杜濩、朴胡、袁約等叛，為仇敵。……璋數遣龐羲、李思等討之，不能克，而巴夷日叛。[1]

　　杜濩、朴胡、袁約當為信奉米道的巴夷王，很可能是張魯政權的「治頭大祭酒」。當建安二十年（215年）曹操征討漢中之時，張魯走赴巴中依託杜濩、朴胡，後與杜、朴等同降於操。《三國志》卷一〈魏書‧武帝紀〉係其事於建安二十年九月，謂「巴七姓夷王朴胡、賨邑侯杜濩舉巴夷、賨民來附。於是分巴郡，以胡為巴東太守，濩為巴西太守，皆封列侯[2]」。《華陽國志‧漢中志》則稱：「魏武以巴夷王杜濩、朴胡、袁約為三巴太守。」[3] 蓋七姓夷王、賨邑侯皆為曹操誘降時給予朴胡、杜濩等巴夷首領的稱號，而「巴夷王」則表明他們是巴夷的首領。《文選》卷四四陳孔璋〈檄吳將校部曲文〉述魏武平定漢中之功業，謂：「巴夷王朴胡、賨邑侯杜濩，各帥種落，共舉巴郡，以奉王職。……魯及胡、濩皆享萬戶之封，魯之五子，各受千室之邑，胡、濩子弟部曲將校為列侯、將軍已下千有餘人。百姓安堵，四民反業。」[4] 則朴胡、杜濩所屬，各為種落；種落酋帥，降操後並受列侯、將軍之封。揣其信奉米道、處於張魯政教合一政權之下時，必分領張魯所授治頭大祭酒、祭酒之職，而巴夷社會，亦必藉五斗米道之宗教組織以建構其自身之社會組織。

1　常璩撰、任乃強校注：《華陽國志校補圖注》卷二〈漢中志〉，上海古籍出版社1987年版，第72頁。
2　《三國志》卷一〈魏書‧武帝紀〉，中華書局1959年版，第46頁。
3　常璩撰、任乃強校注：《華陽國志校補圖注》卷二〈漢中志〉，上海古籍出版社1987年版，第73頁。
4　《六臣注文選》卷四四陳孔璋〈檄吳將校部曲文〉，中華書局1987年影印本，第829頁。

要之，當漢末張魯以漢中為中心、兼括三巴北部地方建立政教合一的宗教政權時，乃以米道之宗教組織取代漢中舊有的鄉里組織，作為控制地方社會與民眾之基本手段：張魯以教主身分，稱為師君或天師；其下按地方分設各「治」，以「治頭大祭酒」（治頭、理頭）為首領，每治領教眾若干，其所統地域可能相當於漢代的一兩個縣；「治」下復分設不同層級的祭酒，可能至少有轄區相當於漢代亭部的祭酒與轄區相當於漢代里的祭酒兩個層級。投附漢中的關隴豪帥馬超、劉雄鳴、程銀、侯選等則被授以「都講祭酒」之類教職，各統其眾，但可能未列入米道諸「治」系統。奉道的巴夷首領朴胡、杜濩等則當屬於諸「治」系統，分任治頭大祭酒，其所屬之種落酋帥當分任不同層級的祭酒。這樣，張魯政權就在漢中地區建立起以「祭酒」為核心的政教合一的地方控制系統，史言張魯「不置長吏，皆以祭酒為治，民夷便樂之」，當得其實。

（二）蜀漢時期漢中地區以屯戍為中心的鄉里控制

《三國志·魏書·張魯傳》記漢末張魯欲稱王時，其謀士閻圃諫曰：「漢川之民，戶出十萬，財富土沃，四面險固。上匡天子，則為桓、文，次及竇融，不失富貴。今承制署置，勢足斬斷，不煩於王。願且不稱，勿為禍先。」[1]《後漢書·張魯傳》所記與此大致相同。「漢川之民，戶出十萬」，雖可能有所誇大，然其時漢中民戶繁殷，當大抵可信。《續漢書·郡國志》記永和五年（140年）漢中郡領南鄭、成固、西城、褒中、沔陽、安陽、錫、上庸、房陵等九縣，有戶57344，口267402[2]。張魯據漢中，不得有其全部，西城、錫、上庸三縣當為申儀、申耽兄弟所據，房陵則為蒯祺所有（見下），張魯所有者，蓋僅為南鄭、成固、褒中、沔陽、安陽五

---

1 《三國志》卷八〈魏書·張魯傳〉，中華書局1959年版，第264頁。
2 《續漢書》志二三〈郡國志五〉，中華書局1959年版，第3506頁。

漢隋間漢水上游地區的鄉里控制

縣，估計當有四萬戶以上。在此之前，關中「韓遂、馬超之亂，關西民奔魯者數萬家[1]」。後來，馬超、劉雄鳴等率部眾投附張魯，進入漢中者又當有數千家。兼以朴胡、杜濩等所領的巴夷，亦當有數萬落。所以，閻圃說張魯統治時，漢川民戶有十萬戶，大抵是可信的。

曹操平張魯後，曾驅漢中民數萬戶徙居關中、洛、鄴。《三國志》卷一五〈魏書・張既傳〉：「魯降，既說太祖拔漢中民數萬戶以實長安及三輔。」[2]同書卷二三〈魏書・杜襲傳〉云：「隨太祖到漢中討張魯。太祖還，拜襲駙馬都尉，留督漢中軍事。綏懷開導，百姓自樂出徙洛、鄴者，八萬餘口。」[3]則徙居洛陽、鄴城者又當有萬餘家。總計徙居長安、三輔與洛、鄴者，當不下四五萬戶。換言之，漢中民戶約有一半或一半以上被徙入關中、洛鄴。後來，曹操又使張既、楊阜等遷徙武都氐民五萬餘落出居扶風、天水界[4]。故《三國志》卷四二〈蜀書・周群傳〉記周群之言，謂劉備據漢中，「當得其地不得其民[5]」。

蜀漢統治下的漢中，「處蜀、魏界，固險重守。自丞相亮、大司馬琬、大將軍褘，皆鎮漢中[6]」。然民戶蕭散，產出有限，故每有「不足」之歎，已遠非張魯時漢川物阜民豐之象。蜀漢在漢中的政策，乃以軍事為先務，漢中督秉持軍政大權，漢中太守僅得供繼軍糧而已。《三國志》卷三九〈蜀書・呂乂傳〉云：

---

1 《後漢書》卷七五〈張魯傳〉，中華書局1965年版，第2436頁。

2 《三國志》卷一五〈魏書・張既傳〉，中華書局1959年版，第472頁。

3 《三國志》卷二三〈魏書・杜襲傳〉，中華書局1959年版，第666頁。

4 《三國志》卷一五〈魏書・張既傳〉，中華書局1959年版，第473頁；卷二五《楊阜傳》，第704頁。

5 《三國志》卷四二〈蜀書・周群傳〉，中華書局1959年版，第1020頁。

6 常璩撰、任乃強校注：《華陽國志校補圖注》卷二〈漢中志〉，上海古籍出版社1987年版，第79頁。

遷巴西太守。丞相諸葛亮連年出軍，調發諸郡，多不相救，乂募取兵五千人詣亮，慰喻檢制，無逃竄者。徙為漢中太守，兼領督農，供繼軍糧。亮卒，累遷廣漢、蜀郡太守。蜀郡一都之會，戶口眾多，又亮卒之後，士伍亡命，更相重冒，奸巧非一。乂到官，為之防禁，開喻勸導，數年之中，漏脫自出者萬餘口。[1]

呂乂任巴西太守時募兵發丁，送往諸葛亮軍中，並「慰喻檢制」，使「無逃竄者」，當即在募兵的故里建立起檢括伍保制度，使募兵不能隨意逃亡；其任蜀郡太守，檢括戶口，檢出漏脫萬餘口。然則，其在漢中太守任上之所為，亦當包括募兵、檢戶兩項，再加上督農、供繼軍糧。凡此四項職守，又聯繫在一起，而以檢括戶口為中心，蓋官府不能掌握戶口，則無以募兵征丁，也無以督勸農耕，供繼軍糧。據此推測，蜀漢據有漢中後，當曾檢括戶口。

蜀漢實行怎樣的鄉里制度與戶籍制度，史載闕略，無以詳悉，更非本文所能詳證。於此僅予指出：蜀漢當有較嚴格的戶籍制度，其戶籍與鄉里制度大抵沿用漢制而有所變革。《三國志》卷四十〈蜀書・李嚴傳〉記劉備既定成都，乃以李嚴為犍為太守：

（建安）二十三年，盜賊馬秦、高勝等起事於郪，合聚部伍數萬人，到資中縣。時先主在漢中，嚴不更發兵，但率將郡士五千人討之，斬秦、勝等首。枝黨星散，悉復民籍。[2]

馬秦、高勝集部伍數萬人，被擊敗後「枝黨星散，悉復民籍」，說明建安末蜀中仍有較完備的版籍制度，故李嚴得「復」起

1 《三國志》卷三九〈蜀書・呂乂傳〉，中華書局1959年版，第988頁。
2 《三國志》卷四十〈蜀書・李嚴傳〉，中華書局1959年版，第998～999頁。

漢隋間漢水上游地區的鄉里控制

事民眾之「民籍」。到蜀亡，後主劉禪奉版籍降魏。《三國志》卷三三〈蜀書・後主傳〉裴注引王隱〈蜀記〉云：

（禪）又遣尚書郎李虎送士民簿，領戶二十八萬，男女口九十四萬，帶甲將士十萬二千，吏四萬人，米四十餘萬斛，金銀各二千斤，錦綺絹各二十萬匹，餘物稱此。[1]

所記當是蜀漢著籍的士、民、兵、吏戶口。因此，雖然未見有蜀漢時漢中戶口版籍的直接記載，但認為蜀漢在漢中曾檢括戶口、立有籍簿，當大致不誤。

蜀漢在漢中地區的軍事策略，大約可概括為「斂眾據險」四字，即集聚兵眾於漢城、樂城、陽平、石馬、興勢、黃金等「諸圍」，以為攻守之計。《三國志》卷四四〈蜀書・姜維傳〉云：「初，先主留魏延鎮漢中，皆實兵諸圍以禦外敵，敵若來攻，使不得入。及興勢之役，王平捍拒曹爽，皆承此制。」[2]興勢之役，在延熙七年（244年）；興勢，在洛谷水上。《水經注》卷二七〈沔水上〉謂：「（小城固）城北百二十里，有興勢阪。諸葛亮出洛谷，戍興勢，置烽火樓，處處通照。」[3]《元和郡縣圖志》卷二二洋州興道縣「興勢山」條謂興勢山在興道縣北二十里，「蜀先主遣諸葛亮出駱谷，戍興勢山，置烽火樓，處處通照，即此山。……後主延熙七年，將軍王平守之，魏將曹爽等攻不克，即今興道縣也[4]」。《太平寰宇記》卷一三八洋州興道縣「興勢山」條謂：「在縣西北

---

1 《三國志》卷三三〈蜀書・後主傳〉，中華書局1959年版，第901頁。

2 《三國志》卷四四〈蜀書・姜維傳〉，中華書局1959年版，第1065頁。

3 楊守敬、熊會貞注疏：《水經注疏》卷二七〈沔水上〉，江蘇古籍出版社1989年版，第2323頁。

4 《元和郡縣圖志》卷二二山南西道洋州興道縣「興勢山」條，中華書局1983年版，第562頁。

四十三里。今郡城所枕，自然隴勢，形如一盆，緣外險而內有大谷。為盤道上數里，方及四門，因為興勢之名。」[1]則蜀漢時興勢戍（興勢圍）在興勢山上，其下有大谷，形成山間小盆地。蜀漢立興道縣於此，說明谷中聚有部分民戶。這些民戶依圍戍而居，亦當受到較嚴格的軍事管制。

樂城的形勢、功能與興勢戍相似。《水經注‧沔水上》記沔水逕沔陽故城後，復東流，逕西樂城北。注文云：

城在山上，週三十里，甚險固。城側有谷，謂之容裘谷，道通益州，山多群獠，諸葛亮築以防遏。……城東容裘溪水注之，俗謂之洛水也。水南導巴嶺山，東北流。水左有故城，憑山即險，四面阻絕，昔先主遣黃忠據之，以拒曹公。溪水又北逕西樂城東，而北流注於漢。[2]

西樂城在沔水南岸、容裘水（洛水）之西。容裘水，當即今勉縣南境之八道河。《三國志‧蜀書‧後主傳》：建興七年（229年）春，「亮遣陳式攻武都、陰平，遂克定二郡。冬，亮徙府營於南山下原上，築漢、樂二城」。[3]由在此之前劉備即以黃忠據守樂城以南之城觀之，此道乃南通巴嶺之要道。顧祖禹以注文所記之西樂城為諸葛亮所築之漢城，以其在樂城（在城固境之漢水南岸）之西，故得稱為「西樂城」，當可從[4]。此城「週三十里」，很可能就是三國時蜀漢所置諸圍的典型，城側之谷當可供附城而居之民眾耕種

1 《太平寰宇記》卷一三八洋州興道縣「興勢山」條，中華書局2007年版，第2689頁。
2 楊守敬、熊會貞注疏：《水經注疏》卷二七〈沔水上〉，江蘇古籍出版社1989年版，第2302~2303頁。
3 《三國志》卷三三〈蜀書‧後主傳〉，中華書局1959年版，第896頁。
4 顧祖禹：《讀史方輿紀要》卷五六陝西五寧羌州「西樂城」條，中華書局2005年版，第2697~2698頁。

漢隋間漢水上游地區的鄉里控制

自給。

《水經注·沔水上》記沔水過沔陽故城、西樂城之後，東流，北納黃沙水（今勉縣東境黃沙河），「水北出遠山，山谷邃險，人跡罕交，溪曰五丈溪。水側有黃沙屯，諸葛亮所開也[1]」。《三國志·蜀書·後主傳》：建興十年（232年），「亮休士勸農於黃沙，作流馬木牛畢，教兵講武[2]」。其地當在今勉縣東境黃沙鎮附近。黃沙屯亦依山據險，復有谷地可供開墾，與興勢、西樂城相類。

諸葛亮所築之漢城，當即《水經注·涔水篇》所記之城固南城。《水經注》卷三二〈涔水〉云：

（涔水）東北流，逕成固南城北。城在山上，或言韓信始立，或言張良創築，未知定所制矣。義熙九年，索邈為梁州刺史，自成固治此，故謂之南城。城週七里，衿澗帶谷，絕壁百尋。北谷口造城東門，傍山尋澗，五里有餘，盤道登陟，方得城治。城北水舊有桁，北渡涔水，水北有趙軍城。城北又有桁，渡沔，取北城，城即大城固，縣治也。[3]

按：涔水當即今城固縣南境的南沙河。據上引注文，知城固有南北二城：南城在漢水南岸、涔水下游（今南沙河下游）東岸，是一座山城。今城固縣三合鄉秦家壩村東南500公尺處有一處城址，位於霸王寨山頭上，四週為峭壁。城址依山勢而建，平面呈葫蘆形，面積約4000平方公尺，分內、外兩城。城牆夯築，內城牆高4.3公

1　楊守敬、熊會貞注疏：《水經注疏》卷二七〈沔水上〉，江蘇古籍出版社1989年版，第2304頁。

2　《三國志》卷三三〈蜀書·後主傳〉，中華書局1959年版，第896頁。

3　楊守敬、熊會貞注疏：《水經注疏》卷三二〈涔水〉，江蘇古籍出版社1989年版，第2724～2725頁。

尺，外城牆高5.2公尺。城址內外散布漢代繩紋板瓦、磚等，並暴露有漢墓。當地傳說漢王劉邦曾在此練兵[1]。此城址很可能就是注文所記之城固南城。

景耀二年（259年），姜維謀劃蜀漢防務，建議若魏軍南侵，蜀軍「諸圍皆斂兵聚穀，退就漢、樂二城，使敵不得入平，且重關鎮守以捍之。有事之日，令游軍並進以伺其虛。敵攻關不克，野無散穀，千里縣糧，自然疲乏。引退之日，然後諸城並出，與游軍並力搏之」。「於是令督漢中胡濟卻住漢壽，監軍王含守樂城，護軍蔣斌守漢城。又於西安、建威、武衛、石門、武城、建昌、臨遠皆立圍守。」[2]西安、建威諸圍之所在不能詳考，然由姜維所謂「斂兵聚穀」、「敵攻關不克，野無散穀」觀之，其時蜀漢當實行堅壁清野之策，將民戶集中屯聚於軍隊駐守的關戍附近，四週築有長圍（如西樂城週長達三十里之多，只能視為長圍），以保護民眾。集中居住於關戍附近的民戶，雖然籍屬郡縣，但其編制管理，很可能是軍事化的。

蜀漢漢中郡所領諸縣中，南鄭、城固、沔陽、褒中四縣皆當為漢舊縣，然在《三國志》等文獻有關魏蜀間戰事的記載中，甚少見有圍繞這些縣城而展開的攻守戰，雙方爭奪的重心均為漢城、樂城、陽平關、白馬戍、西樂城、興勢戍、黃金戍等。由於魏蜀間的戰事多以擄掠戶口為目標，而雙方也都極力保護民戶，所以，我們認為當時漢中的民戶大多數應是集中居住於關、戍、城週圍的；各縣令長也可能非居於漢時縣治故地，而是隨民戶居於關戍城週圍或關戍城之中，或者部分縣令長就是由軍職兼任的。如果上述認識不誤，那麼，團聚於關戍城週圍的民戶，很可能採用軍事化編排與管

1 國家文物局主編：《中國文物地圖集·陝西分冊》，西安地圖出版社1998年版，第979頁。
2 《三國志》卷四四〈蜀書·姜維傳〉，中華書局1959年版，第1065頁。

漢隋間漢水上游地區的鄉里控制

理制度。換言之，雖然蜀漢統治漢中時曾經檢括戶口、編排戶籍，但可能採用的是軍事化或半軍事化的管理方式，而並未恢復漢代的鄉里制度。

（三）漢末魏晉之際豪酋控制下的「東三郡」

當漢末張魯據有漢中郡西部諸縣時，東部的房陵、上庸、錫、西城四縣則分別為蒯祺、申耽、申儀等豪酋相繼控制。《三國志》卷四十〈蜀書·劉封傳〉：

蜀平後，以達為宜都太守。建安二十四年，命達從秭歸北攻房陵，房陵太守蒯祺為達兵所害。達將進攻上庸，先主陰恐達難獨任，乃遣封自漢中乘沔水下統達軍，與達會上庸。上庸太守申耽舉眾降，遣妻子及宗族詣成都。先主加耽征北將軍，領上庸太守、員鄉侯如故，以耽弟儀為建信將軍、西城太守。[1]

則至建安二十四年（219年）孟達、劉封進入房陵、上庸前，這一地區實分由蒯祺與申氏兄弟掌握。

房陵郡之置及蒯祺何時得任為太守，均不能詳。《資治通鑑》卷六八建安二十四年六月「孟達北攻房陵」條下胡注云：「房陵縣，本屬漢中郡。此郡疑劉表所置，使蒯祺守之；否則祺自立也。」[2] 按：蒯祺，當出於中盧大族蒯氏。《三國志》卷六〈魏書·劉表傳〉引司馬彪〈戰略〉記劉表初為荊州（事在初平元年），江南宗賊盛，劉表「單馬入宜城，而延中盧人蒯良、蒯越、襄陽人蔡瑁與謀」。則知蒯氏乃中盧大族。蒯越獻計說：「宗賊帥多貪暴，為下所患。越有所素養者，使示之以利，必以眾來。君誅

---

1 《三國志》卷四十〈蜀書·劉封傳〉，中華書局1959年版，第991頁。
2 《資治通鑒》卷六八，建安二十四年六月，中華書局1956年版，第2159頁。

302

其無道，撫而用之。一州之人，有樂存之心，聞君盛德，必繈負而至矣。」劉表遂使蒯越「遣人誘宗賊，至者五十五人，皆斬之。襲取其眾，或即授部曲，唯江夏賊張虎、陳生擁眾據襄陽，表乃使越與龐季單騎往說降之，江南遂悉平[1]」。則蒯氏與「江南宗賊」實頗有關係，且「有所素養者」。實際上，蒯氏本身就當是「宗賊」之一支，其根據地即當在中廬。中廬為南郡屬縣，其地在今襄陽西境、南漳、保康間，其西就是房陵（今房縣）。中廬與房陵相鄰，蒯氏自中廬控制房陵當非難事，故胡三省之言，當得其實。又《續漢書·郡國志》漢中郡「房陵」縣下劉昭補注引《巴漢志》曰：「建安十三年，別屬新城郡。」[2] 此新城郡，當即房陵郡所改。則房陵郡當立於建安十三年之前，而蒯祺之任房陵太守，亦當在建安十三年之前。

在房陵太守蒯祺之外，建安二十四年前後，這一帶還有一個房陵太守鄧輔。《三國志》卷五八〈吳書·陸遜傳〉：

遜遣將軍李異、謝旌等將三千人，攻蜀將詹晏、陳鳳……又攻房陵太守鄧輔、南鄉太守郭睦，大破之。秭歸大姓文布、鄧凱等，合夷兵數千人，首尾西方。遜復部旌討破布、凱。布、凱脫走，蜀以為將。遜令人誘之，布帥眾還降。前後斬獲招納，凡數萬計。[3]

事在建安二十四年冬陸遜攻殺荊州關羽之後。此處所見之鄧輔，當與秭歸大姓鄧凱為同族，應屬於「夷」，所統亦當為「夷兵」；其「房陵太守」之號，或出於劉備所授，或係自稱。顯然，當漢末劉備、孫權及曹操諸方勢力在爭奪荊、益交界地帶時，這一帶許多大

1 《三國志》卷六〈魏書·劉表傳〉裴注引司馬彪〈戰略〉，中華書局1959年版，第211～212頁。
2 《續漢書》志二三〈郡國志五〉，第3506頁。
3 《三國志》卷五八〈吳書·陸遜傳〉，中華書局1959年版，第1345頁。

漢隋間漢水上游地區的鄉里控制

族，都自稱或獲得太守之類稱號，鄧輔也是其中之一，其所控制之地域，當鄰近秭歸，在房陵南境。

申氏兄弟據有上庸、西城一帶，不知自何時起。《三國志·蜀書·劉封傳》裴注引〈魏略〉曰：

申儀兄名耽，字義舉。初在西平、上庸間聚眾數千家，後與張魯通，又遣使詣曹公，曹公加其號為將軍，因使領上庸都尉。至建安末，為蜀所攻，以其郡西屬。黃初中，儀復來還，詔即以兄故號加儀，因拜魏興太守，封列侯。太和中，儀與孟達不和，數上言達有貳心於蜀，及達反，儀絕蜀道，使救不到。達死後，儀詣宛見司馬宣王，宣王勸使來朝。儀至京師，詔轉拜儀樓船將軍，在禮請中。[1]

西平，當作「西城」。申耽在西城、上庸間聚眾數千家，當與張魯據漢中相同時，故得與張魯交通。「遣使詣曹公」、曹操使申耽領上庸都尉事，則當在建安二十年曹操平張魯之前後。《三國志·魏書·武帝紀》記建安二十年曹操入漢中，「復漢寧郡為漢中，分漢中之安陽、西城為西城郡，置太守；分錫、上庸郡，置都尉」。「分錫、上庸郡，置都尉」句，當作「分錫、上庸 [為上庸郡]，置都尉」。蓋其時以上庸為邊郡，故但置都尉，未置太守[2]。申氏兄弟聚眾西城、上庸間，其重心或在西城。故曹操以西城、安陽二縣置西城郡，置太守，其時任為西城太守者，由後來申儀據守西城觀之，當即為申儀；而以上庸、錫二縣置上庸郡，以申耽為上庸都尉。二郡之置，顯然是為了籠絡申氏兄弟。孟達、劉封經略房陵、上庸、西城，申氏兄弟乃投附劉備，備仍以申耽為上庸太守，申儀為西城太守，亦

1 《三國志》卷四十〈蜀書·劉封傳〉，中華書局1959年版，第994頁。
2 參閱田余慶：〈東三郡與蜀魏歷史〉，載田餘慶：《秦漢魏晉史探微》，中華書局1993年版，第227～243頁。

當為承認既有事實；又以孟達駐上庸、劉封駐西城，分別監視申耽、申儀。

建安二十五年（220年），孟達降魏，魏合房陵、上庸為新城郡（治上庸），以孟達為太守，房陵、上庸為孟達所控制。《華陽國志》卷二〈漢中志〉「上庸郡」條下謂申耽「黃初中，降魏。文帝拜耽懷集將軍，徙居南陽」。則申耽當與孟達一起降魏，復被孟達借機排斥出上庸。申儀亦於同時擊走劉封，降魏，魏以儀為魏興（即西城郡所改）太守，屯洵口。洵口為旬水入沔之口，在西城縣之東，為西漢旬陽縣地（東漢省）。然則，申儀降魏後，已失西城舊地，僅得保有原西城郡東部地區，故屯駐於洵口。因此，在魏、蜀初年，東三郡的形勢是：孟達控制房陵、上庸等地，以新城太守駐屯上庸；申儀控制西城郡東部，駐洵口；西城郡治西城縣與安陽縣則處於魏、蜀交界地帶，漸次荒廢。

至太和二年（228年），孟達叛魏，為司馬懿攻滅，申儀入朝，漢魏之際據有東三郡的孟達、申氏勢力遂被消滅。《三國志・魏書・明帝紀》：「（太和）二年春正月，宣王攻破新城，斬達，傳其首。分新城之上庸、武陵、巫縣為上庸郡，錫縣為錫郡。」[1] 則其時以新城郡還治房陵，而以上庸置上庸郡，錫縣為錫郡，故《華陽國志・漢中志》「新城郡」下謂「宣王分為三郡」。錫郡之置，當為分割西城郡申儀勢力之手段。然則，此一時期房陵、上庸、錫縣一帶共有新城（治房陵）、上庸（治上庸）、錫（治錫）、魏興（治洵口）四個郡。眾郡之建置，亦顯然為籠絡、分化當地豪酋之舉措。然錫郡之置可能非久，申儀入朝後，當即廢罷，仍恢復新城、上庸、魏興三郡並立之局。

漢末至魏初蒯祺、孟達、申氏兄弟既以豪酋身分相繼據有「東三

---

1 《三國志》卷三〈魏書・明帝紀〉，中華書局1959年版，第94頁。

漢隋間漢水上游地區的鄉里控制

郡」，則其控制地方之方式，大抵與漢末魏晉時漸起的北方「塢主」之控制所領民戶的方式相同，而無復漢時之鄉里組織。上引〈魏略〉稱申氏兄弟在西城、上庸間「聚眾數千家」，正道出其性質有類於塢主、堡壁帥。申耽降附劉備時，「遣子弟及宗族詣成都」，亦知其核心集團當即由其子弟、宗族與部曲組成。《晉書》卷一〈宣帝紀〉謂「申儀久在魏興，專威疆場，輒承制刻印，多所假授」，則申儀曾假授部屬以官職，正是豪帥控制部眾之常技。孟達所領基本部眾，本為受劉璋之命奉迎劉備時所將的二千蜀兵；自宜都北攻房陵，遂有蒯祺之眾；復藉附魏之機，排擠出申耽，並有申耽之眾。在此過程中，孟達也由蜀將逐漸演變為擁眾一方的豪酋。《晉書‧宣帝紀》記司馬懿平孟達之役，「俘獲萬餘人」；亂平後，「又徙孟達餘眾七千餘家於幽州」[1]。蓋孟達所領之基本部眾，盡被北徙，房陵、上庸間遂荒墟。

《晉書‧宣帝紀》於司馬懿平定孟達事之後，書曰：

時邊郡新附，多無戶名，魏朝欲加隱實。屬帝朝於京師，天子訪之於帝。帝對曰：「賊以密網束下，故下棄之。宜弘以大綱，則自然安樂。」[2]

其時新附的邊郡只有魏興、新城、上庸諸郡，故此段記事，當是針對「東三郡」而言的。據此，則知其時東三郡「多無戶名」，即多無戶口名籍。而由司馬懿所言觀之，蓋孟達曾以「密網束下」，對部眾控制甚嚴密。對於明帝「欲加隱實」即檢括戶口的設想，司馬懿答以應「弘以大綱」，即予以大致羈勒，而不以「密網」束之，也就

---

1 《晉書》卷一〈宣帝紀〉，中華書局1974年版，第6頁。
2 《晉書》卷一〈宣帝紀〉，中華書局1974年版，第6頁。

是不同意檢括戶口。或因此故，三郡在魏時當並未編排戶籍。直到晉武帝時，三郡可能仍被視為邊郡而不予編審戶籍。《三國志》卷二四〈魏書·韓暨傳〉裴引〈楚國先賢傳〉記暨孫邦：

邦，字長林。少有才學。晉武帝時為野王令，有稱績。為新城太守，坐舉野王故吏為新城計吏，武帝大怒，遂殺邦。[1]

韓邦之為野王令，已在武帝時；則其任為新城太守，或當在泰始、咸寧間。韓邦因舉野王故吏為新城計吏而見殺，其所違之法律不詳，然攜帶故吏前往新任，似為魏晉間頻見之事，即使有違法令，似也不致見誅。疑韓邦攜故吏就任新城，可能頗以野王（屬河內郡）之法行於新城邊郡，致生變亂，晉武帝方大怒而殺之。若這一揣測不誤，則入晉以後，新城等邊郡（其時尚未滅吳，新城、上庸均與吳界相接，且境內多有蠻夷，見《三國志》卷二七〈魏書·王昶傳〉，故得視為「邊郡」）仍未「加隱實」，即並無可靠的版籍。

（四）西晉統一時期漢水上游地區的鄉里系統與戶口

景元四年（263年）平蜀後，漢中郡亦歸於魏有；咸熙元年（264年）冬，分益州置梁州，漢中、魏興、上庸、新城四郡並屬梁州。泰始、咸寧間（265—279年），司馬氏在漢中地區（包括上述四郡）及整個梁、益地區的策略，大抵以綏靖、撫納為主，並未有較大更張。《華陽國志》卷八〈大同志〉：「（泰始）二年春，武帝弘納梁、益，引援方彥，用故黃金督蜀郡柳隱為西河，巴郡文立為濟陰太守，常忌河內縣令。」[2] 柳隱，同書卷十一〈後賢志〉有傳，謂為蜀郡成都人，「數從大將軍姜維征伐，臨事設計，當敵陷陣，勇略冠軍。為

1　《三國志》卷二四〈魏書·韓暨傳〉，中華書局1959年版，第678頁。
2　常璩撰、任乃強校注：《華陽國志校補圖注》卷八〈大同志〉，上海古籍出版社1987年版，第435頁。

漢隋間漢水上游地區的鄉里控制

牙門將、巴郡太守、騎都尉，遷漢中黃金圍督。景耀六年，魏鎮西將軍鍾會伐蜀，入漢川，圍戍多下，惟隱堅壁不動。會別將攻之，不能克。後主既降，以手令救隱，乃詣會。晉文帝聞而義之。咸熙元年，內移河東，拜議郎。武帝踐祚，以為西河太守[1]」。柳隱以黃金督之身分，率部拒守，司馬氏並未予以嚴懲，則在政權交替之際，漢中當未受較大破壞，亦未遷走大量戶口。

然至咸寧四年（278年），漢中郡仍然發生一次變亂。《華陽國志・大同志》：「（咸寧）四年春，漢中吏袭祚等謀殺太守姜宗以叛。宗覺，堅守，祚等燒南鄭市及平民屋。族誅。」[2] 漢晉時郡吏多辟大姓豪長為之，袭祚當即漢中郡人，其所結諸人亦當皆出自大族。袭祚等大姓豪長謀殺太守，當是因自身利益受到侵害。其時晉朝正謀推行戶調式與占田課田之法，並為此而核檢戶籍資財，袭祚之叛，或者與此有關。袭祚謀殺太守未果，「燒南鄭市及平民屋」，似漢中大姓與商賈、平民間亦有相當尖銳之矛盾。惟其詳情如何，已不能知。

太康元年平吳前後，西晉在漢中、魏興、新城、上庸諸郡大約曾設法推行上引《晉書・職官志》所記之鄉里制度及戶調式與占田課田制。此點雖無直接文獻記載，但也並非全無蛛絲馬跡可尋。魏晉新城郡領有泝鄉縣，《宋書・州郡志》「新城太守」條下作「祁鄉」，謂為「魏立，《晉太康地志》作『泝』」。此泝鄉縣，在夷水（蠻河）上源支流泝水之上游。《水經注・沔水中》「夷水」條云：

夷水又東南流，與零水合。零水，即泝水也……其水東逕新城郡之泝鄉縣，縣分房陵立，謂之泝水。又東歷軨鄉，謂之軨水。晉武帝

1　常璩撰、任乃強校注：《華陽國志校補圖注》卷十一〈後賢志〉，上海古籍出版社1987年版，第627頁。
2　常璩撰、任乃強校注：《華陽國志校補圖注》卷八〈大同志〉，上海古籍出版社1987年版，第440頁。

平吳，割臨沮之北鄉、中廬之南鄉，立上黃縣，治轑鄉。沔水又東，歷宜城西山，謂之沔溪。東流合於夷水，謂之沔口也。[1]

　　則沔鄉縣乃分房陵縣東境立，本當為房陵縣之沔鄉，其地當在南漳縣北境與穀城縣東南境交界處[2]。臨沮、中廬皆為襄陽郡屬縣，平吳之後，「割臨沮之北鄉、中廬之南鄉，立上黃縣，治轑鄉」，則臨沮、中廬及新立之上黃縣皆當分立各鄉。上黃、沔鄉、臨沮、中廬諸縣，自漢末以來，向為蠻族活動之區。《三國志》卷五六〈吳書·朱然傳〉「赤烏五年，征柤中」句下裴松之注引習鑿齒〈襄陽記〉云：「柤中在上黃界，去襄陽一百五十里。魏時，夷王梅敷兄弟三人，部曲萬餘家屯此，分布在中廬、宜城西山鄢、〔蠻〕（沔）二谷中。土地平敞，宜桑麻，有水陸良田。沔南之膏腴沃壤，謂之柤中。」[3] 而至太康初，中廬、臨沮、上黃、沔鄉諸縣亦皆置立各鄉，故可以大致斷定：太康初年，漢中、新城等四郡，大抵皆按晉制規定，重新分劃鄉里，建立起相對穩定的鄉里控制體系。

　　明確此點之後，我們認為《晉書·地理志》所記漢中、新城、魏興、上庸四郡的戶數，應是基本可以信靠的太康間西晉政府掌握的著籍戶數。據《晉書·地理志》所記，太康中漢中郡統縣八，戶一萬五千；新城郡統縣四，戶一萬五千二百；魏興郡統縣六，戶一萬二千；上庸郡統縣六，戶一萬一千四百四十八[4]。四郡合

1　楊守敬、熊會貞注疏：《水經注疏》卷二八〈沔水中〉「夷水」條，江蘇古籍出版社1989年版，第2393～2394頁。
2　石泉：〈古鄀、維、淶水及宜城、中廬、邔縣故址新探——兼論楚皇城遺址不是楚鄀都、漢宜城縣〉，載石泉：《古代荊楚地理新探》，武漢大學出版社1988年版，第258～348頁，特別是第280～329頁。
3　《三國志》卷五六〈吳書·朱然傳〉，中華書局1959年版，第1307頁。
4　《晉書》卷十四〈地理志上〉，中華書局1974年版，第436頁；卷十五〈地理志下〉，第456頁。

計，共有縣二十四、戶五萬三千六百四十八，戶數與東漢永和年間漢中郡（所轄地域與晉時四郡所轄地域大致相同）的戶數（五萬七千三百四十四戶）大致相當而略少。如所週知，西晉太康年間全國著籍戶數（247萬餘戶）遠遠低於東漢永和五年的全國著籍戶數（約970萬戶），僅相當於後者的約四分之一，那麼，西晉政府對漢中等四郡的控制就遠遠超過東漢政府對漢中郡各縣的控制了。

（五）兩晉之際漢中荒殘與成漢控制漢中

晉王朝對漢水上游地區的穩定控制維持未久，惠帝元康末（298—299年），肇始於關西的變亂乃波及於漢中。《華陽國志》卷八〈大同志〉：元康八年（298年），「略陽、天水六郡民李特及弟庠，閻式、趙肅、何巨、李遠等及氐叟、青叟數萬家，以郡土連年軍荒，就谷入漢川，詔書不聽入蜀，益州敕關禁之。而侍御史李苾開關放入蜀，布散梁州及三蜀界[1]」。《晉書》卷一二〇〈李特載記〉記其事，謂：

元康中，氐齊萬年反，關西擾亂，頻歲大饑，百姓乃流移就穀，相與入漢川者數萬家。……初，流人既至漢中，上書求寄食巴蜀，朝議不許，遣侍御史李苾持節慰勞，且監察之，不令入劍閣。苾至漢中，受流人貨賂，反為表曰：「流人十萬餘口，非漢中一郡所能振贍，東下荊州，水湍迅險，又無舟船。蜀有倉儲，人復豐稔，宜令就食。」朝廷從之，由是散在益、梁，不可禁止。[2]

則六郡（天水、略陽、扶風、始平、武都、陰平）流人數萬家、十萬餘口之南來，先入漢中，復南逾劍閣，進入巴蜀。所謂「散在

1　常璩撰、任乃強校注：《華陽國志校補圖注》卷八〈大同志〉，上海古籍出版社1987年版，第445頁。
2　《晉書》卷一二〇〈李特載記〉，中華書局1974年版，第3022～3023頁。

益、梁者」，以益州為主，梁州為輔，留居漢中者甚少。故在此後數年中，雖然蜀中戰亂相尋，迄無寧日，而漢中則相對穩定。至永嘉元年（307年）三月，漢中方發生大亂。《華陽國志・大同志》云：

三月，關中流民鄧定、訇氏等據成固，掠漢中冬辰勢以叛。巴西太守張燕，帥牙門武肇、漢國郡丞宣定遣兵圍之。氏求捄於李雄。夏五月，雄遣李離、李雲、李璜、李鳳入漢中，捄定。杜孟治聞離至，命燕釋圍，保州城。初，燕攻定，定眾饑餓，偽降，送金一器與燕。燕納之。居七日，氏至，定還冬辰勢。燕進圍之，不聽孟治言。離至，先攻肇營，營破。次攻定（按：指宣定），又破之。燕懼戰，將百騎走。離等大破州軍。……孟治怖……乃開門退走，護軍北還。孟治入大桑谷，民數千家，車數千兩，一日夜行才數十里。而梓潼荊子以父與孟治有隙，合子弟追之，及於谷口。孟治棄子走，荊子獲之，及吏民千餘家。……積十餘日，離等引還。漢中民句方、白落率吏民還守南鄭。[1]

鄧定、訇氏蓋元康末年與李特、閻式等一起流入漢川且留居漢中的六郡流民之一部分，據下引《晉書・張光傳》，約有兩千餘家。冬辰勢，當即《水經注・沔水上》「壻水」條所記之「通關勢」：

壻水南歷壻鄉溪，出山東南流，逕通關勢南。山高百餘丈，上有匈奴城，方五里，浚塹三重。高祖北定三秦，蕭何守漢中，欲修北道，通關中，故名為通關勢。[2]

1 常璩撰、任乃強校注：《華陽國志校補圖注》卷八〈大同志〉，上海古籍出版社1987年版，第470～471頁。
2 楊守敬、熊會貞注疏：《水經注疏》卷二七〈沔水上〉，江蘇古籍出版社1989年版，第2320頁。

漢隋間漢水上游地區的鄉里控制

　　《元和郡縣圖志》卷二二興元府城固縣下記有「通勢山」，謂在城固「縣東北九里。漢高祖北定三秦，蕭何守漢中，欲修此道通關中，故名通勢山」。則冬辰勢距城固甚近。上引今本《華陽國志》文「關中流民鄧定、訇氏等據成固，掠漢中冬辰勢以叛」當有錯亂，應作「關中流民鄧定、訇氏等據成固冬辰勢，掠漢中以叛」，蓋鄧定等並未據有成固縣城，且冬辰勢無可「掠」。然則，鄧定、訇氏等自元康末留居漢中之後，很可能即以成固冬辰勢為據點，上引《水經注》所記通關勢上的匈奴城，很可能就是他們所營築[1]。據此可知，流入漢中的六郡流民雖最初多散在各地，「為人傭力」，然李氏兄弟父子在蜀中作亂後，各地流人乃多受官府驅迫，不得不團聚自立，憑山險拒守，遂形成集聚之勢。

　　鄧定、訇氏等六郡流人雖在成漢李離、李雲所部支援下擊敗晉漢中太守杜孟治，佔領州城（南鄭），卻未能據有漢中，而是隨同李離等一同退入蜀中，撤退時並將漢中吏民挾裹入蜀。《資治通鑒》卷八十六永嘉元年五月條下記事稱：「積十餘日，離等引還，盡徙漢中民於蜀。」[2] 則此次徙入蜀中的漢中民甚多。至永嘉二年，漢中民復「逼李鳳寇掠，東走荊、沔」，漢中進一步荒殘。其時晉王朝任張光為梁州刺史，進至魏興（西城）。《晉書》卷五七〈張光傳〉云：

　　先是，秦州人鄧定等二千餘家，饑餓流入漢中，保於成固，漸為抄盜。梁州刺史張殷遣巴西太守張燕討之。……定密結李雄，雄遣眾

1　任乃強先生將冬辰勢定在南鄭東百八十里，認為即《明一統志》與《讀史方輿紀要》所見之梁州山，應有誤，今不從。關於《水經注》所記之匈奴城，當即兩晉之際六郡流民所築，拙作《城牆內外：古代漢水流域城市的形態與空間結構》（中華書局2011年）未能及此（第21頁），特予揭出，以見當年之疏漏也。
2　《資治通鑒》卷八十六，永嘉元年五月，中華書局1956年版，第2729頁。

救定，燕退，定遂進逼漢中。太守杜正沖東奔魏興，殷亦棄官而遁。光不得赴州，止於魏興，乃結諸郡守共謀進取。燕唱言曰：「漢中荒敗，迫近大賊，克復之事，當俟英雄。」……光於是發怒，呵燕令出，斬之以徇。綏撫荒殘，百姓悅服。光於是卻鎮漢中。[1]

張光之還治漢中，據《華陽國志》卷八所記，乃在永嘉五年（311年）；而張光初入漢中時，頗賴仇池氏人楊氏之幫助。《華陽國志》卷八〈大同志〉錄楊難敵之言曰：「使君初來，大荒之餘，兵、民之命，仰我氏活。」凡此，皆足見其時漢中殘破已甚。

張光還治漢中之後不久，建興元年（313年）五月，漢中復發生變亂。《華陽國志·大同志》云：

梁州刺史張光討王如党涪陵李運、巴西王建於盤蛇便作山，疑其欲反也。運、建走保枸山，光遣軍攻破，殺之。建女婿楊虎保黃金山以叛。討之。虎夜棄營，還趨厄水，去州城四十里住。光遣其子孟萇討之，迭有勝負。光求助於武都氏王楊茂搜，虎亦求捄於茂搜。……秋八月，茂搜遣難敵將騎入漢中，外言助光，內實應虎。至州城下，光以牛酒饗勞，遣與孟萇共討虎。孟萇自處前，難敵繼後。與虎戰久，難敵從後擊孟萇，大破，生禽孟萇，殺之。九月，光恚死，州人共推始平太守鬍子序領州。冬十月，虎與氏急攻州城，子序不能守，委城退走。……虎領吏民入蜀。漢中民張咸等討難敵，難敵退還。咸復入蜀。於是三州沒為雄矣。[2]

按：王如，《晉書》卷一百有傳，謂為「京兆新豐人也。初為

1　《晉書》卷五七〈張光傳〉，中華書局1974年版，第1564～1565頁。
2　常璩撰、任乃強校注：《華陽國志校補圖注》卷八〈大同志〉，上海古籍出版社1987年版，第476頁。

漢隋間漢水上游地區的鄉里控制

州武吏，遇亂流移至宛。時諸流人有詔並遣還鄉里，如以關中荒殘，不願歸，征南將軍山簡、南中郎將杜蕤各遣兵送之，而促期令發。如遂潛結諸無賴少年，夜襲二軍，破之。……於是南安龐實、馮翊嚴嶷、長安侯脫等各帥其党攻諸城鎮，多殺令長以應之。未幾，眾至四五萬，自號大將軍，領司、雍二州牧[1]」。涪陵李運、巴西王建，蓋皆蜀民流入荊襄者，荊州亂，附於王如，後饑困，如党解離，運、建乃率鄉党西向漢中謀就食[2]。據《晉書・張光傳》所記，運、建（武）所領流人有三千餘家；光從參軍晉邈之策，納之，「使居成固」，則盤蛇便作山亦當在成固境。蓋晉邈之計，乃欲使李運、王建所部巴蜀流入留屯漢中，以補充漢中民戶。殊料計未得逞，又措置不當，致失漢中。而亂平之後，楊虎、張咸分領巴蜀流人與漢中吏民入於蜀，漢中遂更形空虛。

漢中於晉建興二年（成漢李雄玉衡四年，314年）入於成漢，至晉永和三年（成漢李勢嘉和二年，347年）桓溫平蜀，晉梁州刺史司馬勳還治漢中，處於成漢統治之下三十餘年。成漢梁州刺史多治於晉壽，蓋以漢中荒虛，視同邊徼，不復著意經營。今本《華陽國志》的〈漢中志〉大抵成書於李雄後期，其所記漢中郡，並不詳悉，但謂「李雄時郡但六縣」，亦無戶口之數，說明成漢時漢中荒殘已甚，幾無可述者。《華陽國志》卷九〈李特雄期壽勢志〉記李壽鎮涪城，「常自危嫌，輒造漢中守將張才急書，告方外寇警。咸康二年冬，北入漢中，破走司馬勳[3]」。《晉書》卷七〈成帝紀〉載：咸康二年（336年，成漢李期玉恆二年）十一月，「遣建威將軍司馬勳安集漢

---

1 《晉書》卷一〇〇〈王如傳〉，中華書局1974年版，第2618頁。
2 此從任乃強先生說，載常璩撰、任乃強校注：《華陽國志校補圖注》卷八〈大同志〉，上海古籍出版社1987年版，第479頁，注14。
3 常璩撰、任乃強校注：《華陽國志校補圖注》卷九〈李特雄期壽勢志〉，上海古籍出版社1987年版，第500頁。

中，為李期將李壽所敗[1]」。其時司馬勳以梁州刺史駐西城，蓋曾西進漢中，為李壽所敗。則知咸康間晉與成漢曾在漢中交戰。《水經注·沔水上》經文「（漢水）東過南鄭縣南」下注文云：「（南鄭）大城週四十二里，城內有小城。南憑［津流］，北結環雉。金塘漆井，皆漢所修築也。……晉咸康中，梁州刺史司馬勳斷小城東面三分之一，以為梁州漢中郡南鄭縣治也，自宋齊魏咸相仍焉。」[2] 則漢初所築南鄭城，規模甚大，為雙重城垣：大城週四十二里；小城應在大城東北部，很可能在今漢中城區漢臺遺址東北不遠處[1]。咸康中（335—342年），司馬勳斷小城東面三分之一以為南鄭縣治，很可能其時大城久已荒廢。

《華陽國志》卷九〈李特雄期壽勢志〉述李雄後期成漢全盛時之內政云：

雄乃虛己［愛］（受）人，寬和政役，遠至邇安，年豐穀登。乃興文教，立學官。其賦，男丁一歲穀三斛，女丁一斛五斗，疾病半之。戶調絹不過數丈，縣不過數兩。[3]

按晉制，田租按丁徵收，丁男歲收租四斛，丁女半之[4]；戶調則為「丁男之戶，歲輸絹三匹，綿三斤，女及次丁男為戶者半輸。其諸邊郡或三分之二，遠者三分之一。夷人輸賨布，戶一匹，遠者或一丈[5]」。李雄所定田賦與戶調，大抵沿用晉制而加以減損，其戶調尤

1 《晉書》卷七〈成帝紀〉，中華書局1974年版，第180頁。
2 楊守敬、熊會貞注疏：《水經注疏》卷二七〈沔水上〉，江蘇古籍出版社1989年版，第2312~2313頁。
3 常璩撰、任乃強校注：《華陽國志校補圖注》卷九〈李特雄期壽勢志〉，上海古籍出版社1987年版，第485頁。
4 參閱唐長孺：〈西晉田制試釋〉，載唐長孺：《魏晉南北朝史論叢》，中華書局2009年版，第34~54頁。
5 《晉書》卷二六〈食貨志〉，中華書局1974年版，第790頁。

漢隋間漢水上游地區的鄉里控制

輕，大約只相當於晉制夷人所輸之布，賦調確不為重。而此制大約主要行於成漢控制之核心區域的蜀中諸郡，漢中作為成漢邊郡，仍多有「復除」，蓋以寬大之政招徠降附者。

又李氏之治國，蓋頗受范長生道術之影響，耕墾自給，以行其大道。《華陽國志・李特雄期壽勢志》謂李雄「為國威儀無則，官無秩祿，職署委積，班序無別，君子小人，服章不殊，貨賄公行，懲勸不明。行軍無號令，用兵無部伍[1]」。據此，頗疑成漢統治下對鄉里民眾之控制，大抵皆通過大大小小的流民帥與宗豪。《華陽國志・大同志》記太安二年春李特與晉益州刺史羅尚在成都相持，「蜀民先已結村保，特分人就主之」。李雄致書李特諫阻，建議「收質任，無得分散猛銳[2]」。《晉書・李特載記》記同一事，謂「蜀人危懼，並結邨堡，請命於特，特遣人安撫之[3]」。則李特分遣六郡流人之「猛銳」，進入蜀人結聚之村保（邨堡），試圖直接控制蜀人村保。而此一舉措為羅尚、任叡所利用，致李特敗死。故李雄秉政，則收集流人猛銳，不使分散；而於蜀人，則多藉其宗帥豪酋以為治。《華陽國志》卷八〈大同志〉記太安二年七月間，李雄進據郫城，「流盡移營據之」，即率流人集中居住於郫城。其時，「三蜀民流迸，南入，東下，野無煙火，鹵掠無處，亦尋饑餓。唯涪陵民千餘家在江西，依青城山處士范賢自守。平西參軍涪陵徐輿求為汶山太守，撫帥江西民，與官掎角討雄。尚不許。輿怨之，求使江西，因叛降雄，以為安西將軍。說賢給其軍糧，雄得以振[4]」。團聚

1 常璩撰、任乃強校注：《華陽國志校補圖注》卷九〈李特雄期壽勢志〉，上海古籍出版社1987年版，第485頁。

2 常璩撰、任乃強校注：《華陽國志校補圖注》卷八〈大同志〉，上海古籍出版社1987年版，第459頁。

3 《晉書》卷一二〇〈李特載記〉，中華書局1974年版，第3028頁。

4 常璩撰、任乃強校注：《華陽國志校補圖注》卷八〈大同志〉，上海古籍出版社1987年版，第465頁。

於「江西」（岷江正流羊江以西）的「涪陵民」，當是蜀漢時鄧芝所徙涪陵郡「豪徐、藺、謝、范五千家於蜀[1]」諸徙民之子孫。凡此諸大姓，皆「世掌部曲」。至蜀中亂，遂集結於「江西」，在范賢（范長生）率領下，聚眾自保。關於范長生與李氏據蜀的關係，唐長孺先生已有詳說[2]。而《華陽國志》記李雄自稱成都王后優崇范長生，「尊為四時八節天地太師，封西山侯，復其部曲，軍徵不預，租稅皆入賢家[3]」。然則，范賢所領部曲，被視為一個徵發「租稅」、「軍徵」的單元。據此，我們揣測成漢政權可能主要是以流民帥與宗豪（他們也被任為郡守、縣令之類）所領部眾作為社會單元，通過流民帥與宗豪向其部眾徵發賦調的。正因為此，其官員才能「無秩祿」，也就沒有必要制定班序。成漢朝官既「職署委積，班序無別」，郡縣守長又多委諸宗帥豪酋，鄉里之區劃組織自當皆成具文。

（六）晉宋時期漢水上游地區的僑郡縣之設置及其土斷

晉宋時期漢水上游地區僑郡縣的設置，或可上溯到西晉末年太安年間（302—303年）。其時蜀中亂離，有部分巴西、梓潼郡民北上進入漢中。《華陽國志·大同志》記太安二年李雄入成都，據有蜀中，梁州刺史許雄，「以討賊不進，檻車征詣詔獄。惟護軍張殷與漢國太守杜孟治、都戰帥趙汶、巴西太守張燕、梓潼荊子守漢中」。其時巴西郡已為李雄所據，張燕以巴西太守守漢中；上引《華陽國志·大同志》又見其自漢中出兵圍攻屯聚冬辰勢的六郡流人鄧定、訇氏部，則知其為僑治漢中的巴西太守。「梓潼荊子」，任乃強先生認為亦為梓潼郡「挾有部曲之大族首領僑居漢中者」，

---

1 常璩撰、任乃強校注：《華陽國志校補圖注》卷一〈巴志〉，上海古籍出版社1987年版，第41頁。
2 唐長孺：〈范長生與巴氏據蜀的關係〉，載唐長孺：《魏晉南北朝史論叢續編》，三聯書店1959年版，第155～162頁。
3 常璩撰、任乃強校注：《華陽國志校補圖注》卷九〈李特雄期壽勢志〉，上海古籍出版社1987年版，第484頁。

漢隋間漢水上游地區的鄉里控制

應可從[1]。這一僑治漢中之巴西郡，在永嘉元年李離、鄧定攻破漢中郡城、掠漢中吏民還蜀之後，當即廢置。

兩晉之際，六郡流民入蜀，蜀中亂離，部分巴蜀流民進入梁州東三郡，乃於魏興郡僑立晉昌郡以處之。《晉書‧地理志》梁州後敘：「及桓溫平蜀之後，以巴漢流人立晉昌郡，領長樂、安晉、延壽、安樂、宣漢、寧都、新興、吉陽、東關、永安十縣。」[2]《宋書‧州郡志》梁州「新興太守」條亦稱：「《永初郡國》、何、徐云：新興、吉陽、東關三縣，屬晉昌郡。何云：晉元帝立，本巴、漢流民。」然則，晉昌郡當初立於東晉初年元帝時（317—321年）。據《宋書‧州郡志》所記，長樂、廣昌、安晉、延壽、宣漢等五縣在宋末省晉昌郡後均改隸魏興郡，則東晉時僑立之晉昌郡在當時的魏興郡境內。其中廣昌縣，《宋書‧州郡志》謂為「晉成帝立」，晉末宋初曾屬上庸郡，當在魏興、上庸二郡間，應在今陝西平利、湖北竹溪二縣間[3]。《水經注‧沔水上》云：「漢水又東逕晉昌郡之寧都縣南，縣治松溪口。」[4]松溪口，當在今紫陽縣西北境漢水南岸之松溪入漢處。然則，東晉初僑置的晉昌郡，即當在當時的魏興郡南部，今紫陽、平利、嵐皋諸縣境。

晉孝武帝寧康元年（前秦苻堅建元九年，373年）冬，前秦苻堅遣大將王統、朱肜、楊安等率軍擊敗晉梁州刺史楊亮，進據漢中，楊亮退守西城；秦軍復南入劍閣，擊敗晉益州刺史周仲孫，據有蜀中；又向東擊敗據守吉挹城（在今安康市吉河鎮北之下臺子附近）的魏興、晉昌太守吉挹所部，進佔東三郡。直到太元九年（384年）沘水

---

1 常璩撰、任乃強校注：《華陽國志校補圖注》卷八〈大同志〉，上海古籍出版社1987年版，第465、470頁。

2 《晉書》卷十四〈地理志上〉，中華書局1974年版，第438頁。

3 《宋書》卷三七〈州郡志三〉，中華書局1974年版，第1146頁。

4 楊守敬、熊會貞注疏：《水經注疏》卷二七〈沔水上〉，江蘇古籍出版社1989年版，第2331頁。

之戰後，晉軍反攻，晉上庸太守郭寶收復東三郡，梁州刺史楊亮之子楊佺期進據成固，擊走前秦梁州刺史潘猛，復有漢川。當寧康元年至太元九年（373—384年）間前秦據有漢中時，或有部分關中民戶隨秦軍進入漢中。《晉書》卷五八〈周訪傳〉附〈周瓊傳〉云：

瓊勁烈有將略，歷數郡，代楊亮為梁州刺史、建武將軍，領西戎校尉。初，氐人竇沖求降，朝廷以為東羌校尉。後沖反，欲入漢川，安定人皇甫釗、京兆人周勳等謀納沖，瓊密知之，收釗、勳等斬之。[1]

竇沖本為前秦苻堅將，後投附姚萇，又假降於東晉，故晉授以東羌校尉。當竇沖圖謀進取漢川時，安定人皇甫釗、京兆人周勳曾為內應，則二人都應是進入漢中的關中流移。《資治通鑒》卷一一六義熙九年末云：

是歲，以敦煌索邈為梁州刺史，苻宣乃還仇池。初，邈寓居漢川，與別駕姜顯有隙，凡十五年而邈鎮漢川；顯乃肉袒迎候，邈無慍色，待之彌厚。退而謂人曰：「我昔寓此，失志多年，若讎姜顯，懼者不少。但服之自住，何必逞志！」於是闔境聞之皆悅。[2]

按：索邈行跡，不甚詳悉，據此處所記，索邈自敦煌南歸，當居於漢川，亦當屬流民帥性質，故得與梁州別駕姜顯有隙。由此前推十五年，當為隆安初年，其時郭銓為梁州刺史。然則，索邈之入蜀，很可能在苻秦據有漢中、巴蜀之時（373—384年），應是隨秦軍南來的。其時或稍後流入漢中的關中流民當有數千家。義熙元年（405

---

1 《晉書》卷五八〈周訪傳〉附曾孫〈周瓊傳〉，中華書局1974年版，第1584頁。
2 《資治通鑒》卷一一六，義熙九年末，中華書局1956年版，第3663頁。

年）五月，後秦將軍斂俱「攻漢中，拔成固，徙流民三千餘家於關中[1]」。一次徙回關中的流民就有三千餘家，可知此前流入漢中的關中流民為數甚多。或者正因為此故，至隆安二年（398年）乃於漢中僑置秦州（南秦州），以郭舒為梁、南秦二州刺史。自此之後，任梁州刺史者多兼領南秦州，並都督二州軍事。

義熙元年至九年間（405—413年），漢中為仇池氏楊盛所據。《宋書》卷九八〈氐傳〉：

義熙元年，姚興伐盛，盛懼，遣子難當為質。興遣將王敏攻城，因梁州別駕呂瑩，求救於盛，盛遣軍次瀁口，敏退。以盛為都督隴右諸軍事、征西大將軍、開府儀同三司。時益州刺史毛璩討桓玄所置梁州刺史桓希，敗走，漢中空虛，盛遣兄子平南將軍撫守漢中。三年，又假盛使持節、北秦州刺史。盛又遣將符宣行梁州刺史代撫。九年，梁州刺史索邈鎮南城，宣乃還。[2]

在此過程中，仇池氏人多有流入漢中者。至義熙十三四年間（417—418年）劉裕北伐，進至關中，旋兵敗引退，關中為赫連氏所據，秦雍流民復南入梁州。《資治通鑒》卷一一九永初三年（422年）三月條下稱：「秦、雍流民南入梁州；庚申，遣使送絹萬匹，且漕荊、雍之穀以賑之。」[3]則知其時流入漢川的秦雍流民甚多。《魏書》卷五二〈胡叟傳〉謂胡叟為安定臨涇人，「世有冠冕，為西夏著姓」，嘗於「姚政將衰」之時，「入長安，觀風化」；後以「孤飄坎，未有仕路，遂入漢中。劉義隆梁秦二州刺史馮翊吉翰，

---

1 《資治通鑒》卷一一四，義熙元年五月，中華書局1956年版，第3585頁。

2 《宋書》卷九八〈氐傳〉，中華書局1974年版，第2405頁。

3 《資治通鑒》卷一一四，義熙元年五月，中華書局1956年版，第3744頁。

以叟才士，頗相禮接[1]」。據《宋書》卷六五〈吉翰傳〉，吉翰任梁南秦二州刺史在元嘉元年至三年間（424—426年）[2]。蓋其時與胡叟一樣，南入漢中的關中士人為數不少。《宋書》卷六五〈劉道產傳〉：「元嘉三年，督梁南秦二州諸軍事、寧遠將軍、西戎校尉、梁南秦二州刺史。在州有惠化，關中流民前後出漢川歸之者甚多。六年，道產表置隴西、宋康二郡，以領之。」[3]劉道產所表置之隴西、宋康二郡，隴西郡屬秦州。《宋書·州郡志》秦州刺史「隴西太守」條：「文帝元嘉初，關中民三千二百三十六戶歸化，六年立。」宋康郡，當即《宋書·州郡志》所記之宋熙郡，屬梁州。《宋書·州郡志》「宋熙太守」條：「何、徐《志》新立。」領興樂、歸安、宋安、元壽、嘉昌五縣[4]。據《梁書》卷十〈楊公則傳〉，公則於宋元徽間（473—476年）被時任梁州刺史范柏年板為宋熙太守，白馬戍主，「氐賊李烏奴作亂，攻白馬，公則固守經時，矢盡糧竭，陷於寇，抗聲罵賊[5]」。則宋熙郡當寄治於白馬戍。

除隴西、宋康（宋熙）二郡外，自晉安帝義熙至宋文帝元嘉初年，漢川所置之僑郡還有：（1）始平郡。屬秦州。《宋書·州郡志》秦州刺史「始平太守」條下但稱「永初郡國無」，未書其置立之年。然《資治通鑑》卷一二〇元嘉三年冬十月條云：「仇池氐楊興平求內附。梁、南秦二州刺史吉翰遣始平太守龐諮據武興。氐王楊玄遣其弟難當將兵拒諮，諮擊走之。」[6]則元嘉三年時已見有始平太守龐諮，漢中僑置之始平郡必在此前。（2）西京兆郡，屬秦州。《宋書·州郡志》秦州刺史「西京兆太守」條：「晉末三輔流

1 《魏書》卷五二〈胡叟傳〉，中華書局1974年版，第1150頁。
2 《宋書》卷六五〈吉翰傳〉，中華書局1974年版，第1717頁。
3 《宋書》卷六五〈劉道產傳〉，中華書局1974年版，第1719頁。
4 《宋書》卷三七〈州郡志三〉，中華書局1974年版，第1151～1152頁。
5 《梁書》卷十〈楊公則傳〉，中華書局1973年版，第195頁。
6 《資治通鑑》卷一二〇，元嘉三年冬十月，中華書局1956年版，第3789頁。

漢隋間漢水上游地區的鄉里控制

民出漢中僑立。」領藍田、杜、鄠三縣。（3）馮翊郡，屬秦州。《宋書・州郡志》秦州「馮翊太守」條：「三輔流民出漢中，文帝元嘉二年僑立。」領蓮勺、頻陽、下辨、高陸、萬年五縣。（4）西扶風郡，屬秦州。《宋書・州郡志》秦州「西扶風太守」條：「晉末三輔流民出漢中僑立。」領眉、武功二縣[1]。

元嘉九年，益州刺史劉道濟聚斂興利，傷政害民，致引發變亂，「蜀土僑舊俱反」，有部分蜀中流民進入漢中。《南齊書》卷二一〈文惠太子傳〉記宋末任梁州刺史的范柏年之早年行狀云：「柏年，梓潼人，徙居華陽，世為土豪，知名州里。」[2]「知名州里」之「州」乃指梁州，則其所徙居之華陽乃僑置於漢中的華陽郡。《宋書・州郡志》梁州「華陽太守」條：「徐志新立。永初郡國、何並無，寄治州下。領縣四。戶二千五百六十一，口萬五千四百九十四。」[3]此華陽郡領華陽、興宋、宕渠、嘉昌四縣，其所領當以梓潼、宕渠等郡流民為主。

元嘉十八九年間，梁南秦二州刺史劉真道會同龍驤將軍裴方明等攻圍仇池氐人，佔領武興、白水、下辨等仇池氐人的核心據點，進佔仇池山，氐王楊難當逃入魏境。宋以胡崇之為秦州刺史，駐守仇池，然不久即受到魏軍攻擊，奔還漢中。在此後數年間，宋魏激烈爭奪仇池地區，有部分氐人進入漢中。白水郡之僑置即當在元嘉後期。《宋書・州郡志》梁州「白水太守」條：「永初郡國、何並無，徐志：仇池氐流寓立。」當是宋中期所立。領新巴、漢德、晉壽、益昌、興安、平週六縣。同時所立者還當有廣長郡，「領氐民」，不久即省廢。此後「氐虜數相攻擊，關隴流民，多避難歸化」，故至孝武孝建二年（455年），又「以秦、雍流民立北扶風郡」。北扶風

---

1 《宋書》卷三七〈州郡志三〉，中華書局1974年版，第1153～1158頁。
2 《南齊書》卷二一〈文惠太子傳〉，中華書局1972年版，第398頁。
3 《宋書》卷三七〈州郡志三〉，中華書局1974年版，第1148～1149頁。

郡所統流民，當是先流入仇池、又進入漢中者[1]。

綜上所考，可以認知：晉宋時期漢水上游地區僑郡縣之設置，主要集中於三個階段：一是東晉初年元、成之世，因巴氏入蜀，蜀人流寓東三郡，於魏興郡境內僑置晉昌郡。二是晉宋之際（義熙初年至元嘉前期），以秦雍流民南入梁州，於漢中立隴西、宋康（宋熙）、始平、西京兆、馮翊、西扶風等六郡。三是元嘉中期，部分蜀中流民進入漢中，為之僑置華陽郡；元嘉後期至孝建間，因仇池氏人及流寓仇池的秦雍流民流入漢中，僑置白水、廣長、北扶風三郡。此外，《宋書·州郡志》所記梁州之懷安郡（寄治州下）、秦州之安固郡、南太原郡（流寓割配）、南安郡、金城郡、安定郡、天水郡等七郡，無以考實其置立之年及其所在，然據情勢揣測，大約以置立於晉宋之際（即上述之第二階段）最為可能。

梁、南秦二州所屬僑郡縣是否推行及如何開展「土斷」，迄未見有直接文獻記載，然並非全無蹤跡可尋。據上所考，梁州晉昌郡初立於東晉初年元帝時，然《晉書·地理志》梁州後敘則謂：「及桓溫平蜀之後，以巴漢流人立晉昌郡。」很可能永和間平蜀後對晉昌郡作過一些調整。《宋書·州郡志》梁州「新興太守」條：「……宋末省晉昌郡，立新興郡，以晉昌之長樂、安晉、延壽、安樂屬魏興郡，宣漢屬巴渠郡，寧都屬安康郡。」同書卷「安康太守」條謂：「宋末分魏興之安康縣及晉昌之寧都縣立。」[2]此處所言「宋末」，當指元徽、昇明之世（473—479年）。據《宋書》卷九〈後廢帝紀〉，元徽元年（473年）八月，又申土斷之令[3]。此次改晉昌郡為新興郡，並調整其屬縣之舉措，當就是此次申令的結

1　《南齊書》卷十五〈州郡志〉「梁州」，中華書局1972年版，第289頁；《宋書》卷三七〈州郡志三〉，中華書局1974年版，第1159頁。

2　《宋書》卷三七〈州郡志三〉，中華書局1974年版，第1146、1153頁。

3　《宋書》卷九〈後廢帝紀〉，中華書局1974年版，第180頁。

漢隋間漢水上游地區的鄉里控制

果。經過此次土斷，原屬晉昌僑郡的長樂、廣昌、安晉、延壽四縣度屬魏興郡，宣漢縣度屬巴渠郡，寧都縣度屬新立的安康郡，皆當據有實土；新興郡領有吉陽、東關二縣，亦成為實土郡。

此次土斷調整郡縣，概以縣為單位。《宋書・州郡志》於原屬晉昌郡的各縣下均注明其本為何處流民，如長樂，本蜀郡流民；安晉，本蜀郡流民；延壽，本蜀郡流民；宣漢，本建平郡流民；吉陽，本益州流民；東關，本建平流民；新興，本巴東夷人；寧都，本蜀郡流民。則知凡此諸僑縣，最初皆當按流民來源地設立，土斷時仍以流民故籍所屬分劃。考慮到僑縣戶口非繁，大抵不會再分置鄉里。

正是由於魏興、新興（晉昌所改）、安康三郡乃宋末元徽間土斷調整的結果，《宋書・州郡志》未記有三郡戶口數。而梁州、秦州所屬其他僑郡則多記有戶口數。如所週知，《宋書・州郡志》所記政區戶口，「大較以大明八年為正」，故其所記諸郡戶口，大抵皆為大明土斷後的著籍數。然梁、秦二州所屬僑郡，除晉昌郡在宋末元徽間曾行過土斷外，其他僑郡皆無曾推行土斷之證明。晉末義熙土斷時，梁、秦二州僑郡尚多未置立，已置之晉昌郡未行土斷；大明土斷，雍州刺史王玄謨大事更張，《宋書・州郡志》雍州刺史下亦有詳細記載，而梁、秦二州僑郡卻未見任何記載。儘管如此，由於《宋書・州郡志》詳載梁、秦二州僑郡縣的戶口數，我們仍然可以大致推定：梁、南秦二州，在大明間，約與王玄謨在雍州推行土斷之前後，亦曾開展過土斷。

分析劉宋中期梁、南秦二州所屬僑郡領縣與戶口情況（見表8—1），可以發現：凡此17僑郡58縣，平均每縣所領的著籍戶數只有230戶，每縣平均所領戶數最多的是華陽郡（640戶），最少的是北上洛郡（36戶）。一個縣所領著籍戶數如此之少，很難想像各縣之下復有鄉里之建置。事實上，僑縣大抵以流民原籍所在之郡、縣為單位組織，也不太有必要再分置鄉里，蓋流民既以舊籍相團結，自以地緣關

係聯結，無需再加之以行政系統之鄉里分劃與組織。

表8—1　劉宋中期梁、南秦二州所屬僑郡縣的著籍戶口數

郡	縣數	戶數	口數	縣均戶數	縣均口數
華陽郡	4	2561	15494	640	3874
北陰平郡	2	506	2124	253	1062
南陰平郡	2	407		204	
巴渠郡	7	500	2183	71	312
懷安郡	2	407	2366	203	1183
宋熙郡	5	1385	3128	277	626
北上洛郡	7	254		36	
懷漢郡	3	419		140	
西京兆郡	3	693	4552	231	1517
南太原郡	1	233	1156	233	1156
馮翊郡	5	1490	6854	298	1371
隴西郡	6	1561	7530	260	1255
始平郡	3	859	5441	286	1814
金城郡	2	375	1000	186	500
安定郡	2	640	2518	320	1259
天水郡	2	893	5228	447	2614
西扶風郡	2	144		72	
合計	58	6888	13327	230	

資料來源：《宋書》卷三七〈州郡志〉，中華書局1974年版，第1144～1158頁。

　　如所週知，在土斷之前，僑流戶口既散居四境，並不著籍於所居郡縣，故並無簿籍可稽，也就無復鄉里分劃與組織可言；朝廷亦多假流民帥以郡縣守長之號，使之統領流民。土斷之後，僑郡縣雖據有實土，而僑流民戶之統系仍有賴於故籍舊貫之地緣聯繫，且戶口寡少，故僑縣之下，並無鄉里之分置，仍多以縣直接統領民戶，流民中的宗帥豪長，乃得實際控制流民社會，並逐漸成長壯大，故至齊梁之世，所謂「郡邑岩穴之長，村屯鄔壁之豪[1]」乃得崛起，漸次掌握縣、

漢隋間漢水上游地區的鄉里控制

---

1 《陳書》卷三五末「史臣論」，中華書局1972年版，第490頁。

郡、州的權力，並「造成南朝民族及社會階級之變動[1]」。

（七）齊梁之世漢中地區方隅豪族之崛起及其對鄉里社會的控制

漢水上游地區土豪勢力之崛起，當可溯及劉宋後期。上引《南齊書・文惠太子傳》記范柏年本為梓潼人，後徙居僑置於梁州治南鄭的華陽郡，「世為土豪，知名州里」，則知范氏本為梓潼土豪，梁州大姓。「宋泰始中，氐寇斷晉壽道，柏年以倉部郎假節領數百人慰勞通路，自益州道報命。除晉壽太守。討平氐賊，遂為梁州。」[2]范柏年以土豪身分，得任梁州刺史（事在元徽四年，476年），固因宋政已衰、人才匱乏，亦確是梁州土豪崛起之標誌。昇明末（479年），蕭道成以王玄邈代柏年為梁、南秦二州刺史，范柏年親信李烏奴「勸柏年據漢中不受命」；後柏年被誅，烏奴乃「率亡命千餘人攻梁州，為刺史王玄邈所破，復走還氐中[3]」。李烏奴之身分，《南齊書・文惠太子傳》謂為「晉壽亡命」，而《南齊書・氐傳》記荊州刺史蕭嶷懸賞購烏奴首，謂將以「烏奴田宅事業」賜與之[4]，則烏奴亦當為大豪。然范柏年、李烏奴終皆敗死，說明其時梁、南秦二州土豪勢力還不夠強大。

蕭齊之世，梁、南秦二州相對穩定，「戶口稍實」，遂有「梁土富饒」之稱[5]，臨此二州者多聚財貨。如齊武帝永明間，崔慶緒任為梁南秦二州刺史，「家財千萬[6]」。在此數十年間，二州豪酋勢力遂得漸次發展。梁武帝天監四年（魏宣武帝正始二年，505年），夏侯

1　陳寅恪：〈魏書司馬叡傳江東民族條釋證及推論〉，載《金明館叢稿初編》，上海古籍出版社1980年版，第69～106頁，引文見第101頁。

2　《南齊書》卷二一〈文惠太子傳〉，中華書局1972年版，第398頁。

3　《南齊書》卷五九〈氐傳〉，中華書局1972年版，第1028頁。

4　《南齊書》卷五九〈氐傳〉，中華書局1972年版，第1028頁。

5　《梁書》卷十二〈韋叡傳〉，中華書局1973年版，第220頁。

6　《南齊書》卷五二〈崔慰祖傳〉，中華書局1972年版，第901頁。

道遷叛梁入魏，其〈請拔漢中歸誠表〉中述及其叛梁前後之布置，謂「臣前已遣軍主杜法先還洵陽，構合徒黨，誘結鄉落；令晉壽土豪王僧承、王文粲等還至西關，共興大義」。王僧承、王文粲固為晉壽土豪，杜法先也當是洵陽土豪。反對降魏的華陽太守、白馬戍主尹天寶「率部曲，驅掠民丁」，進圍南鄭，夏侯道遷則「遣軍主江悅之率諸軍主席靈坦、龐樹等領義勇應時討撲 ¹」。江悅之，《魏書》卷七一有傳，謂其本為濟陽考城人，南渡後家世不顯，而悅之「少孤」，「好兵書，有將略，善待士，有部曲數百人」。蕭齊時歷任征西府中兵參軍、領臺軍主、後軍將軍，「部曲稍眾，千有餘人」，「蕭賾遣戍漢中，就遷輔國將軍。蕭衍初，劉季連據蜀反叛，悅之率部曲及梁、秦之眾討滅之，以功進號冠軍將軍。武興氏破白馬，進圖南鄭，悅之率軍拒戰，大破氏眾，還復白馬 ²」。江悅之雖非在漢中發跡的土豪，卻擁有部典千餘人，是漢中的實力派；而席靈坦、龐樹等領有「義勇」，很可能是漢中土豪。因此，夏侯道遷之叛梁入魏，很可能是梁、南秦二州土豪勢力集結謀取更大勢力的一次行動，故夏侯道遷〈歸誠表〉中稱述自己得「梁秦士庶」之擁戴，當非虛辭。其時二州叛梁迎魏者多為土豪，最有代表性的就是自稱巴州刺史、攻殺梁巴西太守龐景民的巴西「郡民」嚴玄思。魏將邢巒在卜魏宣武帝請乘勝取蜀的奏疏中，說及「巴西廣袤一千，戶餘四萬」，「彼土民望，嚴、蒲、何、楊，非唯五三，族落雖在山居，而多有豪右，文學篲啟，往往可觀，冠帶風流，亦為不少。但以去州既遠，不能仕進，至於州綱，無由廁跡。巴境民豪，便是無梁州之分，是以鬱怏，多生動靜 ³」。按《宋書‧州郡志》記巴西郡著籍戶口，有4954戶、33346

1 《魏書》卷七一〈夏侯道遷傳〉，中華書局1974年版，第1581頁。
2 《魏書》卷七一〈江悅之傳〉，中華書局1974年版，第1589頁。
3 《魏書》卷六五〈邢巒傳〉，中華書局1974年版，第1442頁。

漢隋間漢水上游地區的鄉里控制

口[1]；而邢巒稱巴西「戶餘四萬」，當是指實際戶數。嚴、蒲、何、楊之屬豪右，冠帶風流，已頗可觀，自不再滿足於不能仕進、無預州綱的地位，故每「多生動靜」，即亟謀攫取更大的政治經濟利益。邢巒所言，雖是巴西一郡情形，實涵蓋梁、南秦二州之總況。蓋至齊梁之世，晉宋以來僅得稱豪方隅、控制鄉里的土豪酋長，漸次成長，已有足夠實力謀取郡縣權力矣。

齊梁之世漢水上游地區方隅豪族之崛起及其對鄉里社會之控制，可由安康李氏、儻城楊氏及黃土扶氏的興起過程中窺知若干蹤跡。《周書》卷四四〈李遷哲傳〉云：

李遷哲字孝彥，安康人也。世為山南豪族，仕於江左。祖方達，齊末為本州治中。父元真，仕梁，歷東宮左衛率、東梁衡二州刺史、散騎常侍、沌陽侯。遷哲……起家文德主帥，轉直閤將軍、武賁中郎將。及其父為衡州，留遷哲本鄉，監統部曲事。時年二十，撫馭群下，甚得其情。大同二年，除安康郡守。三年，加超武將軍。太清二年，移鎮魏興郡，都督魏興、上庸等八郡諸軍事，襲爵沌陽侯，邑一千五百戶。四年，遷持節、信武將軍、散騎常侍、都督東梁洵興等七州諸軍事、東梁州刺史。及侯景篡逆，諸王爭帝，遷哲外禦邊寇，自守而已。[2]

按：《華陽國志》卷二〈漢中志〉魏興郡下有「安康縣」，「本安陽縣，太康中改」。其治所當在今石泉縣城稍東處。《水經注・沔水上》云：「漢水又東歷敖頭，舊立倉儲之所，傍山通道，水陸險湊。魏興安康縣治，有戌，統領流雜。」則其地當為「流雜」所聚。

---

1 《宋書》卷三八〈州郡志四〉，中華書局1974年版，第1170頁。
2 《周書》卷四四〈李遷哲傳〉，中華書局1971年版，第790頁。

上引〈李遷哲傳〉但稱其為「安康人，世為山南豪族」，則非出於「流」，或屬於「雜」。齊安康郡屬梁州，遷哲祖方達於齊末所為之「本州治中」當為梁州治中。遷哲父元真仕梁為東梁、衡州刺史。東梁州，《魏書》卷七一〈淳于誕傳〉稱：「（孝昌）三年，朝議以梁州安康郡阻帶江山，要害之所，分置東梁州，仍以誕為鎮遠將軍、梁州刺史。永安二年四月卒。」[1]蓋其時魏據有漢中，因得於安康郡置立東梁州。梁武帝大同元年（西魏大統元年，535年）漢中復入於梁後，李元真當即以東梁州地投附於梁，遂得任東梁州刺史。然則，安康李氏之初起，當在齊梁之際；天監四年（魏正始二年，505年）漢中入魏後，李氏當與北魏合作[2]；梁復漢中地，李氏又轉投於梁，李元真得任為東梁州刺史。元真後轉任衡州，「留遷哲本鄉，監統部曲事」；大同二年（536年），正是梁復有漢中地後之第二年，遷哲任安康郡守，蓋其時李元真轉任衡州刺史，而李氏仍得控制安康郡地。至太清二年（西魏大統十四年，548年），遷哲移治魏興郡，都督魏興等八郡；四年，又升任都督東梁洵興等七州諸軍事、東梁州刺史。李氏的勢力顯然在逐步擴大。

　　儻城楊氏之崛起，似較安康李氏稍後，當在梁魏爭奪漢中之時。《周書・楊乾運傳》云：

　　楊乾運字玄遯，儻城興勢人也。為方隅豪族。父天興，齊安康郡守。乾運少雄武，為鄉間所信服。弱冠，州辟主簿。孝昌初，

1　《魏書》卷七一〈淳于誕傳〉，中華書局1974年版，第1593頁。
2　《魏書》卷十一〈出帝平陽王紀〉永熙三年（534年）二月下載：「東梁州為夷民侵逼，詔使持節、車騎大將軍、行東雍州事泉企為東梁州行臺、都督以討之。」《周書・泉企傳》記其事云：「梁魏興郡與洛州接壤，表請與屬。詔企為行臺尚書以撫納之。」頗疑當時據有東梁州的就是安康李氏。遷哲降附西魏後，宇文泰責之曰：「何不早歸國家，乃勞師旅。今為俘虜，不亦愧乎？」（《周書・李遷哲傳》）說明李氏在此前或曾與西魏方面有所接洽，然未得妥帖，故宇文泰方有「何不早歸國家」之辭。

漢隋間漢水上游地區的鄉里控制

除宣威將軍、奉朝請，尋為本州治中，轉別駕，除安康郡守。大統初，梁州民皇甫圓、姜晏聚眾南叛，梁將蘭欽率兵應接之。以是漢中遂陷，乾運亦入梁。梁大同元年，除〔飈〕（飄）武將軍、西益潼刺史，尋轉信武將軍、黎州刺史。太清末，遷潼南梁三州刺史，加鼓吹一部。[1]

　　按：西魏北周儻城郡治於灙水入沔處之灙城（今陝西洋縣），興勢縣則在其西北二十里、灙水東岸之興勢山上[2]。宋齊之世，興勢均未置縣，蓋以其僻處山中，不聞於世之故。楊氏世居其中，並不顯達，乾運父仕齊為安康郡守一事，不足憑信。魏置興勢縣蓋在正始二年（梁天監四年，505年）夏侯道遷叛梁降魏之後，楊氏亦當於其後方漸次崛起。孝昌初（525年）楊乾運得任安康郡守，正是在魏梁爭奪漢中最為激烈而魏方居於守勢之時。至大同元年（西魏大統元年，535年），梁復漢中，仍任用楊氏。上引本傳謂乾運入梁之後，相繼任西益潼、黎、南梁潼諸州刺史。西益潼州乃所謂雙頭州，治巴西郡（在今四川綿陽東），後改為潼州；黎州即北魏所置之西益州，治晉壽郡（在今四川廣元境）；南梁州則與此巴州同治於閬中（在今四川閬中）[3]。凡此諸州，均在劍閣內外、西漢水與涪水之間。乾運據有其地，苦心經營十數年，遂成為於益、梁政局舉足輕重的一支力量。

　　黃土扶氏之興起，又較儻城楊氏為晚，應在大同初年蕭梁重新據

1　《周書》卷四四〈楊乾運傳〉，中華書局1971年版，第793頁。
2　王仲犖《北周地理志》卷四山南上樑州「儻城郡」下謂儻城郡治龍亭縣，在洋縣東十八里。所據為《讀史方輿紀要》所記（《北周地理志》上冊，第326頁）。今考《太平寰宇記》卷一三八洋州興道縣下記有「龍亭故城」，謂：「漢為〔亭〕（縣），廢城在今縣東。又《梁州記》云：龍亭縣屬儻城郡。」則龍亭縣顯非儻城郡治所在。儻城郡治當在儻城。參閱《太平寰宇記》卷一三八洋州「興道縣」條。
3　參見王仲犖：《北周地理志》，中華書局1980年版，第278～280、307～309、340～344頁。

有漢中之後。《周書》卷四四〈扶猛傳〉云：

扶猛字宗略，上甲黃土人也。其種落號白獸蠻，世為渠帥。猛，梁大同中以直後出為持節、厲鋒將軍、青州刺史，轉上庸新城二郡守、南洛北司二州刺史，封宕渠縣男。及侯景作亂，猛乃擁眾自守，未有所從。[1]

按：上甲黃土，當指上州甲郡黃土縣。上州為南洛州所改，治上津；甲郡，北周置，治當在今湖北鄖西縣西境、甲水下游；黃土縣，當在今陝西旬陽縣東北境蜀河口[2]。《隋書·地理志》西城郡「黃土」縣原注云：「西魏置淯陽郡，後周改郡，置縣曰長岡；後郡省入甲郡，置縣曰黃土，並赤石、甲、臨江縣入焉。」[3]凡此郡縣之置，顯為羈縻籠絡當地土豪渠帥，而扶猛當即此種土豪之一。白獸蠻，今本《周書》校勘記謂「白獸」即「白虎」，避唐諱改，應可從。白虎蠻當出自廩君蠻，與活動在長江三峽地區的「蠻蜒」同屬一系，而與出自板楯蠻之巴人則非屬一支[4]。扶猛世為白獸蠻之渠帥，而廩君蠻五大姓中有樊氏，見於《後漢書·南蠻傳》，扶、樊音近，當為同一姓氏。

扶氏雖世居漢水北岸、今陝西旬陽與湖北鄖西縣交界處之蜀河

1 《周書》卷四四〈扶猛傳〉，中華書局1971年版，第795頁。
2 參見王仲犖：《北周地理志》，中華書局1980年版，第403～405頁。
3 《隋書》卷二九〈地理志〉，中華書局1973年版，第818頁。
4 《後漢書》卷八六〈南蠻西南夷列傳〉「巴郡南郡蠻」條下記廩君死後，「魂魄世為白虎。巴氏以虎飲人血，遂以人祠焉」。故廩君系統之蠻均崇祀白虎，所謂「白虎蠻」蓋即廩君蠻。而巴人所出之板楯蠻的早期傳說中則有射殺白虎的故事（見《後漢書·南蠻西南夷列傳》「板楯蠻夷」條），顯然蘊含著與廩君蠻的衝突。《華陽國志》卷一〈巴志〉謂巴夷「專以射白虎為事，戶歲出賨錢口四十，故世號白虎復夷，一曰板楯蠻」。故「專以射殺白虎為事」的「白虎復夷」（板楯蠻、巴人）與崇祀白虎之廩君蠻（白虎蠻）實為對立之兩種族群。參閱任乃強：《華陽國志校補圖注》卷一〈巴志〉之五注4，上海古籍出版社1987年版，第14～16頁。

漢隋間漢水上游地區的鄉里控制

流域，然至梁大同中，其種落蓋已遷移到漢水南岸、今竹山縣境，故扶猛得任為上庸新城二郡守，治地當在上庸城附近。蓋其時上洛泉氏正向南擴張勢力，而洵陽則為巴渠杜氏所據，遂壓迫屬於對立族群的白虎蠻扶氏向南移動，越過漢水，進入堵水中上游。王雄出子午谷，取上津、魏興，軍鋒尚未及上庸，故扶「猛率其眾據險為堡，時遣使微通餉饋而已」。魏廢帝二年（553年）王雄第二次南定魏興，猛方「以眾降[1]」。《周書・扶猛傳》稱：「太祖以其世據本鄉，乃厚加撫納，授車騎大將軍、儀同三司，加散騎常侍，復爵宕渠縣男。割二郡為羅州，以猛為刺史。」蓋魏興反叛者主要是巴渠，故宇文氏乃扶持出自廩君蠻之扶猛，以收制衡之效。

除上述三氏之外，北魏永安間（528—529年）任為巴州刺史的巴酋嚴始欣、隆城鎮將（亦為南梁州刺史）嚴愷[2]，上引《周書・楊乾運傳》所記大統初「聚眾南叛」的「梁州民皇甫圓、姜晏」，魏恭帝初（554—555年）「連結作亂」的直州人樂熾、洋州人田越、金州人黃國等[3]，也當都是土豪酋長。這些土豪在得預郡、州權力之前，大抵皆為鄉里豪帥，其所領部曲既為其個人武裝，故隨其勢力漸大，乃得擁兵據有郡縣；而無論是齊梁抑或魏周，均不得不依靠這些土豪，故每授以郡守州將；而這些土豪雖得任郡守州將、都督數州，實際上控制地域社會的基本辦法仍然是借部曲武裝為根本，而統以數量不等的較小豪酋，故無論其官職如何，所統部曲武裝之多少，才是其勢力所藉之根本。

---

1 《周書》卷二〈文帝紀下〉魏廢帝二年二月，「東梁州平，遷其豪帥於雍州」。（中華書局1974年版，第33頁）則王雄第二次平定魏興之後，曾將其豪酋遷往關中。為此，魏軍必曾頗事征伐，扶猛蓋於其時納降。

2 《魏書》卷一〇一〈獠傳〉，中華書局1974年版，第2250頁。

3 《周書》卷四四〈李遷哲傳〉，中華書局1971年版，第790頁。

三、結語

綜上考述，可以認知：（1）漢末張魯控制漢中，以米道之宗教組織取代舊有的鄉里組織，作為控制地方社會與民眾之基本手段：按地方分設各「治」，以「治頭大祭酒」為首領，其所統地域可能相當於漢代的一兩個縣；「治」下復分設不同層級的祭酒，可能有轄區相當於漢代亭部的祭酒與轄區相當於漢代里的祭酒兩個層級。（2）蜀漢統治漢中時，漢中戶口蕭散，留存民戶多團聚於關戍城週圍。雖然蜀漢統治漢中時曾經檢括戶口、編排戶籍，但可能採用的是軍事化或半軍事化的管理方式，而並未恢復漢代的鄉里制度。（3）漢魏之際，蒯祺、孟達、申氏兄弟以豪酋身分相繼據有「東三郡」，其控制地方之方式，大抵與漢末魏晉時漸起的北方「塢主」之控制所領民戶的方式相同，而無復漢時之鄉里組織。曹魏至西晉入吳前，「東三郡」視為邊郡而不予編審戶籍，故百姓並無「名籍」。（4）太康初年，漢中、新城、魏興、上庸等四郡大抵皆按晉制規定，重新分劃鄉里，建立起相對穩定的鄉里控制體系；《晉書‧地理志》所記四郡戶數，應是基本可以信靠的太康間西晉政府掌握的著籍戶數。（5）兩晉之際，漢中頗形荒殘，民戶多流入蜀中、荊襄。成漢據有漢中（314—347年），亦以漢中荒虛，視同邊徼，不復著意經營。成漢政權可能主要是以流民帥與宗豪所領部眾作為社會單元，通過流民帥與宗豪向其部眾徵發賦調。（6）晉宋時期，巴蜀、關隴流民與仇池氏人漸次進入漢水上游地區，為安置這些僑流戶口，漸次設立晉昌、隴西、宋康、馮翊、華陽、白水等僑郡。僑郡縣之設立，多按僑流民戶之來源地劃分，多統之以流民帥；在土斷前，僑流戶口散居四境，並無簿籍可稽，也就無復鄉里分劃與組織可言。大明與劉宋末年元徽間，梁、南秦二州所屬僑郡縣實行過兩次土斷。土斷之後，僑郡縣雖據有實土，而僑流民戶

漢隋間漢水上游地區的鄉里控制

之統系仍有賴於故籍舊貫之地緣聯繫，且戶口寡少，並無鄉里之分置，而多以縣直接統領民戶，流民中的宗帥豪長，仍得實際控制流民社會。（7）齊梁之世，漢水上游地區的方隅豪族漸次興起。這些土豪在得預郡、州權力之前，大抵皆為鄉里豪帥，其所領部曲既為其個人武裝，故隨其勢力漸大，乃得擁兵據有郡縣，而即使在他們得任郡守州將、都督數州之後，實際上控制地域社會的方式仍是憑藉部曲武裝，而統以數量不等的較小豪酋。

然則，在此三百餘年中，漢水上游地區的鄉里控制方式頗歷變化：漢末張魯據有漢中及蒯祺、申氏兄弟據有東三郡，分別以米道宗教組織和塢壁帥控制部曲的方式，取代漢代的鄉里組織與控制方式，致漢代鄉里控制系統基本崩解；蜀漢與魏晉分別控制漢中與東三郡，大抵均推行戰時體制，未能建立起相對穩定的鄉里控制系統；西晉短期統一，蓋曾推行《晉書・職官志》所記之鄉里制度，然其制本較疏闊，推行之日亦短促，故在多大程度上得到切實推行，頗不能確定。故歷東晉以迄於齊梁，統治漢水上游地區的各政權均未能建立起制度性的鄉里控制體系，實際控制鄉里社會的，一直是各種宗帥土豪：這些土豪宗帥起初大約只在鄉里範圍內發揮作用，部分勢力較大的流民帥得以控制縣、郡；隨著其力量不斷壯大，漸次據有郡縣，從而在很大程度上影響了南北朝後期這一地區政治社會的變動[1]。

漢水上游地區鄉里控制方式的變化，在東晉南朝鄉里控制體系演變過程中，究竟具有怎樣的意義，或者說是否具有代表性，殊不能確定。本文通過對漢末以迄齊梁之世漢水上游地區鄉里控制方式之變化的梳理和分析，形成了一些認識，這些認識在多大程度上

---

[1] 參閱魯西奇：〈西魏北周時代「山南」的「方隅豪族」〉，《中國史研究》2009年第1期；〈「山南道」之成立〉，《中國歷史地理論叢》2009年第2期。

具有普遍性，尚不能知。但本文的研究給我們揭示了一個大致的方向，即：自漢末亂離，廣大南方地區的鄉里組織與控制方式當即脫離舊有的制度性束縛，王朝國家既未制定相對完備、一致的鄉里制度，更沒有能力推行某一種鄉里制度，各地區的鄉里控制方式遂多因地、因人、因事而演變，從而形成各不相同的鄉里控制方式與系統，而不復有系統、一致的鄉里組織與體系，故沈約所謂「各有舊俗，無定制」，確為東晉南朝鄉里控制的實際情形。在這一過程中，鄉里社會的控制權遂漸次落入土豪宗帥手中。因此，在此數百年間，真正控制南方地區鄉里社會的，乃是大大小小的土豪宗帥；其控制鄉里社會的權力，卻並非源於王朝國家的制度規定，而是建基於財富、武力之上的各種社會關係。換言之，東晉南朝時期鄉里控制的基礎，並非王朝國家的制度規定和權力，而是不同層級的土豪宗帥。

陳寅恪先生嘗論及梁末「郡邑岩穴之長，村屯塢壁之豪」之乘時競起，謂「此等豪酋皆非漢末魏晉宋齊梁以來之三吳士族，而是江左土人，即魏伯起所謂巴蜀谿俚諸族。是等族類在此以前除少數例外，大抵為被壓迫之下層民族，不得預聞南朝之大政及居社會高等地位者也[1]」。其說頻為論者稱引。今由本文之研究，或可進一步推論：此類豪酋之崛起，實有漫長過程，而其所以崛起之背景，乃因緣於自漢末以來王朝國家對鄉里社會之控制相對薄弱，而此類村屯塢壁之豪在漫長過程中，逐步積累勢力，培育鄉里基礎，至齊梁之世，乃得因緣際會，乘時而起。換言之，南朝後期方隅豪酋之崛起，乃是長期以來他們持續控制鄉里社會的結果。

---

1 陳寅恪：〈魏書司馬叡傳江東民族條釋證及推論〉，載《金明館叢稿初編》，上海古籍出版社1980年版，第69～106頁，引文見第101頁。

漢隋間漢水上游地區的鄉里控制

注釋：

[1] 漢臺遺址在今漢中市區漢臺巷，現為市博物館所在地。現存夯土臺基，以磚石包砌，自南向北呈三階臺逐層升高，南北長156公尺，東西寬72公尺，最高處約6公尺。1985年鑽探得知，夯土中雜有五花土和殘磚殘瓦。相傳這裡是劉邦在漢中時的宮殿基址。見國家文物局主編：《中國文物地圖集・陝西分冊》，西安地圖出版社1998年版，第305、959頁。但今漢臺遺址應是唐宋漢中城（興元府城）的北城樓，位於城垣北城牆上（見下文）。隋唐漢中城在漢南鄭城西南，其北城垣很可能即疊壓在漢代南鄭小城的南城垣上。如果所說不誤，則漢代南鄭小城應在今漢臺遺址稍東北處。

西魏北周時代「山南」的「方隅豪族」

《周書》卷四四末「史臣論」曰：

古人稱仁義豈有常，蹈之則為君子，背之則為小人，信矣。泉企長自山谷，素無月旦之譽，而臨難慷慨，有人臣之節，豈非蹈仁義歟。元禮、仲遵聿遵其志，卒成功業，庶乎克負荷矣。李遷哲、楊乾運、席固之徒，屬方隅擾攘，咸翻然而委質，遂享爵位，以保終始。觀遷哲之對太祖，有尚義之辭；乾運受任武陵，乖事人之道。若乃校長短，比優劣，故不可同年而語矣。陽雄任兼文武，聲著中外，抑亦志能之士乎？[1]

本卷所記泉企、李遷哲、楊乾運、扶猛、陽雄、席固、任果諸人，皆「山南」（商山、華山以南，亦即今秦嶺以南的漢水上中游地區）之「方隅豪族[2]」，所謂「長自山谷，素無月旦之譽」的土

---

1 《周書》卷四四末「史臣論」，中華書局1971年版，第800頁。

2 《周書》卷四四〈楊乾運傳〉稱乾運為儻城興勢人，「為方隅豪族」（中華書局1971年版，第793頁）；〈任果傳〉稱任果「世為方隅豪族」（第799頁）。《北史》卷六六所記大抵相同（中華書局1974年版，第2336、2339頁）。《周書》卷三六末「史臣論」謂「令狐整器幹碻然，雅望重於河右，處州里則勳著方隅，升朝廷則績宣中外」（中華書局1971年版，第650頁）。同書卷十一〈晉蕩公護傳〉記天和五年（西元570年）詔書謂：「今文軌尚隔，方隅猶阻，典策未備，聲名多闕……」（中華書局1971年版，第175頁）則「方隅」即指「地方」，而有「偏僻」之意。所謂「方隅豪族」，當即偏僻之地的土豪。

豪，亦即所謂「郡邑岩穴之長，村屯鄔壁之豪[1]」。凡此諸人，當南北（以及東西）交爭之際，特別是在西魏經略「山南」、「方隅擾攘」之時，「咸翻然而委質」於宇文氏，以所領部曲編入府兵系統，成為西魏、北周經營荊襄巴蜀的前驅，其本身則大抵「遂享爵位，以保終始」。

陳寅恪先生嘗論及梁末「郡邑岩穴之長，村屯塢壁之豪」之乘時競起，乃是江東社會之一大變局，謂：

> 侯景之亂，不僅於南朝政治上為巨變，並在江東社會上，亦為一劃分時期之大事。其故即在所謂岩穴村屯之豪長乃乘此役興起，造成南朝民族及社會階級之變動。蓋此等豪酋皆非漢末魏晉宋齊梁以來之三吳士族，而是江左土人，即魏伯起所謂巴蜀蠻俚諸族。是等族類在此以前除少數例外，大抵為被壓迫之下層民族，不得預聞南朝之大政及居社會高等地位者也。[2]

陳先生之著眼點，乃在此類村屯豪酋之興起對南朝政治及江東社會之影響，故於處在南北交爭地帶之「山南」地區的方隅豪族之向背、北投及其北附後對西魏北周政治與社會之影響則未加著意。

李萬生、李文才先生則頗涉及此點。李萬生在討論侯景之亂後荊襄梁漢局勢之變動及西魏攻取上述地區之過程時，曾分析柳仲禮、楊乾運、李遷哲、扶猛等地方實力派之向背與梁（蕭繹、蕭詧、蕭紀三方）、西魏及東魏諸方勢力消長之間的關係[3]；李文才

---

1 《陳書》卷三五末「史臣論」，中華書局1972年版，第490頁。
2 陳寅恪：〈魏書司馬叡傳江東民族條釋證及推論〉，載《金明館叢稿初編》，上海古籍出版社1980年版，第69～106頁，引文見第101頁。
3 李萬生：《侯景之亂與北朝政局》，中國社會科學出版社2003年版，第125～154頁。另請參閱李萬生：《南北朝史拾遺》，三秦出版社2003年版，第94～118頁。

則主要討論了巴蜀豪族渠帥在西魏取蜀過程中的動向及其影響，認為巴蜀豪酋在宇文泰的極力籠絡下，最終為西魏北周所馴服，「成為西魏北周乃至隋朝統治集團的一個組成部分[1]」。二氏均著眼於南北朝對立交爭格局下邊境豪族之向背及其對南北朝政治社會之影響，而於此類方隅豪族究於何時興起，其過程與背景若何，以何種方式進入南北朝統治集團（就山南地區的方隅豪族而言，主要是進入西魏、北周統治集團）內，以及此類方隅豪族崛起且進入統治集團之後對其所在地域社會的影響，則未詳加討論。

又，論西魏北周府兵制之建立者，均頗注意大統九年（543年）「廣募關隴豪右，以增軍旅」，大統十二年以「望族」統鄉兵，大統十六年系統編組府兵及「以民之有材力者為府兵」，建德二年（573年）「改軍士為侍官，募百姓充之，除其縣籍」等重大關節，並詳加討論[1]；而對大統末及廢、恭二帝之世征服山南的過程中，降附西魏之山南方隅豪族及其所領鄉兵部曲之去向，特別是其是否納入府兵系統，則迄未見有細緻分析。我們認為，此點不僅關係到山南方隅豪族及其部曲投附西魏、北周後之去向，更關係到府兵制度在新佔領區之實施及府兵系統之擴大問題，對於理解西魏、北周軍力之擴張，十分重要。

基於以上認識，本文在前人研究基礎上，首先考述南北朝後期山南方隅豪族興起之過程，分析其北附宇文氏之原因、北投後進入府兵系統的步驟及其對西魏北周實力之增強所產生的積極作用，最後討論這些方隅豪族之興起與北附給山南地方社會所帶來之影響。

1　李文才：《南北朝時期益梁政區研究》，商務印書館2002年版，第425～446頁，特別是第439～446頁。

一、山南方隅豪族之崛起

《周書》卷四四將泉企、李遷哲、楊乾運、扶猛、陽雄、席固、任果等出自山南的方隅豪強集為一卷，此種編纂方式本身即說明唐初史臣已把山南諸豪右視為一個群體，合傳以見其總概。此數人中，泉企、陽雄在族屬上都是巴人，早期主要活動於今陝西上洛和豫西地區，亦較早投附北魏；李氏、扶氏分別出自巴夷和白虎蠻，早期主要活動於今陝南東部和鄂西北邊隅之地，在西魏軍隊第二次南定安康、魏興時，方「以眾降」；楊乾運、任果二族之族屬不甚詳悉，主要活動於今陝南西部和川北地區，在西魏經略劍南之際主動投附；席氏乃晚渡之北人（或屬低等士族），世居襄陽，在蕭梁後期因緣際會，得以控制齊興、武當二郡（今鄂西北十堰地區），亦於西魏兵臨之際歸附宇文氏。凡此數氏，族屬、身分既不相同，歸附西魏北周後之動向遭際亦各有別，然均為南北朝後期活動於山南地區、較有影響的「方隅豪族」。茲據《周書》、《北史》所記，參諸其他史料，略加考辨，以究明山南方隅豪族崛起之軌跡及其在南北交爭背景下的抉擇、去向。

（一）上洛泉氏與陽氏

上洛泉氏是山南地區最早投附北朝的方隅豪族。永嘉亂後，上洛一直處於南北交爭之地帶，其地頗空廢；至魏太武帝神、太延間（428—439年），上洛入於北魏，魏於其地置荊州（後改為洛州）[1]。《魏書・世祖紀》載：神元年（428年）九月，「上洛巴渠泉午觸

---

[1] 《魏書》卷一〇六下〈地形志下〉「洛州」原注云：「太延五年置荊州，太和十一年改。治上洛城。」（中華書局1974年版，第2632頁）《魏書》卷六六〈李崇傳〉記李崇於「高祖初，為大使巡察冀州，尋以本官行梁州刺史。時巴氐擾動，詔崇以本將軍為荊州刺史，鎮上洛。……乃輕將數十騎馳到上洛，宣詔綏慰，當即帖然」（中華書局1974年版，第1465頁）。事在太和初年。

等萬餘家內附」；至太延四年（438年），「上洛巴泉菴等相率內附」。泉午觸、泉菴當是同族。北魏據有上洛之地後，蓋利用當地豪族以為治。《周書》卷四四〈泉企傳〉記上洛泉氏史跡甚詳，謂：

　　泉企字思道，上洛豐陽人也。世雄商洛。曾祖景言，魏建節將軍，假宜陽郡守，世襲本縣令，封丹水侯。父安志，復為建節將軍、宜陽郡守，領木縣令，降爵為伯。企九歲喪父，哀毀類於成人。服闋襲爵。年十二，鄉人皇平、陳合等三百餘人詣州請企為縣令。州為申上，時吏部尚書郭祚以企年少，未堪宰民，請別選遣，終此一限，令企代之。魏宣武帝詔曰：「企向成立，且為本鄉所樂，何為舍此世襲，更求一限。」遂依所請。企雖童幼，而好學恬靜，百姓安之。尋以母憂去職。縣中父老復表請殷勤，詔許之。起復本任，加討寇將軍。[1]

　　上洛郡豐陽縣，當即《水經注・沔水中》「甲水」所記元魏上庸郡治，其地當在今陝西山陽縣色河鋪附近[2]。《北史》卷六六〈泉仚傳〉謂：「曾祖景言，魏太延五年率鄉里歸化，仍引王師平商洛。拜建節將軍，假宜陽郡守，世襲本縣令，封丹水侯。」[3]則其曾祖泉景

1　《周書》卷四四〈泉企傳〉，中華書局1971年版，第785頁。
2　《水經注》卷二七〈沔水中〉「甲水」條記甲水「出秦嶺山，東南流，逕金井城南，又東逕上庸郡北，與關衬水合」（楊守敬、熊會貞注疏：《水經注疏》，江蘇古籍出版社1989年版，第2337頁）。甲水即今夾河（金錢河），其上源金井河、馬拜峽河均出秦嶺山脈南坡，流經今柞水縣東境，則金井城當在今柞水縣東境鳳凰鎮附近。甲水東南流所合之關衬水，當即今山陽縣西境的馬灘河，在今色河鋪附近與金井河匯，則北魏所置之東上洛郡（後改上庸郡，治豐陽縣）當即在今山陽縣色河鋪附近。《魏書・地形志》洛州「上庸郡」原注稱：「皇興四年（470年）置東上洛，永平四年（511年）改。」（中華書局1974年版，第2633頁）郡治豐陽縣，太安二年（456年）置。然則，泉氏故里所在之上洛豐陽縣即當在今山陽縣境色河鋪一帶。
3　《北史》卷六六〈泉仚傳〉，中華書局1974年版，第2331頁。泉仚，即《周書》所記之泉企。周一良先生謂《周書》作「企」字誤，當從《北史》作「仚」字，見周一良：《魏晉南北朝史劄記・〈魏書〉劄記》「暄巴三千生啖蜀子」條，中華書局1985年版，第374頁。

言正是在泉午觸、泉韋投附北魏之後不久歸附北朝的。泉景言因此而得世襲本縣令，則泉午觸、泉韋輩當亦得世襲之職。然則，北魏據有商洛之地後，當即援用當地土豪，任為世襲縣令、郡守，其地位即有類於領民酋長。泉企父喪之時，方十二歲，而其鄉人請為縣令，可見出其家族勢力在豐陽無可取代者。

泉企之族本為上洛豐陽人，雖同為泉氏，然與泉午觸、泉韋蓋非一支，其祖、父不過僻處上洛南境山中小縣豐陽縣之土豪；其真正上升為上洛雄豪，則因緣於孝昌間（525—527）蕭寶夤之叛。《周書・泉企傳》謂：

孝昌初，又加龍驤將軍、假節、防洛州別將，尋除上洛郡守。及蕭寶夤反，遣其黨郭子恢襲據潼關。企率鄉兵三千人拒之，連戰數日，子弟死者二十許人，遂大破子恢。以功拜征虜將軍。寶夤又遣兵萬人趣青泥，誘動巴人，圖取上洛。上洛豪族泉、杜二姓密應之。企與刺史董紹宗潛兵掩襲，二姓散走，寶夤軍亦退。遷左將軍、淅州刺史，別封涇陽縣伯，邑五百戶。[1]

「刺史董紹宗」即董紹，故此事亦見於《魏書》卷七九〈董紹傳〉：

蕭寶夤反於長安也，紹上書求擊之，云：「臣當出瞎巴三千，生啖蜀子。」肅宗謂黃門徐紇曰：「此巴真瞎也？」紇曰：「此是紹之壯辭，云巴人勁勇，見敵無所畏懼，非實瞎也。」帝大笑，敕紹速行，又加平西將軍。以拒寶夤之功，賞新蔡縣開國男，食邑二百戶。[2]

---

1 《周書》卷四四〈泉企傳〉，中華書局1971年版，第786頁。
2 《魏書》卷七九〈董紹傳〉，中華書局1974年版，第1759頁。

董紹所謂「瞎巴」，乃指上洛巴渠蠻兵，周一良先生已有辨析。而特以「三千」為言者，蓋即指泉企所部之「鄉兵三千」。在此次事變中，泉企立功甚著，故得任淅州刺史。魏淅州治析陽（在今河南西峽縣），與上洛相鄰，亦為蠻民所聚[1]。魏以泉企為淅州刺史，蓋利用其所部鄉兵及在巴蠻中的影響。但不久即轉任東雍州刺史，離開其上洛根據地。然泉企「在（東雍）州五年，每於鄉里運米以自給」，與其鄉里仍保持密切聯繫。「及齊神武專政，魏帝有西顧之心，欲委企以山南之事，乃除洛州刺史、當州都督。」至此，泉企方得居本州刺史、當州都督，真正成為掌控上洛地區的豪強。

然泉企對於上洛的控制首先受到來自其本族（所謂「巴渠」）的挑戰。孝武西遷，高歡率軍追擊，「企遣其子元禮督鄉里五千人，北出大谷以禦之」，洛州空虛。「上洛人都督泉岳、其弟猛略與拒陽人杜窋等謀翻洛州，以應東軍。企知之，殺岳及猛略等，傳首詣闕，而窋亡投東魏。」圖謀襲擊泉企的泉岳帶都督軍號，杜窋則很可能與泉企家族一樣，是世襲的拒陽縣令。泉企雖然在此次事件中占了上風，但至大統三年（537年），終為杜窋引導下的東魏高敖曹大軍所敗，泉企身死，東魏以杜窋為洛州刺史。「杜窋雖為刺史，然巴人素輕杜而重泉」，泉企二子元禮、仲遵乃「潛與豪右結託，信宿之間，遂率鄉人襲州城，斬窋，傳首長安」，元禮復世襲洛州刺史。

至此，上洛泉氏乃完全裹入東西魏之間的戰事。泉元禮襲任洛州刺史後，即領兵參與了沙苑之役，「為流矢所中，遂卒」。弟仲

1 《魏書‧地形志》析州（當即《周書》所記之「淅州」）領析陽等五郡，其中析陽郡領東析陽、西析陽二縣，治西析陽（中華書局1974年版，第2642～2643頁）。《魏書》卷七七〈辛雄傳〉附〈辛纂傳〉記北魏孝武帝永熙三年（534年）九月，辛纂行西荊州事，兼尚書南道行臺，尋正刺史。「時蠻酋樊五能破析陽郡，應宇文黑獺。纂議欲出軍討之，纂臺郎中李廣謙曰：『析陽四面無民，唯一城之地耳。山路深險，表裡群蠻……』」（中華書局1974年版，第1700頁）又，《周書》卷十六〈獨孤信傳〉記孝武西遷，以信為東南道行臺、荊州刺史，「信至武陶，東魏遣其弘農郡守田八能，率蠻左之眾，拒信於淅陽」（中華書局1971年版，第264頁）。據此，則知淅州一帶也為蠻民所聚。

西魏北周時代「山南」的「方隅豪族」

遵繼任洛州刺史。「仲遵宿稱幹略，為鄉里所歸。及為本州，頗得嘉譽。」大統九年（東魏武定元年，543年），東魏東豫州刺史高仲密據虎牢投附西魏，宇文泰率軍應之，「別遣仲遵隨于謹攻栢谷塢」，「復會大軍戰於邙山」，則此時仲遵當隸屬于謹所部。至大統十三年，復「以仲禮行荊州刺史事」；不久，即「率鄉兵」隨楊忠征伐漢東，下隨郡，「為三荊二廣南雍平信江隨二郢淅等十三州諸軍事，行荊州刺史」，成為西魏賴以征討、控制今南陽、隨棗走廊地區的重要力量之一。

大統十七年，泉仲遵又率所部兵隨王雄南征上津、魏興，「遂於上津置南洛州，以仲遵為刺史。仲遵留情撫接，百姓安之，流民歸附者，相繼而至」。按：南洛州（所改稱上州）所治之上津，在今湖北鄖西縣之上津鎮，與泉氏鄉里之豐陽縣同處甲水（今金錢河）流域，或本即屬泉氏之勢力範圍。泉氏在這一地區的潛勢力似乎很大。據有洵陽（今陝西洵陽縣北）的「蠻帥杜清和自稱巴州刺史，以州入附。朝廷因其所據授之，仍隸東梁州都督。清和以仲遵善於撫禦，請隸仲遵。朝議以山川非便，弗之許也。清和遂結安康酋帥黃眾寶等，舉兵共圍東梁州。復遣王雄討平之。改巴州為洵州，隸於仲遵。先是，東梁州刺史劉孟良在職貪婪，民多背叛。仲遵以廉簡處之，群蠻率服」。杜清和自稱巴州刺史，當出於巴渠杜氏，與泉仲遵同屬巴渠，其所以「請隸仲遵」及朝廷弗許，蓋皆因為此故。杜清和、黃眾寶之叛平定後，朝廷仍以杜清和所領故地隸於仲遵，顯因仍不得不借助泉氏之影響；而「群蠻」之所以「率服」，亦非僅因「仲遵以廉簡處之」，亦與其屬「群蠻」之同族有關。至魏恭帝初（552年），泉仲遵又升任都督金、興等六州諸軍事，金州刺史，直到武成初（559年）卒於任上。仲遵所督之六州，除金（治吉安，在今陝西安康西北）、興（即豐州，治武當，在今湖北丹江口西）二州外，另當包括洵、上（南洛州所改）、羅（治上庸，在今湖北竹山縣境）、遷（治

光遷，在今湖北房縣）四州，包括了今陝東南安康地區東部與鄂西北十堰地區，其所領之民，蓋多為「群蠻[1]」。

因此，當大統末年西魏據有漢川之地後，上洛泉氏的勢力亦向南擴張，這既是上洛泉氏趁機拓展勢力的結果，更是由於西魏（以及北周）之方略即是利用泉氏之類土豪力量以控制新佔領區。在泉氏勢力南移之同時，其根據地上洛則為朝廷所接管，泉氏不得再世襲洛州刺史之職[2]。武成元年泉仲遵卒後，所部可能轉入侯莫陳瓊、賀若敦系[3]。然泉氏在上洛地區之勢力並未完全消亡。其子暅於保定中（561—565年）得「授帥都督，累遷儀同三司」。帥都督、儀同三司一般授予統領鄉兵的軍帥，則泉暅很可能仍留在上洛統率鄉兵。直到隋唐之際，仍見有泉氏在上洛地區活動。《新唐書‧高祖紀》武德元

---

1 西魏、北周金州總管府所督之州，有六州、七州、八州、十一州之別，蓋因時因事之不同而有所差異，而以六州或七州為常制。在領有七州的情況下，當有直州（治安康，在今陝西石泉縣境）。然魏恭帝初，另一山南土豪、安康人李遷哲正任為直州刺史，直州蓋不受金州總管所轄，故仲遵之所督僅有六州。關於金州總管所領諸州及其治地，請參閱王仲犖：《北周地理志》，中華書局1980年版，第392～409頁。

2 蓋仲遵初曾兼任洛州刺史、襲爵上洛郡公。《周書》卷十七〈若干惠傳〉附子鳳傳謂：「魏恭帝三年，除左宮伯。尋出為洛州刺史。」（中華書局1971年版，第282頁）又《周書》卷四一〈庾信傳〉謂：「孝閔帝踐祚，封臨清縣子，邑五百戶，除司水下大夫。出為弘農郡守，遷驃騎大將軍、開府儀同三司、司憲中大夫，進爵義城縣侯。俄拜洛州刺史。」（中華書局1971年版，第734頁）則至遲到泉仲遵出任金州總管後，朝廷即另除洛州刺史，泉氏勢力似乎即被逐漸排除出上洛。仲遵之子暅，「起家本縣令，入為左侍上士。保定中，授帥都督，累遷儀同三司，出為純州防主。建德末，位至開府儀同大將軍」（中華書局1971年版，第789頁）。則曾世襲豐陽縣令，且以帥都督領鄉兵，然迄未得襲任洛州刺史。

3 繼泉仲遵任為金州總管者當為侯莫陳瓊、賀若敦（見《周書》卷十六〈侯莫陳崇傳〉附弟瓊傳，卷二八〈賀若敦傳〉），仲遵所部上洛鄉兵當歸入其部下。又《周書》卷二九〈李和傳〉記保定二年（562年），李和出為洛州刺史，「商洛父老，莫不想望德音。和至州，以仁恕訓物，獄訟為之簡靜」（中華書局1971年版，第498頁）。《李和墓誌》謂和「總率洛、遷、金、上四州士卒，納糧於秭歸、信陵二城，而蠻首向武陵、向天玉等恃險憑山，舊為民害。公因茲耀武，示以威懷，群蠻凶懼，相繼款服」（見陝西省文物管理委員會：〈陝西省三原縣雙盛村隋李和墓清理簡報〉，《文物》1966年第1期；賀華：〈《李和墓誌銘》考補〉，《文博》1998年第4期；羅新、葉煒：《新出魏晉南北朝墓誌疏證》，中華書局2005年版，第325～330頁）。則洛、遷、金、上四州士卒（當即鄉兵）曾參與征伐信州蠻夷之役。

年（618年）十月己亥條記事云：「盜殺商州刺史泉彥宗。」[1]此泉彥宗雖不詳其來歷，然必為藉隋唐亂離之機擁眾自號之土豪，很可能即系出上洛巴渠泉氏。

上洛陽氏的興起歷程與泉氏頗為相似。《周書》卷四四〈陽雄傳〉云：

> 陽雄字元略，上洛邑陽人也。世為豪族。祖斌，上庸太守。父猛，魏正光中，萬俟丑奴作亂關右，朝廷以猛商洛首望，乃擢為襄威將軍、大谷鎮將，帶胡城令，以禦丑奴。[2]

《傳》稱陽氏之貫為上洛邑陽，今校點本《周書》校勘記於此句下引錢大昕《廿二史考異》卷三三所云：「《魏志》（卷一〇六下〈地形志〉下）上洛郡無邑陽縣。《隋志》（卷三〇〈地理志〉下）朱陽郡有邑陽縣。」並加按語稱：「按潼關之南，上洛、朱陽二郡相鄰，邑陽地在其間，或曾改屬。」[3]今考《隋書・地理志》弘農郡「朱陽」縣下原注云：「舊置朱陽郡，後周郡廢。有邑陽縣，開皇末改為邑川，大業初并入。」[4]《魏書・地形志》析州朱陽郡領黃水、朱陽二縣。《元和郡縣圖志》卷六河南道二虢州「朱陽縣」條云：「本漢盧氏縣，屬弘農郡。後魏太和十四年，蠻人樊磨背梁歸魏，立朱陽郡并朱陽縣，令樊磨為太守。」[5]邑陽縣或即設於同時或其後。又上引〈陽雄傳〉謂斌嘗為上庸太守。按《魏書・地形志》洛州「上庸郡」原注：「皇興四年置東上洛，永平四年改。」治豐陽縣。《周

---

1 《新唐書》卷一〈高祖本紀〉，中華書局1975年版，第8頁。
2 《周書》卷四四〈陽雄傳〉，中華書局1971年版，第796頁。
3 《周書》卷四四之〈校勘記〉第26條，中華書局1971年版，第803頁。
4 《隋書》卷三〇〈地理志〉中，中華書局1973年版，第841頁。
5 《元和郡縣圖志》卷六河南道二虢州「朱陽縣」條，中華書局1983年版，第164頁。

書・陽雄傳》又稱朝廷以陽猛為「商洛首望」，則陽氏確出自上洛。然則，陽氏或本居於東上洛郡之豐陽縣，乃泉氏之同鄉；後北移至朱陽郡，因立邑陽縣以處之，因得合稱為上洛邑陽人。蓋上洛本其舊貫，邑陽乃其新居也。由其本居東上洛、陽斌得任上庸太守及邑陽縣隸屬蠻郡朱陽郡觀之，陽氏很可能也出自蠻，或與樊磨同屬廩君蠻 [1]，而與出自巴蠻之上洛泉氏不同。

　　陽氏之初起，或較泉氏稍晚，大抵在皇興四年（470年）北魏在陽氏故里置東上洛郡前後；其北遷，則或在太和十四年（490年）北魏置朱陽郡之前不久。陽氏北遷後所居之邑陽縣在隋時朱陽縣境，大抵在今河南靈寶縣西南境 [2]。至孝昌末（527年），陽猛得任大谷鎮將、帶胡城令[2]，所部鄉兵當屯駐於胡城一帶（在今靈寶縣西境）[3]，其地南距邑陽縣蓋不足百里。陽猛得居此一要地，遂得於魏末亂局中發揮獨特作用：「及元顥入洛，魏孝莊帝度河，范陽王誨脫身投猛，猛保藏之。及孝莊反正，由是知名。俄而廣陵王恭偽暗疾，復來歸猛，猛亦深相保護。」故至孝武帝即位（532年），陽猛遂得行河北郡守（治大陽，在今山西平陸），復轉華山郡守（治鄭縣，在今陝西華縣），然一直未遠離其邑陽、胡城間的根據地。

　　陽氏既據交通要道之上，雖可乘機取利，然亦易受攻擊。「及孝武西遷，猛率所領，移鎮潼關。」潼關棄守後，「猛於善渚谷立

1　樊氏為廩君蠻著姓之一，見《後漢書》卷八六〈南蠻傳〉，中華書局1965年版，第2840頁。
2　《水經注》卷四〈河水四〉「門水」條記門水（今澗河）東北流，歷邑川，合濁水。濁水出衡嶺山，東北流，「逕邑川城南，即漢封寶門之故邑，川受其名」，是濁水亦得稱為邑川水（楊守敬、熊會貞注疏：《水經注疏》，江蘇古籍出版社1989年版，第330~333頁）。「邑陽」之名，或即得自邑川水。
3　《水經注》卷十五〈洛水〉記漢靈帝中平元年（184年），置函谷、大谷等八關（楊守敬、熊會貞注疏：《水經注疏》，江蘇古籍出版社1989年版，第1310頁）。其中大谷關（又作「太谷關」），據《元和郡縣圖志》卷五河南道一河南府「潁陽縣」下所記，在唐時潁陽縣西北四十五里（中華書局1983年版，第138頁），當在今偃師市東南境之大口鎮附近，已在洛陽之東南，不當關洛孔道，距胡城更遠。陽猛所鎮之大谷，必在胡城附近，今靈寶西境。

西魏北周時代「山南」的「方隅豪族」

柵，收集義徒。授征東將軍、揚州刺史、大都督、武衛將軍，仍鎮善渚。大統三年，為寶泰所襲，猛脫身得免」。按：善渚谷當在陽氏根據地邑陽境內，陽猛方得於其地立柵，「收集義徒」；揚州，當作「陽州」，蓋東魏嘗於宜陽郡（治在今河南宜陽縣西）立陽州，其地正處邑陽之東，故西魏任陽猛以陽州刺史、帶「征東」軍號[1]。善渚敗後，陽氏義從損折殆盡，故宇文泰「仍配兵千人，守牛尾堡」，陽猛復進擊東魏弘農郡，獲其太守淳于業。

善渚敗後，陽氏殘部當即納入西魏軍隊系統。《周書・陽雄傳》謂大統三年宇文泰東征，陽雄「從于謹攻盤豆柵，復從李遠經沙苑陣，並力戰有功。……後入洛陽，戰河橋，解玉壁圍，迎高仲密，援侯景，並預有戰功」。凡此諸役，李遠均得參與[2]，故陽雄很可能隸屬於李遠所部。陽雄因功「前後增邑四百五十戶，世襲邑陽郡守」，當如泉氏世襲上洛郡守相類。

大統末，陽雄隸宇文虬部，南下魏興；復從豆盧寧，進擊江陵，顯然都是西魏軍隊的大規模軍事行動。大約在魏恭帝末年（556年），陽雄被任為洵州刺史。洵州與陽氏舊貫之南上洛相鄰，亦為巴蠻集聚區。《周書》本傳云：「俗雜賨、渝，民多輕猾。雄威惠相濟，夷夏安之。」其時泉仲遵正以金州總管兼督洵州，復以陽雄為洵州刺史，顯然別有深意。不久，陽雄復轉任新置之平州刺史：「蠻帥文子榮竊據荊州之汶陽郡，又侵陷南郡之當陽、臨沮等數縣。詔遣開府賀若敦、潘招等討平之。即以其地置平州，以雄為刺史。……時寇亂之後，戶多逃散，雄在所慰

---

1 《魏書・地形志》「陽州」原注：「天平初置，尋陷，武定初復。」領宜陽、金門二郡（中華書局1974年版，第2567頁）。《周書》卷四三〈陳忻傳〉：「（大統）三年，太祖復弘農，東魏揚州刺史段琛拔城遁走。……東魏遣土人牛道恆為揚州刺史，忻率兵擊破之。」所見之「揚州」皆當為「陽州」之訛誤，今標點本已據《資治通鑑》所記改（第778頁）。另請參閱王仲犖：《北周地理志》，中華書局1980年版，第587～589頁。
2 《周書》卷二五〈李賢傳〉附〈李遠傳〉，中華書局1971年版，第418～421頁。

撫，民並安輯。」陽雄屢任蠻州，與其很可能出身巴蠻，當不無關係。

要之，上洛泉氏與陽氏本皆僻處山間之土豪，勢力甚微，雖自北魏前中期相繼投附北朝後，地位與實力漸次上升，然其真正崛起，則因緣於北魏末年孝昌間關中之變亂；至孝武西遷，東、西魏交爭，泉、陽諸氏據守要害，力助宇文氏，復以所部鄉兵從征，數立戰功，成為西魏統治集團之一分子；至大統末，又參與南征上津、魏興之役，勢力向南擴張，成為西魏藉以控制新佔領區的重要力量。

（二）安康李氏與儻城楊氏

如果說上洛泉、陽二氏的興起與發展主要是在北魏控制下展開的話，安康李氏與儻城楊氏早年的發展與活動背景則更為複雜。《周書》卷四四〈李遷哲傳〉云：

> 李遷哲字孝彥，安康人也。世為山南豪族，仕於江左。祖方達，齊末為本州治中。父元真，仕梁，歷東宮左衛率、東梁衡二州刺史、散騎常侍、沌陽侯。遷哲……起家文德主帥，轉直閤將軍、武賁中郎將。及其父為衡州，留遷哲本鄉，監統部曲事。時年二十，撫取群下，甚得其情。大同二年，除安康郡守。三年，加超武將軍。太清二年，移鎮魏興郡，都督魏興、上庸等八郡諸軍事，襲爵沌陽侯，邑一千五百戶。四年，遷持節、信武將軍、散騎常侍、都督東梁洵興等七州諸軍事、東梁州刺史。及侯景篡逆，諸王爭帝，遷哲外禦邊寇，自守而已。[1]

按：《華陽國志》卷二〈漢中志〉魏興郡下有「安康縣」，

---

1 《周書》卷四四〈李遷哲傳〉，中華書局1971年版，第790頁。

西魏北周時代「山南」的「方隅豪族」

349

「本安陽縣，太康中改」。其治所當在今石泉縣城稍東處[1]。《水經注‧沔水上》云：「漢水又東歷敖頭，舊立倉儲之所，傍山通道，水陸險湊。魏興安康縣治，有戍，統領流雜。」[2]則其地當為「流雜」所聚。據《宋書‧州郡志》「安康太守」條所記，安康郡乃「宋末分魏興之安康縣及晉昌之寧都縣立」，其中寧都縣所領，即為「蜀郡流民[3]」。上引〈李遷哲傳〉但稱其為「安康人，世為山南豪族」，則非出於「流」，或屬於「雜」，很可能亦出於巴[3]。

李氏之初興，或即在齊梁之際。《舊唐書‧李襲志傳》稱李氏原為隴西狄道人，五葉祖景（當即遷哲之祖方達）「避地安康」。其說雖不可信，但曲折反映出李氏在李景時方在地方上嶄露頭角[4]。遷哲父任為東梁州刺史之時間不詳，但其改任衡州之時間，據遷哲時年二十之記載，可推定當在梁武帝中大通三年（530年）[5]，則元真之任東梁州刺史必在此前。而東梁州卻並非蕭梁所初置。《魏書》卷七一〈淳于誕傳〉稱：「（孝昌）三年，朝議以梁

---

1 常璩撰、任乃強校注：《華陽國志校補圖注》卷二〈漢中志〉，上海古籍出版社1987年版，第83頁。又，《太平寰宇記》卷一四一金州「漢陰縣」云：「本漢安陽縣，屬漢中郡。有安陽故城，在今縣西二十四里，即今敖口東十五里漢江之北故城是也。晉太康元年更名安康縣。《太康地記》及《太康志》、臧榮緒《晉書‧地理志》並屬魏興郡。宇文周始從舊縣移於今所。唐至德二年改安康為漢陰。」（中華書局2007年版，第2732頁）唐宋漢陰縣在今石泉縣東之池河鎮，漢安陽縣、晉宋齊魏安康縣更在其西二十四里處，則當在今池河入漢之口，或更在其西，即今石泉縣城稍東處。

2 楊守敬、熊會貞注疏：《水經注疏》卷二七〈沔水上〉，江蘇古籍出版社1989年版，第2329～2330頁。

3 《宋書》卷三七〈州郡志三〉，中華書局1974年版，第1153頁。

4 上引《周書‧李遷哲傳》謂其祖方達於齊末為本州（當即梁州）治中，父元真仕梁為東宮左衛率，似不可信。東晉南朝治中為州府僚佐上綱，地位甚為尊崇。且據《宋書‧百官志》：「治中主眾曹文書事」（中華書局1974年版，第1257頁），當系文職僚佐。遷哲及其父元真均起家武職，顯然非以文辭傳家，其祖何以遽然得任梁州州府僚佐之上綱？太子左衛率為東宮官屬，向屬清顯之職，李元真以方隅土豪，何以得任此職？蓋《周書》所據當為唐初傳世之李氏家傳（當出自李襲志之族），其中必多虛誇，有關遷哲父、祖仕宦之記載，不能盡信。

5 《周書‧李遷哲傳》記遷哲卒於周武帝建德三年（574年），年六十四歲；當其父轉任衡州刺史時，遷哲「時年二十」。然則，李元真受任衡州刺史之年當即在梁武帝中大通二年（北魏長廣王建明元年，530年）或其前後。

州安康郡阻帶江山，要害之所，分置東梁州，仍以誕為鎮遠將軍、梁州刺史。」[1] 事在梁武帝大通元年（527年）。淳于誕於永安二年（529年）卒於東梁州刺史任上，魏軍蓋於此前後退出安康郡。很可能李元真遂於此時自稱東梁州刺史，並以其地投附於梁。蓋因東梁州並非梁置，元真刺史之任亦非出於梁授，故蕭梁穩定控制其地之後，旋即將元真調任衡州[2]。元真轉任衡州後，「留遷哲本鄉，監統部曲事」，則知李氏部曲仍留在安康。後遷哲得任安康郡守、都督魏興等八郡及東梁州刺史，所依靠者當即其部曲武裝；遷哲戰敗後，降於達奚武，仍受到禮遇與重任，根本原因也在於擁有一支部曲武裝。

因此，安康李氏之逐漸興起，實際上是在正始二年（梁天監四年，505年）北魏據有漢中之後，很可能與泉氏一樣，也是北魏賴以實際控制山南方隅之區的土豪勢力；李氏在北魏統治背景下團聚鄉兵，成為地方實力派，復趁北魏退出漢中、安康之機，投附南朝蕭梁，得以繼續保領其部曲鄉兵；李氏入梁後，復利用梁、魏爭奪漢中、魏興的形勢，實力不斷增加，成為魏興、安康地區實力最強的地方豪強[4]。

儻城楊氏也是在北魏據有漢中之後逐漸興起的。《周書·楊乾運傳》云：

楊乾運字玄遽，儻城興勢人也。為方隅豪族。父天興，齊安康

---

1 《魏書》卷七一〈淳于誕傳〉，中華書局1974年版，第1593頁。其時北魏正與蕭梁為爭奪漢中展開拉鋸戰（參閱李文才：《南北朝時期益梁政區研究》，商務印書館2002年版，第383～392頁），梁方控制魏興，而魏軍控制漢中，安康、直城一帶正處於雙方對峙的中間地帶。北魏在安康設立東梁州，正是為適應此種戰爭形勢的需要。
2 梁據有安康後，似未繼續設立東梁州，《梁書》未見繼李元真任東梁州刺史者。直到太清末年（549年），方任李遷哲為東梁州刺史，復置東梁州；然此時復置之東梁州治魏興郡，非在安康郡。

西魏北周時代「山南」的「方隅豪族」

郡守。乾運少雄武，為鄉閭所信服。弱冠，州辟主簿。孝昌初，除宣威將軍、奉朝請，尋為本州治中，轉別駕，除安康郡守。大統初，梁州民皇甫圓、姜晏聚眾南叛，梁將蘭欽率兵應接之。以是漢中遂陷，乾運亦入梁。梁大同元年，除[飆]（飄）武將軍、西益潼刺史，尋轉信武將軍、黎州刺史。太清末，遷潼南梁二州刺史，加鼓吹一部。[1]

按：西魏北周儻城郡治於灙水入沔處之灙城（今陝西洋縣），興勢縣則在其西北二十里、灙水東岸之興勢山上[2]。《太平寰宇記》卷一三八洋州興道縣「興勢山」條謂：興勢山「自然隴勢，形如一盆，緣外險而內有大谷，為盤道上數里，方及四門，因為興勢之名」。則興勢縣居山間盆地中，立有城壁，是典型的塢堡之屬。宋齊之世，興勢均未置縣，蓋以其僻處山中，不聞於世之故。楊氏世居其中，並不顯達，乾運父仕齊為安康郡守一事，不足憑信。據《魏書・地形志》，魏置興勢縣在延昌三年（515年），已是北魏據有漢中之地後十年。楊乾運「為鄉閭所信服」、州辟主簿或即在前後。北魏州主簿亦為州府僚佐之要職，地位僅次於治中，例由刺史自辟，任其職者皆州內大姓子弟，其年齡多在弱冠。主簿為門下屬吏，任斯職者多與刺史關係親近[3]。孝昌中（525—527年），楊乾運相繼升任梁州治中、別駕，位居州府僚佐之上綱，自深得刺史之

1　《周書》卷四四〈楊乾運傳〉，中華書局1971年版，第793頁。

2　王仲犖《北周地理志》卷四山南上梁州「儻城郡」下謂儻城郡治龍亭縣，在洋縣東十八里（中華書局1980年版，第326頁）。今考《太平寰宇記》卷一三八洋州興道縣下記有「龍亭故城」，謂：「漢為［亭］（縣），廢城在今縣東。又《梁州記》云：龍亭縣屬儻城郡。」（中華書局2007年版，第2690頁）則龍亭縣顯系儻城郡屬縣，而非儻城郡治。儻城郡治當在儻城。參閱《太平寰宇記》卷一三八洋州「興道縣」條（中華書局2007年版，第2689頁）。

3　參閱嚴耕望：《中國地方行政制度史・魏晉南北朝地方行政制度》，上海古籍出版社2007年版，第549～553頁。

信重 [1]。然其時乾運既職任僚佐，似未擁有部曲。可能直到他得除安康郡守，方著手經營自己的部曲 [2]。

楊乾運既任梁州治中、別駕經年，復以安康郡守身分經營部曲，故在漢中有相當大的潛勢力。至梁大同元年（西魏大統元年，535年），梁復漢中，雖仍任用楊氏，然與對待安康李氏一樣，將楊氏調離漢中，相繼任以西益潼、黎、南梁諸州刺史。西益潼州乃所謂雙頭州，治巴西郡（在今四川綿陽東），後改為潼州；黎州即北魏所置之西益州，治晉壽郡（在今四川廣元境）；南梁州則與此巴州同治於閬中（在今四川閬中）[3]。凡此諸州，均在劍閣內外、西漢水與涪水之間，乾運據有其地，苦心經營十數年，遂成為於益、梁政局舉足輕重的一支力量。

李遷哲與楊乾運附魏之途全然不同：李遷哲是戰敗歸降，楊乾運卻是主動投附。就西魏方面而言，似應以乾運較得親信，畀以重任。然事實卻並非如此。

遷哲被執送京師後不久，山南發生變亂，「直州人樂熾、洋州人田越、金州人黃國等連結作亂」。凡此諸人，當與李遷哲一樣，都是山南土豪，故宇文泰「以遷哲信著山南，乃令與（賀若敦）同往經略」；而遷哲

1　孝昌間，北魏梁州刺史為傅豎眼。《魏書》卷七〇〈傅豎眼傳〉云：「（延昌元年）仍轉梁州刺史，常侍、將軍如故。梁州之人既得豎眼為牧，人咸自賀。而豎眼至州，遇患不堪綜理，其子敬紹險暴不仁，聚貨耽色，甚為民害，遠近怨望焉。……敬紹頗覽書傳，微有膽力，而奢淫倨儻，輕為殘害。又見天下多事，陰懷異圖，欲杜絕四方，擅據南鄭，令其妻兄唐崐崙扇擾於外，聚眾圍城，敬紹謀為內應。賊圍既合，其事洩露，在城兵武執敬紹，白豎眼而殺之。豎眼恥恚發疾，遂卒。」（中華書局1974年版，第1560頁）在這一系列變亂中，楊乾運職居梁州僚佐之首，自當擁有相當權力。

2　楊乾運所任郡守之安康郡，當是梁州之安康郡，而非東梁州之安康郡。《魏書·地形志》於梁州、東梁州下均記有安康郡，梁州安康郡領安康、寧都二縣，而東梁州安康郡領安康一縣。此種一郡二屬情況，固然是《魏書》編纂義例不純所致，然亦曲折反映出北魏對安康郡的控制屢有變化。楊乾運之得任梁州安康郡守，顯然是在傅豎眼大敗梁將錫休儒、司馬魚和於直城之後。考慮到其後安康郡實處於東梁州刺史淳于誕控制之下，乾運所任郡守的梁州安康郡很可能是僑郡。

3　參見王仲犖：《北周地理志》，中華書局1980年版，第278～280、307～309、340～344頁。

西魏北周時代「山南」的「方隅豪族」

一到，「熾等或降或獲，尋並平蕩」。變亂平定後，李遷哲即得任直州刺史，「即本州也」。

此後，李遷哲率領部曲參加了征討巴峽之役，「凡下十八州，拓地三千餘里」，勢力迅速擴展到三峽地區，並於明帝初（558年）得任信州刺史、都督信臨等七州諸軍事。在這些征戰過程中，李遷哲所部亦逐步壯大[1]，成為西魏北周賴以控扼巴漢荊襄的重要力量之一。至天和四年（569年），「詔遷哲率金、上等諸州兵鎮襄陽」，則南下信州的泉仲遵所部鄉兵及其他豪酋部曲也均歸入遷哲部下。時衛公直以襄州總管節制荊、安、江陵諸管，所依賴之主要兵力即李遷哲部。故天和五年江陵告急，宇文直即命遷哲率部往救之，負責防守江陵外城。

李遷哲於建德三年（574年）卒後，其子敬猷嗣，「還統父兵，起家大都督」，繼續控制李家部曲。入隋以後，敬猷仕至台州刺史，仍襲爵安康郡公。其子襲志仕隋為始安郡丞。隋末亂離，「襲志散家產，招募得三千人以守郡城」。有郡人勸襲志曰：「公累葉冠族，久臨鄙郡，蠻夷畏威，士女悅服，雖曰隋臣，實我之君長。今江都篡逆，四海鼎沸，王號者非止一人，公宜因此時據有嶺表，則百越之人皆拱手向化，追蹤尉他，亦千載一遇也。」襲志雖不聽從，然據此可見出李氏一直頗得蠻夷畏服，被蠻夷視為「我之君長」，必有其故。襲志弟襲譽，隋末為冠軍府司兵。「時陰世師輔代王為京師留守，所在盜賊蜂起。……（襲譽）乃求外出募山南士馬，世師許之。既至漢中，會高祖定長安，召授太府少卿，封安康郡公，仍令與兄襲志附籍於宗正。」高祖諭襲志書中謂：「卿之子弟，並據州縣，俱展誠績」，則其時襲譽或已利用李氏故有之影

---

1 隆州蠻酋蒲微叛，遷哲「率兵七千人進擊之，拔其五城」，則知遷哲所部當不止七千人。見《周書·李遷哲傳》，中華書局1971年版，第792頁。

響，據有安康等地。正由於李氏家族有很大的潛勢力，立足未穩的李唐王朝才將安康李氏「併入屬籍，著於宗正[1]」。

楊氏入魏、周後的遭際卻與李氏大異。當楊氏送款關中時，宇文泰曾「密賜乾運鐵券，授使持節、驃騎大將軍、開府儀同三司、侍中、梁州刺史、安康郡公」，命其接應尉遲迥入蜀。然尉遲迥甫入劍閣，似即奪乾運兵權。《周書》卷十一〈晉蕩公護傳〉附〈叱羅協傳〉謂協從尉遲迥伐蜀，「既入劍閣，迥令協行潼州事」。然魏軍之舉措激起事變：「時有五城郡氐酋趙雄傑等扇動新、潼、始三州民反叛，聚結二萬餘人，在州南三里，隔涪水，據槐林山，置柵拒守。梓潼郡民鄧朏、王令公等招誘鄉邑萬餘人，復在州東十里，涪水北，置柵以應之。同逼州城。城中糧少，軍人乏食。協撫安內外，咸無異心。」[2]此次變亂聲勢浩大，亂民都來自楊乾運經營十數年的潼、始（即安州所改）二州及其以南之新州（治昌城，在今四川三臺），很可能與楊乾運軍權被奪有關，而乾運實力經此之役後亦大抵折損殆盡。或因此故，乾運於平蜀之後入長安覲見，雖頗受禮遇，卻未得重用，旋卒；其子端雖得嗣為梁州刺史，然未見實任；婿樂廣雖仍任安州刺史，而尉遲迥另以郭賢行安州事[3]，蓋奪其實權。只有乾運之侄楊略「以歸附功，拜車騎大將軍、儀同三司。頻從征討」。後位至開府儀同大將軍。很可能正是由於楊略首倡附魏，而得宇文氏之信任，遂領乾運餘部。

綜上可知：安康李氏、儻城楊氏均在北魏據有梁州後漸次興起，並在魏、梁爭奪漢中的過程中積聚力量，逐步發展；蕭梁重新據有漢中後，二氏均得繼續維持已有勢力，並有所擴張；至西魏末年南定梁、益，二氏相繼投附西魏，李氏勢力大幅度向南擴張，而

1 並見《舊唐書》卷五九〈李襲志傳〉，及附弟襲譽傳，中華書局1975年版，第2330～2332頁。
2 《周書》卷十一〈晉蕩公護傳〉附〈叱羅協傳〉，中華書局1971年版，第178～179頁。
3 見《周書》卷二八〈權景宣傳〉附〈郭賢傳〉，中華書局1971年版，第481頁。

西魏北周時代「山南」的「方隅豪族」

楊氏部曲則為魏軍所並。

（三）襄陽席氏

與泉、陽、李、楊諸氏皆出自土著不同，襄陽席氏是北方南來的移民。《周書》卷四四〈席固傳〉云：

> 席固字子堅，其先安定人也。高祖衡，因後秦之亂，寓居於襄陽。仕晉，為建威將軍，遂為襄陽著姓。[1]

則席氏之南來，是在北方所謂「胡亡氐亂」之後。《宋書·州郡志》「雍州刺史」條謂：「胡亡氐亂，雍秦流民多南出樊沔。晉孝武始於襄陽僑立雍州，並立僑郡縣。」[2] 席氏正是東晉後期南出樊沔的雍秦流民之一。然晉宋立於襄陽週圍之僑郡縣並無安定郡或其屬縣，則南來之席氏聲名甚微，戶口亦非繁[5]。「建威將軍」，晉時似無此軍號，故席固高祖席衡為晉建威將軍，「遂為襄陽著姓」云云，當係虛辭。

襄陽席氏之起，蓋始於齊梁之際。《梁書》卷十二〈席闡文傳〉謂席闡文為安定臨涇人，「少孤貧，涉獵書史。齊初，為雍州刺史蕭赤斧中兵參軍，由是與其子蕭穎胄善[3]」。席闡文當為席固同族，然則宋齊之際，席氏尚微。闡文起家中兵參軍，後追隨蕭穎胄，齊末仕至西中郎中兵參軍，領荊州城局。蕭衍據雍州起事，闡文參與謀議，故入梁之後得任為都官尚書、東陽太守，然旋病卒。席固之入仕，雖已在闡文卒後，然二者或不無關聯。

至大同中（535—545年），席固已得任齊興郡守。《周書·席固傳》稱：「屬侯景渡江，梁室大亂，固久居郡職，士多附之，遂有親

---

1 《周書》卷四四〈席固傳〉，中華書局1971年版，第798頁。
2 《宋書》卷三七〈州郡志三〉「雍州刺史」條，中華書局1974年版，第1135頁。
3 《梁書》卷十二〈席闡文傳〉，中華書局1973年版，第219頁。

兵千餘人。梁元帝嗣位江陵，遷興州刺史。於是軍民慕從者，至五千餘人。」則席固初任齊興郡守時，並無部曲，與以流民帥得任郡守者不同；典郡既久，且值世亂，方經營部曲。至其擁五千之眾，已是梁末。《太平寰宇記》卷一四三山南東道「均州」下云：「齊永明七年，於今鄖鄉縣置齊興郡。〈輿地志〉云：梁武帝以此郡為南始平郡，復有武功、武陽二縣，仍屬南雍州。太清元年，於梁州之齊興郡置興州。」[1]則梁時嘗改齊興郡為南始平郡，蓋其地或多始平移民；太清元年（547年）所置之興州另領有始平郡（治武當，在今湖北丹江口西），亦屬僑郡；則席固所團聚之「軍民」，很可能也主要是南來之北人。

　　齊興北接上洛、丹淅，處南北邊界之上。當梁室分崩、東西魏交爭之際，去從實難決斷。《周書》本傳云：

　　固遂欲自據一州，以觀時變。後懼王師進討，方圖內屬。密謂其腹心曰：「今梁氏失政，揚都覆沒，湘東不能復仇雪恥，而骨肉相殘。宇文丞相創啟霸基，招攜以禮。吾欲決意歸之，與卿等共圖富貴。」左右聞固言，未有應者。

　　席固之左右腹心起初並不贊同北投宇文，席「固更諭以禍福，諸人然後同之」，此種態度，很可能反映了南來北人的共同傾向。或正因為此故，雖然席固據地歸附正當其時[2]，然入魏之後，並未受到信任。《周書》卷三六〈令狐整傳〉云：

1　《太平寰宇記》卷一四三，山南東道二，「均州」，中華書局2007年版，第2778頁。
2　《周書》本傳謂：「是時，太祖方欲南取江陵，西定蜀漢，聞固之至，甚禮遇之。乃遣使就拜使持節、驃騎大將軍、開府儀同三司、大都督、侍中、豐州刺史，封新豐縣公，邑二千戶。」

西魏北周時代「山南」的「方隅豪族」

　　初，梁興州刺史席固以州來附，太祖以固為豐州刺史。固蒞職既久，猶習梁法，凡所施為，多虧治典。朝議密欲代之，而難其選。遂令整權鎮豐州，委以代固之略。整廣布威恩，傾身撫接，數月之間，化洽州府。於是除整豐州刺史，以固為湖州。豐州舊治，不居人民，賦役參集，勞逸不均。整請移治武當，詔可其奏。獎勵撫導，遷者如歸，旬月之間，城府週備。固之遷也，其部曲多願留為整左右，整諭以朝制，弗之許也，流涕而去。[1]

　　其事在周孝閔帝踐祚之後，席固北投已歷七八年之久。顯然，席固猶習梁法、多虧治典云云，皆係託辭；朝廷不能容忍此一地方勢力長久自立，方為實情。令狐整領兵出鎮豐州（興州所改），且「廣布威恩，傾身撫接」，方得代刺豐州；又移治武當，離開了席固的根據地齊興郡，才將席固之影響基本清除。

　　席固被調離豐州時，其部曲多為令狐整所留，納入周軍系統。席固雖得轉任湖州（治湖陽，在今河南唐河南境）、昌州（治廣昌，在今湖北棗陽），但實力既失，「心不自安」，實已無能作為。然席氏蓋頗知禮法，以孝友傳家，「為州里所稱」，其子世雅「少以孝聞」，故席固於保定四年（564年）卒後，席氏家族或得保不衰。其子世雅仕至順直二州刺史、大將軍，世英仕至上開府儀同大將軍。至唐開元、天寶中，席固七世孫席豫、席晉「俱以詞藻見稱」，豫官至吏部侍郎、中書左丞、禮部尚書[2]。

　　綜上所考，可以認知︰泉、陽、李、楊、席諸氏山南方隅豪族，雖然初興之時間或有早晚，但大抵皆在蕭梁中期（北魏孝明帝至孝武帝時期以至西魏大統初年，約515—535年間）漸次成為擁有

1　《周書》卷三六〈令狐整傳〉，中華書局1971年版，第643頁。
2　《舊唐書》卷一九〇中〈文苑傳〉「席豫」，中華書局1975年版，第5035～5036頁；《新唐書》卷一二八〈席豫傳〉，中華書局1975年版，第4467～4468頁。

相當實力的地方豪強（席固成為地方豪強稍晚）[1]，並在梁魏爭奪漢中、東西魏交爭以及西魏南進梁、益、雍、荊以及西魏北周南下巴峽、荊湘的一系列戰事中，不斷擴展實力。就大端而言，其興起之契機乃是北魏據有上洛、漢中，魏、梁爭奪漢中，以及東西魏在關洛間的交爭；其興起的時間，大抵較陳寅恪先生所論之侯安都、侯瑱、歐陽頠、徐世譜、熊曇朗、周迪、留異、陳寶應諸氏早十餘年乃至數十年，故可視為此類「岩穴村屯之豪長」普遍崛起之先聲；其去向，則大抵以北投宇文氏為主，並成為西魏北周平定山南、劍南、巴峽地區以及控制新佔領區所依靠的重要力量，亦與侯安都等多歸依新興之陳朝、成為陳朝統治依恃之軍事政治基礎不同。

二、山南方隅豪族北附的原因

魏宣武帝正始二年（梁武帝天監四年，505年），邢巒受命接應叛梁入魏之夏侯道遷，擊敗梁將孔陵等，據有梁州十四郡之地；邢巒復上表魏宣武帝，請乘勝取蜀。他表陳取蜀之利便數端，中謂：

巴西、南鄭，相離一千四百，去州迢遞，恆多生動。昔在南之

1 《周書》、《北史》所記另兩支山南方隅豪族，上甲扶氏、南安任氏，亦大抵興起於蕭梁中期。《周書》卷四四〈扶猛傳〉云：「扶猛字宗略，上甲黃土人也。其種落號白獸蠻，世為渠帥。猛，梁大同中以直後出為持節、厲鋒將軍、青州刺史，轉上庸新城二郡守、南洛北司二州刺史，封宕渠縣男。及侯景作亂，猛乃擁眾自守，未有所從。」（中華書局1971年版，第795頁）「直後」為衛府屬官，掌宮掖宿衛侍從。則扶猛或嘗入都宿衛，後回鄉統領部曲，事在梁武帝大同中（535—545年）。同書卷〈任果傳〉云：「任果字靜鸞，南安人也。世為方隅豪族，仕於江左。祖安東，梁益州別駕、新巴郡守、閬中伯。父褒，龍驤將軍、新巴南安廣漢三郡守、沙州刺史、新巴縣公。」（中華書局1971年版，第799頁）任果祖、父二輩均任為新巴郡守，推測其祖安東初任新巴郡守當在蕭梁早中期。

西魏北周時代「山南」的「方隅豪族」

日，以其統縮勢難，故增立巴州，鎮靜夷獠，梁州藉利，因而表罷。彼土民望，嚴、蒲、何、楊，非唯五三，族落雖在山居，而多有豪右，文學箋啟，往往可觀，冠帶風流，亦為不少。但以去州既遠，不能仕進，至於州綱，無由廁跡。巴境民豪，便是無梁州之分，是以鬱怏，多生動靜。比〔道遷〕建〔義〕（議）之始，嚴玄思自號巴州刺史，克城以來，仍使行事。巴西廣袤一千，戶餘四萬，若於立州，鎮攝華獠，則大帖民情。從墊江已還，不勞征伐，自為國有。[1]

又《魏書・獠傳》云：「其後朝廷以梁益二州控攝險遠，乃立巴州以統諸獠。後以巴酋嚴始欣為刺史。」[2] 周一良先生謂：「嚴玄思、嚴始欣蓋皆當地巴人中之豪右也。」[3] 嚴、蒲、何、楊諸巴西豪族，既不能仕進，乃無由「廁跡（梁）州綱」，「是以鬱怏，多生動靜」（《資治通鑒》所引作「多生異圖」），故邢巒以為彼等可能與魏軍合作。事實也確實如此。在魏（包括後來的西魏）、梁爭奪梁漢巴蜀的過程中，這些在齊梁之世未得仕進、無預州綱（更遑論朝政）的山南豪右，確有相當部分投附北朝，成為魏（周）征伐、控扼南方地區所可憑靠的重要力量。

雖然附魏之原因與境況各不相同，更有主動與被動之別[4]，然概而言之，凡附魏之山南豪右，大抵皆為在南朝未得仕進或仕途不順、或備受壓迫者。上洛泉氏入魏之前本無任何官職，入魏後得世

1　《魏書》卷六五〈邢巒傳〉，中華書局1974年版，第1442頁。《資治通鑒》卷一四六，天監四年十一月下所錄邢巒上表（中華書局1956年版，第4554頁），文字與此略異，可參看。

2　《魏書》卷一〇一〈獠傳〉，中華書局1974年版，第2250頁。

3　周一良：《魏晉南北朝史劄記・〈魏書〉劄記》「巴州」條，中華書局1974年版，第393～394頁。

4　如李遷哲即為戰敗後降附，而楊乾運則基本上屬於主動投附，故《周書》卷四四末「史臣」論曰：「觀遷哲之對太祖，有尚義之辭；乾運受任武陵，乖事人之道。若乃校長短，比優劣，故不可同年而語矣。」（中華書局1971年版，第800頁）。

襲本縣令；而由其本居上洛南部之豐陽，後漸次北移進入上洛郡之中心地帶觀之，泉氏在豐陽故地很可能受到來自南朝或南朝支持的當地其他土豪勢力的壓迫。上洛陽氏亦不斷北移，可能也出於同樣的原因。儻城楊氏本僻處山中，默默無聞，幸藉魏軍進據梁漢之機，方得走出山谷，博取功名。魏軍退出梁漢後，楊氏雖仍得梁朝任用，然以其起家於魏之經歷，很難得到真正之信任：魏軍已南下漢中，楊乾運求為梁州刺史，梁武陵王蕭紀仍不見許[1]，正可見出楊氏實深受疑忌。楊氏以儻城土豪，卻領部曲輾轉於劍閣內外，求為本州（梁州）而不能得，其不滿之情概可想見。乾運侄楊略說乾運送款關中之辭謂：

自侯景逆亂，江左沸騰，今大賊初平，生民離散，理宜同心勠力，保國寧民。今乃兄弟親尋，取敗之道也。可謂朽木不雕，世衰難佐。古人有言：「危邦不入，亂邦不居」；又云：「見機而作，不俟終日。」今若適彼樂土，送款關中，必當功名兩全，貽慶於後。[2]

將蕭氏兄弟徑稱為「不雕」之「朽木」，決絕之意溢於言表。南安任氏更是長期在梁、南秦、益三州交界處流移，後終得在新巴境內獲得立足之地，然其地即偏僻狹促，復受周邊大豪之壓迫，難以安居[6]。任果不避險遠，投附西魏，實為謀求生存之不得不然也。

表面觀之，安康李氏、儻城楊氏在南朝均出仕郡、州，家世榮顯，然細究其實，並不盡然。二氏之起，實緣於北魏之據有漢中，其起家之職，蓋皆出魏授；入梁之後，李元真雖得充東梁

1　《資治通鑒》卷一六五，承聖二年五月乙丑，中華書局1956年版，第5099～5100頁。
2　《周書》卷四四〈楊乾運傳〉，中華書局1971年版，第794頁。

西魏北周時代「山南」的「方隅豪族」

州刺史，然旋改任衡州，顯見其未得蕭梁之真正信任，欲借此以削奪其勢力。其時遷哲年方二十，留本鄉監統部曲，並無名號，賴其善於「撫馭群下，甚得其情」，方使李氏家道不墜反升。後遷哲擁部曲而得任東梁州刺史，實為因時藉勢而成，故遷哲所謂「世荷梁恩」云云，不過虛應其辭耳。至若襄陽席氏，本係晚渡北人，家世卑微，席固入仕後，「久居郡職」，雖因此而得團聚士人軍民，成為一方土豪，然自難謂為仕途順暢。觀其與腹心議附西魏之語，對蕭氏之失望頗類於楊乾運、楊略叔侄。

又，當西魏北周之際，北附之山南方隅豪族，除襄陽席氏為南來北人、儻城楊氏不能確定外，其餘諸氏均程度不同地具有巴、蠻或羌人背景。上洛泉氏自屬「瞎巴」之列，陽氏當屬廩君蠻系統，安康李氏或出於巴，均已見上考；扶氏也出自廩君蠻；任氏出自南安，南安原為羌人聚居之地，任氏很可能屬於羌[1]。凡此具有某種蠻人背景的山南豪右，於方隅擾攘之際，「咸翻然而委質」於宇文氏，除存亡成敗之利益抉擇外，是否另有種族文化方面之考量，或者說，種族文化方面的因素是否發揮著某種潛在作用？

上引《魏書・董紹傳》記蕭寶夤據關中反，董紹上書，云「臣當出瞎巴三千，生啖蜀子」，雖係「壯詞」，然其以「瞎巴」為可用，且與「蜀子」相對，卻甚明白。《魏書・世宗紀》永平二年（509年）四月甲子詔云：「先朝以雲駕甫遷，嵩基始構，河洛民庶，徙舊未安，代來新宅，尚不能就。伊闕西南，群蠻填聚；沔陽賊城，連邑作戍；蠢爾愚巴，心未純款。故暫抑造育之仁，權緩肅奸之法。今京師天固，與昔不同。楊郢荊益，皆悉我有；保險諸蠻，罔不歸附；商洛民情，誠倍往日。」[2]周一

1 參閱周一良：〈北朝的民族問題與民族政策〉，載周一良：《魏晉南北朝史論集》，北京大學出版社1997年版，第177～178頁。

2 《魏書》卷八〈世祖紀〉永平二年夏四月甲子，中華書局1974年版，第208頁。

良先生嘗引此詔謂：「『商洛民情』一語，正與『蠢爾愚巴』相對應而言，說明此地區之巴人與北魏朝廷關係之變化。」[1] 結合《周書·泉企傳》，可知到北魏後期，上洛巴人已較穩定地歸附於魏。又，上引正始二年邢巒之上表，亦盛稱巴酋可以利祿誘至，可藉為己用。宇文泰見李遷哲，謂之曰：「何不早歸國家，乃勞師旅。今為俘虜，不亦愧乎？」雖責其晚歸，然敵意甚淺，甚或露出某些親近之情。任果附魏，宇文泰「嘉其遠至，待以優禮」。凡此，雖為籠絡人心之故智，然不以其為異族而歧視之，卻無可懷疑。此種態度，與東晉南朝對巴、蠻、僚、俚諸族之漠視，形成鮮明對照[2]。山南巴、蠻背景之諸豪酋，於擾攘之際，紛紛北附，與此不能全無關聯。

　　進而言之，南北朝時期，長江中游地區諸蠻族（荊、雍、豫三州蠻）分布格局的總體變化是逐漸向北方遷移，具見於《宋書》、《南齊書》、《魏書》、《北史》、《周書》之《蠻傳》。其原因十分複雜，不能具論，然南朝之驅掠壓迫與北朝之籠絡利誘，自當為要因之一。《宋書》卷九七〈夷蠻傳〉末「史臣」論曰：

　　夫四夷孔熾，患深自古，蠻、㹯殊雜，種眾特繁，依深傍岨，充積畿甸，咫尺華氓，易興狡毒，略財據土，歲月滋深。自元嘉將半，寇慝彌廣，遂盤結數州，搖亂邦邑。於是命將出師，恣行誅討，自江漢以北，廬江以南，搜山蕩谷，窮兵黷武，繫頸囚俘，蓋以數百萬計。至於孩年耋齒，執訊所遺，將卒申好殺之憤，干戈窮酸慘之用，雖云積怨，為報亦甚。[3]

1　周一良：《魏晉南北朝史劄記·〈魏書〉劄記》「暆巴三千生啖蜀子」條，第374～377頁。
2　關於東晉南朝政府對待境內蠻俚之漠視，請參閱周一良：〈南朝境內之各種人及政府對待之政策〉，載周一良：《魏晉南北朝史論集》，北京大學出版社1997年版，第33～101頁。
3　《宋書》卷九七〈夷蠻傳〉，中華書局1974年版，第2399頁。

西魏北周時代「山南」的「方隅豪族」

東晉南朝特別是劉宋元嘉以後對荊、雍、豫三州蠻之征討擄掠與誅戮，具見史乘，無須具引。相形之下，北朝對於蠻，則以籠絡利誘為主，於率眾歸附之蠻首，多授以州郡，封為王侯，「聽自選郡縣」。於此一拉一打之間，蠻人之向背自不待言。西魏北周時代山南巴、蠻背景的豪酋之北附，當可視為南北朝以來蠻人北投這一總體趨勢的延續，非僅為一時一地個別豪酋之利害抉擇[1]。

三、山南方隅豪族北附後的去向及其意義

北魏之世，巴、蠻北附後，多居於南部邊境地帶，世襲郡縣守令，乃至自選郡縣長官，處於半獨立狀態；間有不滿，或另有利誘，則復南叛。儘管如此，蠻酋仍時或配合魏軍作戰，在南北戰爭中發揮了一定作用。如「太和四年，王師南伐，（桓）誕請為前驅，乃授使持節、南征西道大都督，討義陽，不果而還。……十七年，加征南將軍、中道大都督，征竟陵，遇遷洛，師停[2]」。西魏北周時代北附之山南豪酋，更是率領部曲，直接參與了征伐巴峽荊湘的戰事，具見上文所述。顯然，山南方隅豪族之投附，加強了西魏北周的軍事力量，給本來軍力單薄、兵源不足的西魏、北周增添了「新鮮血液」。

山南豪右所部軍兵，《周書》之〈泉企傳〉、〈任果傳〉稱為「鄉兵」、「鄉里」，〈李遷哲傳〉、〈令狐整傳〉稱為「部曲」，〈陽雄傳〉謂為「義徒」，〈席固傳〉則曰「親兵」及「軍民慕從者」，無論其為何稱，其性質皆當是由豪強控制的武裝。上

---

1 陳金鳳嘗論及南北朝後期長江中上游地區諸蠻族之北附及其向北方的移動，見陳金鳳：《魏晉南北朝中間地帶研究》，天津古籍出版社2005年版，第188～198頁，請參閱。
2 《魏書》卷一〇一〈蠻傳〉，中華書局1974年版，第2246頁。

洛泉氏、陽氏均早在大統之初即已投附關中，其所部很可能較早納入府兵系統。泉仲遵於大統十五年加授大都督，旋進車騎大將軍、儀同三司。其時府兵制正在進行系統編組，泉氏所部鄉兵可能於此時正式編入府兵系統；當大統十六年府兵制編組完成之時[1]，泉仲遵升任驃騎大將軍、開府儀同三司，單獨領有一軍。當時府兵編組只有二十四軍，泉仲遵自領一軍，其實力非可小覷。在此前後，仲遵先副開府楊忠出征漢東，復從大將軍王雄南討上津、魏興，則其軍當屬於十二大將軍中王雄所統[7]。陽雄於大統末隸驃騎大將軍、開府儀同三司宇文虯部下[2]，隨王雄征上津，戰後方遷大都督、進儀同三司，則此前即已編入府兵系統。後陽雄又以儀同副開府賀若敦平定汶陽蠻帥文子榮，事定後加開府、驃騎大將軍，自成一軍。

　　李遷哲、席固、楊乾運等皆於大統十六年府兵制系統編組完成後方降附西魏，其納入府兵系統之進程，可能因時勢而異。李遷哲戰敗降附後，雖得拜持節、車騎大將軍，卻並不加「儀同三司」；其與開府賀若敦共同經略山南之初，亦無「儀同」之號，其所部鄉兵顯然未納入府兵系統。南出狗地軍還之後，恭帝二年（555年），始加驃騎大將軍、開府儀同三司，仍給軍儀鼓節，很可能於其時編入府兵序列[8]。席固擁眾北投後，即得拜開府儀同三司、大都督，其子世雅、世英均得授車騎大將軍、儀同三司，顯然是用府兵制改編其所部，自成一軍。然直到令狐整代為豐州刺史、兼併

1　關於府兵制度之成立，歷有不同說法，本文採用唐長孺先生提出、得到較多贊同的大統十六年（550年）說。參閱唐長孺：〈魏周府兵制辨疑〉，《魏晉南北朝史論叢》，第250～288頁，特別是第258～266頁。
2　《周書·陽雄傳》謂雄「從大將軍宇文虯攻克上津」。據《周書》卷二九〈宇文虯傳〉，虯時為驃騎大將軍、開府儀同三司（中華書局1971年版，第492頁）。〈陽雄傳〉略誤。蓋王雄南征上津時所統二開府，即為泉仲遵與宇文虯。

其部曲後，席固所部才真正納入府兵系統[1]。楊乾運在送款關中之初，即得受驃騎大將軍、開府儀同三司，即取得宇文泰之承諾，可自成一軍；其子端、侄略、婿樂廣並為儀同。然尉遲迥入劍閣後，楊乾運部可能即被尉遲迥所並，可能並未真正成為一軍，其餘部當由楊略率領，編入府兵系統。

扶猛、任果降附後，雖亦曾隨從賀若敦、尉遲迥南征，然並未真正離開其本土。扶猛以儀同率所部千人從開府賀若敦南討信州後，仍率部回到羅州；後轉任綏州刺史，實際上是居地向南移動，進入更深的山區[2]。任果北投後，先任儀同、大都督，「率鄉兵二千人，從迥征蜀」，事定得任始州刺史、授開府儀同三司，然並未離開其固有之勢力範圍。如所週知，西魏北周以大都督或儀同統帶鄉團，居於本鄉，有事出戰，事定則還鄉[3]。扶猛、任果之例頗與此相類，故其雖得加「儀同」、「開府」之號，大抵仍屬於居鄉之鄉兵系統，並未正式編組入府兵。扶猛、任果所部後遂無聞，或即因其系屬鄉兵之故。

雖然扶猛、任果所部可能迄未編入府兵系統，但山南豪族所領

1　據《周書》、《北史》之〈席固傳〉及〈令狐整傳〉所記分析，席固之軍亦並不隸屬於十二大將軍之任一大將軍，很可能與李遷哲一樣，也是直屬宇文泰。令狐整並席固部曲之前，已開府，並得賜姓宇文，甚得宇文泰賞識。宇文泰以整謀並席固，或可證此前席固之軍當直屬宇文泰。

2　據《周書‧扶猛傳》：扶猛附魏後，即「率所部千人，從開府賀若敦南討信州」，事當在魏恭帝元年（554年）。「敦令猛別道直趣白帝。所由之路，人跡不通。猛乃梯山捫葛，備歷艱阻。雪深七尺，糧運不繼，猛獎勵士卒，兼夜而行，遂至白帝城。」扶猛部所經之道，當即溯堵水而上，越過神農架，然後順大寧河而下，直趣白帝。扶猛進入三峽地區後，與賀若敦、李遷哲所部匯合，討伐諸蠻。信州甫平，又隨賀若敦進討汶陽郡（治在今湖北遠安境）蠻帥文子榮。武成二年（560年），又從賀若敦遠征湘川。在此數年間戰事中，扶猛一直隸屬賀若敦所部。保定元年（561年）自湘中拔還後，扶猛回到羅州，仍任刺史；至保定三年，轉任綏州刺史。綏州治綏陽，當在今房縣南境、神農架地區，更在羅、遷（治光遷，在今房縣）二州之南山區中。

3　參閱唐長孺：〈魏周府兵制度辨疑〉，載唐長孺：《魏晉南北朝史論叢》，第263～267頁；谷川道雄：〈北朝後期的鄉兵集團〉，載谷川道雄：《隋唐帝國形成史論》，李濟滄譯，上海古籍出版社2004年版，第163～195頁。

部曲之主要部分，大抵皆漸次納入了府兵系統。至北周孝閔帝踐祚之時（557年），泉仲遵、陽雄、李遷哲、席固皆得開府，各成一軍。此四軍之軍力，不能具考；然泉氏在孝武末年即可派出「鄉里五千人」抵禦高歡，其實力後屢經擴張，兵力不會低於五千；李遷哲在明帝初率兵七千人進擊鄰州蠻，所部當多於此數；席固附魏前，即有親兵千餘人、慕從之軍民五千餘人，其兵力當亦不會少於五千。楊乾運之軍或已為尉遲迥所並，然在大統末楊乾運受蕭紀之命進援蕭循時，有兵萬餘；降附前，楊略所部即有二千；降附之初，分置三儀同，乾運子端、婿樂廣所領不當少於侄楊略所領之二千人，故楊氏餘部至少亦當有六七千之眾。此外，扶猛所部出征信州之兵即為千人，任果所部征蜀鄉兵為二千人。此六支武力，再加上無考之陽雄所部，總計當逾三萬。在此之前，達奚武征漢川之兵為三萬，尉遲迥所統征蜀之為六軍、甲士萬二千、騎萬匹，于謹、宇文護、楊忠下江陵之兵為五萬[1]。相較之下，則可知山南豪右武力之投附，對於魏周軍力之擴張，實有其重要意義。

因此，在大統末及廢、恭二帝之世征服山南的過程中，降附西魏之山南方隅豪族及其所領鄉兵部曲漸次被納入府兵系統，遂成為西魏、北周軍力的又一重要來源。毛漢光先生嘗詳析大統九年「廣募關隴豪右以增軍旅」之本末與實質，認為其主要內容乃是吸納羌氏部落之加入，「最重要的是獲得居住在渭水以北、涇洛之間羌族之支援，編入府兵系統，除了兵源擴充以外，有助於穩固雍州至華州之心臟地區。同時又收編汧岐一帶之降氐人，遷入華州一帶以實軍旅[2]」。然則，山南方隅豪族之投附及其被

---

1 《周書》卷十九〈達奚武傳〉，中華書局1971年版，第304頁；卷二一〈尉遲迥傳〉，第350頁；卷二〈文帝紀下〉魏恭帝元年冬十月壬戌，第35頁。
2 毛漢光：〈西魏府兵史論〉，載毛漢光：《中國中古政治史論》，上海書店出版社2002年版，第188～305頁，引文見第296頁。

西魏北周時代「山南」的「方隅豪族」

納入府兵系統，「除了兵源擴充以外」，最重要的則是獲得了山南地區程度不同地具有巴、蠻背景的土豪武裝之支援，並為宇文氏提供了一個較穩定的南進「根據地」——泉仲遵、陽雄、李遷哲、扶猛等均多次受命參與南征之役，表明這一「根據地」很好地發揮了作用。

同時，山南豪族率其部曲投附北朝、編組為府兵，也是山南地方社會融入王朝國家秩序之中的重要步驟。谷川道雄先生嘗謂：

府兵制就是國家權力侵入到州郡制社會，並在那裡確立集權性軍事機構的一個系統，而這一意圖之所以能夠實現，是因為鄉兵組織的存在。也就是說中央集權性軍事國家在其形成過程中，地方鄉党社會中人與人的結合關係發揮著媒介作用。國家對鄉望與鄉人之間的人格關係加以利用，同時又把這一關係轉化為鄉帥與鄉兵的統轄關係，最後將其組織為中央國軍。說得極端一點，這也就是地方鄉黨社會的中央化。魏晉以來，中國社會的一個特點是地方鄉黨社會擁有某種獨立性，而府兵制在充分利用這一特點的基礎上，把其編入進了中央權力之中。[1]

反過來說，地方豪右在這一進程中，也充分利用國家權力不斷侵入地方社會的意圖和努力，借助將鄉兵、部曲編組為府兵的契機，將「土豪」身分改變為朝廷命官，從而逐步將地方社會納入王朝國家的秩序之中，實現了「地方社會的國家化」。

上引邢巒上表及楊乾運、席固謀附西魏之議，均頗可見出南北朝後期山南方隅豪族之於王朝國家的疏離，亦可見出其力圖「仕

---

1 谷川道雄：〈府兵制國家與府兵制〉，載谷川道雄：《隋唐帝國形成史論》，李濟滄譯，上海古籍出版社2004年版，第309～324頁，引文見第317頁。

進」、干預「州綱」而終無由實現的「鬱快」。顯然，北投給他們帶來了「仕進」與「富貴」之機，使他們得享爵位，保終始，「功名兩全，貽慶於後」。更要者，這些本具巴、蠻背景的土豪借助編入府兵系統的途徑，將巴、蠻豪酋的身分「改寫」為世家望族——本出安康流雜、家世不明的安康李氏，入唐以後一變而為隴西李氏，並得附李唐皇室譜牒，即是顯例；《周書・席固傳》所謂席氏「為襄陽著姓」之辭，很可能也是此類「改寫」的結果。雖然在今見材料中，得入望族、著姓的山南土豪只有李、席兩家，但山南方隅豪族之社會地位應有普遍抬升，當無疑問。

隨著方隅土豪之入仕、榮顯及鄉兵、部曲之納入府兵系統，地方社會的各層面亦皆發生諸般變化。《周書》卷四九〈異域上〉「獠」條云：「自江左及中州遞有巴、蜀，多恃險不賓。太祖平梁、益之後，令所在撫慰。其與華民雜居者，亦頗從賦役。」[1] 由恃險不賓、不為編戶的蠻、獠，轉變為輸納租賦、服從徭役的編戶齊民，絕非「撫慰」之所能成就者，鄉兵之組織及編入府兵顯然是主要途徑之一。《隋書・地理志》「梁州」後敘謂：「（漢中）傍南山雜有獠戶，富室者頗參夏人為婚，衣服居處言語，殆與華不別。西城、房陵、清化、通川、宕渠，地皆連接，風俗頗同。」其「荊州」後敘則稱：「南郡、夷陵、竟陵、沔陽、沅陵、清江、襄陽、舂陵、漢東、安陸、永安、義陽、九江、江夏諸郡，多雜蠻左，其與夏人雜居者，則與諸華不別。」[2] 顯然不復再將巴、蠻、獠活動之區看作化外之地。至杜佑撰《通典》，則直截了當地斷言：「及後周平梁、益，（蠻獠）自爾遂同華人矣。」[3]

1 《周書》卷四九〈異域上〉，中華書局1971年版，第890頁。
2 《隋書》卷二九〈地理志上〉，中華書局1973年版，第829頁；卷三一〈地理志下〉，第898頁。
3 《通典》卷一八七〈邊防三・南蠻上〉「序略」，中華書局1988年版，第5041頁。

西魏北周時代「山南」的「方隅豪族」

許倬雲先生在論及中國歷史上道路、經濟、政治與社會體系之結構及其變動時，曾談到在這些體系的發展過程中，「綱目之間，必有體系所不及的空隙。這些空隙事實上是內在的邊陲。在道路體系中，這些不及的空間有斜徑小路，超越大路支線，連接各處的空隙。在經濟體系中，這是正規交換行為之外的交易。在社會體系中，這是擯於社會結構之外的游離社群。在政治體系中，這是政治權力所不及的『化外』。在思想體系中，這是正統之外的『異端』[1]」。本文所討論的南北朝後期之山南地區，特別是其豪右所居之「方隅」，正是許先生所論「體系所不及的空隙」，亦即「內在的邊陲」。

在南北朝分立格局下，對於南、北朝而言，山南地區均是「邊緣」。《南齊書·州郡志》「雍州」總敘謂：「自永嘉亂，襄陽民戶流荒。……疆蠻帶沔，阻以重山；北接宛、洛，平塗直至；跨對樊、沔，為鄀、郢北門。部領蠻左，故別置蠻府焉。」其「梁州」總敘稱：「漢中為巴蜀扞蔽」，「蜀有難，漢中輒沒，雖時還復，而戶口殘耗」；「州境與氐、胡相鄰，亦為威禦之鎮[2]」。所述顯為「邊緣」景象。至於滋蔓其間的巴、蠻、獠、氐，則或豪酋世襲，不輸徭賦，其或「更相崇樹，僭稱王侯」，攻掠州縣，寇抄百姓，正是「擯於社會結構之外的游離社群」，「政治權力所不及的『化外』」。在此種邊緣地帶的「化外」之區，真正控制地方社會的，恰是泉、李、楊、陽、扶、任諸氏之類「方隅豪強」。

如何控制此種邊緣地區，使「化外之區」真正地納入王朝統治秩序體系之中，並得以利用其經濟與社會資源，對於南北政權而言，都是至關重要的問題。總的說來，南北雙方對於交界地帶的豪

---

1 許倬雲：〈試論網路〉，初刊（臺北）《新史學》1991年第2卷第1期，收入《許倬雲自選集》，上海教育出版社2002年版，第30～34頁，引文見第32頁。
2 《南齊書》卷十五〈州郡志下〉，中華書局1972年版，第281、289頁。

族勢力（包括蠻酋），均是打、拉並用；相較而言，北朝的籠絡條件或稍勝，故北附之豪右（特別是蠻酋）稍眾，然其間並無根本性差別。關鍵在於僅以利祿誘致豪酋並不足以長久穩定地控制地方社會，蓋利祿之求無有饜足，利祿之徒非有定數，既以利祿誘之，亦足以利祿亂之。南北政權（以及東西魏、齊周交爭狀態下之東西政權）給予邊境豪強之利祿非為不厚，官品非為不高，權力非為不大，而叛附頻仍、動亂相繼，迄無寧日[1]。惟至宇文氏別創府兵制，將豪酋賴以自立、獲致利祿的鄉兵、部曲成功地轉化為由國家控制的府兵，遂成釜底抽薪之勢；豪酋既失去討價還價之資本，即不成其為豪酋，而只得為朝廷之命官；部曲既得檢為府兵，遂逐漸脫離其「宗主」，成為由國家控制的軍戶。至此，邊緣「方隅」之地方社會方漸次完成其「國家化」進程，成為王朝國家政治經濟與社會體系之組成部分，而不再是方隅豪族的「獨立王國」。當然，這一進程並非僅僅是王朝國家自上而下地「推行」府兵制的過程，也不僅僅是「國家對鄉望與鄉人之間的人格關係加以利用」。事實上，豪右對「仕進」的渴求、干預「州綱」乃至「朝綱」的欲望亦即政治欲求，也在很大程度上促使他們自覺地尋求與王朝國家秩序的良性結合（而不僅僅是求取一時一世之利祿）；而府兵制下仍以「望族」統鄉兵（不再是部曲意義上的鄉兵）的設計，也使豪右認為這一制度有利於其長久、穩定地控制地方社會；對於山南地區的方隅豪族來說，府兵制之推行又正是在其勢力擴張、加官晉爵之時進行的。所以，雖然並無直接證據，但大致可以肯定：至少有一部

1　韓樹峰與陳金鳳均曾討論過南北政權對待邊境（或「中間地帶」）豪族的政策以及這些邊境豪族的動向對南北朝政治的影響，見韓樹峰：《南北朝時期淮漢迤北的邊境豪族》，社會科學文獻出版社2003年版，特別是第230〜243頁；陳金鳳：《魏晉南北朝中間地帶研究》，天津古籍出版社2005年版，特別是第188〜204頁。請參閱。

分方隅豪族主動地配合了此一進程[1]。

注釋：

[1] 關於西魏北周府兵制形成的研究成果相當多，特別討論其形成過程中若干重大關節的論述主要有：陳寅恪：〈府兵制前期史料試釋〉（初刊中央研究院《歷史語言研究所集刊》第七本第三分，1937年12月），後增訂收入陳寅恪：《隋唐制度淵源略論稿》「六，兵制」，中華書局1963年版，第124～140頁；唐長孺：〈魏周府兵制辨疑〉，載唐長孺：《魏晉南北朝史論叢》，三聯書店1955年版，第250～288頁；岑仲勉：《府兵制度研究》，上海人民出版社1957年版，第1～39頁；谷霽光：《府兵制度考釋》，上海人民出版社1962年版，第1～95頁；〔日〕濱口重國：〈西魏時期的二十四軍與儀同府〉，夏日新譯，載劉俊文主編：《日本學者研究中國史論著選譯》第四卷，中華書局1992年版，第172～246頁；〔日〕谷川道雄：〈西魏二十四軍的成立與豪族社會〉，載谷川道雄：《隋唐帝國形成史論》，李濟滄譯，上海古籍出版社2004年版，第325～341頁；毛漢光：〈西魏府兵史論〉，載毛漢光：《中國中古政治史論》，上海書店出版社2002年版，第188～305頁。

1　也有相當部分的豪酋採取了敵對態度和行為。王雄平定東梁州黃眾寶之亂後，曾「遷其豪帥於雍州」（見《周書・文帝紀下》魏廢帝二年二月，中華書局1971年版，第33頁）。此事頗值得注意。很可能王雄第一次平定魏興之後，曾試圖推行府兵制（其時已編入府兵系統的泉仲遵部正隸於王雄），才引發了東梁州豪帥的反抗。李遷哲受命回山南協助賀若敦經略之初，所部並未編組為府兵，很可能正是由於此前府兵制之實行受到山南豪帥的抵制。而當李遷哲南征狗地、加官晉爵之後，再將其部曲編組為府兵，自然是水到渠成。尉遲迥甫入劍閣，即兼併楊乾運所部，很可能也是由於楊乾運送款之初，並不清楚其被任為開府、子婿並為儀同，意味著所部將改組為府兵；魏軍既入劍閣，就要求改組楊氏所部，楊乾運方得醒悟，然大勢已去，遂為尉遲迥所並。

[2]《周書·陽雄傳》系此事於正光（520—524年）中，謂萬俟丑奴作亂隴右，任陽雄以禦丑奴。今按正光中莫折念生、萬俟丑奴之亂，均未危及關東，似並無任用土豪鄉民以守關洛要道之必要。至孝昌三年（527年），蕭寶夤據關中稱帝，河東薛鳳賢等舉兵回應，潼關以東方受威脅。時長孫稚受命西擊寶夤，屯駐恆農，陽雄之鎮大谷、胡城，當即在此時。

[3]《舊唐書》卷五九〈李襲志傳〉云：「李襲志字重光，本隴西狄道人也；五葉祖景避地安康，復稱金州安康人也。周信州總管安康郡公遷哲孫也。」（中華書局1975年版，第2330頁）《周書》、《北史》並稱遷哲為安康人，不言及其祖景避地安康事，〈李襲志傳〉顯系偽託，不足憑信。安康郡乃流雜所聚，李氏既非蜀地流民，當出於「雜」。李遷哲「信著山南」，與賀若敦一起南出狗地，「巴濮之民，降款相繼」，很可能其本身即係巴人。

[4] 李氏附梁之初，或因元真被調離之故，可能曾有反復。《魏書》卷十一〈出帝平陽王紀〉永熙三年（534年）二月下載：「東梁州為夷民侵逼，詔使持節、車騎大將軍、行東雍州事泉企為東梁州行臺、都督以討之。」（中華書局1974年版，第289頁）《周書·泉企傳》記其事云：「梁魏興郡與洛州接壤，表請與屬。詔企為行臺尚書以撫納之。」當時東梁州方面究竟發生何事，致魏調任已在東雍州刺史任上的泉企前往處理，已不能詳知，然其事當與巴人之變亂有關，卻可肯定。此事後一年，梁任李遷哲為安康郡守。則此次變亂可能與李遷哲有聯繫。遷哲降附西魏後，宇文泰責之曰：「何不早歸國家，乃勞師旅。今為俘虜，不亦愧乎？」（《周書·李遷哲傳》，中華書局1971年版，第790頁）。然則，李氏可能在此前或曾與西魏方面有所接洽，然未得妥帖。

[5] 河南靈寶焦村所出《席盛墓誌》（見前揭《新出魏晉南北朝墓誌疏證》，第97～99頁）謂盛為「安定臨涇人」，而其父席樹為陝

西魏北周時代「山南」的「方隅豪族」

州都、恆農郡中正，盛本人卒後葬於「恆農胡城縣胡城鄉胡城里」，羅新、葉煒據此判斷席氏已久居恆農。席固之族與席盛家族同出安定，或系同族。蓋席固之族先移弘農胡城（湖縣），復由弘農南移襄陽。《宋書・州郡志》雍州置有僑弘農郡，「宋明帝末立，寄治五壘」（中華書局1974年版，第1144頁）。席氏很可能與弘農流民一起南來，亦隸於僑弘農郡。《初學記》卷八州郡部山南道「五壘、六門」條下引《周地圖記》謂「五壘山有五梁，漢延相接」（中華書局1962年版，第183頁）。則五壘山當在唐時鄧州穰縣境（今河南鄧州）。席氏南來後，或即居於此。

[6]《周書・任果傳》謂任氏為南安人，自祖安東起，世為新巴郡守。按：南安，當指齊梁之南安郡。《南齊書・州郡志》於梁、秦、益三州下均記有南安郡，其中，梁州南安郡列入「荒或無民戶」之列；秦州南安郡領桓道、中陶二縣，當是僑郡；益州南安郡領南安、華陽、白水、樂安、桓道五縣（《南齊書》卷十五〈州郡志下〉，中華書局1972年版，第289～302頁）。今考《隋書・地理志》隴西郡「隴西」縣原注云：「舊城內陶，置南安郡。開皇初郡廢。」（中華書局1973年版，第814頁）據《元和郡縣圖志》卷三九渭州「隴西縣」下所記，此南安郡乃後漢末所置（中華書局1983年版，第984頁），當即《魏書・地形志》所記之渭州南安陽郡。若然，則齊梁梁、秦、益三州內之南安郡皆當為僑郡，梁州南安郡當為最早僑置者，後僑民流散，或即度屬秦州，復南入益州，故於益州內亦置有南安郡。任氏貫出南安，很可能本居隴西，後漸次南移。任果祖安東任為梁新巴郡守，則齊梁之際，任氏當已移居於白水下游以南、今四川青川一帶。梁魏爭奪漢中的數十年間，任氏似一直居於新巴。任果祖、父相繼任為新巴郡守，父任褒且受封為新巴縣公，可見其根據地即在新巴境內，蓋其時南安郡亦寄治於新巴境。因其所據之地十分偏僻，故魏、梁數次爭奪梁、益，似未受波及，然其地既狹促，復受相鄰大豪之

壓迫，「志在立功」的任果於魏廢帝元年（552年）率部附魏。《周書》本傳稱為歸附為「遠至」，則知其所居確屬僻遠，且魏軍尚未進抵其地。

[7]《北史》卷六十傳末述大統十六年府兵之制云：「每大將軍督二開府，凡為二十四員，分團統領，是二十四軍，每一團儀同二人，自相督率，不編戶貫，都十二大將軍。」（中華書局1974年版，第2155頁）則以開府統儀同。唐長孺先生謂：「儀同與開府照《魏書‧官氏志》所載太和二十三年（四九九年）職令都是從第一品，《周書》卷二四〈盧辯傳〉末所載北周官品，驃騎、車騎大將軍、開府儀同三司，同在第九命，因此不是統屬關係，而是正副的關係，即儀同為開府的副貳。」（唐長孺：〈魏周府兵制辨疑〉，載唐長孺：《魏晉南北朝史論叢》，第268頁）。大統十五年泉仲遵隨楊忠征漢東時，楊忠為驃騎大將軍、開府儀同三司（《周書》卷十九〈楊忠傳〉，中華書局1971年版，第315～316頁），仲遵為車騎大將軍、儀同三司，恰是一正一副。大統十七年從大將軍王雄南征上津時，仲遵已升至開府，顯然是以開府隸大將軍王雄節制。

[8]李遷哲開府後，是否歸屬某一大將軍所領，不能詳。遷哲本降於達奚武，隸於達奚武或較有可能，然在此之前達奚武已還京師，以大將軍出鎮玉壁，不可能遙領仍在山南活動的李遷哲部。又據〈李遷哲傳〉，平定信州後，「太祖令遷哲留鎮白帝，更配兵千人、馬三百匹」，似乎遷哲之軍直屬於宇文泰。陳寅恪先生嘗論達奚武班師還長安後、讓柱國於元子孝之舉，謂其「非僅以謙德自鳴，殆窺見宇文泰之野心，欲並取李虎所領之一部軍士，以隸屬於己」（陳寅恪：《隋唐制度淵源略論稿》，上海古籍出版社1982年版，第130～131頁）。所論當確。若然，則李遷哲一軍當直隸宇文泰。

附錄一 「官法」與「民約」：唐代的農田水利規章 [1]

　　本文所討論的「農田水利」，是指以灌溉、排澇為主要功能的水利事業，而不包括兼具農田保護、灌溉功能的大型防洪、運河等水利工程；「農田水利規章」，是指在農田水利的興修、維護、使用過程中形成並得到遵守的各種規則與制度性安排，包括管理機構的組織章程、水利設施的維修制度、灌溉用水的分配與管理等，而無論其是否形諸文字以及在怎樣的意義上具有約束力和強制性。

　　本文之主旨，在於通過解讀今見唐代較為系統的兩種農田水利規章——敦煌所出《敦煌縣行用水細則》與《水部式》殘卷，分析唐代農田水利規章的內容、結構及其形成過程，探究其根源，以期進一步明晰傳統中國農田水利規章的實質：它究竟是官法，還是民約？抑二者兼而有之？其有效性與權威性或合法性究竟源於何處？

1　本文在寫作過程中，曾得到武漢大學歷史學院教授朱雷先生的指點。作者於2009年11月24日在復旦大學歷史地理研究所以「官法與民約：唐宋時期的農田水利章程」為題，就本文主旨作過一次報告，承王振忠、張偉然、李曉傑、安介生、張曉虹等教授及其他同仁給予諸多有益的批評與建議（特別是張曉虹教授建議將原報告分為唐、宋兩部分，分別討論），謹致謝忱。

一、農田水利規章之初始

　　一般認為，傳世文獻所記最早的農田水利規章是漢武帝元鼎六年（西元前111年）左內史倪寬所制定的六輔渠「水令」及元帝時召信臣在南陽所作之「均水約束」。《漢書》卷五八〈兒寬傳〉載：兒（倪）寬為左內史，「表奏開六輔渠，定水令以廣溉田[1]」。六輔渠是在鄭國渠之旁利用附近的小河為水源的六條小渠，或即後代引冶渠、清峪、濁峪諸水為源的小灌區[2]。關於其所定「水令」，顏師古注稱：「為用水之次具立法令，皆得其所也。」即主要是規定灌溉用水的順序。召信臣作均水約束事，見《漢書》卷八九〈循吏傳·召信臣〉，謂：信臣為南陽太守，「行視郡中水泉，開通溝瀆，起水門提閼凡數十處，以廣溉灌，歲歲增加，多至三萬頃。民得其利，畜積有餘。信臣為民作均水約束，刻石立於田畔，以防分爭」。顏師古注「均水約束」稱：「言用之有次第也。」[3]則其性質與倪寬所立水令相近。召信臣將所作均水約束刻石立於田畔，是今見文獻記載中最早的水利碑刻。然則，據傳世文獻記載，大致可以斷定：至遲到西漢中期，已出現成文的「水令」或「均水約束」。

　　當然，在此之前，或已存在涉及農田水利的諸種規章。《周禮·地官》下記「稻人」之職掌，謂其「掌稼下地，以豬畜水，以防止水，以溝蕩水，以遂均水，以列舍水，以澮寫水，以涉揚其芟作田[4]」。其所描述的雖然是虛擬的理想化制度，但至少說明先秦時期人們已認識到水利規章之必要。而《春秋左傳》襄公二十五年（西

1　《漢書》卷五八〈兒寬傳〉，中華書局1962年版，第2630頁。
2　參閱姚漢源：《中國水利發展史》，上海人民出版社2005年版，第72～73頁；汪家倫、張芳：《中國農田水利史》，農業出版社1990年版，第93～94頁。
3　《漢書》卷八九〈循吏傳·召信臣〉，中華書局1962年版，第3642頁。
4　孫詒讓：《周禮正義》卷三十〈地官·稻人〉，中華書局1987年版，第1188～1192頁。

元前548年）記楚司馬蔿掩庀賦，整理土田，其措施之一即為「規偃瀦」，或即為堰瀦制定規章[1]。又《禮記・月令》謂季春之月，「命司空曰：時雨將降，下水上騰，循行國邑，週視原野，修利堤防，道達溝瀆，開通道路，毋有障塞」；孟秋之月，則「完堤防，謹壅塞，以備水潦[2]」。是其時於季春修利堤防、導達溝瀆，秋季則完堤防、謹雍塞或已成為慣例。雲夢睡虎地秦簡《秦律十八種・田律》規定：「春二月，毋敢伐材木山林及雍隄水。」[3]張家山漢簡《二年律令・田律》則規定：「十月為橋，脩［陂］（波）堤，利津梁。」[4]這些法規，主要涉及堤堰陂塘之修築、溝瀆管道之疏浚等原則性規定，並不包括堰渠修築與維修的組織管理、灌溉用水過程中具體的用水分配與管理等，並非嚴格意義上的水利規章。

這裡涉及農田水利發展史上的一個技術問題。早期的農田水利工程多是引水漫灌，往往只有一條灌溉管道，並未形成包括若干分、支渠的灌溉網路。著名的鄭國渠「鑿涇水自中山西邸瓠口為渠，並北山東注洛三百餘里」，「用注填閼之水，溉澤鹵之地四萬餘頃，收皆畝一鍾[5]」，採用的是引洪漫灌的方法，渠下並無支渠不[6]。西門豹所主持的引漳工程，「鑿十二渠，引河水灌民田[7]」。其所鑿之「十二

1　楊伯峻：《春秋左傳注》襄公二十五年冬十月，中華書局1990年版，第1107頁。

2　孫希旦：《禮記集解》卷十五〈月令第六之一〉，中華書局1989年版，第432頁；卷十六〈月令第六之三〉，第469頁。

3　睡虎地秦墓竹簡整理小組：《睡虎地秦墓竹簡》，文物出版社1978年版，第26頁。

4　張家山二四七號漢墓竹簡整理小組：《張家山漢墓竹簡［二四七號墓］》，文物出版社2006年版，第42頁。

5　《史記》卷二九〈河渠書〉，中華書局1959年版，第1408頁。《漢書》卷二九〈溝洫志〉（中華書局1962年版，第1678頁）所記與此相同。

6　葉遇春：〈引涇灌溉技術初探——從鄭國渠到涇惠渠〉，中國水利學會水利史研究會編：《水利史研究會成立大會論文集》，水利電力出版社1984年版，第35～42頁；李令福：〈秦鄭國渠的初步研究〉，陝西師範大學西北歷史環境與經濟社會發展研究中心編：《歷史環境與文明演進——2004年歷史地理國際學術研討會論文集》，商務印書館2005年版，第191～206頁。

7　《史記》卷一二六〈滑稽列傳〉「西門豹」條，中華書局1959年版，第3213頁。

渠」，當是在漳水旁分開十二條灌渠。《漢書·溝洫志》記史起重修引漳工程，民歌之曰：「鄴有賢令兮為史公，決漳水兮灌鄴旁，終古舄鹵兮生稻粱。」[1] 應當也是採用漫灌技術[2]。都江堰灌區分內江、外江兩部分，並通過眾多「魚嘴」再分成若干管道，但可以肯定，漢代以前的管道都是天然河道，或利用天然河川略加改造而成，亦並無控制、分配水量的問題[3]。很可能直到漢武帝時代，才較廣泛地於引水灌渠之下分開支渠，並逐步形成灌溉渠系。倪寬所主持開鑿的六輔渠雖然有不同解釋，但其管道並非一支，且功能乃在「益溉鄭國傍高卬之田」，故其水源必有限，須加限制，故「立水令以廣溉田」。太始二年（西元前95年）興修的白渠，據《水經注》卷十九〈渭水〉篇記載，至少有二枝瀆[4]。召信臣在南陽主持興修的水利工程，見於《水經注》記載的有六門陂。《水經注》卷二九〈湍水〉篇云：

> 湍水又逕穰縣，為六門陂。漢孝元之世，南陽太守邵信臣，以建昭五年，斷湍水，立穰西石塢。至元始五年，更開三門為六石門，故

---

1 《漢書》卷二九〈溝洫志〉，中華書局1962年版，第1685頁。

2 《續資治通鑒長編》卷一○四仁宗天聖四年八月辛巳條下錄監察御史、館陶王沿上疏論及西門豹、史起之引漳灌溉工程，稱：「臣考觀記傳，但載灌溉之饒，不書疏導之法。惟《相州圖經》稱：『天井堰，魏武帝所作，二十里，分十二墱，每墱相去三百步，令互相灌注。』故左太沖〈魏都賦〉云：『墱流十二，同流異口。』詳此，則古漳水淺不與岸平，必就岸開渠，臨渠作堰，則水流渠內，渠灌田中。」（中華書局2004年版，第2416頁）則知西門豹、史起所主持的引漳灌溉工程，當是「就岸開渠，臨渠作堰」，渠下並無分渠，故諸書皆不言其「疏導之法」；至曹魏時修治天井堰，方令各渠「互相灌注」，形成灌溉網絡。

3 朱更翎：〈都江堰、都江及《水經注》所敘流路〉，中國水利學會水利史研究會編：《水利史研究會成立大會論文集》，水利電力出版社1984年版，第13～18頁；姚漢源：《中國水利發展史》，上海人民出版社2005年版，第48～52頁；汪家倫、張芳：《中國農田水利史》，農業出版社1990年版，第72～81頁。

4 《水經注》卷十九〈渭水〉篇下記渭水逕郿縣西之後，「又東，得白渠枝口」。楊守敬按語謂：「此白渠初分之枝水，後敘白渠所謂東南逕池陽城北，枝瀆出焉，歷藕原，逕彭縣下入渭者也。」其後所敘清水流源，謂其先東南流，絕鄭渠，又東南流，過高陵縣後，「南絕白渠」；又東南，「逕高陵縣故城北，東南絕白渠枝瀆」（楊守敬、熊會貞注疏：《水經注疏》，江蘇古籍出版社1989年版，第1628～1629頁）。據此，則知白渠至少有兩條枝瀆。

附錄一 「官法」與「民約」：唐代的農田水利規章

號六門堨也。溉穰、新野、昆陽三縣五千餘頃。[1]

　　則元帝建昭中（西元前38—前34年）召信臣所主持修建的穰西石堨，即開有三個水門，水門之下當各有灌渠；至平帝元始五年（5年），復增開三門，遂成六門，其灌溉管道亦當隨之增加。分開水門（水口）、水門下各修灌渠之後，自必發生水量分配與控制問題，水令、均水約束遂因此種需要而漸次制定出來[2]。

　　東漢魏晉時期，隨著農田水利事業的發展，各堰、陂之下的灌溉管道網路日益複雜，各種水利章程制定遂愈來愈普遍。漢明帝永平中（58—75年），鮑昱為汝南太守，「郡多陂池，歲歲決壞，年費常三千餘萬。昱乃上作方梁石洫，水常饒足，溉田倍多，人以殷富」。章懷太子注云：「洫，渠也。以石為之，猶今之水門也。」[3] 則知其時汝南陂池已普遍設立水門，鮑昱但推廣「方梁石洫」而已。建初八年（83年），王景任為廬江太守，「郡界有楚相孫叔敖所起芍陂稻田。景乃驅率吏民，修起蕪廢，教用犁耕，由是墾辟倍多，境內豐給。遂銘石刻誓，令民知常禁[4]」。王景「銘石刻誓」的內容已不能知，然當與芍陂之修護、使用有關。曹魏時，司馬孚任為野王典農中

1　楊守敬、熊會貞注疏：《水經注疏》卷二九〈淯水〉，江蘇古籍出版社1989年版，第2466～2467頁。
2　我們認為農田灌溉技術曾經過一個由漫灌向分渠澆灌的改進，還有一條重要的輔證。《三國志》卷十六〈魏書‧倉慈傳〉下裴注引《魏略》記魏嘉平中（249—253年），皇甫隆為敦煌太守。「初，燉煌不甚曉田，常灌溉滀水，使極濡洽，然後乃耕。又不曉作樓犂、用水，及種，人牛功力既費，而收穀更少。隆到，教作樓犂，又教衍溉。歲終率計，其所省庸力過半，得穀加五。」（中華書局1959年版，第513頁）「灌溉滀水，使極濡洽」，顯然是採用漫灌法。皇甫隆教以「衍溉」之法。「衍」，《故訓匯纂》引《玄應音義》，釋為「水流長也」（宗福邦等主編：《故訓匯纂》，商務印書館2003年版，第2045頁）。則「衍溉」當是引水長流而溉；欲引水長流，則必修立管道。這條材料所反映的史事雖晚於漢武帝時代三百餘年，然敦煌僻處西隅，皇甫隆之前流行漫灌法，之後才修渠引水澆灌，應當是可信的。
3　《後漢書》卷二九〈鮑永傳〉附〈鮑昱傳〉，中華書局1965年版，第1022頁。
4　《後漢書》卷七六〈循吏列傳〉「王景」條，中華書局1965年版，第2466頁。

郎將，負責督修河內郡水利。他在檢視沁水之後，上表稱：

沁水源出銅鞮山，屈曲週回，水道九百里。自太行以西，王屋以東，層岩高峻。天時霖雨，眾谷走水，小石漂迸，木門朽敗，稻田氾濫，歲功不成。臣輒按行，去堰五里以外，方石可得數萬餘枚。臣以為累方石為門，若天亢旱，增堰進水；若天霖雨，陂澤充溢，則閉防斷水，空渠衍澇，足以成河。雲雨由人，經國之謀；暫勞永逸，聖王所許。

則此前沁水上已築有堰壩，開設水門，惟水門以木為之，不能持久；司馬孚乃奏改木門為石門，「夾岸累石，結以為門，用代木門枋」。更重要的是，他訂立了「增堰進水」與「閉防斷水」的規矩，並將「溉田頃畝之數，間關歲月之功」，刻於石門之側，亦當屬水令之類[1]。嘉平二年（250年）劉靖主持修造的戾陵堰，與此大致相同。《水經注》卷十四〈鮑邱水〉錄劉靖〈遏表〉云：

高梁河水者，出自並州，黃河之別源也。長岸峻固，直截中流，積石籠以為主遏，高一丈，東西長三十丈，南北廣七十餘步。依北岸立水門，門廣四丈，立水遏，長十丈。山水暴發，則乘遏東下；平流守常，則自門北入。灌田歲二千頃，凡所封地百餘萬畝。

定水門丈尺，顯然是控制引水量。至景元三年（262年），「詔書以民食轉廣，陸費不贍，遣謁者樊晨，更制水門，限田千頃，刻地四千三百一十六頃，出給郡縣，改定田五千九百三十頃」。此次

---

1 楊守敬、熊會貞注疏：《水經注疏》卷九〈沁水〉，江蘇古籍出版社1989年版，第826～828頁。

附錄一 「官法」與「民約」：唐代的農田水利規章

改定水門，限田刻地，當是調整戾陵堰的運行制度，特別是規定灌溉田畝，制定用水規則。晉元康五年（295年），劉靖之子劉弘復受命監幽州諸軍事，重修戾陵堰，「親臨山川，指授規略，命司馬、關內侯逢惲內外將士二千人，起長岸，立石渠，修主遏，治水門，門廣四丈，立水五尺。興覆載利，通塞之宜，准遵舊制。凡用功四萬有餘焉」。工成之後，「刊石立表，以紀勳烈，並記遏制度，永為後式焉[1]」。則至遲到晉元康中，戾陵堰規章已形諸文字。

洛陽城東、谷水之上的千金堨亦於堨下分渠，或亦制定有關規章。《水經注》卷十六〈谷水〉引〈洛陽記〉稱：「千金堨舊堰谷水，魏時更修此堰，謂之千金堨。積石為堨，而開溝渠五所，謂之五龍渠。」此所謂「舊堰」，當為東漢初河南尹王梁所創築。袁宏《後漢紀》卷七〈光武皇帝紀〉於建武十四年九月下記事稱：「初，（王）梁為河南尹，穿渠引谷水，以注洛陽城下。渠成而不流，有司奏劾梁。」[2]則其時當只有一渠。魏時重修，方下鑿五渠。酈道元更詳記千金堨之東首立一石人，石人腹上刻勒云：「太和五年二月八日庚戌，造築此堨，更開溝渠。此水沖渠，止其水，助其堅也。必經年歷世，是故部立石人以記之。」則此石人之作用，乃在鎮堰止水。酈氏又引錄石人西脅下所刻文字云：「若溝渠久，疏深引水者，當於河南城北石磧西，更開渠北出，使首狐邱，故溝東下，因故易，就磧堅便。」酈氏所引石人刻字殘缺不全，然據此推測，其文當涉及千金堰之維修、管理諸事宜[3]。

據上所考，可以認知：農田水利章程之制定，因緣於農田灌溉技

1 楊守敬、熊會貞注疏：《水經注疏》卷十四〈鮑邱水〉，江蘇古籍出版社1989年版，第1223～1226頁。
2 袁宏：《後漢紀》卷七〈光武皇帝紀〉，建武十四年九月，載《兩漢紀》下冊《後漢紀》，中華書局2002年版，第121頁。
3 楊守敬、熊會貞注疏：《水經注疏》卷十六〈谷水〉，江蘇古籍出版社1989年版，第1380～1382頁。

術由漫灌法向分渠澆灌法的改進：在漫灌法下，基本上沒有對用水時間與水量的控制，也就不存在分水問題，無須制定用水規章；而分渠澆灌法則涉及各渠引水的時間與水量分配，所以就需要制定嚴格的用水規則。這一技術改進發生於西漢中期，故農田水利章程之起始亦在西漢中期。自西漢中後期至魏晉南北朝時期，分建口門、水渠以引水澆灌的技術逐步推廣，為配合水利工程之有效使用而訂立水利規章也就越來越普遍，一些較大的水利工程甚至將有關規章刻石存照，以備後人週知、遵守。

二、《敦煌縣行用水細則》之成立及其根源

兩漢魏晉南北朝時期的農田水利規章，雖然屢見於文獻記載，然迄未得見任一農田水利規章的文本。今見最早的水利規章文本是敦煌所出《敦煌縣行用水細則》殘卷。此件編號為P.3560V的文書首尾均殘，現存101行，無官印，亦無年代標識。據那波利貞、武藤ふみ子、寧欣諸氏的研究[1]，此件文書當寫於唐高宗永徽六年（655年）至玄宗開元十六年（728年）間[1]。關於這件文書的性質，那波利貞認為是沙州地方官府檔原本的備件；寧欣進一步推斷它「是沙州地方政府以水部式為指導原則，根據本地區的實際情況和傳統習慣制定的灌溉用水章程[2]」。在此基礎上，我們還需要進一步追問：這種水利規

---

1 那波、武藤二氏均未判明此件文書的下限。寧欣先生根據文書第四十九行「春分前十五日行水，為曆日雨水合會，每年依雨水日行用」的記載，指出：按唐初戊寅曆和麟德曆，春分前的節氣均為雨水；而開元十七年制訂的大衍曆，春分前的節氣則為驚蟄，故此件文書成立之下限當在開元十七年大衍曆制訂、頒行之前（寧欣：〈唐代敦煌地區農業水利問題初探〉，載北京大學中國中古史研究中心編：《敦煌吐魯番文獻研究論集》第三輯，北京大學出版社1986年版，第473頁）。此論頗具識見，應可依從。

2 寧欣：〈唐代敦煌地區農業水利問題初探〉，載北京大學中國中古史研究中心編：《敦煌吐魯番文獻研究論集》第三輯，北京大學出版社1986年版，第474頁。

章究竟是怎樣制定出來的？其根源是什麼？

那波、武藤、寧欣諸氏已指出：今存《敦煌縣行用水細則》殘卷的內容包括兩部分：前半部分，自第一至第四十二行，述敦煌地區主要渠系及其行水次序；後半部分，自第四十二行至第一〇一行，是有關灌溉用水時間、順序的具體規定。我們先來看看文書殘卷的前半部分。其第五至第九行所記為利子口諸渠的行水次序：

利子口：沙渠、利子、氾渠、三支、下瓜渠、捨渠，／右件渠，若兩支已下水多不受，已次放／利子等渠。已放兩支，如其兩支渠水減少，其利／子等渠水還塞向上，先進下用，不得向／下。

文中的「兩支」指兩支口，是在利子口之下的分水口；寧欣謂「先進下用」之「進」字當作「盡」字解，「不得向下」之「下」字當為「上」字之誤，均可從。據此，結合第三、四行所言「兩支口水滿即放向上，利子節減多少」，可知是先放最下游的兩支口，兩支口下諸渠（兩支、鄉東、灌進、官渠）「水滿」之後，才開放利子口，引水入利子口諸渠（沙渠、利子、氾渠、三支、下瓜渠、捨渠）；如果利子口開放後，兩支口諸渠水減少，則要堵塞利子口，以「先盡下用」。利子口諸渠也「水滿」之後，則開放更上游的千渠口（文書第九至十一行），即自下游向上游依次開放水口[1]。

這裡的行水順序符合「用水自下始」的原則，亦即文書第十三行所謂「從下收用，蕃堰向上」。本件文書所述其他水系的行水順序，也都符合這一原則；而且，就整個敦煌地區諸水系而言，除北府處最下游，反而最後行水（按「自下始」原則，應最先行水）之

1　千渠口、利子口、兩支口下諸渠均屬於東河水系。東河是唐宋時代敦煌東部的幹渠，自州城東南三里中河堰之平河口受甘泉水，東北流，抵城東北十五里處，全長約十三里。考詳李正宇：〈唐宋時代敦煌縣河渠泉澤簡志（二）〉，「東河」條，《敦煌研究》1989年第1期。

外，其他各水系的行水順序也都基本符合這一原則。關於此點，那波、武藤、寧欣諸氏均已有細緻討論，並大都結合《唐六典》卷七〈尚書工部〉「水部郎中」下關於「凡用水，自下始」的規定，認為是這一法令規定在敦煌地區的具體實施。然而，今見文書殘卷中並未提及這一法令條文，僅僅根據《敦煌縣行用水細則》所述及的行水順序符合「自下始」的原則，就推定這一細則乃是在國家法令指導下制定的，在邏輯上並不嚴密，尚不足以服人。

更為重要的是，敦煌地區的大部分水渠並非唐代所新開，早在五涼乃至魏晉、兩漢時期即已開通。研究表明：唐宋時期，甘泉水（今黨河）兩岸的分水幹渠自上而下依次是宜秋渠（在馬圈口受水）、都鄉渠、孟授渠（在都鄉口受水）、陽開渠（在五石斗門受水）、東河（在平河口即中河堰受水）及北府渠（在北府斗門受水）[1]。這六支幹渠中，開通時間可考者有陽開渠、北府渠、都鄉渠及孟授渠。

（1）陽開渠，P.2005《沙州都督府圖經》殘卷謂其「源在州南十里，引甘泉，舊名中渠」，並引《〔前〕（西）涼錄》稱：「刺史楊宣移向上流，造五石斗門，堰水溉田，人賴其利，因以為號。」[2]則中渠早在楊宣之前即已開通，前涼張駿所署沙州刺史楊宣[3]不過是將其引水斗門向上游移動，堰下管道常亦相應延長、改動，並更名為「陽（楊）開渠」。（2）北府渠，《沙州都督府圖經》謂其「源在州東三里甘泉上、中河斗門，為其渠北地下，每年破壞，前涼刺史楊宣

1　參閱李正宇：〈唐宋時代敦煌縣河渠泉澤簡志（一）〉「甘泉水」條，《敦煌研究》1988年第4期。

2　此處所引P.2005《沙州都督府圖經》，並據鄭炳林的錄文，見鄭炳林：《敦煌地理文書匯輯校注》，甘肅教育出版社1989年版，第5～33頁，下文不再另注。另請參閱王仲犖：〈《沙州都督府圖經》殘卷考釋〉，載《敦煌石室地志殘卷考釋》，中華書局2007年版，第109～141頁。

3　《魏書》卷九九〈張駿傳〉記張駿以「敦煌、晉昌、高昌，西域都護、戊己校尉、玉門大護軍，三郡三營為沙州，以西胡校尉楊宣為刺史」（中華書局1974年版，第2195頁）。則楊宣為前涼張駿所署之沙州刺史。

以家粟萬斛，買石修理，於今不壞」。則知北府渠之初修，亦當在楊宣之前。（3）都鄉渠，《沙州都督府圖經》但稱其渠「長廿里」，「源在州西南一十八里，甘泉水馬圈堰下流，造堰擁水七里，高八尺，闊四尺，諸鄉共造，因號都鄉渠」，未言及其修造歲月。然陰安渠乃都鄉渠下支渠，《沙州都督府圖經》謂其渠「長七里」，並引《〔前〕（西）涼錄》稱：「敦煌太守陰澹於都鄉斗門上開渠溉田，百姓蒙利而安，因以為號。」陰澹為前涼張軌、張茂時人，其任敦煌太守，最遲亦在張茂時[1]；則陰澹開陰安渠事更在楊宣重修中渠（陽開渠）、北府渠之前；其時已有都鄉斗門，則知都鄉渠之創修必在前涼張軌以前。（4）孟授渠，《沙州都督府圖經》引《西涼錄》稱：「敦煌太守趙郡孟敏於州西南十八里，於甘泉都鄉斗門上開渠溉田，百姓蒙賴，因以為號。」孟敏為敦煌太守當在後涼呂光麟嘉、龍飛間（388—398年）[2]，則孟授渠當開於後涼時。

宜秋渠與東河之開通時間，很難考定。宜秋渠可能最晚開。《沙州都督府圖經》述甘泉水流經及水上諸堰渠，謂其「東北流八十里，百姓造大堰，號為馬圈口」；「又東北流卅里，至沙州城，分派灌溉。北流者名北府，東流者名東河；東南流者二道：一名神農渠，

---

1 《晉書》卷八六〈張軌轉〉記永寧初（301年），張軌出為涼州刺史，「威著西州，化行河右」，以陰充、陰澹等為股肱謀主（中華書局1974年版，第2221頁）。王隱《晉書》卷七〈張軌傳〉：「張軌為涼州刺史，燉煌曹袪上言『軌老病，更請刺史』。陰澹時弱冠，才行忠烈，州請為治中從事。陰澹因率數十人馳詣長安，皆割耳於盤，流血訴枉，得停。」（湯球輯：《九家舊晉書輯本》，中州古籍出版社1991年版，第276頁）《魏書・張駿傳》所謂「軌保涼州，陰澹之力」（中華書局1974年版，第2195頁）當即指此事。此事之後，陰澹是否即得任敦煌太守，不能確知。《晉書》卷九四〈隱逸・索襲傳〉謂索襲為敦煌人，「張茂時，敦煌太守陰澹奇而造焉，經日忘反」（中華書局1974年版，第2449頁）。則至遲到張茂時（320—324年），陰澹已任敦煌太守。

2 《晉書》卷一二九〈沮渠蒙遜載記〉記呂光龍飛二年（397年），段業自稱涼州牧，遣張掖太守沮渠蒙遜攻西郡，執太守呂純以歸，「於是王德以晉昌，孟敏以敦煌降業」（中華書局1974年版，第3190頁）。《晉書》卷八七〈李玄盛傳〉：「呂光末，京兆段業自稱涼州牧，以敦煌太守趙郡孟敏為沙州刺史。」（中華書局1974年版，第2257頁）據此，可知孟敏為敦煌太守當在呂光後期。

一名陽開渠；州西北又分一渠，北名都鄉渠；又從馬圈口分一渠，於州西北流，名宜秋渠」。從敘述順序上看，宜秋堰當開通於北府、東河、陽開、神農諸渠之後。《沙州都督府圖經》並謂宜秋渠長廿五里，「兩岸修堰十里，高一丈，下闊一丈五尺」。李正宇系此記載於初唐，或有所本。而東河則很可能是最早開通的幹渠。東河之上段稱為「三丈渠」。《沙州都督府圖經》謂：「三丈渠，長五里。右源在州東三里甘泉水上，於河斗門南向東修堰，穿渠一十三里。其渠闊三丈，因以為號。」並未言明其修於何時。然在六大幹渠中，東河的灌渠網路最為發育，所屬支、子渠有二十餘條 [1]。一般說來，灌溉系統較發育的渠系當開通較早，因此，我們揣測東河可能開通最早。

如上考不致大誤，則甘泉水流域六大幹渠的開通順序可能是：東河最早，都鄉渠、陽開渠、北府渠次之，孟授渠更次之，宜秋渠最晚[2]；即便是開通最晚的宜秋渠，唐初亦已存在。在唐以前，此六大幹渠的行水順序如何，已無以考知。在《敦煌縣行用水細則》中，東河最先受水，然後依次是陽開渠、都鄉渠、宜秋渠與北府渠（未見孟授渠）。這使我們揣測：首先，諸渠的行水順序可能與其開通順序之間存在某種關聯。其次，東河灌區跨敦煌、莫高、懸泉（赤心）、慈惠、效谷、玉關等六鄉，都鄉渠灌溉龍勒、敦煌、平康三鄉境；二幹渠灌區面積最大，於敦煌農業發展關係最重。而宜秋渠灌區則「地宜晚禾」，北府渠「渠北地下」，只適宜種植糜、粟等作物，在敦煌農業生產中所占的比重較小。凡此，都可能是影

---

1 據李正宇先生的考證，宜秋渠下有東、西兩條支渠，所屬子渠有河北渠等八條；都鄉渠所屬支渠有陰安、宋渠、都鄉西支渠、都鄉東支渠等四條，子渠21條；孟授渠所屬子渠有總同渠等四條；陽開渠所屬支渠有五條、子渠七條；東河所屬支渠兩條，子渠26條；北府渠所屬支渠、子渠十餘條。見《唐宋時代敦煌縣諸鄉位置及渠系分布示意圖》（一）、（二）各渠條目下。就已知支、子渠數量言，東河、都鄉渠所屬支、子渠最多，灌溉系統最為發育。

附錄一「官法」與「民約」：唐代的農田水利規章

因此，敦煌地區諸灌渠的行水順序，固然與地勢高低、河流上下等自然地理因素密切相關，也與各渠的開通先後、灌區種植作物種類以及灌區農業生產在敦煌地區農業經濟中的地位等因素有關聯。甘泉水流域六大幹渠如此，各幹渠之下的支、子渠也當是如此。這一行水順序的形成有著複雜的自然、經濟與歷史乃至社會背景，更有其豐富的社會經濟內涵，遠非「凡用水自下始」六字所可涵蓋。質言之，敦煌地區的灌渠行水順序，是長期以來適應自然、經濟與社會需求而逐步形成的，並不是根據「凡用水自下始」的法令規定或以其為指導原則而「制定」出來的（雖然可能根據這一原則對部分管道的行水順序作出調整）。

弄清此點之後，我們再來分析《敦煌縣行用水細則》殘卷的後半部分。這一部分詳細記載了每年進行六遍灌溉的具體日期、用水順序及日數、應澆灌的作物，對此，那波、武藤、寧欣及佐藤武敏、郝二旭諸氏已有程度不同的討論 [2]，茲不再贅。我們關注的問題是：這一相當嚴密的灌溉用水制度，是從何而來的呢？

實際上，文書殘卷對這一問題已有較清晰的交代。文書第四十三行至第五十八行云：

每年行水，春分前十五日行用，若都鄉、宜秋不／遍，其水即從都鄉不遍處澆溉收用，以次輪轉／向上。承前已來，故老相傳，用為法則。依問前代平水／交尉宋豬，前捻帥張訶、鄧彥等，行用水法，

---

1 關於北府渠行水排在最後的原因，寧欣氏已作了細緻討論，見寧欣：〈唐代敦煌地區農業水利問題初探〉第二部分〈「自下始」和「均普」規定的具體實施〉，載北京大學中國中古史研究中心編：《敦煌吐魯番文獻研究論集》第三輯，北京大學出版社1986年版，第491～498頁。

2 那波、武藤、寧欣諸氏文已見前揭，另請參閱佐藤武敏：〈敦煌の水利〉，載池田溫編集：《講座敦煌三・敦煌の社會》，大東出版社1980年版，第265～295頁，特別是第291～293頁；郝二旭：〈唐五代敦煌地區的灌溉制度淺析〉，《敦煌學輯刊》2007年第4期。

388

／承前已來，遞代相承用。春分前十五日行水，從永徽五年太歲在
〔甲〕（壬）寅，奉遣行水，用曆日勘會：／春分前十五日行水，為
曆日雨水合會，每年依雨水日／行用。

在下文述及「澆傷苗」時，文書第六十三行至六十六行稱：

每年／立夏前十五日澆傷苗，亦是古老相傳，將為／定準。同前
問舊人，勘會：同憐[1]為曆日穀雨日，〔澆〕／傷苗日。

又在述及「正秋水」時，文書第八十行至八十一行云：

每年秋分前三日，即正秋水，同勘會，亦無古典可憑，還／依當
鄉古老相傳之語，遞代相承，將為節度。／

據此可知：敦煌地區的灌溉用水法則，當是「承前已來，故老
相傳，用為法則」。在此一文書制定之前，曾有「前代」平水校尉
宋豬，旅帥張訶、鄧彥等，「承前」行用水法，即將故老相傳的用
水規則（水法）整理成文。至永徽五年（654年）「奉遣行水，用曆
日勘會」，當是有關官員奉命使用大唐新曆（當是唐高祖時所定的戊
寅曆），重新審核（「勘會」）前代的「行水法」，即把故老相傳
的行水法用新曆加以規範。因此，文書中先稱每年「春分前十五日行
水」，而春分前十五日，按高祖戊寅曆，正是雨水，故「勘會」的結
果即是規定「每年依雨水日行用」；至於澆傷苗日，故老相傳為立夏

---

1 「同憐」，諸家均無釋。今考《廣雅・釋言》，釋「憐，綴也。」（王念孫：《廣雅疏證》
　卷五《釋言》，中華書局1983年影印本，第170頁）則「同前問舊人，勘會：同憐為曆日穀
　雨日」，即可釋為：同確定澆春水日一樣，詢問「舊人」，商議審核，將故老相傳的立夏前
　十五日，聯綴在新曆上，確定為曆日的穀雨日。

附錄一　「官法」與「民約」：唐代的農田水利規章

前十五日，據新曆「勘會」後即為穀雨日，故定穀雨日為澆傷苗日；而澆秋水之日，故老相傳在秋分前三日，「勘會」之結果，並「無古典可憑」，故仍以秋分前三日為澆秋水日。

因此，此件文書所載的敦煌地區灌溉用水章程，不過是地方官按照大唐通行曆法（戊寅曆），將「故老相傳，承用已久」的「行用水法」，加以「勘會」整理、編集而成的。在勘會、整理過程中，固然加上了一些官府公文用語，但其主要部分仍然保留了民間表達方式。如上引「澆春水」部分，於「每年依雨水日行用」之後，續云：

克須依次日為定，不得違遲。如天時溫暖，河水消／澤，水若流行，即須預前收用。要不待到期日，唯／早最甚。必天溫，水次早到，北府澆用週遍，未至／塲苗之期，東河已南百姓即得早澆粟地，後澆／商傷苗田，水大疾，亦省水利。其次，春水澆溉，至／平河口已北了，即名春水一遍，輪轉，次當澆傷苗。其／行水日數、（日）承水日數、承水多少，若逢天暖水多，／疾得週遍；如其天寒水少，日數即遲，全無定／准。

「克須依次日為定，不得違遲」，語氣、內涵均與下文迥異，顯係官府公文用語；而「如天時溫暖」之下，語氣委婉，設想週到，用詞含混，竟致使用「全無定準」之類語句，皆當出於民間固有表達。

綜上所考，我們認為：《敦煌縣行用水細則》雖然是官文書，但其所記行用水規則，卻並非官府根據《水部式》等朝廷的水利法規、適應地方需要制定出來的，而是根據當地的用水慣習，略加規範制定的；其根源是當地「故老相傳、承用已久」的「行用水法」，當屬於「鄉規民約」範疇。

三、《水部式》中有關農田水利的規定及其來源

明瞭此點之後，我們再來看看著名的唐《水部式》涉及農田水利的內容及其來源。今見唐《水部式》殘卷亦出於敦煌，編號為P.2507。自1920年代羅振玉在其所輯《鳴沙石室佚書》中將此件文書影寫公布以來，論者頗多[3]。一般認為，《水部式》是由工部所屬四司之一水部制定、頒行的具有法定效力的有關水利事務的政令與規章，其內容涉及舟楫水運、河渠灌溉、堤防橋樑等諸方面；今見《水部式》殘卷的製作年代當在開元十三年（725年）之後，或至天寶年間。由於「式」乃是根據法律原則針對某項事務的實施而制定的具體細則，故其內容相當具體。今存《水部式》殘卷中有關農田水利的部分，約占殘卷的三分之一左右。為討論方便，今將相關條目移錄如次（序號為引者所加）：

一、涇、渭白渠及諸大渠用水溉灌之處，皆安斗門，並／須累石及安木傍壁，仰使牢固。不得當渠造堰。／（第一、二行）

二、諸溉灌大渠有水下地高者，不得當渠[造]堰，聽／於上流勢高之處為斗門引取。其斗門皆須州縣官／司檢行安置，不得私造。其傍支渠有地高水下須臨／時蹔堰溉灌者，聽之。凡澆田，皆仰預知頃畝，依次／取用。水遍即令閉塞，務使均普，不得偏並。／（第三至七行）

三、諸渠長及斗門長，至澆田之時，專知節水多少。其州／縣每年各差一官檢校。長官及都水官司時加巡察。／若用水得所，田疇豐殖，及用水不平並虛棄水利／者，年終錄為功過，附考。／（第八至十一行）

四、京兆府高陵縣界清、白二渠交口，著斗門堰。清水恆／准水為五分，三分入中白渠，二分入清渠。若水兩過多，／即與上下用

水處相知開放，還入清水。二月一日以／前、八月卅日以後，亦任開放。涇、渭二水大白渠，每年／京兆少尹一人檢校。其二水口大斗門，至澆田之時，須／有開［閉］（下）。放水多少，委當界縣官共專當官司相／知，量事開閉。／（第十二行至十八行）

五、涇水南白渠、中白渠。南［白］渠水口初分，欲入中白渠、偶南／渠處，各著斗門堰。南白渠水，一尺以上二尺以下，／入中白渠及偶南渠。若水雨過多，放還本渠。其南／北、白渠，雨水泛漲，舊有泄水處，令水次州縣相知檢／校疏決，勿使損田。／（第十九至二十三行）

六、龍首、涇堰、五門、六門、昇原等堰，令隨近縣官專／知檢校，仍堰別各於州縣差中男廿人、匠十二人，分／番看守，開閉節水。所有損壞，隨即修理。如破多／人少，任縣申州，差夫相助。／（第二十四行至二十七行）

七、藍田新開渠，每斗門置長一人，有水槽處置二人，／恆令巡行。若渠堰破壞，即用隨近人修理。公私材／木並聽運下。／百姓須溉田處，令造斗門節用，勿／令廢運。其藍田以東先有水磑者，仰磑主作節／水斗門，使水通過。／（第二十八至三十二行）

八、合壁宮舊渠深處，量置斗門節水，使得平滿。／聽百姓以次取用。仍量置渠長、斗門長檢校。若／溉灌週遍，令依舊流，不得因茲棄水。／（第三十三至三十五行）

九、河西諸州用水溉田，其州、縣、府、鎮官人公廨田及職／田，計營頃畝，共百姓均出人功，同修渠堰。若田／多水少，亦准百姓量減少營。／（第三十六至三十八行）

十、諸水碾磑，若擁水［帶］（質）・泥塞渠，不自疏導，致令水／溢渠壞，於公私有妨者，碾磑即令毀破。／（第四十六、四十七行）

十一、同州河西縣澣水，正月一日以後、七月卅日以前，聽百姓

／用水，仍令分水入通靈陂。／（第四十八、四十九行）

十二、沙州用水澆田，令縣官檢校，仍置前官四人，三月以／後，九月以前行水時，前官各借官馬一匹。（第五十二、五十三行）。

十三、諸灌溉小渠上，先有碾磑，其水以下即棄者，每年／八月卅日以後、正月一日以前，聽動用。自餘之月，仰所／管官司於用磑斗門下著鎖封印，仍去卻磑石，／先盡百姓溉灌。若天雨水足，不須澆田，任聽動用。／其傍渠疑有偷水之磑，亦准此斷塞。／（第八十一至八十五行）

在此十三條中，除第二、三、十、十三等四條外，其餘各條均言明其所涉及的州縣或水渠。從圖版上看，第三行與第四行聯寫，謂其本屬一條亦無不可。更重要的是，第一條述涇、渭白渠及諸大渠用水溉灌之處，皆安斗門，第二條謂諸溉灌大渠之斗門皆須州、縣官司檢行安置，第三條規定諸渠長及斗門長專知節水多少，其文意顯相聯屬，故第二、三條當與第一條聯讀，其規定之適用範圍當即「涇、渭白渠及諸大渠」[4]。第十、十三兩條關於碾磑水利的規定，屬入於有關舟橋河運的條規中，均未言明其適用範圍。然由今見材料看，碾磑堰遏水流、阻礙灌溉的糾紛大多發生於涇、渭水流域[1]。《通典》卷二〈食貨·田制下〉「水利田」載：

永徽六年，雍州長史長孫祥奏言：「往日鄭、白渠溉田四萬餘頃，今為富商大賈競造碾磑，堰遏費水，渠流梗澀，止溉一萬餘頃。

---

1 關於唐代碾磑的發展及其與農田灌溉之間的矛盾，請參閱西嶋定生：〈碾磑尋蹤──華北農業兩年三作制的產生〉，韓昇譯，載劉俊文主編：《日本學者研究中國史論著選譯》第四卷，中華書局1992年版，第358～377頁；郭華：〈唐代關中碾磑與農業用水矛盾及其解決途徑〉，《唐都學刊》2008年第1期。

請修營此渠，以便百姓。至於鹹鹵，亦堪為水田。」高宗曰：「疏導渠流，使通溉灌，濟波炎旱，應大利益。」太尉［長孫］無忌對曰：「白渠水帶泥淤，灌田益其肥美。又渠水發源本高，向下枝分極眾。若使流至同州，則水饒足。比為碾磑用水，泄渠水隨入［渭］（滑），加以雍遏耗竭，所以得利遂少。」於是遣祥等分檢渠上碾磑，皆毀之。[1]

　　幾乎可以斷定，上錄《水部式》殘卷第十、十三條，與長孫祥此奏及其受命分檢渠上碾磑必有關聯，很可能就是在此事前後制定的。

　　如果這一認識不誤，則今見唐開元《水部式》殘卷有關農田水利的各條規定，其初當主要是為適應關中及河西地區特別是關中地區的農田水利實踐而制定的。其中，第一至五條及第十、十三條共七條，基本可以斷定來自白渠灌區；第六條涉及龍首、涇堰、五門、六門、昇原等唐代關中地區最主要的堰渠[5]；第七、八條分別是關於藍田新開渠與合［璧］（壁）宮渠的規定，涉及斗門長之設置、職責及水磑之管理諸方面；第十一條是有關同州河西縣（今郃陽縣）溳水的用水規定；第九、十二兩條分別是關於河西諸州縣水利工役負擔與州縣官監督職責的規定。就內容而言，則主要包括兩方面：一是關於州縣官有責任「檢校」、監督農田水利的規定，如須檢行斗門安置，州縣每年均須差官檢校斗門及用水情形等。據上引《唐六典》卷二三〈都水監〉所記，這些規定均出於制度性安排。二是有關堰渠水利管理、運作的具體規定，如斗門之設置、開閉時間及分水之規定以及堰渠之維修等方面。這些規定的主要部分當來自水利實踐，如第四條有關清、白二渠交口斗門分水及開閉

---

1 《通典》卷二〈食貨・田制下〉「水利田」，中華書局1988年版，第39頁。文中「泄渠水隨入［渭］（滑）」，諸本皆作「滑」字，然不可解。今按：滑、渭二字形近，「滑」當為「渭」字之訛。

時間的安排，第五條關於南白渠、中白渠、偶南渠分水的安排，第十一、十二條關於滻水與沙州水渠行水時間的安排。《文苑英華》卷五二八〈判・堤堰溝渠陂防門〉載〈清白二渠判〉，謂「得清、白二渠交口不著斗門堰，府司科高陵令罪，云是二月一日以前」。其「對」云：

清白二渠，其來自遠。善利萬物，聞諸古昔。故疏溝若雨，荷鍤如雲。利彼秦坰，興功鄭、白。雖墾鑿南畝，人歌日出之功；而翹望西成，不假月離之潤。所以每加修葺，式建堤防，各有司存，標諸令式。高陵令……管轄二渠，正當交口，欲加門堰，諒有前規。即此經營，非無往例，但以金堤柳色未變，新枝玉琯葭灰，尚飄春雪，節未逾冬。於二月事，不越於三章。府局論辜，竊以未可欲加罪也。[1]

按：這一判、對出於何時、何人之手，均不能詳，然據判文，其時清、白二渠交口尚未築有斗門堰，而上引開元《水部式》第四條則稱交口已著有斗門堰，則是判當成於開元《水部式》成立之前。「對」稱清、白二渠「式建堤防」，而各有司將「建堤防」之「式」、「標諸令式」，則前一「式」當是民間傳承已久的修建堰渠、堤防的標準、格式（亦即「前規」），而後一「式」則是指官府的法令條文。如果此種理解不誤，則《水部式》中有關清、白二渠的規定，當是由「有司」將「其來自遠」、「聞諸古昔」的修建堤防的「式」，錄存、整理而來的。又，《劉賓客文集》卷二《高陵令劉君（仁師）遺愛碑》云：

---

1 《文苑英華》卷五二八〈判・堤堰溝渠陂防門〉「清白二渠判」，中華書局1966年影印本，第2702頁。

涇水東行，注白渠，釃而為三，以沃關中，故秦人常得善歲。按《水部式》：決泄有時，畎澮有度，居上游者不得擁泉而顓其腴。每歲少尹一人行視之，以誅不式。兵興以還，寖失根本。涇陽人果擁而顓之，公取全流，浸原為畦，私開四竇，澤不及下。涇田獨肥，它邑為枯。……長慶三年，高陵令劉君勵精吏治，視人之瘼如燦疽在身，不忘決去。乃循故事，考式文暨前後詔條，又以新意，請更水道，入於我里；請杜私竇，使無棄流；請遵田令，使無越制。[1]

據此，則知在白渠灌區的水利規章，除《水部式》及「前後詔條」之外，還有一個「田令」系統。這一「田令」，當即民間承用已久的用水制度。

這裡還有一個關鍵性問題需加辨析。上引《水部式》殘卷規定白渠、藍田新開渠、合璧宮舊渠及諸大渠均置有斗門長、渠長，負責管理斗門之開閉、控制分水水量以及巡察、維修堰渠等設施。據《唐六典》卷二三〈都水監〉「都水使者」下所記，這些渠長、都門長須「以庶人年五十已上並勳官及停家職資有幹用者為之」，是任其職者多為地方上有勢力者，其性質、地位與敦煌吐魯番文書所見敦煌地區的渠頭、斗門及堰頭並不相同[2]。上引劉禹錫〈高陵令劉君遺愛碑〉謂「公取全流」、「私開四竇」而「占涇之腴」的涇陽人「皆權倖家」。《元和郡縣圖志》卷二京兆府「涇陽縣」下記

1　劉禹錫：《劉賓客文集》卷二《高陵令劉君遺愛碑》，陝西人民出版社1974年影印本（據明刻本影印），第42～43頁。

2　關於唐五代時期敦煌地區的渠頭、斗門，除上引那波、武藤、佐藤、寧欣諸氏文之外，另請參閱韓國磐：〈渠堰使和唐代水利灌溉的管理〉，《求索》1997年第4期；馮培紅：〈唐五代敦煌的河渠水利與水司管理機構初探〉，《敦煌學輯刊》1997年第2期。關於唐代前期吐魯番地區的渠長、堰頭，請參閱周藤吉之：〈吐魯番出土的個人文書研究——唐代前期的個人制〉，載周藤吉之：《唐宋社會經濟史研究》，東京大學出版會1965年版，第1～99頁，特別是第1～40頁；關尾史郎：〈「個人文書」新探——「堰頭」の性格と職掌に關する予備的考察〉，載森田明編：《中國水利史の研究》，國書刊行會1995年版，第163～186頁。

白渠，謂「太白渠，在縣東北十里；中白渠，首受太白渠，東流入高陵縣界；南白渠，首受中白渠水，東南流，亦入高陵縣界[1]」。則中白渠與太白渠的分水斗門、南白渠與中白渠的分水斗門均在涇陽縣境[2]，故涇陽人得「公取全流」而致使「它邑（主要是高陵、櫟陽二縣）為枯」。頗疑充任白渠斗門長、渠長者，即多出自此類「權倖家」。

涇渠灌區的官方管理機構，據《新唐書·百官志》都水監「河渠署」下原注所記，在貞觀六年（632年）前曾置從九品的丞一人，屬吏有府、史、典事、掌固等共七人，顯然是正式的官方機構；貞觀六年涇堰丞廢罷之後，據上引《水部式》，是由京兆少尹負責「檢校」、監督白渠，或另置有涇堰監[3]；貞元初年（785年），更以渠堰使於涇陽縣眾善寺置院，專門「勾當」醴泉、富平等十縣渠堰斗門等事務[4]。在這些官方管理機構之下，當即渠長、斗門長。上引《水部式》第六條謂龍首、涇堰等五堰各置中男、匠若干人，「分番看守，開閉節水，所有損壞，隨即修理」；其時諸堰丞已廢罷，堰監尚未設置，管理這些役夫、堰匠者，當即渠長、斗門長。然則，渠長、斗門長應是白渠灌區的實際管理與控制者。換言之，在官方未設立專門管理機構的情況下，白渠灌區的實際管理者當即由「權倖家」控制的渠長、斗門長之屬。如所週知，白渠自漢代開通以來，雖頗經興

1　《元和郡縣圖志》卷二，關內道二，京兆府下，「涇陽縣」，中華書局1983年版，第28頁。
2　參閱李令福：〈論唐代引涇灌渠的渠系變化與效益增加〉，《中國農史》2008年第2期。
3　《唐會要》卷八九〈疏鑿利人〉：「大曆四年五月十五日敕：涇堰監先廢，宜令卻置。」（中華書局1955年版，第1619頁）《水部式》殘卷中未見涇堰監，或其時尚未設置；而大曆四年（769年）詔敕稱此前已廢，則涇堰監當置於開元後期至肅宗時代。
4　《冊府元龜》卷四九七〈邦計部·河渠二〉：「（文宗大和元年）十一月，京兆府奏：准御史中丞溫造等奏，修醴泉、富平等十縣渠堰斗門等，准貞元初，以京兆少尹郭隆充渠堰使，於涇陽縣眾善寺置院，往來勾當。今請差少尹韋文恪充渠堰使，便令自揀擇清強官三人，專令巡檢修造。從之。」（臺灣中華書局股份有限公司1996年影印本，第5954頁）另請參閱韓國磐：〈渠堰使和唐代水利灌溉的管理〉，《求索》1997年第4期。

附錄一　「官法」與「民約」：唐代的農田水利規章

衰，卻迄未廢絕，一直在發揮作用；而其間關中政權迭相更替，並非每一王朝均重視涇渠水利，設官管理；即便設置管理官署，大抵亦多以「檢校」、監督為事，而不能完全掌握堰渠水利之實際運營與維修等具體事宜。因此，渠長、斗門長之設置，在白渠灌區當有悠久傳統（未必一直使用這種名稱），並非入唐以後根據《水部式》等令式詔條所新置。

綜上考釋，可以認知：唐代水利法規《水部式》中有關農田水利規定的根源，乃在長期以來關中地區農田水利實踐中奉行已久的慣習；水部官員在制定水利法規時，將這些民間規約加以審核、整理，編入《水部式》中，遂形成具有法律效力的法規。質言之，《水部式》中有關農田水利的規定，雖然屬於唐朝律令格式的法律體系，但其根基卻是故老相傳、遞代承用的民間水利慣習。

那麼，民間奉行已久的水利慣習又何以，以及如何逐步演變成為官府法規的呢？吐魯番阿斯塔那五〇九號墓所出〈唐城南營小水田家牒稿為舉老人董思舉檢校取水狀〉為此提供了一點線索。此件文書是高昌城南部分耕種小水田的田戶為推舉老人董思舉「檢校」用水而上報官府的牒文草稿，共十四行，間有塗改，整理後的錄文如次：

　　城南小水營田家狀上／老人董思舉／右件人等所營小水田，皆用當城四面豪／坑內水，中間亦有口分，亦有私種者。非是／三家五家，每欲澆溉之晨，漏並無准。／只如家有三人兩人者，重澆三回。／惸獨之流，不蒙升合。富者因滋轉贍，貧／者轉復更窮。總緣無檢校人，致使有／強欺弱。前件老人／性直清平，諳識水利，望差檢校，庶得無漏。立一牌牓，水次到／轉牌，看名用水，庶得無漏。如有不依次第取水用者，請罰車牛一道／即遠使；如無車牛家，罰單功一月日驅使。／即無漏，並長安穩。請處分。牒件如前。謹牒。[6]

孫曉林說：「這些小水田，皆用『當城四面豪坑內水』，而非
渠水，故此處不曾設有渠長、堰頭一類管水的人員，當用這裡的水
澆灌的田戶逐漸增多到『非是三家五家』之時，由於無人管理，致
使用水十分混亂，為爭水終於出現了以『強欺弱』、多寡不均的現
象。針對這種情況，用水戶聯名要求官府差遣專人進行管理。老人
董思舉一則性直清平，二則具有豐富的水利灌溉的經驗，因而得到
大家的聯名舉薦。」不僅如此，這些用水戶還議定了用水規則及對
違犯規則者的懲罰辦法：「立一牌牓，水次到轉牌，看名用水」，
牌牓上應當即寫明用水的次序。推舉老人董思舉檢校取水、設立牌
牓按次用水，顯然都是由這些用水戶商議進行的，其所根據的慣例
以及由此而確定的用水秩序，當皆屬於民間慣習範疇。但這些田戶
需要為此事向官府呈報牒文，其所舉檢校取水的老人也需要得到官
府的「差」，才能具備「合法性」，其所議立的用水章程也需要得
到官府的認可，說明民間慣習本身需要借助官府賦予的合法性與權
威，才能更好地得到貫徹實施，特別是在涉及懲罰條款及其實施的情
況下。正是在民間社會向官府尋求合法性與權威性的過程中，民間慣
習得以進入官府體系；官府吸納其部分內容，作為制定法規的根據。

四、討論：「官法」的「民約」根源

　　日本學者好並隆司在〈關於水利的律、條例和「共同體」規約〉
一文中，將古代中國與水利相關的法規分為三個層次：一是國家的水
利法，主要是對諸種破壞水利設施的行為（如盜決堤防河渠）給予懲
罰，表現為「懲罰性」條款；二是地方水利條例，以維護水利秩序為
主旨，其主要內容是禁止諸種破壞水利秩序的行為，表現為「禁止
性」條款；三是「水利共同體」的規約，主旨是建立水利秩序，包括

諸如水利管理機構之組織、維修與管理責任之負擔、灌溉用水之分配等方面的規定，主要表現為「當行性」條款[1]。

大致說來，本文所討論的唐《水部式》應屬於國家的水利法，《敦煌縣行用水細則》相當於地方官府頒行的水利條例。據上所論，可以見出：無論是作為國家水利法的唐《水部式》，還是作為地方水利條例的《敦煌縣行用水細則》，均不僅包括諸種禁止與懲罰性條款，還都包括了水利管理機構、水利設施之維修與管理以及灌溉用水之行水順序等方面的規定，而後者則主要來源於具體的水利實踐，是由民間水利慣習逐步「上升」進入國家和地方法規系統之中的，其根源乃在於民間水利慣習。顯然，在農田水利秩序的建立與維護（在制度層面上主要表現為農田水利規章的制定與實施）問題上，「官」與「民」（國家與社會）、「官法」與「民約」（「私約」）並非處於國家與社會及其秩序體系的兩端，更非分離或對立的兩極，而是相互滲透、互相補充，共同構成維護農田水利秩序的法規體系。

吐魯番阿斯塔那四號墓所出《唐乾封元年（666年）鄭海石舉銀錢契》末云：「官有政法，人從私契。」[2]敦煌所出《末年（827年？）上部落百姓安環清賣地契》（S1475背）亦有句稱：「官有政法，人從私契。」[3]北定縣所出宋太平興國九年（984年）「安喜縣馬隱、安瓊等賣墳地券」末句則云：「官有政法，不取私約為定。」[4]這些契約用語至少反映出一種觀念：「官法」是官府制定、主要規範官僚系統之行為與施政規則的，「私契」、「民約」則是民

1　好並隆司：〈水利に関する律、條例と「共同體」規約——宋代以降の浙江を中心として〉，載好並隆司：《中國水利史研究論考》，岡山大學文學部1993年版，第11～41頁。

2　國家文物局古文獻研究室等：《吐魯番出土文書》第六冊，文物出版社1985年版，第417頁。

3　沙知輯校：《敦煌契約文書輯校》，江蘇古籍出版社1998年版，第2頁。

4　張傳璽主編：《中國歷代契約會編考釋（上）》，北京大學出版社1995年版，第606頁。

間社會基於民眾生活、生產、交往和解決矛盾衝突之需求，在長期實踐過程中逐步形成的地方性規範，二者分別適用於「官」與「民」兩個不同的領域，所以是分離的，但並不一定是對立的。質言之，「官法」的權威來自皇帝，官僚們在行使權力時被要求嚴格遵守這些法典的規定；而「民約」則來自民間，其有效性與權威性來源於民眾生活於其間的社會網絡以及民眾對此種規範體系的信賴與依靠[1]。

以此種觀點檢視本文所討論的兩種農田水利法規，則知屬於官法系統的《水部式》與《敦煌縣行用水細則》的「讀者對象」是相關官員，是給「官」看的。《水部式》本身就是行政法規，是圍繞律令的執行所規定的細則以及百官諸司的辦事章程，其中之所以收錄來自民間的水利慣習，目的乃在於讓官員在具體處理相關事務時知悉並盡可能遵從民間固有的做法與規則，而並非為了「授予」這些民間水利慣習以官方的合法性與權威。《敦煌縣行用水細則》是沙州地方官府在民間水利慣習的基礎上整理修訂的水利規章，也是主要面向地方官員特別是水司官員的[2]。文書殘卷中，部分內容顯然是對水利官員而言的。如第七十四至七十七行述「更報重澆水」云：

每年更報重澆水，麥苗已得兩遍，悉並成就，堪可收刈。／澆禾粟等苗，還從東河為始。當之時，持須捉搦，令／遣禾粟週匝，不得任情。其東河百姓欲澆溉麥人，／費水，必不得與。週如復始，以名三。

1　參閱仁井田陞：〈國家の法的規律と法慣習〉，載仁井田陞：《中國法制史研究・法と慣習・法と道德》，東京大學出版會1981年補訂版，第349～358頁；寺田浩明：〈明清法秩序における「約」の性格〉，原刊溝口雄三編：《社會と國家》第四卷《シリーズ・アジアから考する》，東京大學出版會1994年版，第69～130頁；中譯文《明清時期法秩序中「約」的性質》，王新亞譯，載王新亞、梁治平編：《明清時期的民事審判與民間契約》，法律出版社1998年版，第139～190頁。
2　馮培紅認為，唐代沙州置有都水令、水官等專知水利的官員，轄縣諸縣則各設平水；歸義軍時期，在節度使衙下置有專門管理水利事務的水司，長官稱都渠泊使，其下置水官、平水若干人。見馮培紅：〈唐五代敦煌的河渠水利與水司管理機構初探〉，《敦煌學輯刊》1997年第2期。

「當之時」句下，至「必不得與」，當是給水利官員的提醒與告誡。又，第八十六行至九十五行多有殘缺：

但秋水／唯澆豆麥等地，百姓多貪，欲澆禾查等，諸惡／□□，妄稱種豆，咸欲浪澆，淹滯時日，多費水利。／□□□□智之人，水遲不遍。但前後官處分不同。時／……地，即與秋水時，准丁均給，今百姓丁別各給／……各遂時節，早晚不同，只如豆麥二色／……禾粟麻等春澆溉者，春種，請白／……畝，餘十五畝，留來年春溉，宜／……前後省水。春秋二時，俱／……裨益。／

這段文字雖不能通讀，然其意仍可大致推知，當主要涉及如何處理諸種與規章不符的行為，是給相關官員的「辦事指引」，故有「前後官處分不同」之語。而第八十三行至八十六行稱：「往日水得遍到城／角，即水官得賞，專知官人即得上考。約勘從永徽／五年已來至於今年，亦曾經／水過三蘘口已上，隨天寒暖，由水多少，亦無定準。」當是向相關官員「通報」多年來的行水情況。

據此，我們推斷本文第一部分所及倪寬、召信臣、王景等漢魏地方官「為民」（或「與民」）所定立之「水令」、「均水約束」，以及唐撫州刺史戴叔倫「為民」所作之「均水法」、山南東道節度使王起「與民」所約之「水令」[1]，其核心內容都應當來自民間水利慣習。

既然《水部式》、《敦煌縣行用水細則》之類「官法」中有關

<hr />

1 《新唐書》卷一四三〈戴叔倫傳〉：「試守撫州刺史。民歲爭溉灌，為作均水法，俗便利之。」（中華書局1975年版，第4690頁）《新唐書》卷一六七〈王起傳〉：「以檢校尚書右僕射為山南東道節度使。濱漢塘堰聯屬，吏弗完治，起至部，先修復，與民約為水令，遂無凶年。」（第5117頁）《舊唐書》卷一六四〈王起傳〉：「（大和）八年，檢校右僕射、襄州刺史，充山南東道節度。江漢水田，前政撓法，塘堰缺壞。起下車，命從事李業行屬郡，檢視而補繕，特為水法，民無凶年。」（中華書局1975年版，第4279頁）。「前政」既得「撓法」，則「法」必早已存在，故王起、李業所為之「水法」，當以「前法」為基礎。

農田水利管理與運作的具體規定，主要來自特定地區水利實踐中的民間水利慣習，那麼，在這一由「官法」和「民約」共同構成的農田水利規章體系中，來自具體水利實踐的民間水利慣習（民約）乃是其基礎部分。進而言之，在具體水利實踐中，特別是在構建並維護水利秩序的過程中，真正發揮作用的乃是民間水利慣習，即「民約」，而非「官法」。這些根基於具體水利實踐的農田水利章程，既生自民間，為地方民眾所創造、擁有和遵從，且以此為基礎，構成水利秩序的基本格局，無論它們在多大程度上獲得官府的承認，甚或「上升」為「官法」，其權威和有效性都主要來自民間社會，而並非官府。

注釋：

[1] 那波利貞最早介紹、研究了此一文書，並予錄文，將之定名為《唐代沙州敦煌縣地方農田水利實施細則》，見《唐代の農田水利に関すろ規定に就きこ》，《史學雜誌》1943年第54編第1、2、3號；武藤ふみ子對此項文書重新作了錄文，並作了詳細的探討，見〈唐代敦煌の農田水利規定について〉，《駿臺史學》（明治大學）1976年第39號；寧欣在〈唐代敦煌地區農業水利問題初探〉一文中，重新校錄了釋文，並對文書內容、其所反映的唐代敦煌地區農業水利情況展開了詳盡考察，見北京大學中國中古史研究中心編：《敦煌吐魯番文獻研究論集》第三輯，北京大學出版社1986年版，第467～541頁（及圖版77～82）。此項文書之圖版可見唐耕耦、陸宏基編：《敦煌社會經濟文獻真跡釋錄》第一輯，全國圖書館文獻縮微複製中心1990年版，第394～400頁；釋文又見鄭炳林：《敦煌地理文書匯輯校注》，題作「敦煌水渠」，甘肅教育出版社1989年版，第90～100頁。本文所引用此件文書，主要據寧欣錄文，參照鄭炳林、武藤二氏錄文及文書

附錄一 「官法」與「民約」：唐代的農田水利規章

圖版，而句讀、理解或與諸家有所不同。

[2] 從總體上看，甘泉水流域的水利開發顯示出從下游逐步向上游擴展的趨勢。前涼時楊宣將中渠引水斗門向上流移動，造五石斗門，正反映出水利開發逐步向上游移動的總體趨勢。雖然六大幹渠開通的先後順序與其處在甘泉水下、上游的順序並不完全吻合，但我們仍然可以基本斷定，甘泉水流域的水利開發很可能是先從東河開始的。這裡涉及對一條關鍵性史料的認識。《沙州都督府圖經》稱：馬圈口堰「在州西南廿五里，漢元鼎六年造，依馬圈山造，因山名焉。其山週回五十步，自西涼已後，甘水湍激，無復此山」。然西漢時建造馬圈口堰之後的堰下水渠，卻未見任何記載。《沙州都督府圖經》於「甘泉水」條下謂：「（甘泉水）又東北流八十里，百姓造大堰，號為馬圈口。其堰南北一百五十步，闊廿步，高二丈，總開五門分水，以灌田園。荷鍤成云，決渠降雨，其腴如涇，其濁如河。加以節氣少雨，山谷多雪，立夏之後，山暖雪消，雪水入河，朝減夕漲。」如果西漢中期確實在馬圈口造堰，據此段描述，也很可能是採用漫灌技術，堰下並無管道。結合上引《三國志》裴注所引《魏略》的記載，我們認為敦煌地區採用開渠灌田的技術，不會早於曹魏嘉平中（249—253年）。然則，東河、都鄉渠、陽開渠、北府渠的開通，皆當在曹魏嘉平至前涼張茂（320—324年）這六七十年時間裡。

[3] 重要的研究成果有：仁井田陞：〈敦煌發見唐水部式の研究〉，初刊於《服部先生古稀祝賀記念論文集》（1936年），後收入仁井田陞：《中國法制史研究・法と慣習・法と道德》，東京大學出版會1981年補訂版，第323～346頁；那波利貞：〈唐代の農田水利に関すろ規定に就きこ〉，《史學雜誌》1943年第54編第1、2、3號；Denis Twitchett，「A Fragment of the T』ang Ordinances of the Department of the Waterways Discovered at Tun-huang」，Asia Major，Vol.6，No.1，1957；佐藤武敏：《敦煌發見唐水部式殘卷譯

注》，《中國水利史研究》1967年第2號；Denis Twitchett, 「Some Remarks on Irrigation Under the T』ang」, T』ong Pao, Vol.48, 1960, pp.175~194；佐藤武敏：〈敦煌發見のいわゆみ唐水部式殘卷について〉，《東洋史研究》1985年第73號；王永興：〈敦煌寫本唐開元水部式校釋〉，載北京大學中國中古史研究中心編：《敦煌吐魯番文獻研究論集》第三輯，北京大學出版社1986年版，第41～67頁（圖版一三至一九）；周魁一：〈水部式和唐代的農田水利管理〉，《歷史地理》第4輯，上海人民出版社1985年版；錄文又見鄭炳林：《敦煌地理文書匯輯校注》，甘肅教育出版社1989年版，第101～109頁。本文所引此件文書主要據王永興先生錄文，參照佐藤、鄭氏錄文及圖版，個別理解、句讀與諸家有所不同。本件文書圖版又可見上海古籍出版社、法國國家圖書館編：《法藏敦煌西域文獻》，上海古籍出版社，第15冊，第1～4頁。

[4]《唐六典》卷二三〈都水監〉「都水使者」下稱：「凡京畿之內渠堰陂池之壞決，則下於所由，而後修之。每渠及斗門置長各一人，以庶人年五十已上並動官及停家職資有幹用者為之。至溉田時，乃令節其水之多少，均其灌溉焉。每歲，府縣差官一人以督察之，歲終，錄其功以為考課。」（中華書局1992年版，第599頁）所記與《水部式》殘卷第三條之規定大致相同，而系於「京畿之內渠堰陂池」之下，亦說明《水部式》殘卷第三條的規定本是適用於「涇、渭白渠及諸大渠」的。

[5] 龍首堰即龍首渠引滻水的斗門堰，涇堰即白渠引涇水的斗門堰，昇原堰為昇原渠引渭水的斗門堰（在岐州陳倉縣）；五門、六門堰不詳其具體位置，然皆在京兆府。考已詳王永興先生文，注九、注十（第53～54頁）。《新唐書》卷四八〈百官志三〉都水監「河渠署」下原注稱：「興成、五門、六門、龍首、涇堰、滋堤，凡六堰，皆有丞一人，從九品下。府一人，史二人，典事二人，掌固二人。貞

觀六年皆廢。」（中華書局1975年版，第1277頁）。據此可知，此六堰當為唐代關中地區最重要的堰渠。

[6] 孫曉林最早研究了這件文書，並錄文（孫曉林：〈唐西州高昌縣的水渠及其使用、管理〉，載武漢大學歷史系魏晉南北朝隋唐史研究室編著：《敦煌吐魯番文書初探》，武漢大學出版社1983年版，第519～543頁；此件文書的錄文見第530～531頁）。國家文物局古文獻研究室等編《吐魯番出土文書》第九冊公布了此件文書的摹寫本（文物出版社1990年版，第146～147頁）。本文所引用此件文書，主要根據孫曉林的錄文。

附錄二 隋唐五代山嶽志考

一、引言

　　山嶽志者，專記山嶽之書也。其源頭，當可上溯至先秦時期的《尚書·禹貢》與《山海經》。《禹貢·導山》部分，雖然僅寥寥數十字，但反映了先秦山川形勢的概貌，向來被認為是《禹貢》地理的精華。《山海經》中的《五藏山經》（簡稱「《山經》」）按方位將作者見聞所及的大地分為南山經、西山經、北山經、東山經、中山經五個區域，每一區域又分為若干山系，每一山系都按方向道裡依次敘述每一山區的特徵、物產及其形態和用途、出山之水及其流向歸宿等。所述儘管也雜有神話，但大都平實雅正；具體內容則遠比《禹貢》詳細，具有很高的地理學價值 [1]。

　　然《禹貢·導山》與《山經》均綜記當時境內所知諸山，可稱為「山嶽總志」；而專記一山的山嶽志書（山嶽別志），則大約至東晉南朝時才出現。今見最早的山嶽別志當推東晉高僧慧遠（334—416）所撰《廬山略記》（又作「《廬山記》」）[1]。而與慧遠《廬山記》同時或稍後，則有張野所撰《廬山記》[2]。至於劉宋，又有徐靈期所

1　譚其驤：〈論《五藏山經》的地域範圍〉，載譚其驤：《長水粹編》，河北教育出版社2000
　年版，第299〜345頁。

撰《南嶽記》[3]。此後，周景式[4]與宗測 1 相繼著有《廬山記》；而《隋書·經籍志》另記有宗居士（當即宗測）《衡山記》一卷 2，張光祿《華山精舍記》一卷 3 及不著撰人之《廬山南陵雲精舍記》一卷。北朝山嶽志書，則僅見盧元明《嵩山記》（或作〈嵩山廟記〉、《嵩高山廟記》）4 與《緱山記》（或作《侯山記》）[5]二種。

至於隋唐之世，釋、老大昌，僧道多卜居名山，建立寺觀，聚徒傳法；而士人亦喜居山林，或隱逸，或寄居習業，或置業久居。因此之故，山嶽志書之著述亦頗見增加。惟唐代山嶽志書多久已散佚，現存全帙者僅李沖昭《南嶽小錄》、徐靈符《天台山記》、慧祥《古清涼傳》三種而已。《四庫全書總目·地理類二》「《南嶽小錄》」條稱：「唐世名山洞府之書，如盧鴻一《嵩山記》、張密《廬山雜

---

1 《南齊書·宗測傳》稱：「嘗遊衡山七嶺，著衡山、廬山記。」按：據《南齊書》本傳，宗測字敬微，出自南陽宗氏，世居江陵。齊武帝永明中（483—493年），宗測「往廬山，止祖［宗］炳舊宅」（《南齊書》卷五四，中華書局1972年版，第940~941頁）。其《廬山記》當即撰於此時。然宗測此記，並不見於諸類書所引。

2 舊本《隋書·經籍志》原作「宋居士」，校點本據前引《南齊書·宗測傳》改。清人陳運溶所輯《衡山記》亦作「宋居士」，當誤。《宋史·藝文志》錄有《衡山記》一卷，不著撰人。《通志》卷六六錄有「《南嶽衡山記》一卷，宋居士撰」。《崇文總目》卷四有《南嶽衡山記》一卷，不著撰人，則此記又稱「《南嶽衡山記》」。《文選·李善注》、《北堂書鈔》、《藝文類聚》、《初學記》、《太平御覽》間有徵引，今有陳運溶麓山精舍輯本，見王漠：《漢唐地理書鈔》，中華書局1961年版，第441頁。

3 《太平御覽》卷四六〈地部十一·江東諸山·華山〉引《華山精舍記》云：「老子〈枕中記〉云：吳西界有華山，可以度難。父老云：山頂北有池，上生千葉蓮花，服之羽化，因名華山。長林森天，荒楚蔽日。」（此亦筆者所僅見之〈華山精舍記〉之見錄者）又據同書卷目下所引《輿地志》，此華山在吳縣西六十三里。則此華山為江南吳縣境之華山，非關中之華山也。中華書局1985年版，第224頁。

4 盧元明《嵩山記》，不見於《隋書·經籍志》、兩唐書及諸目錄書記載。然《隋書·崔廓傳》附〈崔賾傳〉記大業四年崔賾奏稱：「臣見魏大司農盧元明撰《嵩高山廟記》云：有神人，以玉為形，像長數寸。或出或隱，出則令世延長。」（《隋書》卷七七，中華書局1973年版，第1757頁）《冊府元龜》卷七九七所引作「盧元明《嵩山廟記》」。《太平寰宇記》卷五河南道五鞏縣「侯山」條、緱氏縣「半馬澗」條所引均作「盧元明《嵩山記》」，同書卷緱氏縣「緱氏山」條、「靈星塢」條均作「盧氏〈嵩山記〉」。《太平御覽》卷首〈經史圖書綱目〉稱為「盧氏〈嵩山記〉」。〈初學記〉所引則不著撰人。按：盧元明出范陽盧氏，《魏書》卷四七有傳。

記》、令狐見堯《玉笥山記》、杜光庭《武夷山記》今並無存，此（指《南嶽小錄》——引者注）獨以舊本流傳。」[1]此言不確，考詳下文，然唐代山嶽之書大都佚失，卻並無疑問。而山嶽志並不屬於典型的古輿地書，故張國淦《中國古方志考》[2]並未涉及；王謨《漢唐地理書鈔》[3]及劉緯毅《漢唐方志輯佚》[4]亦未輯錄；陳運溶《麓山精舍叢書》雖然輯有徐靈期《南嶽記》、宗居士《衡山記》（見前）等幾種南朝山嶽志，但所輯限於湖南地區，且未及唐人山志。茲搜求史傳文類，兼及佛夾道藏，於隋唐五代山嶽志書之著述略加考辨，俾資談助，抑或稍益於讀史論事也。所考諸山嶽志書，約以撰著年代之先後為序，資料簡約不明、難以確證者附於情形較明之山志或撰者之後；不知撰人、亦不能確定撰著年代者則錄於末。

二、隋唐五代山嶽志考

1.《青溪山記》，一卷，法琳撰　《崇文總目》卷四著錄，不著撰人[5]。虞世南〈襄陽法琳法師集序〉：「仍撰《青溪山記》一卷，見行於世。」[6]唐釋彥琮〈法琳別傳〉卷上述法琳事蹟甚詳，云：

俗姓陳氏，潁川郡人。仲弓之後也。遠祖隨宦徙寓襄陽。幼齒抽簪，情敦博物。遂乃金陵楚郢，負帙問津……以隋開皇十四年夏五

1　《四庫全書總目》卷二十〈地理類二〉「〈南嶽小錄〉」條，中華書局1962年版，第61頁。
2　張國淦：《中國古方志考》，中華書局1962年版。
3　王謨：《漢唐地理書鈔》，中華書局1961年版。
4　劉緯毅：《漢唐方志輯佚》，北京圖書館出版社1997年版。
5　《崇文總目》卷四，文淵閣《四庫全書》本，〈史部十四·目錄類一〉，第6頁。
6　大正《大藏經》卷五二，第2109號，法琳《破邪論》卷首，佛陀教育基金會出版部1990年版，第475頁。

月，隱於青溪山鬼谷洞焉。閱覽玄儒，寸陰無棄。迴構岩廬，則蔽朽於日月；空飛戶牖，則吐納於風雲。因撰《青溪山記》，可八千餘言，理趣鏗鏘，文詞婉麗，見傳於代，故闕錄焉。然法師韞德潛形，訥言敏行，誓維頹紐。觀化上京，是歲仁壽元年春三月也。於是背楚塞涉秦川，步三陽游八水。[1]

　　唐釋智昇《開元釋教錄》卷八上、道宣《續高僧傳·法琳傳》所記大致同。則《青溪山記》之作者為法琳，撰於隋開皇十四年至仁壽元年間（594—601年間）。按：青溪山，為荊州山，在今湖北當陽[2]。撰是書時法琳尚未皈依釋教，青溪山亦以仙道居地稱[3]，而其文，「理趣鏗鏘，文詞婉麗」，推測其內容當雜記山水故典，兼及傳說及黃老神仙之事。或即因此故，雖然此記曾「見傳於代」，而虞世南、彥琮、智昇卻都語焉不詳，以「闕錄」付之，蓋其內容、風格與皈依佛教後之法琳迥異也。然此書至唐中後期仍頗有流傳，貞元中來唐的日本僧人最澄在所撰《傳教大師將來越州錄》[4]（德宗貞元二十一年乙酉即順宗永貞元年，805年所錄）記有《青溪山記》一卷，雖不著撰人，但當即法琳所撰。

1　大正《大藏經》卷五十，第2051號，佛陀教育基金會出版部1990年版，第198頁。

2　嘉慶《重修一統志》卷三五二荊門州山川「青溪山」條：「在當陽縣西北三十里，跨遠安縣及襄陽府南漳縣界，有鬼谷洞，相傳為鬼谷子隱處。《水經注》：盛弘之云：稠木旁生，凌空交合，危樓傾崖，恆有落勢。」中華書局1986年版，第17868頁。

3　《水經注》卷三二〈沮水注〉引盛弘之《荊州記》謂：「（青溪山）風泉傳響於青林之下，岩猿流聲於白雲之上。游者常若目不周翫，情不給賞。是以林徒棲託，雲客宅心，泉側多結道士精廬焉。」（楊守敬、熊會貞注疏：《水經注疏》卷三二〈沮水〉，江蘇古籍出版社1989年版，第2698頁）又《文選》卷二一郭景純〈遊仙詩〉之一：「青溪千餘仞，中有一道士。」李善注引庾仲雍《荊州記》曰：「臨沮縣有青溪山，山東有泉，泉側有道士精舍。郭景純嘗作臨沮縣，故〈遊仙詩〉嗟青溪之美。」呂向注亦稱：「青溪山名道士有道者。」（《六臣注文選》卷二一，中華書局1987年影印本，第400頁）則自南朝迄唐前期，青溪山一直是道家結廬清修之所。

4　大正《大藏經》卷五六，第2160號，佛陀教育基金會出版部1990年版，第1059頁。

另，《宋史·藝文志》又錄有法琳《廬山記》一卷[1]，《舊唐書·經籍志》、《新唐書·藝文志》及其他目錄書均未見著錄，唐宋類書亦無稱引。然前引《法琳別傳》稱琳早年曾於「金陵楚郢，負帙問津[2]」；《開元釋教錄》亦謂琳「少而出家，遊獵儒釋，博綜詞義，金陵楚郢，從道問津，自文苑才林靡不尋造[3]」，則謂其曾遊棲廬山，記其見聞，亦屬可能。據上引各傳，琳遊廬山當在棲止青溪之前，則《廬山記》之撰亦當在《青溪山記》之前。

2.《清涼山略傳》，一卷，並〈清涼山圖〉，會賾撰　唐釋慧祥《古清涼傳·遊禮感通四》云：

唐龍朔中，頻敕西京會昌寺沙門會賾共內侍掌扇張行弘等，往清涼山檢行聖跡。賾等祗奉明詔，星馳頂謁。並將五臺縣呂玄鑒畫師張公榮等十餘人，共往中臺之上。未至臺百步，遙見佛像，宛若真容……凡是古跡，悉追尋存亡名德，皆親頂禮。賾等既承國命，目睹佳祥，具已奏聞，深稱聖旨。於是，清涼聖跡，益聽京畿。文殊寶化，昭揚道路。使悠悠溺喪，識妙物之冥泓；蠢蠢迷津，悟大方之幽致者，國君之力也……賾又以此山圖為小帳，述《略傳》一卷，廣行三輔雲。[4]

按：此事不見於兩唐書及《資治通鑒》，然高宗龍朔間（661—663年）慧祥或已在清涼山住居（考詳下），其敘此事甚詳，不當有

1　《宋史》卷二〇四，中華書局1977年版，第5154頁。
2　《法琳別傳》卷上，載大正《大藏經》卷五十，第2051號，佛陀教育基金會出版部1990年版，第198頁。
3　智昇：《開元釋教錄》卷八上，載大正《大藏經》卷五五，第2154號，佛陀教育基金會出版部1990年版，第554頁。
4　釋慧祥：《古清涼傳》卷下〈遊禮感通四〉，載大正《大藏經》卷五一，第2098號，佛陀教育基金會出版部1990年版，第1098頁。

附錄二　隋唐五代山嶽志考

誤。據慧祥所記，則會賾撰《清涼山略傳》以畫師所繪山圖為本，圖文並行。然圖不久即佚。圓仁《日本國承和五年入唐求法目錄》（唐文宗開成四年，839年錄）、《慈覺大師在唐送進錄》及《入唐新求聖教目錄》均著錄《清涼山略傳》一卷，而不見附圖[1]。又，〈慈覺大師在唐送進錄〉於《清涼山略傳》下注稱：「大華嚴寺記。」[2] 則此《清涼山略傳》或即清涼山中臺大華嚴寺之專記。

3.《古清涼傳》，二卷，慧祥撰　《宋史‧藝文志》、《通志》均著錄。此傳今存《大藏經》第51卷。其卷上分為三目：（1）「立名標化」，述清涼山（五臺山）得名之緣由。（2）「封域里數」，詳記五臺之疆域道里。首述清涼山之地理位置（距京師、代州里程，所鄰山嶽，方圓大小），然後分述各臺（中臺、東臺、西臺、南臺、北臺）高程里數、臺頂面積、道路與山溪溝壑。（3）「古今勝跡」，述五臺之名勝古跡。所敘雖遙追周穆之遇化，漢武之得金神，實可信者則自北朝始：「爰及北齊高氏，深弘像教，宇內寺塔，將四十千；此中伽藍，數過二百。又割八州之稅，以供山眾衣藥之資焉。據此而詳。則仙居靈覵，故觸地而繁矣。遭周武滅法，釋典淩遲，芳徽盛軌，湮淪殆盡。自非神明支持，罕有僅存者也。今之所錄，蓋是其徒至於真沒凋殘，可謂長太息矣。其有修建塔廟，造立尊儀，景業可稱，事緣弘替者，雖非往古，並即而次之。」其下分敘各臺之塔廟精舍，浮圖碑銘，多為親見。其中亦雜記靈異，或於此山得道之大德高僧。其卷下分為二目：其一，「遊禮感遇」，記遊歷或住居五臺諸僧之感遇。上起北齊，其首即「齊定州僧神勦」。雖所記皆為種種異跡，然述諸僧之本貫、出家、師承、問道及在五臺之住居寺

1　分別見大正《大藏經》卷五五，第2165、2166、2167號，佛陀教育基金會出版部1990年版，第1075、1077、1086頁。

2　圓仁：《慈覺大師在唐送進錄》，載大正《大藏經》卷五五，第2166號，佛陀教育基金會出版部1990年版，第1077頁。

廟與修行均甚詳，頗可見出當時佛學傳承之網絡；其所記諸僧，多非高僧大德，故不見於《高僧傳》、《續高僧傳》等僧傳中，可補其闕遺。其二，「支流雜述」蓋述諸白衣人（俗家人）於五臺之異遇。大抵為小說家言，但其中亦有一二事為作者所親歷者，頗可注意。

撰者慧祥，《續高僧傳》、《開元釋教錄》諸僧傳並不見載，其生平事蹟難以確考。是書卷首題「唐朝藍谷沙門慧祥撰」。按：藍谷當即「長安八水」之一灞水之上源，《長安志》謂其在藍田縣東南二十里[1]。《法苑珠林》記載：「唐永徽年，雍州藍田東悟真寺，寺居藍谷之西崖，制窮山美，殿堂嚴整。」[2] 慧祥或即此藍田悟真寺僧人。《古清涼傳》稱：「余幼尚異概，長而彌篤。每聞殊方之唱，輒慷慨興懷[3]」，則其年少時或即已出家。同卷同目下記有高宗龍朔中會賾奉敕往清涼山檢行聖跡事（已見前）；又記乾封二年（667年）六月梵僧蜜多羅禮拜清涼之事，皆為其所親歷。當蜜多羅在中臺禮拜之時，慧祥即在現場觀禮：「其敕使王，與余及二三道俗，去其十餘步，徙倚環立。」多羅自五臺回京之後，慧祥「便往定州恆陽縣黃山，造玉石舍利函三枚」，攜回五臺安放。此後，又「在彼二年，方還京邑[4]」。其後，慧祥可能還到過五臺。是傳卷上《古今勝跡》記咸亨四年（673年）三藏法師玄奘弟子、慈恩寺窺基「與白黑五百餘人，往而修焉。或聞殊香之氣，鐘磬之音。其年，忻州道俗，復造鐵浮圖一，高丈餘，送至五臺，首置於石室之間。南有故碑二，見今已倒，抑文字磨滅，維餘微映。余洗

1 《長安志》卷十六〈藍田縣〉，載《宋元方志叢刊》第一冊，中華書局1990年版，第166頁。
2 《法苑珠林校注》卷十四〈感應緣·唐雍州藍田金像出石中緣〉，中華書局2003年版，第487頁。
3 《古清涼傳》卷下〈遊禮感通〉，載大正《大藏經》卷五一，第2098號，佛陀教育基金會出版部1990年版，第1096頁。
4 《古清涼傳》卷下〈遊禮感通〉，載大正《大藏經》卷五一，第2098號，佛陀教育基金會出版部1990年版，第1099頁。

附錄二 隋唐五代山嶽志考

而視之，竟不識一字[1]」。慧祥得親見此鐵浮圖，則其必當於咸亨中又再至五臺。如上考不誤，則慧祥當自幼於長安附近出家，自龍朔至咸亨十餘年間，曾長期留居五臺（中間回過長安），後歸依藍谷悟真寺（或本即在悟真寺出家，亦未可知），故以「藍谷沙門」見稱。

是傳卷首有金大定辛丑歲（二十一年，1181年）永安崇壽禪院沙門廣英所撰序文；而《大藏經》同卷所見之《續清涼傳》卷首有大定四年（1164年）古豐姚孝錫所撰之〈重雕清涼傳序〉。據此二序，知大定中曾將《古清涼傳》與宋釋延一撰《廣清涼傳》、張商英撰《續清涼傳》一同重刻。姚序稱：三傳原本皆藏於清涼山大華嚴寺，「偶回祿之構災，致龍文之俱燼。不有興者，聖功神化，歲久弗傳。東安趙統，以酒官視局臺山，慨然有感於心。即白主僧，願捐橐金以助緣……」因得成其事。則在大定本之前，或有宋刻本[2]。而大定本流傳亦不廣。大正《大藏經》於清涼三傳（古傳、廣傳、續傳）之後錄有光緒甲申（十年，1884年）十月吳縣蔣清翊跋語曰：

釋慧祥《清涼傳》，見《宋史志》。廣傳、續傳，則史志及諸家藏書志俱不著錄。杭州何夢華（元錫）得之，示阮文達，繕錄進呈，世乃知有此書。第天府卷軸，既非草茅能窺，阮氏文選樓書，又毀於火。藏書家以不得見為憾聞。此書原本，今藏歸安陸氏皕宋樓，武陵趙君伯藏（於密）為居間得借讀，紙脆殆不可觸。內佚廣傳中卷。清翊恐其日就湮沒，方錄付梓，頗以佚卷為憾。適錢塘丁氏正修堂藏有鈔本，則佚卷存焉。亟合梓之，甫成全璧。鈔本訛字頗多，然無可校

---

1 《古清涼傳》卷上〈古今勝跡〉，載大正《大藏經》卷五一，第2098號，佛陀教育基金會出版部1990年版，第1094頁。

2 《古清涼傳》是否有唐刻本，殊不能知。前引唐中後期日本來唐求法僧人最澄、圓仁等所撰諸種求法目錄，均未見此傳，頗疑此傳並無唐刻本，北宋嘉祐間延一等所見之《古清涼傳》或為寫本。

正，姑仍其舊。[1]

何元錫所得之本，阮元研經室外集《四庫未收書目提要》以為或即「金大定時寺中藏板」，然《續傳》末附〈補陀傳峨眉贊〉，乃元人所集，與此論扞格。故蔣清翊辨之曰：

是書原本，今在歸安陸氏皕宋樓。實洪武丙子，山西崇善寺所刊，末綴寺僧性徹募刊緣起云……性徹原刊，無〈峨眉贊〉。天順壬午，五臺廣緣寺重刊此書，始附綴之。錢塘丁氏正修堂，有鈔本，乃據天順本影寫者。行字悉同洪武本，惟版縫刊施錢人姓名為異。[2]

是傳之版本源流乃得詳確。而今《大藏經》所收之本，即蔣氏據陸氏皕宋樓所藏洪武丙子（二十九年，1396年）崇善寺刻本與丁氏正修堂影寫天順壬午（六年，1462年）廣緣寺刻本之鈔本對校合刊而成。

4.《九嵕山志》，十卷，王方慶撰　《新唐書·藝文志》著錄，《通志》卷六六作《九嵕山記》，不著卷數。王方慶，兩《唐書》有傳，謂其名綝，以字行，其先自丹陽徙咸陽，武后時官至鸞臺侍郎、同鳳閣鸞臺平章事，終於太子左庶子，長安二年（702年）卒。《舊唐書·王方慶傳》謂「方慶博學，好著述，所撰雜書凡二百餘卷，尤精《三禮》，好事者多詢訪之，每所酬答，咸有典據，故時人編次，名曰《雜禮答問》[3]」。但並不言及其著有《九嵕山志》。按：九嵕

<hr />

1　大正《大藏經》卷五一，第2100號，《續清涼傳》卷末，蔣清翊按語，佛陀教育基金會出版部1990年版，第1134頁。

2　大正《大藏經》卷五一《續清涼傳》卷末蔣清翊按語，第2100號，佛陀教育基金會出版部1990年版，第1135頁。

3　《舊唐書》卷八九〈王方慶傳〉，中華書局1975年版，第2901頁。

附錄二　隋唐五代山嶽志考

山，在長安西北、京兆府醴泉縣境內，即唐太宗昭陵之所在[6]。《舊唐書・薛頤傳》謂太宗時，「頤後上表請為道士，太宗為置紫府觀於九嵏山，拜頤中大夫，行紫府觀主事。又敕於觀中建一清臺，候玄象，有災祥薄蝕讁見等事，隨狀聞奏[1]」。則九嵏山又置有道觀[2]。《九嵏山志》或在方慶卒後不久即佚失[7]，唐宋類書亦不見稱引，其體例、內容均不能知。然由方慶熟知禮制及九嵏山為昭陵之所在、左有紫府觀、右有瑤臺寺[3]推測，其所記或不外九嵏地理風物、昭陵禮制及道觀寺廟之事。

5.《嵩山記》（或作「《嵩嶽記》」），一卷，盧鴻（鶱）撰《新唐書・藝文志》著錄，謂為盧鶱撰，原注稱鶱為天寶人。《通志・藝文略》所記同，《崇文總目》不著撰人。《宋史・藝文志》作「盧鴻《嵩嶽記》，一卷[4]」。《元和郡縣圖志》、《初學記》、《太平御覽》諸書所引皆作《嵩山記》。鶱、鴻形近，「鶱」或為「鴻」字之誤。盧鴻，又作盧鴻一[8]。《舊唐書・盧鴻一傳》稱：「盧鴻一，字浩然[5]，本范陽人，徙家洛陽。少有學業，頗善籀篆楷隸，隱於嵩山。開元初，遣備禮再徵不至。」[6] 開元六年（718年），應昭赴東都，陛見明皇，固辭榮寵，玄宗命「以諫議大夫放還山，歲給米百石，絹五十匹，充其藥物，仍令府縣送隱居之所；若知

---

1 《舊唐書》卷一九一〈薛頤傳〉，中華書局1975年版，第5089頁。《冊府元龜》卷四八〈帝王部・從人欲〉記此事曰：「薛頤為太史令。頤清靜，每厭人間囂渾，因帝與語，乃自陳其情，願於昭陵側構一茅宇以終餘生。太宗嘉而從之。因度為道士，拜中大夫，為置紫府觀於九嵏之下。」（中華書局1960年版，第545頁）則紫府觀之置在貞觀十年營昭陵之後。

2 《長安志》，卷十六〈醴泉縣〉下稱：「紫府觀，在（醴泉）縣東北三十里，唐太宗為道士薛頤置。今廢。瑤臺寺在縣西北，昭陵之西。」則紫府觀當在昭陵之東，瑤臺寺則在昭陵之西。收入《宋元方志叢刊》第一冊，中華書局1990年版，第171頁。

3 昭陵有瑤臺寺，除前引《長安志》外，又見《舊唐書》卷一三六〈崔損傳〉，《唐會要》卷二十〈陵議〉，《文苑英華》卷七七〇王仲舒〈昭陵寢宮議〉等。

4 《宋史》卷二〇四，中華書局1977年版，第5154頁。

5 《新唐書》一九六〈盧鴻傳〉稱鴻字「顥然」。中華書局1975年版，第5603頁。

6 《舊唐書》卷一九二〈盧鴻一傳〉，中華書局1975年版，第5119頁。

朝廷得失，具以狀聞」。「將還山，又賜隱居之服，並其草堂一所，恩禮甚厚。」[1]《新唐書·盧鴻傳》謂「鴻到山中，廣學廬，聚徒至五百人。及卒，帝賜萬錢。鴻所居室，自號寧極雲[2]」。則盧鴻長期居留嵩山，聚徒講學。兩唐書並將之列入「隱逸」，《舊唐書》本傳錄玄宗開元六年詔亦稱其為「嵩山隱士」，且謂其「抗跡幽遠，凝情篆素，隱居以求其志，行義以達其道，雲臥林壑，多歷年載」。然由其室號「寧極」，奏稱「老君」觀之，亦必為仙道之流亞。

盧鴻《嵩山記》久佚，《初學記》、《元和郡縣圖志》、《太平寰宇記》、《太平御覽》諸書所引錄「盧氏《嵩山記》」，當係北朝後期盧元明所撰《嵩山記》，考已見前；而單稱《嵩山記》者，則難以斷定究是盧鴻《嵩山記》，抑盧元明《嵩山記》。

此外，元陶宗儀《說郛》卷六八下錄有〈終南十志〉一種，不分卷，謂為盧鴻所撰。「十志」分別為草堂、樾館、幕翠庭、洞元室、倒景臺、枕煙庭、期仙磴、滌煩磯、雲錦淙、金碧潭，各段百餘字，文頗質簡，所附歌詞則詠其壯麗景色，兼以道家之論。文末云：「盧鴻〈草堂圖〉真跡，尚在京口張氏，安得一見，以當臥遊。」[3]是志僅見於《說郛》，諸目錄書均未見著錄。考兩唐書盧鴻本傳，迄未見鴻曾居終南山之記載；而盧鴻確工於山水，亦確曾繪有〈草堂圖〉，惟其所繪之草堂在嵩山，而非在終南山[9]。故頗疑《說郛》本《終南十志》為宋人之偽作，其文末「盧鴻〈草堂圖〉真跡，尚在京口張氏」云云，不過是以《終南十志》之草堂與盧鴻之草堂相攀附而已。

6.《南嶽記》，一卷，李邕撰　此書不見於唐宋諸目錄書，惟於最澄〈傳教大師將來台州錄〉記有「《南嶽記》一卷，李邕撰，三

1　《舊唐書》卷一九二〈盧鴻一傳〉，中華書局1975年版，第5120～5121頁。
2　《新唐書》卷一九六〈盧鴻傳〉，中華書局1975年版，第5604頁。
3　《說郛》卷六八下，文淵閣《四庫全書》本，《子部十·雜家類五》，第27～31頁。

紙 [1]」。按：最澄於貞元中來唐，是錄撰於貞元二十一年（即順宗永貞元年，805年），則李邕《南嶽記》必撰於此前。考則天、睿宗、玄宗朝有李邕，《舊唐書‧李邕傳》稱，邕為廣陵江都人，開元三年（715年）曾任戶部侍郎，旋貶括州司馬；開元二十三年又為括州刺史，天寶初卒。本傳並未言及邕曾撰有《南嶽記》，今存《李北海集》（六卷）亦未見有關文字，然本傳稱：「邕早擅才名，尤長碑頌，雖貶職在外，中朝衣冠及天下寺觀多齎持金帛，往求其文，前後所制凡數百首。」[2] 而南宋嘉定《赤城志‧寺觀門二》「景德國清寺」條下稱：「在（天台）縣北一十里。舊名天台，隋開皇十八年為僧智顗建。先是顗修禪於此，夢定光告曰：『寺若成，國即清』。大業中遂改名國清。李邕《記》所謂『應運題寺』是也。唐會昌中廢。」[3] 此所謂「李邕《記》」或即指《南嶽記》。按：《赤城志》所引李邕《記》，述及國清寺之得名，所記當為天台國清寺之事，表面觀之，似與南嶽衡山無涉。然天台智顗，實宗南嶽慧思；國清統系，直承南嶽。故頗疑李邕《南嶽記》當即邕居官括州（與台州相鄰）時應天台國清寺之求所撰，所述或即自南嶽大師以迄國清諸僧之事也；之所以題為「《南嶽記》」，或即因國清法統源自南嶽慧思之故。

最澄《傳教大師將來台州錄》另錄有「《南嶽並天台山記》一卷，五紙 [4]」，未著撰人。揣測其性質亦當與李邕《南嶽記》相類，也是專記天台宗法統傳承之書，而不可能是南嶽衡山與天台山二山之

1　最澄：〈傳教大師將來台州錄〉，載大正《大藏經》卷五五，第2159號，佛陀教育基金會出版部1990年版，第1056頁。

2　《舊唐書》卷一九〇〈李邕傳〉，中華書局1975年版，第5039頁。

3　嘉定《赤城志》卷二八〈寺觀門二〉，天台「景德國清寺」條，收入《宋元方志叢刊》第七冊，中華書局1990年版，第7496頁。

4　最澄：〈傳教大師將來台州錄〉，載大正《大藏經》卷五五，第2159號，佛陀教育基金會出版部1990年版，第1056頁。

合志。

7.《顧渚山記》，一卷，陸羽撰　《宋史‧藝文志》著錄。《郡齋讀書志‧後志》云：「《顧渚山記》二卷。右唐陸羽撰，羽與皎然、朱放輩論茶，以顧渚為第一。顧渚山在湖州，吳王夫差顧望欲以為都，故以名山。」[1]《直齋書錄解題》：「《顧渚山記》一卷，唐陸羽鴻漸撰，鄉邦不貢茶久矣，遺跡未必存也。」[2]按：陸羽，據《新唐書‧陸羽傳》，於肅宗上元初（760年）隱居湖州苕溪，「自稱桑苧翁，闔門著書」，貞元末（804年）卒[3]。顧渚山，又名顧山。《元和郡縣圖志‧江南道》「湖州長城縣顧山」條云：「在（長城）縣西北四十二里。貞元以後，每歲以進奉顧山紫筍茶，役工三萬人，累月方畢。」[4]則顧渚山以產茶著稱。陸羽《顧渚山記》當即撰於隱居苕溪之時。皮日休〈茶中雜詠‧序〉云：

自周已降及於國朝茶事，竟陵子陸季疵言之詳矣。然季疵以前稱茗飲者，必渾以烹之，與夫瀹蔬而啜者無異也。季疵之始為經三卷，繇是分其源，制其具⋯⋯餘始得季疵書以為備矣，後又獲其《顧渚山記》二篇，其中多茶事。[5]

則《顧渚山記》撰於《茶經》之後，所記亦多為茶事。而《吳興備志‧方物徵》引《顧渚山記》云：「顧渚山頹石洞有綠蛇，長可三尺餘，大類小指，好棲樹杪，視之若鞶帶，纏於柯葉間，無螫毒，見人則空中飛。」《吳興備志》卷二六〈方物徵〉，文淵閣《四庫全

1　《郡齋讀書志‧後志》卷二，文淵閣《四庫全書》本，《史部十四‧目錄類一》，第9頁。
2　《直齋書錄解題》卷八〈地理類〉，徐小蠻等點校，上海古籍出版社1987年版，第263頁。
3　《新唐書》卷一九六〈陸羽傳〉，中華書局1975年版，第5611頁。
4　《元和郡縣圖志》卷二五江南道一「湖州長城縣‧顧山」條，中華書局1983年版，第606頁。
5　皮日休：〈茶中雜詠‧序〉，載《松陵集》卷四，文淵閣《四庫全書》本，《集部八‧總集類》，第22～23頁。

附錄二　隋唐五代山嶽志考

書》本，《史部十一·地理類三》，第10頁。又，明·徐應秋《玉芝堂談薈》卷三三「頻迦鳥」條引《顧渚山記》曰：「顧渚山中有鳥，如鴝鵒而小，蒼黃色，每至正二月作聲，云春起也；至三四月作聲，云春去也。採茶人呼為報春鳥。」[1] 則所涉亦不限於茶事，間有亦及於山川鳥獸。

此外，《雲笈七籤》卷九六〈人間可哀之曲一章·序〉云：「太子文學陸鴻漸撰《武夷山記》云：武夷君，地官也。相傳每於八月十五日，大會村人於武夷山上，置幔亭，化虹橋，通山下……」[2] 則陸羽似另撰有《武夷山記》一種。然考陸羽本傳，知其迄未至閩，更無以入武夷，所著《茶經》亦未及建州茶事[3]，當無可能著有《武夷山記》。且宋人潘自牧《記纂淵海》卷二「中秋」引此條，謂出自《諸仙傳》[4]。則上引《雲笈七籤》所謂「陸鴻漸撰《武夷山記》」當係偽託。

8.《諸山記》，一卷，元結撰　《宋史·藝文志》著錄。《崇文總目》已稱「《諸山記》一卷，闕[5]」。《通志·藝文略》不著撰人，則此書至宋時已佚。按：據《新唐書·元結傳》，次山於天寶十二載（753年）舉進士，適遭「安史之亂」，奔走宛葉荊襄間，後任道州刺史、容管經略使[6]。《元次山集》收有撰於代宗永泰二年（即大曆元年，767年）之《九疑圖記》一文，謂：「九疑山方二千

1　徐應秋：《玉芝堂談薈》卷三三「頻迦鳥」條，文淵閣《四庫全書》本，《子部十·雜家類五》，第23頁。
2　《雲笈七籤》卷九六〈人間可哀之曲一章·序〉，中華書局2003年版，第2099頁。
3　此點前人早已指出。宋熊蕃撰《宣和北苑貢茶錄》云：「陸羽《茶經》、裴汶《茶述》皆不第建品，說者但謂二子未嘗至閩，而不知物之發也，固自有時。」（文淵閣《四庫全書》本，《子部九·譜錄類二》，第1頁）。
4　潘自牧：《記纂淵海》卷二〈節序部·中秋〉，文淵閣《四庫全書》本，《子部十一·類書類》，第79頁。
5　《崇文總目》卷四，文淵閣《四庫全書》本，《史部十四·目錄類一》，第10頁。
6　《新唐書》卷一四三〈元結傳〉，中華書局1975年版，第4681～4686頁。

餘里，四州各近一隅，世稱九峰相似，望而疑之，謂之九疑。亦云：舜登九峰，疑禹而悲，從臣有作《九悲之歌》，因謂之九疑。九峰殊極高大，遠望皆可見也。彼如嵩華之峻崎，衡岱之方廣。在九峰之下，磊磊然如布碁石者，可以百數；中峰之下，水無魚鼈，林無鳥獸，時聞聲，如蟬蠅之類，聽之亦無。往往見大谷長川，平田深淵，杉松百圍，榕栝並之，青莎白沙，洞穴丹崖，寒泉飛流，異竹雜華，回映之處，似藏人家……」[1]《諸山記》所記，或即此類乎？

9.《天台地志》，二卷，神邕撰　《宋高僧傳·唐越州焦山大曆寺神邕傳》云：

釋神邕，字道恭，姓蔡氏……年十二，辭親學道，請業於法華寺俊師……開元二十六年敕度，隸諸暨香嚴寺名籍，依法華寺玄儼師，通《四分律鈔》……又從左溪玄朗師習天台止觀、禪門、《法華玄疏》、《梵網經》等，四教三觀等義……天寶中，本邑郭密之請居法樂寺西坊，恢拓佛舍，層閣摩霄，半澄江影，廊宇完備。後乃游問長安，居安國寺……方欲大闡禪律，悠遇祿山兵亂，東歸江湖，經歷襄陽，御史中丞庾光先出鎮荊南，邀留數月……自至德迄大曆中，頻受請登壇度戒，起丹陽，泊乎金華……末遊天台，又纂《地志》兩卷，並附於新論矣……貞元四年戊辰歲十一月十四日遇疾……[2]

則《天台地志》當撰於神邕晚年居留天台之時，亦即大約在德宗建中至貞元四年間（780—788年）。南宋嘉定《赤城志》頗引之，其〈山水門三〉「天台山」條云：「……神邕《山圖》又采浮圖氏說，以為閻浮震旦國極東處，或又號靈越。」、「赤城山」

1　《元次山集》卷九，中華書局1960年版，第141~142頁。
2　《宋高僧傳》卷一七〈唐越州焦山大曆寺神邕傳〉，中華書局1987年版，第421~423頁。

附錄二　隋唐五代山嶽志考

條：「支遁〈天台山銘序〉云：往天台山當由赤城為道。而神邕《山圖》亦以此為台山南門，石城山為西門。」、「蒼山」條：「蒼山在縣東四十里。按神邕《山圖》云：其山淩映桐柏絕頂，睇滄海，以其蒼蒼接漢，故名。」〈山水門四〉「桐柏山」條：「在（寧海）縣西四十里，連天台山。按神邕《山圖》云：桐柏在天台極東，寧海界上。」[1]同書卷二八〈寺觀門二〉「飛霞寺」條：「按神邕《山圖》，在赤城山腹，梁岳陽王妃建，其後僧定光居之，梁亡寺廢。」[2]同書卷四十〈辨誤門〉：「神邕《天台山記》力辨云：從極東至寧海界，有桐柏山，其狀高峻。」則是書又稱「《天台山圖》」或「《天台山記》[3]」。或者本有圖，附以記，合稱《天台地志》，亦未可知。由《赤城志》所引錄諸條觀之，其所記則廣涉天台山水古跡，不僅限於釋教流傳也。

此外，日僧圓仁《日本國承和五年入唐求法目錄》及《入唐新求聖教目錄》中均著錄有《天台略錄》一卷，不著撰人，難以判斷其是否與神邕《天台地志》有關。而圓珍《福州溫州台州求得經律論疏記外書等目錄》（宣宗大中九年即855年錄）及《日本比丘圓珍入唐求法目錄》均錄有《天台山小錄》一卷，不著撰人。前者注稱：「或題《國清靈聖傳》」，並言明是「於天台國清寺寫取[4]」。則此《天台山小錄》當為天台國清寺諸高僧大德之略傳，與神邕《天台地志》沒有關係[5]。

10.《玉笥山記》，一卷，令狐見堯撰　《新唐書·藝文志》、

1　《赤城志》卷二一〈山水門三〉，卷二二〈山水門四〉，《宋元方志叢刊》第七冊，中華書局1990年版，第7438、7440、7441、7450頁。
2　《赤城志》卷二八〈寺觀門二〉，《宋元方志叢刊》第七冊，中華書局1990年版，第7502頁。
3　《赤城志》卷四十〈辨誤門四〉，《宋元方志叢刊》第七冊，中華書局1990年版，第7592頁。
4　大正《大藏經》卷五五，第2170、2172號，佛陀教育基金會出版部1990年版，第1094、1099頁。
5　據《宋高僧傳》神邕本傳，知神邕所宗，為天台止觀禪門，其晚年遊歷天台，蓋為尋訪聖跡，傳中未云其駐錫何寺，更未言及其曾在國清寺居留；遊歷天台後，仍回歸越州大曆寺。故此可斷定《天台山小錄》當為另一書。

《宋史・藝文志》、《通志・藝文略》並著錄，謂為道士令狐見堯撰。《直齋書錄解題》：「唐道士令狐見堯撰。山在新淦。別本又有南唐及本朝事，後人所益也。」[1]令狐見堯，另著有《正一真人二十四治圖》一卷，《新唐書・藝文志》原注稱其為「貞元人[2]」；以其撰有《正一真人二十四治圖》觀之，當屬正一派。按：玉笥山，為道教所謂「三十六洞天」之一，在今江西峽江縣境（屬隋唐新淦縣）[10]。是書久佚，惟於《太平御覽》、陳舜俞《廬山記》諸書所引可見一斑。《太平御覽・地部六》「玉笥山」條引《玉笥山記》曰：

　　漢武好仙，察眾山之跡，知此山為靈感之司，遂於山頂致降真壇，日夕祈禱。天乃降白玉笥置壇上。武帝遣使取，至其壇側，飄風大振，卷玉笥而去。因封為玉笥山。又漢武時，邑民伐材於山，為廟館，闕殿中梁一條。邑民相謂曰：欲精仙館，在其梁棟，未可以凡木為之。經數旬未獲。忽一夜，震雷風烈，天降白玉梁一條，光彩瑩目，至今下有玉梁觀。至魏武時，遣人取之。至其山門，亭午之際，雷霆大震，化為白龍，擘煙霧而去。晉永嘉中，有人見在都木岩下。梁黃門侍郎蕭子雲聿來棲上，兼撰立館碑。經五載，忽有一人來，謂之曰：館之東北有洞，曰都木坑。水自東注，可以久居矣。子雲遂徙家居之。後全家隱洞中，不知所之。大曆初，有道士謝修通者，宜春人也。〔入〕此山不出，凡四十年，如野人。後遇一人，引入溪源，於溪中得一碑，長三尺，乃蕭侍郎清虛之館碑。更行，行半里，見宅基古磚瓦石皆異，遂結庵居之。長慶初，入都木坑，偶見一宅重扉，須臾，有一青衣童子招修通入，見一人紫綬峨冠，佩劍立堂之左；一人碧綬素簡，立堂之右。童子曰：左者蕭君，右者梅君，即梅福也。

1　《直齋書錄解題》卷八，上海古籍出版社1987年版，第262頁。
2　《新唐書》卷五九〈藝文志三〉，中華書局1975年版，第1521～1522頁。

附錄二 隋唐五代山嶽志考

通乃叩頭再拜求住修。通好食小蒜，二君曰：子乃葷腥之人，安能住此？賜修通嘉禾五穗，松葉半斤，令頓服之。服之中半，二君乃令歸。精神似不足，眼目睢盱。門人相謂曰：師修行不出，凡七十年，為邪氣所亂，大道何昧乎？通至寶曆初，夢人告曰：「造一精舍，待君。」既寤，曰：「旦日我當死矣。」七日而卒，門人求備棺櫬，空見衣冠而已，年九十八。[1]

則其所記多神仙詭異、修行遇合之事，概不能指實。其記道士謝修通故事，自代宗大曆（766—779）年，歷穆宗長慶（821—824年）而至於敬宗寶曆（825—826年），則知是記必撰於寶曆之後。前引《新唐書》謂令狐見堯為貞元（785—804年）中人，當取其大概耳。又，（宋）陳舜俞《廬山記》引《玉笥山記》云：

秦亂，名官者十有三人，棄官學道，經於廬山。內武士三人曰唐建威、李德𢀖、宋雲刁欲遂棲焉。餘十人曰：「不然。初志歸於群玉洞府，豈可中道而廢？」言訖未行，一夕雷電奄至，庵舍左右化成大溪，溪中磐石上有玉簡天篆曰：「神化靈溪，金簡標題，真人受旨，玉洞潛棲。」十人者莫知所終，三武士遂棲於溪側。漢武帝時賜名靈溪觀。南唐齊王景達重修，功未就而薨，其賢順妃實成其志。[2]

謂秦末即有人「棄官學道」，正是道家窮源虛誇之痼習，不足為憑；而文末所謂「南唐齊王」云云，則正是陳振孫所謂「後人所益」者。

11.《天台山記》，一卷，徐靈府撰　《直齋書錄解題》著錄，

1　《太平御覽》卷四一〈地部六〉「玉笥山」條，中華書局1985年版，第198頁。
2　陳舜俞：《廬山記》卷三，文淵閣《四庫全書》本，《史部十一・地理類六》，第4～5頁。

謂：「《天台山記》一卷，唐道士徐靈府撰，元和中人也。余假守臨海，就使本道。嘉熙丙申十月解郡符，趨會稽治所，道過之，銳欲往遊，會大雪不果，改轅由驛道，至今以為恨。偶見此記，錄之以寄臥遊之意。」[1] 南宋咸淳《臨安志·人物·方外》「徐靈府」條云：

徐靈府，號默希子，錢塘天目山人。通儒學，居天台靈蓋峰虎岩石室中，凡十餘年。會昌初，武宗詔浙東廉使起之，辭不復出，後遂絕粒。嘗著《元鑒》五卷，撰《天台山記》、《三洞要略》。[2]

嘉定《赤城志·人物門》所記大致同。《天台山記》末徐靈府自述云：「靈府以元和十年自衡嶽移居臺嶺，定室方瀛，至寶曆初歲，已逾再閏。修真之暇，聊采經誥，以述斯記，用彰靈焉。」[3] 而《赤城志·寺觀門四·宮觀》天台縣「桐栢崇道觀」下稱：「太和、咸通中，道士徐靈府、葉藏質新之。」[4] 則徐靈府於元和十年（815年）從南嶽衡山來天台，居雲蓋峰；寶曆間（825—826年）撰《天台山記》；之後繼續留居天台，大（太）和中（827—835年）曾維修桐栢崇道觀；會昌初（841年）辭武宗之徵，旋卒[5]。陳氏稱為元和中人，亦言其大概。

1　《直齋書錄解題》卷八，上海古籍出版社1987年版，第263頁。
2　咸淳《臨安志》卷六九〈人物〉，《宋元方志叢刊》第七冊，中華書局1990年版，第3980頁。
3　徐靈符：《天台山記》，《古逸叢書》本，中冊，江蘇古籍出版社2002年版，第555頁。
4　《赤城志》卷三十〈寺觀門四·宮觀〉，《宋元方志叢刊》第七冊，中華書局1990年版，第7512頁。
5　《全唐詩》卷八五二錄有徐靈符詩三首，其一即〈言志獻浙東廉訪辭召〉，謂：「野性歌三樂，皇恩出九重。那煩紫宸命，遠下白雲峰。多愧書傳鶴，深慚紙畫龍。將何佐明主，甘老在岩松。」另有〈自詠〉二首。中華書局1960年版，第9639～9640頁。

附錄二　隋唐五代山嶽志考

　　此記又作《天台小錄》，或《天台山小錄》[1]，其文今見於《古逸叢書》、《叢書集成》及大正《大藏經》卷五一[2]，凡五千餘字。其首敘天台之地理方位、山勢、道里，雖雜引《真誥》、《長康啟蒙記》、《名山福地記》諸道家言，而並不全然憑信，乃據《圖經》兼之以實地考證，辨別是非，據實紀錄，實可視為嚴格意義上的地理著述，非尋常道家誇飾之辭可比。其主體內容則是記述天台宮觀寺廟、宗教活動及有關歷史掌故，雖亦間有奇異遇合之事，然大多可視為信史，難能可貴。其猶可注意者有二事：一是司馬承禎之在天台的活動。徐靈符曰：

　　（桐柏）觀，即唐睿宗景龍二年，為白雲先生所置。白［雲］先生乃司馬天師也，名子微，字承禎，河內溫人……先生初入天台後，睿宗皇帝詔復桐柏舊額，請先生居之。其降敕書曰：「吳朝葛仙公廢桐柏觀在天台山，如聞始豐縣人，斫松伐竹，毀廢壇場，多有穢觸，頻致死已。仰州縣官與司馬練師相知，於天台山中，僻方封取四十臺，以為禽獸草木長生之福地，置一觀，仍還舊額。」初構天尊堂，有五雲其上三，而良吏書之，以記祥也。天寶六載，群守賈公長源，及玄靜先生李君，名含光，即天師弟子，亦玄宗師，慶立碑。太史崔尚制文，翰林學士韓擇木書，玄宗皇帝親書其碑額。[3]

1　嘉定《赤城志》卷二一〈山水門三〉頗引之，多作「徐靈府《小錄》」，間作「徐靈府《記》」。其「方瀛山」條稱：「在（天台）縣西北二十八里。按徐靈府《小錄》云：由桐柏北上，一峰可五里許，上有平疇餘十畝，間以陂池，前眺蒼峰，後即雲蓋峰也。長慶中，靈府居此，寶曆元年賜今名。」（《宋元方志叢刊》第七冊，中華書局1990年版，第7441頁）則知方瀛山即雲蓋峰之改稱，在桐柏之北。故史傳又多稱徐為「桐柏征君」或「方瀛觀征君」。
2　原本藏日本京都帝國大學，《古逸叢書》據以錄副，而《叢書集成》又據《古逸叢書》本影印，《大藏經》本則據《古逸叢書》本排印。
3　徐靈符：《天台山記》，《古逸叢書》本，中冊，江蘇古籍出版社2002年版，第550頁。

凡此，皆兩唐書所不載，頗有價值。另一事則為天台三井之投龍。三井在桐栢觀之西北，「邑中有水旱，令長每歲記情誠祈於晴雨，無不回應，亦是國家投龍壁醮祭祈福之所。高宗永淳二年投龍於此。玄宗開元二十五年，詔令太常卿修禮儀使韋詣，賫金龍白壁投於井。寶曆元年，主上遣中使王士炭、道門威儀趙常盈、太清宮大德阮幽閒、翰林待詔祿通玄，五月十三日到山，於天台觀設醮，許往三井，投龍壁也[1]」。亦為記載唐代岳瀆投龍之珍貴資料。

　　12.《九華山記》，二卷，應物撰　　《宋史·藝文志》著錄；《通志·藝文略》作「《九華山錄》一卷，釋應物撰」。按：應物，諸僧傳俱不見載，惟《宋高僧傳·唐池州九華山化城寺地藏傳》末云：「大中中僧應物亦紀其德哉。」[2]《全唐詩》應物小傳稱：「應物，大中時江南詩僧也，嘗與羅鄴唱酬，作〈九華山記〉，詩二首。」下錄〈題化城寺〉句云：「平高選處創蓮宮，一水縈流處處通。畫閣書開遲日畔，禪房夜掩碧雲中。平川不見龍行雨，幽谷遙聞虎嘯風。偶與遊人論法要，真元浩浩理無窮。」又有〈龍潭〉句云：「石激懸流雪滿灣，五龍潛處野雲閑。暫收雷電九峰下，且飲溪潭一水間。浪引浮槎依北岸，波分曉日浸東山。回瞻四面如看畫，須信遊人不欲還。」[3]按：化城寺，又作化成寺，為九華名刹，《文苑英華》有費冠卿撰〈九華山化成寺記〉[4]；龍潭亦在九華山上。則應物當即九華山化城寺僧人，曾長期居留九華山。應物《九華山記（錄）》現僅見《太平御覽·地部十一·江東諸山》「九華山」所錄一條：

1　徐靈符：《天台山記》，《古逸叢書》本，中冊，江蘇古籍出版社2002年版，第551頁。
2　《宋高僧傳》卷二十〈唐池州九華山化城寺地藏傳〉，中華書局1987年版，第516頁。
3　《全唐詩》卷八二三，中華書局1960年版，第9278頁。
4　費冠卿：〈九華山化成寺記〉，載《文苑英華》卷八一七，中華書局1966年版，第4313頁。

《九華山錄》曰：此山奇秀，高出雲表，峰巒異狀，其數有九，故號九子山焉。

李白因游江漢，覩其山秀異，遂更號曰九華。又曰：山之上有池塘數畝，水田千石，其池有魚，長者半尋，頒首頰尾，朱鬐丹腹，人欲觀之，叩木魚即躍，以可食之物散於池中，食訖而藏焉。其水流泄為龍池，溢為瀑泉，入龍潭溪，有白墡窟，其土如面不塸，歉歲人多食之。[1]

又前引《宋高僧傳》謂應物述化城寺新羅高僧地藏之事甚詳，想亦即指此《記》。

另外，《宋史・藝文志》與《通志・藝文略》均另錄有《九華山舊錄》一卷，不著撰人。今按：應物之《九華山記（錄）》既撰於大中間（847—859年），而在此前則有費冠卿撰於元和八年（813年）之〈九華山化成寺記〉，頗疑費〈記〉即《宋史・藝文志》與《通志》所說之《九華山舊錄》。

13.《武夷山記》，一卷，杜光庭撰　《直齋書錄解題》卷八著錄，《通志・藝文略》、《文獻通考・經籍考》均同。按：杜光庭是唐末五代著名道士，著述甚富。《十國春秋・杜光庭傳》云：

光庭字賓至，縉雲人……唐咸通中，應九經舉不第，遂入天台山學道。長安有潘尊師者，道術甚高，雅為僖宗所重，時時以光庭為言。僖宗因召見，大悅。[2]

---

1 《太平御覽》卷四六《地部十一・江東諸山》「九華山」條，中華書局1985年版，第220頁。
2 吳任臣此處所據，當為北宋陶岳所撰《五代史補》卷一「杜光庭入道」條，而《五代史補》謂其為長安人，任臣謂其為縉雲人，不知所據。《十國春秋》卷四七〈杜光庭傳〉，中華書局1983年版，第647頁。

嘉定《赤城志·人物門四》「杜光庭」條則云：

杜光庭字聖賓，天台人，或曰括蒼人，號東瀛子，為時巨儒。懿宗朝與鄭雲叟試萬言，不中，遂入道。[1]

無論杜光庭是縉雲人，還是天台人，或括蒼人，均在括州、台州一帶（唐縉雲、括蒼二縣屬括州，天台縣屬台州），其棄儒學道後亦入於天台山。括州與武夷相鄰，謂其曾遊歷武夷而作《山記》，自屬可能。然此記久佚，今見《廣成集》多是光庭入蜀後所作，難以窺見其早年著述之真相；然由今見史料揣測，此記當為杜光庭棄儒學道後所撰，亦即撰於懿宗咸通中（860—873年），所述亦當多為道家神仙昇真之言[2]。

14.《王屋山記》，一卷，李歸一（或作「李居一」）撰　《宋史·藝文志》著錄，謂為「李居一」撰[3]；《直齋書錄解題》：「《王屋山記》一卷，唐乾符三年道士李歸一撰。」[4]與《宋史》所記不同而稍詳。按：是記不見於宋代類書引錄，撰者李歸一亦無

1　《赤城志》卷三五〈人物門四〉「杜光庭」條，《宋元方志叢刊》第七冊，中華書局1990年版，第7556頁。
2　武夷山，亦為道教所謂三十六洞天之一。杜光庭《洞天福地嶽瀆名山記》「三十六洞天」條：「武夷山，升真化玄洞天，百二十里，在建州建陽縣。」（《道藏》第11冊，文物出版社1988年版，第58頁）。頗疑《武夷山記》乃杜光庭棄儒入道後所作。另，北宋中期韋驤《錢塘集》卷三〈劉仲誠以《武夷記》見借〉句云：「自從見借武夷編，每一開編思渺然。使我胸懷厭塵滓，羨君家世樂神仙。漫亭曾會千餘客，石洞玄居十六天。何日訪靈尋翠壁，待將名字謾雕鐫。」（文淵閣《四庫全書》本，《集部三·別集類二》，第35頁）黃裳《演山集》卷三〈覽《武夷記》〉句云：「武夷山中十三子，邂逅相尋良有以。頃向上筵何事醉，一時論在人間世。八百年後還升真，武夷真君真主人。天台有籍安得知，不謁子蕎誰與祈。紫雲中下龍潭雨，尤喜張仙好詩句。」（文淵閣《四庫全書》本，《集部三·別集類二》，第2頁）頗疑韋驤、黃裳所見之《武夷記》或即杜光庭撰《武夷山記》，若然，則可基本斷定此《記》亦為道家神仙升真之言。
3　《宋史》卷二〇四〈藝文志〉，中華書局1977年版，第5154頁。
4　《直齋書錄解題》卷八〈地理類〉，上海古籍出版社1987年版，第261頁。

附錄二　隋唐五代山嶽志考

考，然陳氏既直言其撰於乾符三年（876年），則必當見其書。又，王屋山為道教所謂十大洞天之首，且唐代著名道士司馬承禎曾久居王屋[1]，李歸一又是道士，則其所記亦不外黃冠修真成道及朝廷賜予褒封之事。

15.《南嶽小錄》，一卷，李沖昭撰　《新唐書・藝文志》著錄。《四庫全書總目提要》卷七十〈地理類三〉「《南嶽小錄》」條云：

> 唐道士李沖昭撰。卷首有自序，稱：弱年悟道，近歲依師，洎臨嶽門，頻訪靈跡，遍閱古碑，及《衡山圖經》、《湘中記》，仍致詰於師資長者、岳下耆年，或得一事，旋貯篋笥，撮而直書，總成一卷。案：書中有咸通年號，當作於懿宗以後；序末所題壬戌歲，蓋昭宗天復二年（902）也。《舊唐書・經籍志》、《新唐書・藝文志》皆不著錄；鄭樵《通志・藝文略》始載有此名，與此本卷數相合，惟「沖昭」作「仲昭」，或傳刻誤歟？書中先列五峰三澗，次敘宮觀祠廟壇院之屬，而以歷代得道飛升之跡附之。雖黃冠自張其教，不無誇誕之詞，而唐世名山洞府之書……今並無存，此獨以舊本流傳。勝境靈跡，足資掌故，是亦考圖經者所宜征據矣。此本為明蔡汝楠守衡州時所刻，前有小引，亦謂所載事蹟名物悉與今本不同云。[2]

　　今按：四庫館臣所考述，除謂《新唐書・藝文志》未著錄此書不實外，大抵確當。李沖昭生平，亦僅可據是《記》之序及文中所偶見者可考知一二，其餘則不能知。是《記》現存於《四庫全書・史部・地理類》；《道藏》虞字型大小亦收錄，與《南嶽九真人傳》同

1　參閱杜光庭《洞天福地嶽瀆名山記》「十大洞天」條，《太平寰宇記》卷五河南道五王屋縣「王屋山」條，嘉慶《重修一統志》卷二〇二河南懷慶府山川「王屋山」條。
2　《四庫全書總目》卷七十〈地理類三〉「南嶽小錄」條，中華書局1965年版，第617頁。

卷。蔡汝楠原序謂是書「纂者乃唐人道流，彼徒志夫黃冠紫籙之宇、錫予褒敕之榮，至於治水所經、高賢所憩、其他關乎方輿者，弗記也[1]」，亦屬確論，無需贅述。

16.《青城山記》，一卷，杜光庭撰 《直齋書錄解題》、《文獻通考・經籍考》著錄；《郡齋讀書志》曰：「偽蜀杜光庭賓聖撰。集蜀山若水在青城者，悉本道家方士之言。」[2]前引《十國春秋・杜光庭傳》續云：

已而，從幸興元，竟留於蜀，事高祖為金紫光祿大夫、諫議大夫，封蔡國公，賜號廣成先生……久之，遷戶部侍郎。後主立，受道籙於苑中，以光庭為傳真天師、崇真館大學士。未幾，解官隱青城山，號登瀛子，建殘和閣，奉行上清紫虛吞日月氣法。年八十五卒……葬於清都觀後。[3]

按：杜光庭隨僖宗經興元入蜀當在廣明二年（即中和元年，881年），其入蜀後事蹟散見於北宋張唐英撰《蜀檮杌》與《舊五代史・僭偽列傳》之王建、王衍傳中。據《蜀檮杌》，後主王衍受道籙、以杜光庭為崇真館大學士事在後主乾德三年（後梁龍德元年，921年）八月，則光庭隱居青城山當在此後；《青城山記》之撰亦必在光庭隱居青城之後。此記亦久佚，今見者惟《方輿勝覽・永康軍山川》「青城山」所引一條：「岷山連峰接岫，千里不絕，青城乃第一峰也。此山前號青城，後曰大面山，其實一耳。有七十二小洞，應

---

1 李沖昭：《南嶽小錄》卷首蔡汝楠〈原序〉，文淵閣《四庫全書》本，《史部十一・地理類六》，第1頁。
2 孫猛：《郡齋讀書志校證》卷八，上海古籍出版社1990年版，第342頁。
3 《十國春秋》卷四七〈杜光庭傳〉，中華書局1983年版，第647頁。

七十二候；有八大洞，應八節。乃神仙都會之府也。」[1] 以此觀之，正與晁公武所言相合。

此外，杜光庭另著有《洞天福地嶽瀆名山記》一卷，見於《道藏》鞠字型大小（中華書局影印本第11冊），已見前引。《四庫全書總目‧道家類存目》於此書下稱：「蜀杜光庭撰。首仙山，次五嶽，次十大洞天，附以青城山，次五鎮海瀆，次三十六精廬，次三十六洞天，次七十二福地，次靈化二十四，皆神仙幻眇之言。故雖紀山川，不隸之地理類焉。」[2]

17.《廬山雜記》，一卷，張密撰　《新唐書‧藝文志》著錄，《通志‧藝文略》、《崇文書目》並同。張密無考，陳舜俞《廬山記》亦不見引錄此記，然北宋祖無澤《龍學文集》謂：「……又取張密《廬山實錄》云：因廬水而曰廬山也，是山本名廬，而因續曰匡也。」[3] 則《廬山雜記》又名《廬山實錄》，而北宋中期祖無澤仍得見。惟諸書並無引見，無以窺知其面貌也。

18.《華山記》，一卷，不知撰人　《宋史‧藝文志》、《通志‧藝文略》、《直齋書錄解題》著錄，均不著撰人。惟《藝文類聚》、《初學記》已頗引之，則知其在唐初已成書。考《初學記》共引《華山記》三條，《地理上》「華山」下謂：「《華山記》云：山頂有池，生千葉蓮花，服之羽化，因曰華山。」《草部》「芙蓉」下所引與此同[4]。據《太平御覽‧地部十一》所引[5]，知此條實出自《華山精舍記》，所記之華山乃江東吳縣之華山，非西嶽華山，《初

1　《方輿勝覽》卷五五〈永康軍山川〉「青城山」，中華書局2003年版，第985頁。
2　《四庫全書總目》卷一四七〈道家類存目〉「洞天福地嶽瀆名山福地」條，中華書局1965年版，第1259頁。
3　祖無澤：《龍學文集》卷十四〈紫微撰西齋話記共三十五事〉之末一事，文淵閣《四庫全書》本，《集部三‧別集類二》，第19頁。
4　《初學記》卷五〈地理上〉「華山」，卷二七《草部》「芙蓉」，中華書局1962年版，第98、666頁。
5　《太平御覽》卷四六〈地部十一〉「江東諸山‧華山」，中華書局1985年版，第224頁。

學記》係於西嶽華山下，誤。《初學記》卷五「華山」條又稱：

> 郭緣生《述征記》及《華山記》云：山下自華嶽廟列柏，南行十一里，又東回三里，至中祠。又西南出五里，至南祠。南入谷口七里，又至一祠（凡欲升山者，皆祈禱焉）。又南一里，至天井。天井才容人上，可長六丈餘。出井如望空視明，如在室窺窗矣。出井東南二里，至峻阪斗上，又東上百丈崖，皆須攀繩挽葛而後行。又西南出六里，又至一祠，名胡越寺神。又行二里，便屆山頂。上方七里，有靈泉二所，一名蒲池，一名太上泉。池北有石鼓，嘗聞其鳴。其上有三峰：直上晴霽可睹。[1]

據《水經注・河水》經文「（河水）又南至華陰潼關，渭水從西來注之[2]」句下注文，知「山下自華岳廟列柏」，至「一名太上泉」，均出自郭緣生《述征記》；而其下有關華山石鼓之記載，則當出自《華山記》[3]。酈注述華嶽，具引《述征記》而不及《華山記》，或即因其時尚無《華山記》。故頗疑此《華山記》當成書於南北朝後期西魏、北周至隋時，然殊不能確定，姑係於此，以備考[4]。

---

1 《初學記》卷五〈地理上〉「華山」條，中華書局1962年版，第98頁。

2 《水經注》卷四〈河水〉，巴蜀書社1985年版，第106頁。

3 《藝文類聚》卷七〈山部上〉「華山」條云：「《華山記》曰：華山高岩四合，重嶺秀起，上有石池，北有石鼓，父老相傳云，嘗有聞其鳴者。」（中華書局1965年版，第132頁）更足證《初學記》所引之末句當出自《華山記》。

4 《三輔黃圖》卷三亦引《華山記》曰：「弘農鄧紹八月曉入華山，見童子執五彩囊，盛栢葉露食之。武帝即其地，造宮殿，歲時祈禱焉。《漢書》云：華陰縣有集靈宮，又有望仙觀，在華陰縣。」（陳直：《三輔黃圖校證》卷三，陝西人民出版社1980年版，第72頁。）按：《三輔黃圖》始著錄於《隋書・經籍志》，晁公武定為梁、陳間人所作，後人多依從之。而陳直先生認為今本《三輔黃圖》迭經後人增補，約在中唐以後才正式成書（見前揭陳直《三輔黃圖校證》之「序言」，第1～3頁）。因此，不能據《華山記》為《三輔黃圖》所引，斷其為六朝時著作。

附錄二　隋唐五代山嶽志考

三、結語

以上所考，雖難免疏漏舛誤，然已足可見出隋唐五代時期山嶽志著述之大概（參閱表11—1）。據此可知，在今可考見之二十三種隋唐五代山嶽志中，基本可以斷定撰寫於隋代者有三種，撰於五代者一種，其他十九種均著於唐代。就撰者身分而言，基本可以斷定為文士所撰者有五種，出自文人隱士者四種，出自僧家者六種，出自道家者六種，不詳二種。顯然，出自佛道之手者超過半數。考慮到文人隱士的佛道傾向（如法琳後出家為僧，盧鴻與陸羽都與道家有關），諸山嶽志之與佛道的關係必然更為緊密。而所記諸山，以天台為最，包括佚名之《南嶽記》、《南嶽並天台山記》在內，有六種之多；其次為清涼山、九華山與廬山，各有兩種；青溪山、華山、九嵕山、嵩山、顧渚山、玉笥山、武夷山、王屋山、青城山、衡山各有一種。就所記內容而言，側重於佛教者有九種，側重於道教者有七種。此其概觀也。

表11—1　隋唐五代山嶽志著述概況

山記	撰者	撰者身分	撰著年代	卷數	備註
青溪山記	法琳	文人隱士	隋開皇仁壽間	1	山在今湖北當陽
廬山記	法琳	文人隱士	隋開皇中	1	
華山記	佚名	不詳	西魏至隋？	1	
清涼山略傳	會賾	僧	唐高宗龍朔中	1	附有《清涼山圖》
古清涼傳	慧祥	僧	唐高宗後期	2	現存《大藏經》中
九嵕山志	王方慶	文士	武則天時	10	山在今陝西醴泉
嵩山記	盧鴻	隱士	唐玄宗開元天寶間	1	
南嶽記	李邕	文士	唐玄宗開元間	1	述南嶽—天台宗傳承法統
南嶽並天台山記	佚名	不詳	不詳	1	述天台宗法統
顧渚山記	陸羽	文人隱士	唐肅宗上元至代宗貞元間	1	山在今浙江長興，所述以茶事為主

续表					
山記	撰者	撰者身分	撰著年代	卷數	備註
諸山記	元結	文士	唐肅宗、代宗間	1	所記有九疑山
天台地志	神邕	僧	唐德宗建中至貞元四年間	2	又稱《天台山圖》、《天台山記》
天台略錄	佚名	僧?	不詳	1	見圓仁錄
天台山小錄	佚名	僧?	不詳	1	即《國清靈聖傳》
玉笥山記	令狐見堯	道	唐敬宗寶曆、文宗大和間	1	山在今江西峽江
天台山記	徐靈府	道	唐憲宗元和至武宗會昌間	1	又稱《天台小錄》,現存《占逸叢書》
九華山舊錄	費冠卿?	文士?	唐憲宗元和間	1	未能確定
九華山記	應物	僧	唐宣宗大中間	2	又作《九華山錄》
武夷山記	杜光庭	道	唐懿宗咸通中	1	
王屋山記	李歸一	道	唐僖宗乾符間	1	
南嶽小錄	李沖昭	道	唐昭宗天復間	1	現存《四庫全書》
青城山記	杜光庭	道	前蜀後主時	1	
廬山雜記	張密	文士?	不詳	1	

　　由於隋唐五代山嶽志書多已佚失,今可見者惟《古清涼傳》、《天台山記》與《南嶽小錄》三種,故難以概述此一時期山嶽志書之總體特徵;然由此僅存之三種志書及唐宋類書、地志所引錄之諸山志觀之,其書均並無一定體例,卷帙亦不為巨(除王方慶《九嶷山志》十卷外,其他多為一、二卷,凡數千言而已);所記內容則多廣泛乃至於蕪雜,從山嶽方位、道里疆域、溝壑道路,到林木花草、自然風物,以及名勝古跡、寺廟道觀,乃至高僧大德、修真仙道、隱逸名士,且雜之以傳聞異跡、神奇遇合。然此五方面,不僅是隋唐五代山嶽志書之主要方面,亦且為後世山嶽志書奠定架構——宋元明清山嶽志書雖體例漸備,內容倍增,而所記則大抵不出此五方面,或益之以「藝文」而已。又,較之於後世山嶽志,此一時期志書雖亦多出自僧、道之手,釋、老且已勢同水火,然大多山嶽志書之撰著者,則尚未徹底為宗教之藩籬所遮蔽,仍能兼及「異教」之事、物,非完全專記「本教」之事也。如徐靈符、李沖昭雖身披黃冠,而《天台山

記》、《南嶽小錄》亦以記述道觀、仙道、封賜褒敕之榮為主，但仍得兼涉佛寺、大德。南宋陳田夫《南嶽總勝集‧序》稱宋代敘南嶽者「並各執於一隅，不能廣其登覽，故僧作『尋勝』，則道家之事削而不言；道作『證勝』，則僧舍之境闕而不書。不惟不究二教之始終，抑亦蔽諸峰之殊異 [1]」。此等蔽習，在唐代雖已初現端倪，然尚未突出，此亦可見出大唐氣象之一斑也 [2]。

注釋：

[1] 據梁釋慧皎《高僧傳》卷六〈晉廬山釋慧遠傳〉與《佛祖統紀》卷二六〈慧遠傳〉，慧遠於太元六年（381年）至廬山，自此一直留居廬山，直至去世。《高僧傳》本傳稱：「所著論、序、銘、贊、詩、書集為十卷，五十餘篇」（中華書局1992年版，第222頁），《廬山略記》或不在其中。今本《廬山略記》載於宋人陳舜俞《廬山記》卷末。《四庫全書總目》「《廬山記》」條下稱：「釋惠遠《廬山略記》一卷，舊載此本之末，不知何人所附入，今亦並錄存之，備參考焉。」《四庫全書總目》卷七十，中華書局1965年版，第617頁。

[2] 張野《廬山記》，《隋書‧經籍志》、《舊唐書‧經籍志》、《新唐書‧藝文志》及諸目錄書均未見著錄，惟見於《太平御

1　陳田夫：《南嶽總勝集》卷上〈南嶽總勝集總序〉，《叢書集成續編》第61冊，上海書店1994年版，第554頁。

2　本文刊出後，承友人賜示，知敦煌石室所出地志中有山嶽志數種，即《五臺山志殘卷》（伯2977號）、《諸山聖跡志》（斯529號，約成書於五代後唐時）、《往五臺山行記》（伯3973號）、《往五臺山行記》（伯4648號）、《往五臺山行記》（斯397號）等，鄭柄林先生《敦煌地理文書匯輯校注》（甘肅教育出版社1989年版）已有校錄。余於敦煌文獻素無所知，承示更知孤陋寡聞之至，致有此等重大遺漏。此次將拙文收入本集，初擬作「補考」以綴其後，然力竟不能逮，姑仍之，以示學問之道，余尚無以窺知，更俟諸博雅君子有以教之。

覽》卷首之「經史圖書綱目」。《藝文類聚》卷七〈山部〉上「廬山」下引錄一條，《太平御覽》中引兩條，北宋陳舜俞《廬山記》亦引錄兩條。據《晉書·陶潛傳》、陳舜俞《廬山記》卷三及《佛祖統紀》卷二六〈十八賢傳〉，知張野字萊民，南陽宛人，居潯陽柴桑，與陶淵明聯姻，隱居不仕，師事慧遠，學兼華梵。慧遠卒，撰〈遠法師銘〉。東晉安帝義熙十四年（418年）卒，較慧遠晚兩年。

[3] 徐靈期《南嶽記》，亦不見於《隋書·經籍志》及諸目錄書，然（梁）宗懍《荊楚歲時記》、《北堂書鈔》、《藝文類聚》、《太平御覽》諸書頗引之，今有清人陳運溶麓山精舍輯本，其中錄有《北堂書鈔》（一事）、《藝文類聚》（二事）、《初學記》（三事）、《太平寰宇記》（三事）、《輿地紀勝》（一事）共十條（見王謨輯，《漢唐地理書鈔》所附《麓山精舍輯本六十六種》，中華書局1961年版，第440頁）。所輯不全，據筆者所見，至少可補充《荊楚歲時記》一條、《元和郡縣圖志》二條。徐靈期，約為晉末劉宋時南嶽道士。《道藏》虞字型大小《南嶽九真人傳》與唐李沖昭《南嶽小錄》謂其於南嶽修道十五年，卒於劉宋元徽二年（474年）。

[4] 周景式《廬山記》，亦不見於《隋書·經籍志》及諸目錄書，然《水經注》卷三九〈廬江水〉下已有稱引，則其成書至遲不會晚於酈道元時代；而《太平御覽》卷七十〈地部三十五〉「泉水」條所引周景式《廬山記》則記有慧遠葡地廬山事，則其成書最早也不會在慧遠之前。據此，推測周景式《廬山記》當成書於南朝宋齊至梁前期。此記久佚，但北宋中期陳舜俞《廬山記·序》中仍稱：「每恨慧遠、周景式輩作山記疏略而渙」（文淵閣《四庫全書》本，《史部十一·地理類六》，《廬山記》卷首，《原序》，頁1），則至遲到北宋中期，陳舜俞還得見周記之全本。據筆者所輯，《水經注》引周記一條，《初學記》引一條，《藝文類聚》引六條，《太平寰宇記》引一條，《太平御覽》引十一條。此外，周景式另著有《孝子傳》，亦

附錄二 隋唐五代山嶽志考

分見《藝文類聚》等書所引錄。

[5] 盧元明《侯山記》，亦不見於諸目錄書著錄。南宋龔頤正《芥隱筆記》「荊公用事」條引《河南志》稱：「盧元明《侯山記》曰：漢有王玄者，隱於此山，景帝再征不屈，就其山封侯，因以為名。」（文淵閣《四庫全書》本，《子部十・雜家類二》，第34頁）《天中記》卷四十、《說略》卷八引同一條則作《緱山記》。《太平寰宇記》卷五河南道五鞏縣「侯山」條：「侯山在（鞏）縣南二十五里。盧元明《嵩山記》云：漢有王彥者，隱於此，景帝累征不出，遂就而封侯，山因為名。」（金陵書局1882年版，第2頁）則《侯山記》似為《嵩山記》之一部分。《魏書・盧元明傳》：「永熙末，居洛東緱山，乃作《幽居賦》焉。」（中華書局1974年版，第1060頁）則元明曾居留緱（侯）山，《侯山記》亦當撰於北魏末年。

[6] 《元和郡縣圖志》卷一關內道京兆府醴泉縣「太宗昭陵」條謂：「在縣東北二十五里九嵕山。」（中華書局1983年版，第8頁）《唐大詔令集》卷七六〈陵寢上・營葬〉錄有《九嵕山葬陵詔》，系於貞觀十年（636年）二月（學林出版社1992年版，第390頁）；《資治通鑒》卷一九四載：貞觀十年十一月，葬文德皇后於昭陵，太宗復為文刻之石，中謂：「……今因九嵕山為陵，鑿石之工才百餘人，數十日而畢……」（中華書局1956年版，第6122頁）而《新唐書・太宗本紀》於貞觀十一年二月丁巳條下載：「營九嵕山為陵，賜功臣密戚陪塋地及秘器。」（中華書局1975年版，第37頁）則九嵕山陵地又繼有營造，並賜功臣密戚以陪葬地。至貞觀二十三年，太宗卒後，亦葬於九嵕山昭陵。

[7] 《舊唐書》本傳稱王方慶「聚書甚多，不減秘閣，至於圖畫，亦多異本。諸子莫能守其業，卒後尋亦散亡」（《舊唐書》卷八九〈王方慶傳〉，中華書局1975年版，第2901頁）。其所著《九嵕山志》很可能也在其卒後不久，與其家藏圖書一起散佚亡失。

[8]《舊唐書·盧鴻一傳》，《舊唐書·神秀傳》亦作「盧鴻一」，而《新唐書》則有《盧鴻傳》，所記皆為同人。《資治通鑒》開元六年三月乙巳亦作「盧鴻」。《考異》云：「舊《傳》作『盧鴻一』，《本紀》、新《傳》皆作『鴻』。按中嶽真人劉君碑云：『盧鴻撰』，今從之。」（《資治通鑒》卷二一二，中華書局1956年版，第6732頁）徐文靖《管城碩記》云：「《唐書》盧鴻字顥然，開元五年詔曰：鴻有泰一之道，中庸之德。鴻至東都謁見，拜諫議大夫，固辭。制許還山。正太白同時人也。太白有《贈盧征君昆弟》，又有〈口號贈征君鴻〉詩，果以『鴻一』為雙名，當日命題，亦減去『一』字，何也？」（文淵閣《四庫全書》本，《子部十·雜家類二》，第8頁）今從《通鑒》與徐氏所論，作「盧鴻」。

[9]《宣和畫譜》卷十〈山水一〉：「盧鴻一，字浩然，本范陽人，山林之士也。隱嵩山，開元間以諫議大夫召，固辭，賜隱居服草堂一所，令還山。頗喜寫山水準遠之趣，非泉石膏肓煙霞痼疾，得之心，應之手，未足以造此畫。〈草堂圖〉世傳以比王維《輞川草堂》，蓋是所賜，一丘一壑，自己足了此生，今見之筆，乃其志也。今御府所藏三：〈窠石圖〉一，〈松林會真圖〉一，〈草堂圖〉一。」（文淵閣《四庫全書》本，《子部八·藝術類一》，第4頁）則盧鴻〈草堂圖〉所寫即其在嵩山所居之草堂也。

[10] 杜光庭〈洞天福地嶽瀆名山記〉「三十六洞天」下稱：「玉笥山，天秀法樂洞天，百二十里，在吉州新淦縣。」（《道藏》第11冊，文物出版社1988年版，第58頁）《太平寰宇記》卷一〇九吉州新淦縣下「玉笥山」條云：「玉笥山，南六十里。《道書》云：玉笥山，福地山也。有水東流，山數十里，地宜稻穀肥美。陶弘景《玉匱書》云：[山有玉笥。] 今屬巴山，在縣西四十里，有廢清居觀，即梁公社被流於南回而隱於此山，因置觀焉。梁司徒左長史蕭子雲為作銘也。」（金陵書局1882年版，第16頁；《宋本太平寰宇記》，中華

439

書局2000年版，第169頁）嘉慶《重修一統志》卷三二四江西臨江府山川「玉笥山」條：「在峽江縣東南四十里。《隋書・地理志》新淦縣有玉笥山。《舊志》：舊名群玉峰，相傳漢武帝元封五年行巡南部，受上清籙於群玉之山，見有玉箱如笥，委壇中，忽失去，因改今名。《道書》以為第三十七洞天。有三十二峰二十四壇十二臺六洞十一亭七源二塢四谷三十六澗，其餘潭石宅井坡嶺名跡不可悉數。元揭傒斯《萬壽承天宮碑》云：天下稱名山在大江之西者有三：曰匡廬，曰合皂，曰玉笥，而玉笥尤為天下絕境。」（中華書局1986年版，第16156頁）

後　記

　　本書各部分內容，相繼撰寫於2001—2011年間，均曾以不同形式（包括講座與學術報告會）發表過。其最初發表情況如下：

　　1.〈中國歷史的南方脈絡（代序）〉，2008年1月18日，廈門大學歷史學系，系內同仁之學術報告，主持人：王日根教授；2009年11月17日，復旦大學歷史地理研究所，駐所研究學人之學術報告，主持人：王振忠教授。

　　2.〈釋「蠻」〉，《文史》2008年第2期。

　　3.〈散居與聚居：漢宋間長江中游地區的鄉村聚落形態及其演變〉，載《歷史地理》第23輯，上海人民出版社2008年版。

　　4.〈唐代地方城市中的里坊制及其形態〉，載《廈門大學國學研究集刊》第2輯，中華書局2010年版。

　　5.〈「山南道」之成立〉，《中國歷史地理論叢》2009年第2期。

　　6.〈唐代長江中游地區政治經濟地域結構的演變〉，載李孝聰主編：《唐代地域結構與運作空間》，上海辭書出版社2003年版。

　　7.〈南陽漢代碑石叢考〉，浙江杭州：浙江省社會科學聯合會、浙江大學歷史系主辦「漢學研究與中國社會科學的推進」國際學術研討會提交論文，2008年9月。

　　8.〈漢隋間漢水上游地區的鄉里控制〉，湖北武漢：武漢大學、中

後記

國唐史學會、中華書局主辦「紀念唐長孺先生百年誕辰」國際學術研討會提交論文，2011年7月。

　　9.〈西魏北周時代「山南」的方隅豪族〉，《中國史研究》2009年第1期。

　　10.〈官法與民約：唐代的農田水利規章〉，載北京大學中國古代史研究中心編：《輿地、考古與史學新說——李孝聰教授榮休紀念論文集》，中華書局2011年版。

　　11.〈隋唐五代山嶽志考〉，載《九州學林》2005年第1輯，復旦大學出版社2005年版。

　　論文發表前後，曾獲得學界師友同仁的諸多教益，謹致謝忱。

　　我到廈門大學人文學院歷史系工作已有四年餘，然或因為所治仍主要為長江中游地區史地之故，師友們仍往往視為武漢大學的學者，這讓我覺得既有「冒充」武漢大學教師之嫌，復有愧於給我養家糊口之資的廈門大學。所以，我希望能把這本小書放在廈門大學出版社出版。因持此意商諸主持廈門大學國學研究院的陳支平教授，幸得陳老師慨允，將拙著列入「廈門大學國學研究院資助出版叢書」。陳老師在我繞樹彷徨時給我提供可棲之枝，近年來更給以諸多幫助，使我得以安心讀書，心中銘感，無以表之。廈門大學臺灣研究院陳勤奮，廈門大學歷史系博士研究生林昌丈、碩士研究生吳鵬飛，分別幫助我核校了本書部分引文，謹致謝忱。

魯西奇

2011年7月9日

於廈門沙坡尾